中华人民共和国
新法规汇编

2022
第4辑

司 法 部 编

中国法制出版社

编 辑 说 明

一、《中华人民共和国新法规汇编》是国家出版的法律、行政法规汇编正式版本，是刊登报国务院备案并予以登记的部门规章的指定出版物。

二、本汇编收集的内容包括：上一个月内由全国人民代表大会及其常务委员会通过的法律和有关法律问题的决定，国务院公布的行政法规和国务院文件，报国务院备案并予以登记的部门规章，最高人民法院和最高人民检察院公布的司法解释。另外，还收入了上一个月内报国务院备案并予以登记的地方性法规和地方政府规章目录。

三、本汇编所收的内容，按下列分类顺序编排：法律，行政法规，国务院文件，国务院部门规章，司法解释。每类中按公布的时间顺序排列。报国务院备案并予以登记的地方性法规和地方政府规章目录按 1987 年国务院批准的行政区划顺序排列；同一行政区域报备两件以上者，按公布时间顺序排列。

四、本汇编每年出版 12 辑，每月出版 1 辑。本辑为 2022 年度第 4 辑，收入 2022 年 3 月份内公布的法律 2 件，有关法律问题的决定 3 件、国务院文件 3 件、报国务院备案并经审查予以登记编号的部门规章 25 件、司法解释 6 件，补收 2 月份内公布的国务院文件 4 件，共计 43 件。

五、本汇编在编辑出版过程中，得到了国务院有关部门和有关方面以及广大读者的大力支持和协助，在此谨致谢意。

司法部

2022 年 4 月

目　　录

法　　律

有关法律问题的决定

国务院文件

国务院部门规章

司法解释

附：

法　　律

全国人民代表大会关于修改《中华人民共和国地方各级人民代表大会和地方各级人民政府组织法》的决定

（2022 年 3 月 11 日第十三届全国人民代表大会第五次会议通过　2022 年 3 月 11 日中华人民共和国主席令第 110 号公布　自 2022 年 3 月 12 日起施行）

第十三届全国人民代表大会第五次会议决定对《中华人民共和国地方各级人民代表大会和地方各级人民政府组织法》作如下修改：

一、第一章“总则”分为六条，包括第一条至第六条。

二、增加一条，作为第一条：“为了健全地方各级人民代表大会和地方各级人民政府的组织和工作制度，保障和规范其行使职权，坚持和完善人民代表大会制度，保证人民当家作主，根据宪法，制定本法。”

三、将第四条、第四十条第二款、第五十四条合并，作为第二条，修改为：“地方各级人民代表大会是地方国家权力机关。

“县级以上的地方各级人民代表大会常务委员会是本级人民代表大会的常设机关。

“地方各级人民政府是地方各级国家权力机关的执行机关，是地方各级国家行政机关。”

四、增加一条，作为第三条：“地方各级人民代表大会、县级以上的地方各级人民代表大会常务委员会和地方各级人民政府坚持中国共产党的领导，坚持以马克思列宁主义、毛泽东思想、邓小平理论、‘三个代表’重要思想、科学发展观、习近平新时代中国特色社会主义思想为指导，依照宪法和法律规定行使职权。”

五、增加一条，作为第四条：“地方各级人民代表大会、县级以上的地方各级人民代表大会常务委员会和地方各级人民政府坚持以人民为中心，坚持和发展全过程人民民主，始终同人民保持密切联系，倾听人民的意见和建议，为人民服务，对人民负责，受人民监督。”

六、增加一条，作为第五条：“地方各级人民代表大会、县级以上的地方各级人民代表大会常务委员会和地方各级人民政府遵循在中央的统一领导下、充分发挥地方的主动性积极性的原则，保证宪法、法律和行政法规在本行政区域的实施。”

七、增加一条，作为第六条：“地方各级人民代表大会、县级以上的地方各级人民代表大会常务委员会和地方各级人民政府实行民主集中制原则。

“地方各级人民代表大会和县级以上的地方各级人民代表大会常务委员会应当充分发扬民主，集体行使职权。

“地方各级人民政府实行首长负责制。政府工作中的重大事项应当经集体讨论决定。”

八、第二章“地方各级人民代表大会”分为六节：第一节“地方各级人民代表大会的组成和任期”，包括第七条至第九条；第二节“地方各级人民代表大会的职权”，包括第十条至第十三条；第三节“地方各级人民代表大会会议的举行”，包括第十四条至第二十五条；第四节“地方国家机关组成人员的选举、罢免和辞职”，包括第二十六条至第三十二条；第五节“地方各级人民代表大会各委员会”，包括第三十三条至第三十七条；第六节“地方各级人民代表大会代表”，包括第三十八条至第四十五条。

九、将第一条改为两条，作为第七条和第六十一条，修改为：

“第七条　省、自治区、直辖市、自治州、县、自治县、市、市辖区、乡、民族乡、镇设立人民代表大会。

“第六十一条　省、自治区、直辖市、自治州、县、自治县、市、市辖区、乡、民族乡、镇设立人民政府。”

十、将第七条改为第十条，第二款修改为：“设区的市、自治州的人民代表大会根据本行政区域的具体情况和实际需要，在不同宪法、法律、行政法规和本省、自治区的地方性法规相抵触的前提下，可以依照法律规定的权限制定地方性法规，报省、自治区的人民代表大会常务委员会批准后施行，并由省、自治区的人民代表大会常务委员会报全国人民代表大会常务委员会和国务院备案。”

增加一款，作为第三款：“省、自治区、直辖市以及设区的市、自治州的人民代表大会根据区域协调发展的需要，可以开展协同立法。”

十一、将第八条改为第十一条，第二项修改为：“（二）审查和批准本行政区域内的国民经济和社会发展规划纲要、计划和预算及其执行情况的报告，审查监督政府债务，监督本级人民政府对国有资产的管理”。

第三项修改为：“（三）讨论、决定本行政区域内的政治、经济、教育、科学、文化、卫生、生态环境保护、自然资源、城乡建设、民政、社会保障、民族等工作的重大事项和项目”。

第六项修改为：“（六）选举本级监察委员会主任、人民法院院长和人民检察院检察长；选出的人民检察院检察长，须报经上一级人民检察院检察长提请该级人民代表大会常务委员会批准”。

第八项修改为：“（八）听取和审议本级人民代表大会常务委员会的工作报告”。

第九项修改为：“（九）听取和审议本级人民政府和人民法院、人民检察院的工作报告”。

第十四项修改为：“（十四）铸牢中华民族共同体意识，促进各民族广泛交往交流交融，保障少数民族的合法权利和利益”。

十二、将第九条改为第十二条，第一款第三项修改为：“（三）根据国家计划，决定本行政区域内的经济、文化事业和公共事业的建设计划和项目”。

第一款第四项修改为：“（四）审查和批准本行政区域内的预算和预算执行情况的报告，监督本级预算的执行，审查和批准本级预算的调整方案，审查和批准本级决算”。

第一款第八项修改为：“（八）听取和审议乡、民族乡、镇的人民政府的工作报告”。

增加一项，作为第一款第九项：“（九）听取和审议乡、民族乡、镇的人民代表大会主席团的工作报告”。

第一款第十二项改为第十三项，修改为：“（十三）铸牢中华民族共同体意识，促进各民族广泛交往交流交融，保障少数民族的合法权利和利益”。

第二款修改为：“少数民族聚居的乡、民族乡、镇的人民代表大会在行使职权的时候，可以依照法律规定的权限采取适合民族特点的具体措施。”

十三、将第十一条改为第十四条，第一款修改为：“地方各级人民代表大会会议每年至少举行一次。乡、民族乡、镇的人民代表大会会议一般每年举行两次。会议召开的日期由本级人民代表大会常务委员会或者乡、民族乡、镇的人民代表大会主席团决定，并予以公布。”

增加一款，作为第二款：“遇有特殊情况，县级以上的地方各级人民代表大会常务委员会或者乡、民族乡、镇的人民代表大会主席团可以决定适当提前或者推迟召开会议。提前或者推迟召开会议的日期未能在当次会议上决定的，常务委员会或者其授权的主任会议，乡、民族乡、镇的人民代表大会主席团可以另行决定，并予以公布。”

第二款改为第三款，修改为："县级以上的地方各级人民代表大会常务委员会或者乡、民族乡、镇的人民代表大会主席团认为必要，或者经过五分之一以上代表提议，可以临时召集本级人民代表大会会议。"

增加一款，作为第四款："地方各级人民代表大会会议有三分之二以上的代表出席，始得举行。"

十四、增加一条，作为第十六条："地方各级人民代表大会举行会议，应当合理安排会期和会议日程，提高议事质量和效率。"

十五、将第二十二条改为第二十七条，第一款修改为："人民代表大会常务委员会主任、秘书长，乡、民族乡、镇的人民代表大会主席，人民政府正职领导人员，监察委员会主任，人民法院院长，人民检察院检察长的候选人数可以多一人，进行差额选举；如果提名的候选人只有一人，也可以等额选举。人民代表大会常务委员会副主任，乡、民族乡、镇的人民代表大会副主席，人民政府副职领导人员的候选人数应比应选人数多一人至三人，人民代表大会常务委员会委员的候选人数应比应选人数多十分之一至五分之一，由本级人民代表大会根据应选人数在选举办法中规定具体差额数，进行差额选举。如果提名的候选人数符合选举办法规定的差额数，由主席团提交代表酝酿、讨论后，进行选举。如果提名的候选人数超过选举办法规定的差额数，由主席团提交代表酝酿、讨论后，进行预选，根据在预选中得票多少的顺序，按照选举办法规定的差额数，确定正式候选人名单，进行选举。"

十六、将第二十七条改为第三十二条，第一款修改为："县级以上的地方各级人民代表大会常务委员会组成人员、专门委员会组成人员和人民政府领导人员，监察委员会主任，人民法院院长，人民检察院检察长，可以向本级人民代表大会提出辞职，由大会决定是否接受辞职；大会闭会期间，可以向本级人民代表大会常务委员会提出辞职，由常务委员会决定是否接受辞职。常务委员会决定接受辞职后，报本级人民代表大会备案。人民检察院检察长的辞职，须报经上一级人民检察院检察长提请该级人民代表大会常务委员会批准。"

十七、将第三十条改为第三十三条、第三十四条、第三十五条，修改为：

"第三十三条　省、自治区、直辖市、自治州、设区的市的人民代表大会根据需要，可以设法制委员会、财政经济委员会、教育科学文化卫生委员会、环境与资源保护委员会、社会建设委员会和其他需要设立的专门委员会；县、自治县、不设区的市、市辖区的人民代表大会根据需要，可以设法制委员会、财政经济委员会等专门委员会。

"各专门委员会受本级人民代表大会领导；在大会闭会期间，受本级人民代表大会常务委员会领导。

“第三十四条　各专门委员会的主任委员、副主任委员和委员的人选，由主席团在代表中提名，大会通过。在大会闭会期间，常务委员会可以任免专门委员会的个别副主任委员和部分委员，由主任会议提名，常务委员会会议通过。

“各专门委员会每届任期同本级人民代表大会每届任期相同，履行职责到下届人民代表大会产生新的专门委员会为止。

“第三十五条　各专门委员会在本级人民代表大会及其常务委员会领导下，开展下列工作：

“（一）审议本级人民代表大会主席团或者常务委员会交付的议案；

“（二）向本级人民代表大会主席团或者常务委员会提出属于本级人民代表大会或者常务委员会职权范围内同本委员会有关的议案，组织起草有关议案草案；

“（三）承担本级人民代表大会常务委员会听取和审议专项工作报告、执法检查、专题询问等的具体组织实施工作；

“（四）按照本级人民代表大会常务委员会工作安排，听取本级人民政府工作部门和监察委员会、人民法院、人民检察院的专题汇报，提出建议；

“（五）对属于本级人民代表大会及其常务委员会职权范围内同本委员会有关的问题，进行调查研究，提出建议；

“（六）研究办理代表建议、批评和意见，负责有关建议、批评和意见的督促办理工作；

“（七）办理本级人民代表大会及其常务委员会交办的其他工作。”

十八、将第十九条改为第四十二条，第一款修改为：“县级以上的地方各级人民代表大会代表向本级人民代表大会及其常务委员会提出的对各方面工作的建议、批评和意见，由本级人民代表大会常务委员会的办事机构交有关机关和组织研究办理并负责答复。”

第二款修改为：“乡、民族乡、镇的人民代表大会代表向本级人民代表大会提出的对各方面工作的建议、批评和意见，由本级人民代表大会主席团交有关机关和组织研究办理并负责答复。”

增加一款，作为第三款：“地方各级人民代表大会代表的建议、批评和意见的办理情况，由县级以上的地方各级人民代表大会常务委员会办事机构或者乡、民族乡、镇的人民代表大会主席团向本级人民代表大会常务委员会或者乡、民族乡、镇的人民代表大会报告，并予以公开。”

十九、将第三十七条改为第四十三条，第一款修改为：“地方各级人民代表大会代表应当与原选区选民或者原选举单位和人民群众保持密切联系，听取和反映他们的意见和要求，充分发挥在发展全过程人民民主中的作用。”

增加一款，作为第四款：“地方各级人民代表大会代表应当向原选区选民或者原选举单位报告履职情况。”

二十、第三章“县级以上的地方各级人民代表大会常务委员会”分为四节：第一节“常务委员会的组成和任期”，包括第四十六条至第四十八条；第二节“常务委员会的职权”，包括第四十九条和第五十条；第三节“常务委员会会议的举行”，包括第五十一条至第五十五条；第四节“常务委员会各委员会和工作机构”，包括第五十六条至第六十条。

二十一、将第二条与第四十条第一款合并，作为第四十六条，修改为：“省、自治区、直辖市、自治州、县、自治县、市、市辖区的人民代表大会设立常务委员会，对本级人民代表大会负责并报告工作。”

二十二、将第四十一条改为第四十七条，第三款修改为：“常务委员会的组成人员不得担任国家行政机关、监察机关、审判机关和检察机关的职务；如果担任上述职务，必须向常务委员会辞去常务委员会的职务。”

第四款第一项、第二项分别修改为：“（一）省、自治区、直辖市四十五人至七十五人，人口超过八千万的省不超过九十五人；

“（二）设区的市、自治州二十九人至五十一人，人口超过八百万的设区的市不超过六十一人”。

第五款修改为：“省、自治区、直辖市每届人民代表大会常务委员会组成人员的名额，由省、自治区、直辖市的人民代表大会依照前款规定，按人口多少并结合常务委员会组成人员结构的需要确定。自治州、县、自治县、市、市辖区每届人民代表大会常务委员会组成人员的名额，由省、自治区、直辖市的人民代表大会常务委员会依照前款规定，按人口多少并结合常务委员会组成人员结构的需要确定。每届人民代表大会常务委员会组成人员的名额经确定后，在本届人民代表大会的任期内不再变动。”

二十三、将第四十三条改为第四十九条，第二款修改为：“设区的市、自治州的人民代表大会常务委员会在本级人民代表大会闭会期间，根据本行政区域的具体情况和实际需要，在不同宪法、法律、行政法规和本省、自治区的地方性法规相抵触的前提下，可以依照法律规定的权限制定地方性法规，报省、自治区的人民代表大会常务委员会批准后施行，并由省、自治区的人民代表大会常务委员会报全国人民代表大会常务委员会和国务院备案。”

增加一款，作为第三款：“省、自治区、直辖市以及设区的市、自治州的人民代表大会常务委员会根据区域协调发展的需要，可以开展协同立法。”

二十四、将第四十四条改为第五十条，第四项修改为：“（四）讨论、决定本行政区域内的政治、经济、教育、科学、文化、卫生、生态环境保护、自然资源、城乡建设、民政、社会保障、民族等工作的重大事项和项目”。

第五项修改为：“（五）根据本级人民政府的建议，审查和批准本行政区域内的国民经济和社会发展规划纲要、计划和本级预算的调整方案”。

增加一项，作为第六项：“（六）监督本行政区域内的国民经济和社会发展规划纲要、计划和预算的执行，审查和批准本级决算，监督审计查出问题整改情况，审查监督政府债务”。

第六项改为第七项，修改为：“（七）监督本级人民政府、监察委员会、人民法院和人民检察院的工作，听取和审议有关专项工作报告，组织执法检查，开展专题询问等；联系本级人民代表大会代表，受理人民群众对上述机关和国家工作人员的申诉和意见”。

增加一项，作为第八项：“（八）监督本级人民政府对国有资产的管理，听取和审议本级人民政府关于国有资产管理情况的报告”。

增加一项，作为第九项：“（九）听取和审议本级人民政府关于年度环境状况和环境保护目标完成情况的报告”。

增加一项，作为第十项：“（十）听取和审议备案审查工作情况报告”。

第九项改为第十三项，修改为：“（十三）在本级人民代表大会闭会期间，决定副省长、自治区副主席、副市长、副州长、副县长、副区长的个别任免；在省长、自治区主席、市长、州长、县长、区长和监察委员会主任、人民法院院长、人民检察院检察长因故不能担任职务的时候，根据主任会议的提名，从本级人民政府、监察委员会、人民法院、人民检察院副职领导人员中决定代理的人选；决定代理检察长，须报上一级人民检察院和人民代表大会常务委员会备案”。

增加一项，作为第十五项：“（十五）根据监察委员会主任的提名，任免监察委员会副主任、委员”。

第十二项改为第十七项，修改为：“（十七）在本级人民代表大会闭会期间，决定撤销个别副省长、自治区副主席、副市长、副州长、副县长、副区长的职务；决定撤销由它任命的本级人民政府其他组成人员和监察委员会副主任、委员，人民法院副院长、庭长、副庭长、审判委员会委员、审判员，人民检察院副检察长、检察委员会委员、检察员，中级人民法院院长，人民检察院分院检察长的职务”。

删去第十四项。

增加一款，作为第二款：“常务委员会讨论前款第四项规定的本行政区域内的重大事项和项目，可以作出决定或者决议，也可以将有关意见、建议送有关地方国家机关或者单位研究办理。有关办理情况应当及时向常务委员会报告。”

二十五、将第四十五条改为第五十一条，第一款修改为：“常务委员会会议由主任召集并主持，每两个月至少举行一次。遇有特殊需要时，可以临时召集常务委员会会议。主任可以委托副主任主持会议。”

增加一款，作为第二款：“县级以上的地方各级人民政府、监察委员会、人民法院、人民检察院的负责人，列席本级人民代表大会常务委员会会议。”

增加一款，作为第三款：“常务委员会会议有常务委员会全体组成人员过半数出席，始得举行。”

二十六、将第四十八条改为第五十四条，修改为：“省、自治区、直辖市、自治州、设区的市的人民代表大会常务委员会主任、副主任和秘书长组成主任会议；县、自治县、不设区的市、市辖区的人民代表大会常务委员会主任、副主任组成主任会议。

“主任会议处理常务委员会的重要日常工作：

“（一）决定常务委员会每次会议的会期，拟订会议议程草案，必要时提出调整会议议程的建议；

“（二）对向常务委员会提出的议案和质询案，决定交由有关的专门委员会审议或者提请常务委员会全体会议审议；

“（三）决定是否将议案和决定草案、决议草案提请常务委员会全体会议表决，对暂不交付表决的，提出下一步处理意见；

“（四）通过常务委员会年度工作计划等；

“（五）指导和协调专门委员会的日常工作；

“（六）其他重要日常工作。”

二十七、将第五十条改为第五十六条，第二款修改为：“代表资格审查委员会的主任委员、副主任委员和委员的人选，由常务委员会主任会议在常务委员会组成人员中提名，常务委员会任免。”

二十八、将第五十三条改为第五十九条，第一款修改为：“常务委员会根据工作需要，设立办事机构和法制工作委员会、预算工作委员会、代表工作委员会等工作机构。”

增加一款，作为第四款：“县、自治县的人民代表大会常务委员会可以比照前款规定，在街道设立工作机构。”

二十九、增加一条，作为第六十条：“县级以上的地方各级人民代表大会常务委员会和各专门委员会、工作机构应当建立健全常务委员会组成人员和各专门委员会、工作机构联系代表的工作机制，支持和保障代表依法履职，扩大代表对各项工作的参与，充分发挥代表作用。

“县级以上的地方各级人民代表大会常务委员会通过建立基层联系点、代表联络站等方式，密切同人民群众的联系，听取对立法、监督等工作的意见和建议。”

三十、第四章“地方各级人民政府”分为四节：第一节“一般规定”，包括第六十一条至第六十九条；第二节“地方各级人民政府的组成和任期”，包括第七十条至第七十二条；第三节“地方各级人民政府的职权”，包括第七十三条至第七十八条；第四节“地方各级人民政府的机构设置”，包括第七十九条至第八十八条。

三十一、增加一条，作为第六十二条：“地方各级人民政府应当维护宪法和法律权威，坚持依法行政，建设职能科学、权责法定、执法严明、公开公正、智能高效、廉洁诚信、人民满意的法治政府。”

三十二、增加一条，作为第六十三条：“地方各级人民政府应当坚持以人民为中心，全心全意为人民服务，提高行政效能，建设服务型政府。”

三十三、增加一条，作为第六十四条：“地方各级人民政府应当严格执行廉洁从政各项规定，加强廉政建设，建设廉洁政府。”

三十四、增加一条，作为第六十五条：“地方各级人民政府应当坚持诚信原则，加强政务诚信建设，建设诚信政府。”

三十五、增加一条，作为第六十六条：“地方各级人民政府应当坚持政务公开，全面推进决策、执行、管理、服务、结果公开，依法、及时、准确公开政府信息，推进政务数据有序共享，提高政府工作的透明度。”

三十六、增加一条，作为第六十七条：“地方各级人民政府应当坚持科学决策、民主决策、依法决策，提高决策的质量。”

三十七、增加一条，作为第六十八条：“地方各级人民政府应当依法接受监督，确保行政权力依法正确行使。”

三十八、将第五十五条改为第六十九条，增加一款，作为第三款：“地方各级人民政府实行重大事项请示报告制度。”

三十九、将第五十九条改为第七十三条，第五项修改为：“（五）编制和执行国民经济和社会发展规划纲要、计划和预算，管理本行政区域内的经济、教育、科学、文化、卫生、体育、城乡建设等事业和生态环境保护、自然资源、财政、民政、社会保障、公安、民族事务、司法行政、人口与计划生育等行政工作”。

增加一项，作为第七项：“（七）履行国有资产管理职责”。

第八项改为第九项，修改为：“（九）铸牢中华民族共同体意识，促进各民族广泛交往交流交融，保障少数民族的合法权利和利益，保障少数民族保持或者改革自己的风俗习惯的自由，帮助本行政区域内的民族自治地方依照宪法和法律实行区域自治，帮助各少数民族发展政治、经济和文化的建设事业”。

四十、将第六十条改为第七十四条，第一款修改为：“省、自治区、直辖市的人民政府可以根据法律、行政法规和本省、自治区、直辖市的地方性法规，制定规章，报国务院和本级人民代表大会常务委员会备案。设区的市、自治州的人民政府可以根据法律、行政法规和本省、自治区的地方性法规，依照法律规定的权限制定规章，报国务院和省、自治区的人民代表大会常务委员会、人民政府以及本级人民代表大会常务委员会备案。”

四十一、增加一条，作为第七十五条：“县级以上的地方各级人民政府制定涉及个人、组织权利义务的规范性文件，应当依照法定权限和程序，进行评估论证、公开征求意见、合法性审查、集体讨论决定，并予以公布和备案。”

四十二、将第六十一条改为第七十六条，第二项修改为：“（二）执行本行政区域内的经济和社会发展计划、预算，管理本行政区域内的经济、教育、科学、文化、卫生、体育等事业和生态环境保护、财政、民政、社会保障、公安、司法行政、人口与计划生育等行政工作”。

第五项修改为：“（五）铸牢中华民族共同体意识，促进各民族广泛交往交流交融，保障少数民族的合法权利和利益，保障少数民族保持或者改革自己的风俗习惯的自由”。

四十三、将第六十四条改为第七十九条，第一款修改为：“地方各级人民政府根据工作需要和优化协同高效以及精干的原则，设立必要的工作部门。”

将第三款和第四款合并，作为第三款，修改为：“省、自治区、直辖市的人民政府的厅、局、委员会等工作部门和自治州、县、自治县、市、市辖区的人民政府的局、科等工作部门的设立、增加、减少或者合并，按照规定程序报请批准，并报本级人民代表大会常务委员会备案。”

四十四、增加一条，作为第八十条：“县级以上的地方各级人民政府根据国家区域发展战略，结合地方实际需要，可以共同建立跨行政区划的区域协同发展工作机制，加强区域合作。

“上级人民政府应当对下级人民政府的区域合作工作进行指导、协调和监督。”

四十五、增加一条，作为第八十一条：“县级以上的地方各级人民政府根据应对重大突发事件的需要，可以建立跨部门指挥协调机制。”

四十六、增加一条，作为第八十六条：“街道办事处在本辖区内办理派出它的人民政府交办的公共服务、公共管理、公共安全等工作，依法履行综合管理、统筹协调、应急处置和行政执法等职责，反映居民的意见和要求。”

四十七、增加一条，作为第八十七条：“乡、民族乡、镇的人民政府和市辖区、不设区的市的人民政府或者街道办事处对基层群众性自治组织的工作给予指导、支持和帮助。基层群众性自治组织协助乡、民族乡、镇的人民政府和市辖区、不设区的市的人民政府或者街道办事处开展工作。”

四十八、增加一条，作为第八十八条：“乡、民族乡、镇的人民政府和街道办事处可以根据实际情况建立居民列席有关会议的制度。”

四十九、对部分条文作以下修改：

（一）将第三条改为第八十九条。

（二）在第十条、第十七条、第二十一条第一款和第二款、第二十五条、第二十六条第一款中的“人民法院院长”前增加“监察委员会主任”。

（三）将第二十四条第三款中的“第二十二条”修改为“第二十七条”。

（四）将第二十八条改为第二十四条，在第一款中的“人民法院”前增加“监察委员会”。

（五）将第二十九条改为第二十三条。

（六）在第四十七条第一款中的“本级人民政府”后增加“及其工作部门、监察委员会”。

（七）删去第五十五条第三款。

本决定通过前，省、设区的市级新的一届人民代表大会常务委员会组成人员的名额已经确定的，根据本决定增加相应的名额，并依法进行选举。

本决定自2022年3月12日起施行。

《中华人民共和国地方各级人民代表大会和地方各级人民政府组织法》根据本决定作相应修改并对条文顺序作相应调整，重新公布。

中华人民共和国地方各级人民代表大会和地方各级人民政府组织法

（1979年7月1日第五届全国人民代表大会第二次会议通过　1979年7月4日公布　自1980年1月1日起施行　根据1982年12月10日第五届全国人民代表大会第五次会议《关于修改〈中华人民共和国地方各级人民代表大会和地方各级人民政府组织法〉的若干规定的决议》第一次修正　根据1986年12月2日第六届全国人民代表大会常务委员会第十八次会议《关于修改〈中华人民共和国地方各级人民代表大会和地方各级人民政府组织法〉的决定》第二次修正　根据1995年2月28日第八届全国人民代表大会常务委员会第十

二次会议《关于修改〈中华人民共和国地方各级人民代表大会和地方各级人民政府组织法〉的决定》第三次修正　根据2004年10月27日第十届全国人民代表大会常务委员会第十二次会议《关于修改〈中华人民共和国地方各级人民代表大会和地方各级人民政府组织法〉的决定》第四次修正　根据2015年8月29日第十二届全国人民代表大会常务委员会第十六次会议《关于修改〈中华人民共和国地方各级人民代表大会和地方各级人民政府组织法〉、〈中华人民共和国全国人民代表大会和地方各级人民代表大会选举法〉、〈中华人民共和国全国人民代表大会和地方各级人民代表大会代表法〉的决定》第五次修正　根据2022年3月11日第十三届全国人民代表大会第五次会议《关于修改〈中华人民共和国地方各级人民代表大会和地方各级人民政府组织法〉的决定》第六次修正)

目　　录

第一章　总　　则

第一条　为了健全地方各级人民代表大会和地方各级人民政府的组织和工作制度，保障和规范其行使职权，坚持和完善人民代表大会制度，保证人民当家作主，根据宪法，制定本法。

第二条　地方各级人民代表大会是地方国家权力机关。

县级以上的地方各级人民代表大会常务委员会是本级人民代表大会的常设机关。

地方各级人民政府是地方各级国家权力机关的执行机关，是地方各级国家行政机关。

第三条　地方各级人民代表大会、县级以上的地方各级人民代表大会常务委员会和地方各级人民政府坚持中国共产党的领导，坚持以马克思列宁主义、毛泽东思想、邓小平理论、“三个代表”重要思想、科学发展观、习近平新时代中国特色社会主义思想为指导，依照宪法和法律规定行使职权。

第四条　地方各级人民代表大会、县级以上的地方各级人民代表大会常务委员会和地方各级人民政府坚持以人民为中心，坚持和发展全过程人民民主，始终同人民保持密切联系，倾听人民的意见和建议，为人民服务，对人民负责，受人民监督。

第五条　地方各级人民代表大会、县级以上的地方各级人民代表大会常务委员会和地方各级人民政府遵循在中央的统一领导下、充分发挥地方的主动性积极性的原则，保证宪法、法律和行政法规在本行政区域的实施。

第六条　地方各级人民代表大会、县级以上的地方各级人民代表大会常务委员会和地方各级人民政府实行民主集中制原则。

地方各级人民代表大会和县级以上的地方各级人民代表大会常务委员会应当充分发扬民主，集体行使职权。

地方各级人民政府实行首长负责制。政府工作中的重大事项应当经集体讨论决定。

第二章　地方各级人民代表大会

第一节　地方各级人民代表大会的组成和任期

第七条　省、自治区、直辖市、自治州、县、自治县、市、市辖区、乡、民族乡、镇设立人民代表大会。

第八条 省、自治区、直辖市、自治州、设区的市的人民代表大会代表由下一级的人民代表大会选举；县、自治县、不设区的市、市辖区、乡、民族乡、镇的人民代表大会代表由选民直接选举。

地方各级人民代表大会代表名额和代表产生办法由选举法规定。各行政区域内的少数民族应当有适当的代表名额。

第九条 地方各级人民代表大会每届任期五年。

第二节 地方各级人民代表大会的职权

第十条 省、自治区、直辖市的人民代表大会根据本行政区域的具体情况和实际需要，在不同宪法、法律、行政法规相抵触的前提下，可以制定和颁布地方性法规，报全国人民代表大会常务委员会和国务院备案。

设区的市、自治州的人民代表大会根据本行政区域的具体情况和实际需要，在不同宪法、法律、行政法规和本省、自治区的地方性法规相抵触的前提下，可以依照法律规定的权限制定地方性法规，报省、自治区的人民代表大会常务委员会批准后施行，并由省、自治区的人民代表大会常务委员会报全国人民代表大会常务委员会和国务院备案。

省、自治区、直辖市以及设区的市、自治州的人民代表大会根据区域协调发展的需要，可以开展协同立法。

第十一条 县级以上的地方各级人民代表大会行使下列职权：

（一）在本行政区域内，保证宪法、法律、行政法规和上级人民代表大会及其常务委员会决议的遵守和执行，保证国家计划和国家预算的执行；

（二）审查和批准本行政区域内的国民经济和社会发展规划纲要、计划和预算及其执行情况的报告，审查监督政府债务，监督本级人民政府对国有资产的管理；

（三）讨论、决定本行政区域内的政治、经济、教育、科学、文化、卫生、生态环境保护、自然资源、城乡建设、民政、社会保障、民族等工作的重大事项和项目；

（四）选举本级人民代表大会常务委员会的组成人员；

（五）选举省长、副省长，自治区主席、副主席，市长、副市长，州长、副州长，县长、副县长，区长、副区长；

（六）选举本级监察委员会主任、人民法院院长和人民检察院检察长；选出的人民检察院检察长，须报经上一级人民检察院检察长提请该级人民代表大会常务委员会批准；

（七）选举上一级人民代表大会代表；

（八）听取和审议本级人民代表大会常务委员会的工作报告；

（九）听取和审议本级人民政府和人民法院、人民检察院的工作报告；

（十）改变或者撤销本级人民代表大会常务委员会的不适当的决议；

（十一）撤销本级人民政府的不适当的决定和命令；

（十二）保护社会主义的全民所有的财产和劳动群众集体所有的财产，保护公民私人所有的合法财产，维护社会秩序，保障公民的人身权利、民主权利和其他权利；

（十三）保护各种经济组织的合法权益；

（十四）铸牢中华民族共同体意识，促进各民族广泛交往交流交融，保障少数民族的合法权利和利益；

（十五）保障宪法和法律赋予妇女的男女平等、同工同酬和婚姻自由等各项权利。

第十二条　乡、民族乡、镇的人民代表大会行使下列职权：

（一）在本行政区域内，保证宪法、法律、行政法规和上级人民代表大会及其常务委员会决议的遵守和执行；

（二）在职权范围内通过和发布决议；

（三）根据国家计划，决定本行政区域内的经济、文化事业和公共事业的建设计划和项目；

（四）审查和批准本行政区域内的预算和预算执行情况的报告，监督本级预算的执行，审查和批准本级预算的调整方案，审查和批准本级决算；

（五）决定本行政区域内的民政工作的实施计划；

（六）选举本级人民代表大会主席、副主席；

（七）选举乡长、副乡长，镇长、副镇长；

（八）听取和审议乡、民族乡、镇的人民政府的工作报告；

（九）听取和审议乡、民族乡、镇的人民代表大会主席团的工作报告；

（十）撤销乡、民族乡、镇的人民政府的不适当的决定和命令；

（十一）保护社会主义的全民所有的财产和劳动群众集体所有的财产，保护公民私人所有的合法财产，维护社会秩序，保障公民的人身权利、民主权利和其他权利；

（十二）保护各种经济组织的合法权益；

（十三）铸牢中华民族共同体意识，促进各民族广泛交往交流交融，保障少数民族的合法权利和利益；

（十四）保障宪法和法律赋予妇女的男女平等、同工同酬和婚姻自由等各项权利。

少数民族聚居的乡、民族乡、镇的人民代表大会在行使职权的时候，可以依照法律规定的权限采取适合民族特点的具体措施。

第十三条 地方各级人民代表大会有权罢免本级人民政府的组成人员。县级以上的地方各级人民代表大会有权罢免本级人民代表大会常务委员会的组成人员和由它选出的监察委员会主任、人民法院院长、人民检察院检察长。罢免人民检察院检察长，须报经上一级人民检察院检察长提请该级人民代表大会常务委员会批准。

第三节 地方各级人民代表大会会议的举行

第十四条 地方各级人民代表大会会议每年至少举行一次。乡、民族乡、镇的人民代表大会会议一般每年举行两次。会议召开的日期由本级人民代表大会常务委员会或者乡、民族乡、镇的人民代表大会主席团决定，并予以公布。

遇有特殊情况，县级以上的地方各级人民代表大会常务委员会或者乡、民族乡、镇的人民代表大会主席团可以决定适当提前或者推迟召开会议。提前或者推迟召开会议的日期未能在当次会议上决定的，常务委员会或者其授权的主任会议，乡、民族乡、镇的人民代表大会主席团可以另行决定，并予以公布。

县级以上的地方各级人民代表大会常务委员会或者乡、民族乡、镇的人民代表大会主席团认为必要，或者经过五分之一以上代表提议，可以临时召集本级人民代表大会会议。

地方各级人民代表大会会议有三分之二以上的代表出席，始得举行。

第十五条 县级以上的地方各级人民代表大会会议由本级人民代表大会常务委员会召集。

第十六条 地方各级人民代表大会举行会议，应当合理安排会期和会议日程，提高议事质量和效率。

第十七条 县级以上的地方各级人民代表大会每次会议举行预备会议，选举本次会议的主席团和秘书长，通过本次会议的议程和其他准备事项的决定。

预备会议由本级人民代表大会常务委员会主持。每届人民代表大会第一次会议的预备会议，由上届本级人民代表大会常务委员会主持。

县级以上的地方各级人民代表大会举行会议的时候，由主席团主持会议。

县级以上的地方各级人民代表大会会议设副秘书长若干人；副秘书长的人选由主席团决定。

第十八条　乡、民族乡、镇的人民代表大会设主席，并可以设副主席一人至二人。主席、副主席由本级人民代表大会从代表中选出，任期同本级人民代表大会每届任期相同。

乡、民族乡、镇的人民代表大会主席、副主席不得担任国家行政机关的职务；如果担任国家行政机关的职务，必须向本级人民代表大会辞去主席、副主席的职务。

乡、民族乡、镇的人民代表大会主席、副主席在本级人民代表大会闭会期间负责联系本级人民代表大会代表，根据主席团的安排组织代表开展活动，反映代表和群众对本级人民政府工作的建议、批评和意见，并负责处理主席团的日常工作。

第十九条　乡、民族乡、镇的人民代表大会举行会议的时候，选举主席团。由主席团主持会议，并负责召集下一次的本级人民代表大会会议。乡、民族乡、镇的人民代表大会主席、副主席为主席团的成员。

主席团在本级人民代表大会闭会期间，每年选择若干关系本地区群众切身利益和社会普遍关注的问题，有计划地安排代表听取和讨论本级人民政府的专项工作报告，对法律、法规实施情况进行检查，开展视察、调研等活动；听取和反映代表和群众对本级人民政府工作的建议、批评和意见。主席团在闭会期间的工作，向本级人民代表大会报告。

第二十条　地方各级人民代表大会每届第一次会议，在本届人民代表大会代表选举完成后的两个月内，由上届本级人民代表大会常务委员会或者乡、民族乡、镇的上次人民代表大会主席团召集。

第二十一条　县级以上的地方各级人民政府组成人员和监察委员会主任、人民法院院长、人民检察院检察长，乡级的人民政府领导人员，列席本级人民代表大会会议；县级以上的其他有关机关、团体负责人，经本级人民代表大会常务委员会决定，可以列席本级人民代表大会会议。

第二十二条　地方各级人民代表大会举行会议的时候，主席团、常务委员会、各专门委员会、本级人民政府，可以向本级人民代表大会提出属于本级人民代表大会职权范围内的议案，由主席团决定提交人民代表大会会议审议，或者并交有关的专门委员会审议、提出报告，再由主席团审议决定提交大会表决。

县级以上的地方各级人民代表大会代表十人以上联名，乡、民族乡、镇的人民代表大会代表五人以上联名，可以向本级人民代表大会提出属于本级人民代表大会职权范围内的议案，由主席团决定是否列入大会议程，或者先交有关的专门委员会审议，提出是否列入大会议程的意见，再由主席团决定是否列入大会议程。

列入会议议程的议案,在交付大会表决前,提案人要求撤回的,经主席团同意,会议对该项议案的审议即行终止。

第二十三条 在地方各级人民代表大会审议议案的时候,代表可以向有关地方国家机关提出询问,由有关机关派人说明。

第二十四条 地方各级人民代表大会举行会议的时候,代表十人以上联名可以书面提出对本级人民政府和它所属各工作部门以及监察委员会、人民法院、人民检察院的质询案。质询案必须写明质询对象、质询的问题和内容。

质询案由主席团决定交由受质询机关在主席团会议、大会全体会议或者有关的专门委员会会议上口头答复,或者由受质询机关书面答复。在主席团会议或者专门委员会会议上答复的,提质询案的代表有权列席会议,发表意见;主席团认为必要的时候,可以将答复质询案的情况报告印发会议。

质询案以口头答复的,应当由受质询机关的负责人到会答复;质询案以书面答复的,应当由受质询机关的负责人签署,由主席团印发会议或者印发提质询案的代表。

第二十五条 地方各级人民代表大会进行选举和通过决议,以全体代表的过半数通过。

第四节　地方国家机关组成人员的选举、罢免和辞职

第二十六条 县级以上的地方各级人民代表大会常务委员会的组成人员,乡、民族乡、镇的人民代表大会主席、副主席,省长、副省长,自治区主席、副主席,市长、副市长,州长、副州长,县长、副县长,区长、副区长,乡长、副乡长,镇长、副镇长,监察委员会主任,人民法院院长,人民检察院检察长的人选,由本级人民代表大会主席团或者代表依照本法规定联合提名。

省、自治区、直辖市的人民代表大会代表三十人以上书面联名,设区的市和自治州的人民代表大会代表二十人以上书面联名,县级的人民代表大会代表十人以上书面联名,可以提出本级人民代表大会常务委员会组成人员,人民政府领导人员,监察委员会主任,人民法院院长,人民检察院检察长的候选人。乡、民族乡、镇的人民代表大会代表十人以上书面联名,可以提出本级人民代表大会主席、副主席,人民政府领导人员的候选人。不同选区或者选举单位选出的代表可以酝酿、联合提出候选人。

主席团提名的候选人人数,每一代表与其他代表联合提名的候选人人数,均不得超过应选名额。

提名人应当如实介绍所提名的候选人的情况。

第二十七条　人民代表大会常务委员会主任、秘书长，乡、民族乡、镇的人民代表大会主席，人民政府正职领导人员，监察委员会主任，人民法院院长，人民检察院检察长的候选人数可以多一人，进行差额选举；如果提名的候选人只有一人，也可以等额选举。人民代表大会常务委员会副主任，乡、民族乡、镇的人民代表大会副主席，人民政府副职领导人员的候选人数应比应选人数多一人至三人，人民代表大会常务委员会委员的候选人数应比应选人数多十分之一至五分之一，由本级人民代表大会根据应选人数在选举办法中规定具体差额数，进行差额选举。如果提名的候选人数符合选举办法规定的差额数，由主席团提交代表酝酿、讨论后，进行选举。如果提名的候选人数超过选举办法规定的差额数，由主席团提交代表酝酿、讨论后，进行预选，根据在预选中得票多少的顺序，按照选举办法规定的差额数，确定正式候选人名单，进行选举。

县级以上的地方各级人民代表大会换届选举本级国家机关领导人员时，提名、酝酿候选人的时间不得少于两天。

第二十八条　选举采用无记名投票方式。代表对于确定的候选人，可以投赞成票，可以投反对票，可以另选其他任何代表或者选民，也可以弃权。

第二十九条　地方各级人民代表大会选举本级国家机关领导人员，获得过半数选票的候选人人数超过应选名额时，以得票多的当选。如遇票数相等不能确定当选人时，应当就票数相等的人再次投票，以得票多的当选。

获得过半数选票的当选人数少于应选名额时，不足的名额另行选举。另行选举时，可以根据在第一次投票时得票多少的顺序确定候选人，也可以依照本法规定的程序另行提名、确定候选人。经本级人民代表大会决定，不足的名额的另行选举可以在本次人民代表大会会议上进行，也可以在下一次人民代表大会会议上进行。

另行选举人民代表大会常务委员会副主任、委员，乡、民族乡、镇的人民代表大会副主席，人民政府副职领导人员时，依照本法第二十七条第一款的规定，确定差额数，进行差额选举。

第三十条　地方各级人民代表大会补选常务委员会主任、副主任、秘书长、委员，乡、民族乡、镇的人民代表大会主席、副主席，省长、副省长，自治区主席、副主席，市长、副市长，州长、副州长，县长、副县长，区长、副区长，乡长、副乡长，镇长、副镇长，监察委员会主任，人民法院院长，人民检察院检察长时，候选人数可以多于应选人数，也可以同应选人数相等。选举办法由本级人民代表大会决定。

第三十一条　县级以上的地方各级人民代表大会举行会议的时候，主席团、常务委员会或者十分之一以上代表联名，可以提出对本级人民代表大会常务委员会组成人员、人民政府组成人员、监察委员会主任、人民法院院长、人民检察院检察长的罢免案,由主席团提请大会审议。

乡、民族乡、镇的人民代表大会举行会议的时候,主席团或者五分之一以上代表联名,可以提出对人民代表大会主席、副主席,乡长、副乡长,镇长、副镇长的罢免案,由主席团提请大会审议。

罢免案应当写明罢免理由。

被提出罢免的人员有权在主席团会议或者大会全体会议上提出申辩意见,或者书面提出申辩意见。在主席团会议上提出的申辩意见或者书面提出的申辩意见,由主席团印发会议。

向县级以上的地方各级人民代表大会提出的罢免案,由主席团交会议审议后,提请全体会议表决;或者由主席团提议,经全体会议决定,组织调查委员会,由本级人民代表大会下次会议根据调查委员会的报告审议决定。

第三十二条 县级以上的地方各级人民代表大会常务委员会组成人员、专门委员会组成人员和人民政府领导人员,监察委员会主任,人民法院院长,人民检察院检察长,可以向本级人民代表大会提出辞职,由大会决定是否接受辞职;大会闭会期间,可以向本级人民代表大会常务委员会提出辞职,由常务委员会决定是否接受辞职。常务委员会决定接受辞职后,报本级人民代表大会备案。人民检察院检察长的辞职,须报经上一级人民检察院检察长提请该级人民代表大会常务委员会批准。

乡、民族乡、镇的人民代表大会主席、副主席,乡长、副乡长,镇长、副镇长,可以向本级人民代表大会提出辞职,由大会决定是否接受辞职。

第五节　地方各级人民代表大会各委员会

第三十三条 省、自治区、直辖市、自治州、设区的市的人民代表大会根据需要,可以设法制委员会、财政经济委员会、教育科学文化卫生委员会、环境与资源保护委员会、社会建设委员会和其他需要设立的专门委员会;县、自治县、不设区的市、市辖区的人民代表大会根据需要,可以设法制委员会、财政经济委员会等专门委员会。

各专门委员会受本级人民代表大会领导;在大会闭会期间,受本级人民代表大会常务委员会领导。

第三十四条 各专门委员会的主任委员、副主任委员和委员的人选,由主席团在代表中提名,大会通过。在大会闭会期间,常务委员会可以任免专门委员会的个别副主任委员和部分委员,由主任会议提名,常务委员会会议通过。

各专门委员会每届任期同本级人民代表大会每届任期相同,履行职责到下届人民代表大会产生新的专门委员会为止。

第三十五条 各专门委员会在本级人民代表大会及其常务委员会领导下，开展下列工作：

（一）审议本级人民代表大会主席团或者常务委员会交付的议案；

（二）向本级人民代表大会主席团或者常务委员会提出属于本级人民代表大会或者常务委员会职权范围内同本委员会有关的议案，组织起草有关议案草案；

（三）承担本级人民代表大会常务委员会听取和审议专项工作报告、执法检查、专题询问等的具体组织实施工作；

（四）按照本级人民代表大会常务委员会工作安排，听取本级人民政府工作部门和监察委员会、人民法院、人民检察院的专题汇报，提出建议；

（五）对属于本级人民代表大会及其常务委员会职权范围内同本委员会有关的问题，进行调查研究，提出建议；

（六）研究办理代表建议、批评和意见，负责有关建议、批评和意见的督促办理工作；

（七）办理本级人民代表大会及其常务委员会交办的其他工作。

第三十六条 县级以上的地方各级人民代表大会可以组织关于特定问题的调查委员会。

主席团或者十分之一以上代表书面联名，可以向本级人民代表大会提议组织关于特定问题的调查委员会，由主席团提请全体会议决定。

调查委员会由主任委员、副主任委员和委员组成，由主席团在代表中提名，提请全体会议通过。

调查委员会应当向本级人民代表大会提出调查报告。人民代表大会根据调查委员会的报告，可以作出相应的决议。人民代表大会可以授权它的常务委员会听取调查委员会的调查报告，常务委员会可以作出相应的决议，报人民代表大会下次会议备案。

第三十七条 乡、民族乡、镇的每届人民代表大会第一次会议通过的代表资格审查委员会，行使职权至本届人民代表大会任期届满为止。

第六节 地方各级人民代表大会代表

第三十八条 地方各级人民代表大会代表任期，从每届本级人民代表大会举行第一次会议开始，到下届本级人民代表大会举行第一次会议为止。

第三十九条 地方各级人民代表大会代表、常务委员会组成人员，在人民代表大会和常务委员会会议上的发言和表决，不受法律追究。

第四十条　县级以上的地方各级人民代表大会代表，非经本级人民代表大会主席团许可，在大会闭会期间，非经本级人民代表大会常务委员会许可，不受逮捕或者刑事审判。如果因为是现行犯被拘留，执行拘留的公安机关应当立即向该级人民代表大会主席团或者常务委员会报告。

第四十一条　地方各级人民代表大会代表在出席人民代表大会会议和执行代表职务的时候，国家根据需要给予往返的旅费和必要的物质上的便利或者补贴。

第四十二条　县级以上的地方各级人民代表大会代表向本级人民代表大会及其常务委员会提出的对各方面工作的建议、批评和意见，由本级人民代表大会常务委员会的办事机构交有关机关和组织研究办理并负责答复。

乡、民族乡、镇的人民代表大会代表向本级人民代表大会提出的对各方面工作的建议、批评和意见，由本级人民代表大会主席团交有关机关和组织研究办理并负责答复。

地方各级人民代表大会代表的建议、批评和意见的办理情况，由县级以上的地方各级人民代表大会常务委员会办事机构或者乡、民族乡、镇的人民代表大会主席团向本级人民代表大会常务委员会或者乡、民族乡、镇的人民代表大会报告，并予以公开。

第四十三条　地方各级人民代表大会代表应当与原选区选民或者原选举单位和人民群众保持密切联系，听取和反映他们的意见和要求，充分发挥在发展全过程人民民主中的作用。

省、自治区、直辖市、自治州、设区的市的人民代表大会代表可以列席原选举单位的人民代表大会会议。

县、自治县、不设区的市、市辖区、乡、民族乡、镇的人民代表大会代表分工联系选民，有代表三人以上的居民地区或者生产单位可以组织代表小组。

地方各级人民代表大会代表应当向原选区选民或者原选举单位报告履职情况。

第四十四条　省、自治区、直辖市、自治州、设区的市的人民代表大会代表受原选举单位的监督；县、自治县、不设区的市、市辖区、乡、民族乡、镇的人民代表大会代表受选民的监督。

地方各级人民代表大会代表的选举单位和选民有权随时罢免自己选出的代表。代表的罢免必须由原选举单位以全体代表的过半数通过，或者由原选区以选民的过半数通过。

第四十五条　地方各级人民代表大会代表因故不能担任代表职务的时候，由原选举单位或者由原选区选民补选。

第三章　县级以上的地方各级人民代表大会常务委员会

第一节　常务委员会的组成和任期

第四十六条　省、自治区、直辖市、自治州、县、自治县、市、市辖区的人民代表大会设立常务委员会，对本级人民代表大会负责并报告工作。

第四十七条　省、自治区、直辖市、自治州、设区的市的人民代表大会常务委员会由本级人民代表大会在代表中选举主任、副主任若干人、秘书长、委员若干人组成。

县、自治县、不设区的市、市辖区的人民代表大会常务委员会由本级人民代表大会在代表中选举主任、副主任若干人和委员若干人组成。

常务委员会的组成人员不得担任国家行政机关、监察机关、审判机关和检察机关的职务；如果担任上述职务，必须向常务委员会辞去常务委员会的职务。

常务委员会组成人员的名额：

（一）省、自治区、直辖市四十五人至七十五人，人口超过八千万的省不超过九十五人；

（二）设区的市、自治州二十九人至五十一人，人口超过八百万的设区的市不超过六十一人；

（三）县、自治县、不设区的市、市辖区十五人至三十五人，人口超过一百万的县、自治县、不设区的市、市辖区不超过四十五人。

省、自治区、直辖市每届人民代表大会常务委员会组成人员的名额，由省、自治区、直辖市的人民代表大会依照前款规定，按人口多少并结合常务委员会组成人员结构的需要确定。自治州、县、自治县、市、市辖区每届人民代表大会常务委员会组成人员的名额，由省、自治区、直辖市的人民代表大会常务委员会依照前款规定，按人口多少并结合常务委员会组成人员结构的需要确定。每届人民代表大会常务委员会组成人员的名额经确定后，在本届人民代表大会的任期内不再变动。

第四十八条　县级以上的地方各级人民代表大会常务委员会每届任期同本级人民代表大会每届任期相同，它行使职权到下届本级人民代表大会选出新的常务委员会为止。

第二节　常务委员会的职权

第四十九条　省、自治区、直辖市的人民代表大会常务委员会在本级人民代表大会闭会期间，根据本行政区域的具体情况和实际需要，在不同宪法、法律、行政法规相抵触的前提下，可以制定和颁布地方性法规，报全国人民代表大会常务委员会和国务院备案。

设区的市、自治州的人民代表大会常务委员会在本级人民代表大会闭会期间，根据本行政区域的具体情况和实际需要，在不同宪法、法律、行政法规和本省、自治区的地方性法规相抵触的前提下，可以依照法律规定的权限制定地方性法规，报省、自治区的人民代表大会常务委员会批准后施行，并由省、自治区的人民代表大会常务委员会报全国人民代表大会常务委员会和国务院备案。

省、自治区、直辖市以及设区的市、自治州的人民代表大会常务委员会根据区域协调发展的需要，可以开展协同立法。

第五十条　县级以上的地方各级人民代表大会常务委员会行使下列职权：

（一）在本行政区域内，保证宪法、法律、行政法规和上级人民代表大会及其常务委员会决议的遵守和执行；

（二）领导或者主持本级人民代表大会代表的选举；

（三）召集本级人民代表大会会议；

（四）讨论、决定本行政区域内的政治、经济、教育、科学、文化、卫生、生态环境保护、自然资源、城乡建设、民政、社会保障、民族等工作的重大事项和项目；

（五）根据本级人民政府的建议，审查和批准本行政区域内的国民经济和社会发展规划纲要、计划和本级预算的调整方案；

（六）监督本行政区域内的国民经济和社会发展规划纲要、计划和预算的执行，审查和批准本级决算，监督审计查出问题整改情况，审查监督政府债务；

（七）监督本级人民政府、监察委员会、人民法院和人民检察院的工作，听取和审议有关专项工作报告，组织执法检查，开展专题询问等；联系本级人民代表大会代表，受理人民群众对上述机关和国家工作人员的申诉和意见；

（八）监督本级人民政府对国有资产的管理，听取和审议本级人民政府关于国有资产管理情况的报告；

（九）听取和审议本级人民政府关于年度环境状况和环境保护目标完成情况的报告；

（十）听取和审议备案审查工作情况报告；

（十一）撤销下一级人民代表大会及其常务委员会的不适当的决议；

（十二）撤销本级人民政府的不适当的决定和命令；

（十三）在本级人民代表大会闭会期间，决定副省长、自治区副主席、副市长、副州长、副县长、副区长的个别任免；在省长、自治区主席、市长、州长、县长、区长和监察委员会主任、人民法院院长、人民检察院检察长因故不能担任职务的时候，根据主任会议的提名，从本级人民政府、监察委员会、人民法院、人民检察院副职领导人员中决定代理的人选；决定代理检察长，须报上一级人民检察院和人民代表大会常务委员会备案；

（十四）根据省长、自治区主席、市长、州长、县长、区长的提名，决定本级人民政府秘书长、厅长、局长、委员会主任、科长的任免，报上一级人民政府备案；

（十五）根据监察委员会主任的提名，任免监察委员会副主任、委员；

（十六）按照人民法院组织法和人民检察院组织法的规定，任免人民法院副院长、庭长、副庭长、审判委员会委员、审判员，任免人民检察院副检察长、检察委员会委员、检察员，批准任免下一级人民检察院检察长；省、自治区、直辖市的人民代表大会常务委员会根据主任会议的提名，决定在省、自治区内按地区设立的和在直辖市内设立的中级人民法院院长的任免，根据省、自治区、直辖市的人民检察院检察长的提名，决定人民检察院分院检察长的任免；

（十七）在本级人民代表大会闭会期间，决定撤销个别副省长、自治区副主席、副市长、副州长、副县长、副区长的职务；决定撤销由它任命的本级人民政府其他组成人员和监察委员会副主任、委员，人民法院副院长、庭长、副庭长、审判委员会委员、审判员，人民检察院副检察长、检察委员会委员、检察员，中级人民法院院长，人民检察院分院检察长的职务；

（十八）在本级人民代表大会闭会期间，补选上一级人民代表大会出缺的代表和罢免个别代表。

常务委员会讨论前款第四项规定的本行政区域内的重大事项和项目，可以作出决定或者决议，也可以将有关意见、建议送有关地方国家机关或者单位研究办理。有关办理情况应当及时向常务委员会报告。

第三节　常务委员会会议的举行

第五十一条　常务委员会会议由主任召集并主持，每两个月至少举行一次。遇有特殊需要时，可以临时召集常务委员会会议。主任可以委托副主任主持会议。

县级以上的地方各级人民政府、监察委员会、人民法院、人民检察院的负责人，列席本级人民代表大会常务委员会会议。

常务委员会会议有常务委员会全体组成人员过半数出席，始得举行。

常务委员会的决议，由常务委员会以全体组成人员的过半数通过。

第五十二条 县级以上的地方各级人民代表大会常务委员会主任会议可以向本级人民代表大会常务委员会提出属于常务委员会职权范围内的议案，由常务委员会会议审议。

县级以上的地方各级人民政府、人民代表大会各专门委员会，可以向本级人民代表大会常务委员会提出属于常务委员会职权范围内的议案，由主任会议决定提请常务委员会会议审议，或者先交有关的专门委员会审议、提出报告，再提请常务委员会会议审议。

省、自治区、直辖市、自治州、设区的市的人民代表大会常务委员会组成人员五人以上联名，县级的人民代表大会常务委员会组成人员三人以上联名，可以向本级常务委员会提出属于常务委员会职权范围内的议案，由主任会议决定是否提请常务委员会会议审议，或者先交有关的专门委员会审议、提出报告，再决定是否提请常务委员会会议审议。

第五十三条 在常务委员会会议期间，省、自治区、直辖市、自治州、设区的市的人民代表大会常务委员会组成人员五人以上联名，县级的人民代表大会常务委员会组成人员三人以上联名，可以向常务委员会书面提出对本级人民政府及其工作部门、监察委员会、人民法院、人民检察院的质询案。质询案必须写明质询对象、质询的问题和内容。

质询案由主任会议决定交由受质询机关在常务委员会全体会议上或者有关的专门委员会会议上口头答复，或者由受质询机关书面答复。在专门委员会会议上答复的，提质询案的常务委员会组成人员有权列席会议，发表意见；主任会议认为必要的时候，可以将答复质询案的情况报告印发会议。

质询案以口头答复的，应当由受质询机关的负责人到会答复；质询案以书面答复的，应当由受质询机关的负责人签署，由主任会议印发会议或者印发提质询案的常务委员会组成人员。

第五十四条 省、自治区、直辖市、自治州、设区的市的人民代表大会常务委员会主任、副主任和秘书长组成主任会议；县、自治县、不设区的市、市辖区的人民代表大会常务委员会主任、副主任组成主任会议。

主任会议处理常务委员会的重要日常工作：

（一）决定常务委员会每次会议的会期，拟订会议议程草案，必要时提出调整会议议程的建议；

（二）对向常务委员会提出的议案和质询案，决定交由有关的专门委员会审议或者提请常务委员会全体会议审议；

（三）决定是否将议案和决定草案、决议草案提请常务委员会全体会议表决，对暂不交付表决的，提出下一步处理意见；

（四）通过常务委员会年度工作计划等；

（五）指导和协调专门委员会的日常工作；

（六）其他重要日常工作。

第五十五条　常务委员会主任因为健康情况不能工作或者缺位的时候，由常务委员会在副主任中推选一人代理主任的职务，直到主任恢复健康或者人民代表大会选出新的主任为止。

第四节　常务委员会各委员会和工作机构

第五十六条　县级以上的地方各级人民代表大会常务委员会设立代表资格审查委员会。

代表资格审查委员会的主任委员、副主任委员和委员的人选，由常务委员会主任会议在常务委员会组成人员中提名，常务委员会任免。

第五十七条　代表资格审查委员会审查代表的选举是否符合法律规定。

第五十八条　主任会议或者五分之一以上的常务委员会组成人员书面联名，可以向本级人民代表大会常务委员会提议组织关于特定问题的调查委员会，由全体会议决定。

调查委员会由主任委员、副主任委员和委员组成，由主任会议在常务委员会组成人员和其他代表中提名，提请全体会议通过。

调查委员会应当向本级人民代表大会常务委员会提出调查报告。常务委员会根据调查委员会的报告，可以作出相应的决议。

第五十九条　常务委员会根据工作需要，设立办事机构和法制工作委员会、预算工作委员会、代表工作委员会等工作机构。

省、自治区的人民代表大会常务委员会可以在地区设立工作机构。

市辖区、不设区的市的人民代表大会常务委员会可以在街道设立工作机构。工作机构负责联系街道辖区内的人民代表大会代表，组织代表开展活动，反映代表和群众的建议、批评和意见，办理常务委员会交办的监督、选举以及其他工作，并向常务委员会报告工作。

县、自治县的人民代表大会常务委员会可以比照前款规定，在街道设立工作机构。

第六十条　县级以上的地方各级人民代表大会常务委员会和各专门委员会、工作机构应当建立健全常务委员会组成人员和各专门委员会、工作机构联系代表的工作机制，支持和保障代表依法履职，扩大代表对各项工作的参与，充分发挥代表作用。

县级以上的地方各级人民代表大会常务委员会通过建立基层联系点、代表联络站等方式，密切同人民群众的联系，听取对立法、监督等工作的意见和建议。

第四章　地方各级人民政府

第一节　一般规定

第六十一条　省、自治区、直辖市、自治州、县、自治县、市、市辖区、乡、民族乡、镇设立人民政府。

第六十二条　地方各级人民政府应当维护宪法和法律权威，坚持依法行政，建设职能科学、权责法定、执法严明、公开公正、智能高效、廉洁诚信、人民满意的法治政府。

第六十三条　地方各级人民政府应当坚持以人民为中心，全心全意为人民服务，提高行政效能，建设服务型政府。

第六十四条　地方各级人民政府应当严格执行廉洁从政各项规定，加强廉政建设，建设廉洁政府。

第六十五条　地方各级人民政府应当坚持诚信原则，加强政务诚信建设，建设诚信政府。

第六十六条　地方各级人民政府应当坚持政务公开，全面推进决策、执行、管理、服务、结果公开，依法、及时、准确公开政府信息，推进政务数据有序共享，提高政府工作的透明度。

第六十七条　地方各级人民政府应当坚持科学决策、民主决策、依法决策，提高决策的质量。

第六十八条　地方各级人民政府应当依法接受监督，确保行政权力依法正确行使。

第六十九条　地方各级人民政府对本级人民代表大会和上一级国家行政机关负责并报告工作。县级以上的地方各级人民政府在本级人民代表大会闭会期间，对本级人民代表大会常务委员会负责并报告工作。

全国地方各级人民政府都是国务院统一领导下的国家行政机关，都服从国务院。

地方各级人民政府实行重大事项请示报告制度。

第二节　地方各级人民政府的组成和任期

第七十条　省、自治区、直辖市、自治州、设区的市的人民政府分别由省长、副省长，自治区主席、副主席，市长、副市长，州长、副州长和秘书长、厅长、局长、委员会主任等组成。

县、自治县、不设区的市、市辖区的人民政府分别由县长、副县长，市长、副市长，区长、副区长和局长、科长等组成。

乡、民族乡的人民政府设乡长、副乡长。民族乡的乡长由建立民族乡的少数民族公民担任。镇人民政府设镇长、副镇长。

第七十一条　新的一届人民政府领导人员依法选举产生后，应当在两个月内提请本级人民代表大会常务委员会任命人民政府秘书长、厅长、局长、委员会主任、科长。

第七十二条　地方各级人民政府每届任期五年。

第三节　地方各级人民政府的职权

第七十三条　县级以上的地方各级人民政府行使下列职权：

（一）执行本级人民代表大会及其常务委员会的决议，以及上级国家行政机关的决定和命令，规定行政措施，发布决定和命令；

（二）领导所属各工作部门和下级人民政府的工作；

（三）改变或者撤销所属各工作部门的不适当的命令、指示和下级人民政府的不适当的决定、命令；

（四）依照法律的规定任免、培训、考核和奖惩国家行政机关工作人员；

（五）编制和执行国民经济和社会发展规划纲要、计划和预算，管理本行政区域内的经济、教育、科学、文化、卫生、体育、城乡建设等事业和生态环境保护、自然资源、财政、民政、社会保障、公安、民族事务、司法行政、人口与计划生育等行政工作；

（六）保护社会主义的全民所有的财产和劳动群众集体所有的财产，保护公民私人所有的合法财产，维护社会秩序，保障公民的人身权利、民主权利和其他权利；

（七）履行国有资产管理职责；

（八）保护各种经济组织的合法权益；

（九）铸牢中华民族共同体意识，促进各民族广泛交往交流交融，保障少数民族的合法权利和利益，保障少数民族保持或者改革自己的风俗习惯的自由，帮助本行政区域内的民族自治地方依照宪法和法律实行区域自治，帮助各少数民族发展政治、经济和文化的建设事业；

（十）保障宪法和法律赋予妇女的男女平等、同工同酬和婚姻自由等各项权利；

（十一）办理上级国家行政机关交办的其他事项。

第七十四条 省、自治区、直辖市的人民政府可以根据法律、行政法规和本省、自治区、直辖市的地方性法规，制定规章，报国务院和本级人民代表大会常务委员会备案。设区的市、自治州的人民政府可以根据法律、行政法规和本省、自治区的地方性法规，依照法律规定的权限制定规章，报国务院和省、自治区的人民代表大会常务委员会、人民政府以及本级人民代表大会常务委员会备案。

依照前款规定制定规章，须经各该级政府常务会议或者全体会议讨论决定。

第七十五条 县级以上的地方各级人民政府制定涉及个人、组织权利义务的规范性文件，应当依照法定权限和程序，进行评估论证、公开征求意见、合法性审查、集体讨论决定，并予以公布和备案。

第七十六条 乡、民族乡、镇的人民政府行使下列职权：

（一）执行本级人民代表大会的决议和上级国家行政机关的决定和命令，发布决定和命令；

（二）执行本行政区域内的经济和社会发展计划、预算，管理本行政区域内的经济、教育、科学、文化、卫生、体育等事业和生态环境保护、财政、民政、社会保障、公安、司法行政、人口与计划生育等行政工作；

（三）保护社会主义的全民所有的财产和劳动群众集体所有的财产，保护公民私人所有的合法财产，维护社会秩序，保障公民的人身权利、民主权利和其他权利；

（四）保护各种经济组织的合法权益；

（五）铸牢中华民族共同体意识，促进各民族广泛交往交流交融，保障少数民族的合法权利和利益，保障少数民族保持或者改革自己的风俗习惯的自由；

（六）保障宪法和法律赋予妇女的男女平等、同工同酬和婚姻自由等各项权利；

（七）办理上级人民政府交办的其他事项。

第七十七条 地方各级人民政府分别实行省长、自治区主席、市长、州长、县长、区长、乡长、镇长负责制。

省长、自治区主席、市长、州长、县长、区长、乡长、镇长分别主持地方各级人民政府的工作。

第七十八条 县级以上的地方各级人民政府会议分为全体会议和常务会议。全体会议由本级人民政府全体成员组成。省、自治区、直辖市、自治州、设区的市的人民政府常务会议,分别由省长、副省长,自治区主席、副主席,市长、副市长,州长、副州长和秘书长组成。县、自治县、不设区的市、市辖区的人民政府常务会议,分别由县长、副县长,市长、副市长,区长、副区长组成。省长、自治区主席、市长、州长、县长、区长召集和主持本级人民政府全体会议和常务会议。政府工作中的重大问题,须经政府常务会议或者全体会议讨论决定。

第四节　地方各级人民政府的机构设置

第七十九条 地方各级人民政府根据工作需要和优化协同高效以及精干的原则,设立必要的工作部门。

县级以上的地方各级人民政府设立审计机关。地方各级审计机关依照法律规定独立行使审计监督权,对本级人民政府和上一级审计机关负责。

省、自治区、直辖市的人民政府的厅、局、委员会等工作部门和自治州、县、自治县、市、市辖区的人民政府的局、科等工作部门的设立、增加、减少或者合并,按照规定程序报请批准,并报本级人民代表大会常务委员会备案。

第八十条 县级以上的地方各级人民政府根据国家区域发展战略,结合地方实际需要,可以共同建立跨行政区划的区域协同发展工作机制,加强区域合作。

上级人民政府应当对下级人民政府的区域合作工作进行指导、协调和监督。

第八十一条 县级以上的地方各级人民政府根据应对重大突发事件的需要,可以建立跨部门指挥协调机制。

第八十二条 各厅、局、委员会、科分别设厅长、局长、主任、科长,在必要的时候可以设副职。

办公厅、办公室设主任,在必要的时候可以设副主任。

省、自治区、直辖市、自治州、设区的市的人民政府设秘书长一人,副秘书长若干人。

第八十三条 省、自治区、直辖市的人民政府的各工作部门受人民政府统一领导,并且依照法律或者行政法规的规定受国务院主管部门的业务指导或者领导。

自治州、县、自治县、市、市辖区的人民政府的各工作部门受人民政府统一领导,并且依照法律或者行政法规的规定受上级人民政府主管部门的业务指导或者领导。

第八十四条 省、自治区、直辖市、自治州、县、自治县、市、市辖区的人民政府应当协助设立在本行政区域内不属于自己管理的国家机关、企业、事业单位进行工作,并且监督它们遵守和执行法律和政策。

第八十五条 省、自治区的人民政府在必要的时候,经国务院批准,可以设立若干派出机关。

县、自治县的人民政府在必要的时候,经省、自治区、直辖市的人民政府批准,可以设立若干区公所,作为它的派出机关。

市辖区、不设区的市的人民政府,经上一级人民政府批准,可以设立若干街道办事处,作为它的派出机关。

第八十六条 街道办事处在本辖区内办理派出它的人民政府交办的公共服务、公共管理、公共安全等工作,依法履行综合管理、统筹协调、应急处置和行政执法等职责,反映居民的意见和要求。

第八十七条 乡、民族乡、镇的人民政府和市辖区、不设区的市的人民政府或者街道办事处对基层群众性自治组织的工作给予指导、支持和帮助。基层群众性自治组织协助乡、民族乡、镇的人民政府和市辖区、不设区的市的人民政府或者街道办事处开展工作。

第八十八条 乡、民族乡、镇的人民政府和街道办事处可以根据实际情况建立居民列席有关会议的制度。

第五章　附　　则

第八十九条 自治区、自治州、自治县的自治机关除行使本法规定的职权外,同时依照宪法、民族区域自治法和其他法律规定的权限行使自治权。

第九十条 省、自治区、直辖市的人民代表大会及其常务委员会可以根据本法和实际情况,对执行中的问题作具体规定。

有关法律问题的决定

中华人民共和国香港特别行政区选举第十四届全国人民代表大会代表的办法

（2022 年 3 月 11 日第十三届全国人民代表大会第五次会议通过）

第一条 根据《中华人民共和国宪法》、《中华人民共和国香港特别行政区基本法》以及《中华人民共和国全国人民代表大会和地方各级人民代表大会选举法》的规定，结合香港特别行政区的实际情况，制定本办法。

第二条 香港特别行政区选举第十四届全国人民代表大会代表由全国人民代表大会常务委员会主持。

第三条 香港特别行政区应选第十四届全国人民代表大会代表的名额为 36 名。

第四条 香港特别行政区选举的全国人民代表大会代表必须是年满十八周岁的香港特别行政区居民中的中国公民。

第五条 香港特别行政区成立第十四届全国人民代表大会代表选举会议。选举会议由香港特别行政区选举委员会委员中的中国公民组成。但本人提出不愿参加的除外。

香港特别行政区行政长官为香港特别行政区第十四届全国人民代表大会代表选举会议的成员。

选举会议成员名单由全国人民代表大会常务委员会公布。

第六条 选举会议第一次会议由全国人民代表大会常务委员会召集，根据全国人民代表大会常务委员会委员长会议的提名，推选 19 名选举会议成员组成主席团。主席团从其成员中推选常务主席一人。

主席团主持选举会议。主席团常务主席主持主席团会议。

第七条 选举会议举行全体会议，须有过半数成员出席。

第八条 选举会议成员以个人身份参加选举会议，并以个人身份履行职责。

选举会议成员应出席选举会议,如有特殊原因不能出席,应事先向主席团书面请假。

选举会议成员不得直接或者间接地索取、接受参选人和候选人的贿赂,不得直接或者间接地谋取其他任何利益,不得直接或者间接地以利益影响他人在选举中对参选人和候选人所持的立场。

第九条 选举日期由选举会议主席团确定。

第十条 全国人民代表大会代表候选人由选举会议成员 15 人以上提名。每名选举会议成员提名的代表候选人不得超过 36 名。

选举会议成员提名他人为代表候选人,应填写《中华人民共和国香港特别行政区第十四届全国人民代表大会代表候选人提名信》。

第十一条 年满十八周岁的香港特别行政区居民中的中国公民,凡有意参选第十四届全国人民代表大会代表的,应领取和填写《中华人民共和国香港特别行政区第十四届全国人民代表大会代表参选人登记表》。在提名截止日期以前,送交参选人登记表和 15 名以上选举会议成员分别填写的候选人提名信。

选举会议成员本人参选的,需要由其他 15 名以上选举会议成员为其填写候选人提名信。

参选人在登记表中应当作出声明:拥护中华人民共和国宪法和香港特别行政区基本法,拥护“一国两制”方针政策,效忠中华人民共和国和香港特别行政区;未直接或者间接接受外国机构、组织、个人提供的与选举有关的任何形式的资助。参选人须对所填事项的真实性负责。

任何人因危害国家安全被法院判决有罪的,即丧失参加全国人民代表大会代表选举的资格。

第十二条 代表候选人的提名时间由选举会议主席团确定。

第十三条 选举会议主席团公布第十四届全国人民代表大会代表候选人名单和简介,并印发给选举会议全体成员。

主席团公布代表候选人名单后,选举会议成员可以查阅代表候选人的提名情况。

在选举日之前,对违反本办法第十一条规定的登记表所声明内容,或者因危害国家安全被法院判决有罪的参选人,经过审查核实,由主席团决定不将其列入候选人名单或者从候选人名单中除名。

第十四条 选举会议选举第十四届全国人民代表大会代表的候选人应多于应选名额,进行差额选举。

第十五条 选举会议选举第十四届全国人民代表大会代表采用无记名投

票的方式。

选举会议进行选举时，所投的票数多于投票人数的无效，等于或者少于投票人数的有效。

每一选票所选的人数，等于应选代表名额的有效，多于或者少于应选代表名额的作废。

第十六条 代表候选人获得参加投票的选举会议成员过半数的选票时，始得当选。

获得过半数选票的代表候选人的人数超过应选代表名额时，以得票多的当选。如遇票数相等不能确定当选人时，应当就票数相等的候选人再次投票，以得票多的当选。

获得过半数选票的当选代表的人数少于应选代表的名额时，不足的名额另行选举。另行选举时，根据在第一次投票时得票多少的顺序，按照候选人比应选名额多五分之一至二分之一的差额比例，由主席团确定候选人名单；如果只选一人，候选人应为二人。另行选举时，代表候选人获得参加投票的选举会议成员过半数的选票，始得当选。

第十七条 选举会议设总监票人一人、监票人若干人，由选举会议主席团在不是代表候选人的选举会议成员中提名，选举会议通过。总监票人和监票人对发票、投票、计票工作进行监督。

第十八条 在选举日不得进行拉票活动。

选举会议举行全体会议进行投票。会场按座区设投票箱，选举会议成员按座区分别到指定的票箱投票。

投票时，首先由总监票人、监票人投票，然后主席团成员和选举会议其他成员按顺序投票。

选举会议成员不得委托他人投票。

第十九条 计票完毕，总监票人向主席团报告计票结果。选举结果由主席团予以宣布，并报全国人民代表大会常务委员会代表资格审查委员会。

选举会议主席团向全国人民代表大会常务委员会代表资格审查委员会报送选举结果前，发现当选人违反本办法第十一条规定的登记表所声明内容的，或者因危害国家安全被法院判决有罪的，应当在向全国人民代表大会常务委员会代表资格审查委员会报送选举结果的同时，提出当选人违反登记表所声明内容或者因危害国家安全被法院判决有罪的情况的报告。代表资格审查委员会经审查核实后，应当向全国人民代表大会常务委员会提出确定代表当选无效的报告。

全国人民代表大会常务委员会根据代表资格审查委员会提出的报告，确认代表的资格或者确定代表的当选无效,并公布代表名单。

第二十条 选举会议主席团接受与选举第十四届全国人民代表大会代表有关的投诉,并转报全国人民代表大会常务委员会代表资格审查委员会处理。

第二十一条 香港特别行政区第十四届全国人民代表大会代表可以向全国人民代表大会常务委员会书面提出辞职,由全国人民代表大会常务委员会决定接受辞职后予以公告。

第二十二条 香港特别行政区第十四届全国人民代表大会代表违反本办法第十一条规定的登记表所声明内容的,或者因危害国家安全被法院判决有罪的,由全国人民代表大会常务委员会代表资格审查委员会提出终止其代表资格的意见,全国人民代表大会常务委员会根据代表资格审查委员会的意见,确定终止其代表资格,并予以公告。

第二十三条 香港特别行政区第十四届全国人民代表大会代表因故出缺,由选举香港特别行政区第十四届全国人民代表大会代表时未当选的代表候选人,按得票多少顺序依次递补,但是被递补为全国人民代表大会代表的候选人的得票数不得少于选票的三分之一。全国人民代表大会常务委员会根据代表资格审查委员会提出的报告,确认递补的代表资格,公布递补的代表名单。

选举第十四届全国人民代表大会代表时,在未当选的代表候选人中,如遇票数相等不能确定代表出缺时的递补顺序,由主席团决定就票数相等的候选人再次投票,按得票多少确定递补顺序。

中华人民共和国澳门特别行政区选举第十四届全国人民代表大会代表的办法

(2022 年 3 月 11 日第十三届全国人民代表大会第五次会议通过)

第一条 根据《中华人民共和国宪法》、《中华人民共和国澳门特别行政区基本法》以及《中华人民共和国全国人民代表大会和地方各级人民代表大会选举法》的规定,结合澳门特别行政区的实际情况,制定本办法。

第二条 澳门特别行政区选举第十四届全国人民代表大会代表由全国人民代表大会常务委员会主持。

第三条 澳门特别行政区应选第十四届全国人民代表大会代表的名额为

12名。

第四条 澳门特别行政区选举的全国人民代表大会代表必须是年满十八周岁的澳门特别行政区居民中的中国公民。

第五条 澳门特别行政区成立第十四届全国人民代表大会代表选举会议。选举会议由参加过澳门特别行政区第十三届全国人民代表大会代表选举会议的人员,以及不是上述人员的澳门特别行政区居民中的中国人民政治协商会议第十三届全国委员会委员、澳门特别行政区第五任行政长官选举委员会委员中的中国公民和澳门特别行政区第七届立法会议员中的中国公民组成。但本人提出不愿参加的除外。

澳门特别行政区行政长官为澳门特别行政区第十四届全国人民代表大会代表选举会议的成员。

选举会议成员名单由全国人民代表大会常务委员会公布。

第六条 选举会议第一次会议由全国人民代表大会常务委员会召集,根据全国人民代表大会常务委员会委员长会议的提名,推选11名选举会议成员组成主席团。主席团从其成员中推选常务主席一人。

主席团主持选举会议。主席团常务主席主持主席团会议。

第七条 选举会议举行全体会议,须有过半数成员出席。

第八条 选举会议成员以个人身份参加选举会议,并以个人身份履行职责。

选举会议成员应出席选举会议,如有特殊原因不能出席,应事先向主席团书面请假。

选举会议成员不得直接或者间接地索取、接受参选人和候选人的贿赂,不得直接或者间接地谋取其他任何利益,不得直接或者间接地以利益影响他人在选举中对参选人和候选人所持的立场。

第九条 选举日期由选举会议主席团确定。

第十条 全国人民代表大会代表候选人由选举会议成员15人以上提名。每名选举会议成员提名的代表候选人不得超过12名。

选举会议成员提名他人为代表候选人,应填写《中华人民共和国澳门特别行政区第十四届全国人民代表大会代表候选人提名信》。

第十一条 年满十八周岁的澳门特别行政区居民中的中国公民,凡有意参选第十四届全国人民代表大会代表的,应领取和填写《中华人民共和国澳门特别行政区第十四届全国人民代表大会代表参选人登记表》。在提名截止日期以前,送交参选人登记表和15名以上选举会议成员分别填写的候选人提名信。

选举会议成员本人参选的,需要由其他15名以上选举会议成员为其填写候选人提名信。

参选人在登记表中应当作出声明:拥护中华人民共和国宪法和澳门特别行政区基本法,拥护"一国两制"方针政策,效忠中华人民共和国和澳门特别行政区;未直接或者间接接受外国机构、组织、个人提供的与选举有关的任何形式的资助。参选人须对所填事项的真实性负责。

任何人因危害国家安全被法院判决有罪的,即丧失参加全国人民代表大会代表选举的资格。

第十二条 代表候选人的提名时间由选举会议主席团确定。

第十三条 选举会议主席团公布第十四届全国人民代表大会代表候选人名单和简介,并印发给选举会议全体成员。

主席团公布代表候选人名单后,选举会议成员可以查阅代表候选人的提名情况。

在选举日之前,对违反本办法第十一条规定的登记表所声明内容,或者因危害国家安全被法院判决有罪的参选人,经过审查核实,由主席团决定不将其列入候选人名单或者从候选人名单中除名。

第十四条 选举会议选举第十四届全国人民代表大会代表的候选人应多于应选名额,进行差额选举。

第十五条 选举会议选举第十四届全国人民代表大会代表采用无记名投票的方式。

选举会议进行选举时,所投的票数多于投票人数的无效,等于或者少于投票人数的有效。

每一选票所选的人数,等于应选代表名额的有效,多于或者少于应选代表名额的作废。

第十六条 代表候选人获得参加投票的选举会议成员过半数的选票时,始得当选。

获得过半数选票的代表候选人的人数超过应选代表名额时,以得票多的当选。如遇票数相等不能确定当选人时,应当就票数相等的候选人再次投票,以得票多的当选。

获得过半数选票的当选代表的人数少于应选代表的名额时,不足的名额另行选举。另行选举时,根据在第一次投票时得票多少的顺序,按照候选人比应选名额多五分之一至二分之一的差额比例,由主席团确定候选人名单;如果只选一人,候选人应为二人。另行选举时,代表候选人获得参加投票的选举会议成员过半数的选票,始得当选。

第十七条 选举会议设总监票人一人、监票人若干人，由选举会议主席团在不是代表候选人的选举会议成员中提名，选举会议通过。总监票人和监票人对发票、投票、计票工作进行监督。

第十八条 在选举日不得进行拉票活动。

选举会议举行全体会议进行投票。会场按座区设投票箱，选举会议成员按座区分别到指定的票箱投票。

投票时，首先由总监票人、监票人投票，然后主席团成员和选举会议其他成员按顺序投票。

选举会议成员不得委托他人投票。

第十九条 计票完毕，总监票人向主席团报告计票结果。选举结果由主席团予以宣布，并报全国人民代表大会常务委员会代表资格审查委员会。

选举会议主席团向全国人民代表大会常务委员会代表资格审查委员会报送选举结果前，发现当选人违反本办法第十一条规定的登记表所声明内容的，或者因危害国家安全被法院判决有罪的，应当在向全国人民代表大会常务委员会代表资格审查委员会报送选举结果的同时，提出当选人违反登记表所声明内容或者因危害国家安全被法院判决有罪的情况的报告。代表资格审查委员会经审查核实后，应当向全国人民代表大会常务委员会提出确定代表当选无效的报告。

全国人民代表大会常务委员会根据代表资格审查委员会提出的报告，确认代表的资格或者确定代表的当选无效，并公布代表名单。

第二十条 选举会议主席团接受与选举第十四届全国人民代表大会代表有关的投诉，并转报全国人民代表大会常务委员会代表资格审查委员会处理。

第二十一条 澳门特别行政区第十四届全国人民代表大会代表可以向全国人民代表大会常务委员会书面提出辞职，由全国人民代表大会常务委员会决定接受辞职后予以公告。

第二十二条 澳门特别行政区第十四届全国人民代表大会代表违反本办法第十一条规定的登记表所声明内容的，或者因危害国家安全被法院判决有罪的，由全国人民代表大会常务委员会代表资格审查委员会提出终止其代表资格的意见，全国人民代表大会常务委员会根据代表资格审查委员会的意见，确定终止其代表资格，并予以公告。

第二十三条 澳门特别行政区第十四届全国人民代表大会代表因故出缺，由选举澳门特别行政区第十四届全国人民代表大会代表时未当选的代表候选人，按得票多少顺序依次递补，但是被递补为全国人民代表大会代表的候选人的得票数不得少于选票的三分之一。全国人民代表大会常务委员会根据代表资格审查委员会提出的报告,确认递补的代表资格,公布递补的代表名单。

选举第十四届全国人民代表大会代表时,在未当选的代表候选人中,如遇票数相等不能确定代表出缺时的递补顺序,由主席团决定就票数相等的候选人再次投票,按得票多少确定递补顺序。

第十三届全国人民代表大会第五次会议关于第十四届全国人民代表大会代表名额和选举问题的决定

(2022 年 3 月 11 日第十三届全国人民代表大会第五次会议通过)

根据《中华人民共和国宪法》和《中华人民共和国全国人民代表大会和地方各级人民代表大会选举法》的有关规定,第十三届全国人民代表大会第五次会议关于第十四届全国人民代表大会代表名额和选举问题决定如下:

一、第十四届全国人民代表大会代表的名额不超过 3000 人。

二、省、自治区、直辖市应选第十四届全国人民代表大会代表的名额,由根据人口数计算确定的名额数、相同的地区基本名额数和其他应选名额数构成。

(一)第十四届全国人民代表大会代表名额中,按照人口数分配的代表名额为 2000 名,省、自治区、直辖市根据人口数计算的名额数,按约每 70 万人分配 1 名;

(二)省、自治区、直辖市各分配地区基本名额数 8 名;

(三)省、自治区、直辖市的其他应选名额数,由全国人民代表大会常务委员会依照法律规定另行分配。

三、香港特别行政区应选第十四届全国人民代表大会代表 36 名,澳门特别行政区应选第十四届全国人民代表大会代表 12 名,代表产生办法由全国人民代表大会另行规定。

四、台湾省暂时选举第十四届全国人民代表大会代表 13 名,由在各省、自治区、直辖市以及中国人民解放军和中国人民武装警察部队的台湾省籍同胞中选出。代表产生办法由全国人民代表大会常务委员会规定。依法应选的其余名额予以保留。

五、中国人民解放军和中国人民武装警察部队应选第十四届全国人民代表大会代表278名。

六、第十四届全国人民代表大会代表中，少数民族代表的名额应占代表总名额的12%左右。人口特少的民族至少应有1名代表。

七、第十四届全国人民代表大会代表中，应选归侨代表35名。

八、第十四届全国人民代表大会代表中，妇女代表的比例原则上要高于上届。

九、第十四届全国人民代表大会代表中，基层代表特别是一线工人、农民和专业技术人员代表的比例要比上届有所上升，农民工代表人数要比上届有所增加，党政领导干部代表的比例要继续从严掌握。连任的代表应占一定比例。

十、第十四届全国人民代表大会代表于2023年1月选出。

国务院文件

国务院关于印发“十四五”国家老龄事业发展和养老服务体系规划的通知

（2021年12月30日　国发〔2021〕35号）

现将《“十四五”国家老龄事业发展和养老服务体系规划》印发给你们，请认真贯彻执行。

“十四五”国家老龄事业发展和养老服务体系规划

为实施积极应对人口老龄化国家战略，推动老龄事业和产业协同发展，构建和完善兜底性、普惠型、多样化的养老服务体系，不断满足老年人日益增长的多层次、高品质健康养老需求，根据《中华人民共和国老年人权益保障法》、《中华人民共和国国民经济和社会发展第十四个五年规划和2035年远景目标纲要》和《国家积极应对人口老龄化中长期规划》，制定本规划。

一、规划背景

党和国家高度重视老龄事业和养老服务体系发展。“十三五”时期，在党和国家重大规划和政策意见引领下，我国老龄事业发展和养老服务体系建设取得一系列新成就。一是老龄政策法规体系不断完备。涉老相关法律法规、规章制度和政策措施不断完善，老年人权益保障机制、优待政策等不断细化，养老服务体系建设、运营、发展的标准和监管制度更加健全。二是多元社会保障不断加强。基本社会保险进一步扩大覆盖范围，企业退休人员养老保险待遇和城乡居民基础养老金水平得到提升。稳步推进长期护理保险试点工作，明确了两批共49个试点城市，在制度框架、政策标准、运行机制、管理办法等方面作出探索。商业养老保险、商业健康保险快速发展。三是养老服务体系不断完善。“十三五”期间，全国各类养老服务机构（包括养老机构、社区养老服务机构，下同）和设施从11.6万个增加到32.9万个，床位数从672.7万张增加到821万张。各级政府持续推进公办养老机构建设，加强特困人员养老保障，对经济困难的高龄、失能（含失智，下同）老年人给予补贴，初步建立农村留守老年人关爱服务体系。居家社区养老服务发展迅速，机构养老服务稳步推进，普惠养老专项行动顺利实施。四是健康支撑体系不断健全。老年人健康水平持续提升，2020年人均预期寿命提高至77.9岁，65岁及以上老年人在基层医疗卫生机构免费获得健康管理服务。医养结合服务有序发展，照护服务能力明显提高，2020年全国两证齐全（具备医疗卫生机构资质，并进行养老机构备案）的医养结合机构5857家，床位数达到158万张。五是老龄事业和产业加快发展。老年教育机构持续增加，老年人精神文化生活不断丰富，更多老年人积极参与社区治理、文教卫生等活动。老年宜居环境建设积极推进，老年人权益保障持续加强。老年用品制造业和服务业加快转型升级，科技化水平显著提升，教育培训、文化娱乐、健康养生、旅居养老等融合发展的新业态不断涌现。

“十四五”时期，我国开启全面建设社会主义现代化国家新征程。党中央把积极应对人口老龄化上升为国家战略，在《中华人民共和国国民经济和社会发展第十四个五年规划和2035年远景目标纲要》中作了专门部署。人口老龄化是人类社会发展的客观趋势，我国具备坚实的物质基础、充足的人力资本、历史悠久的孝道文化，完全有条件、有能力、有信心解决好这一重大课题。同时也要看到，我国老年人口规模大，老龄化速度快，老年人需求结构正在从生存型向发展型转变，老龄事业和养老服务还存在发展不平衡不充分等问题，主要体现在农村养老服务水平不高、居家社区养老和优质普惠服务供给不足、专业人才特别是护理人员短缺、科技创新和产品支撑有待加强、事业产业协同发展尚需提升等方面，建设与人口老龄化进程相适应的老龄事业和养老服务体系的重要性和紧迫性日益凸显，任务更加艰巨繁重。

二、总体要求

（一）指导思想。

以习近平新时代中国特色社会主义思想为指导，全面贯彻党的十九大和十九届历次全会精神，统筹推进“五位一体”总体布局，协调推进“四个全面”战略布局，坚持稳中求进工作总基调，立足新发展阶段，完整、准确、全面贯彻新发展理念，构建新发展格局，坚持党委领导、政府主导、社会参与、全民行动，实施积极应对人口老龄化国家战略，以加快完善社会保障、养老服务、健康支撑体系为重点，把积极老龄观、健康老龄化理念融入经济社会发展全过程，尽力而为、量力而行，深化改革、综合施策，加大制度创新、政策供给、财政投入力度，推动老龄事业和产业协同发展，在老有所养、老有所医、老有所为、老有所学、老有所乐上不断取得新进展，让老年人共享改革发展成果、安享幸福晚年。

（二）基本原则。

——系统谋划，整体推进。坚持应对人口老龄化和促进经济社会发展相结合，坚持满足老年人需求和解决人口老龄化问题相结合，统筹把握老年群体与全体社会成员、老年期与全生命周期、老龄政策与公共政策的关系，系统整体推进老龄事业发展。

——以人为本，顺应趋势。贯彻以人民为中心的发展思想，聚焦老年人在社会保障、养老、医疗等民生问题上的“急难愁盼”，加快建设符合中国国情、顺应人口老龄化趋势的保障和服务体系，优化服务供给，提升发展质量，确保始终与经济社会发展相适应。

——兜好底线，广泛普惠。推进养老服务体系建设，强化政府保基本兜底线职能，促进资源均衡配置，确保基本养老服务保障到位。大力发展普惠型养老服务，充分调动社会力量积极性，为人民群众提供方便可及、价格可负担、质量有保障的养老服务。

——改革创新，扩大供给。深化放管服改革，优化营商环境，培育新产业、新业态、新模式，推动服务业多业态深度融合发展，打造制造业创新示范高地。大力发展银发经济，推动老龄事业与产业、基本公共服务与多样化服务协调发展，努力满足老年人多层次多样化需求。

——多方参与，共建共享。坚持政府、社会、家庭、个人共同参与、各尽其责，弘扬中华民族孝亲敬老传统美德，巩固家庭养老的基础地位，打造老年友好型社会。引导老年人树立主动健康和终身发展理念，鼓励老年人积极面对老年生活，在经济社会发展中充分发挥作用。

（三）发展目标。

“十四五”时期，积极应对人口老龄化国家战略的制度框架基本建立，老龄事业和产业有效协同、高质量发展，居家社区机构相协调、医养康养相结合的养老服务体系和健康支撑体系加快健全，全社会积极应对人口老龄化格局初步形成，老年人获得感、幸福感、安全感显著提升。

养老服务供给不断扩大。覆盖城乡、惠及全民、均衡合理、优质高效的养老服务供给进一步扩大，家庭养老照护能力有效增强，兜底养老服务更加健全，普惠养老服务资源持续扩大，多层次多样化养老服务优质规范发展。

老年健康支撑体系更加健全。老年健康服务资源供给不断增加，配置更加合理，人才队伍不断扩大。家庭病床、上门巡诊等居家医疗服务积极开展。

老年人健康水平不断提升，健康需求得到更好满足。

为老服务多业态创新融合发展。老年人教育培训、文化旅游、健身休闲、金融支持等服务不断丰富，围绕老年人衣食住行、康复护理的老年用品产业不断壮大，科技创新能力明显增强，智能化产品和服务惠及更多老年人。

要素保障能力持续增强。行业营商环境持续优化，规划、土地、住房、财政、投资、融资、人才等支持政策更加有力，从业人员规模和能力不断提升，养老服务综合监管、长期护理保险等制度更加健全。

社会环境更加适老宜居。全国示范性老年友好型社区建设全面推进，敬老爱老助老的社会氛围日益浓厚，老年人社会参与程度不断提高。老年人在运用智能技术方面遇到的困难得到有效解决，广大老年人更好地适应并融入智慧社会。

专栏1 “十四五”国家老龄事业发展和养老服务体系主要指标

指标	2025年目标值
1. 养老服务床位总量	达到900万张以上
2. 特殊困难老年人月探访率	达到100%
3. 新建城区、新建居住区配套建设养老服务设施达标率	达到100%
4. 养老机构护理型床位占比	达到55%
5. 设立老年医学科的二级及以上综合性医院占比	达到60%以上
6. 本科高校、职业院校养老服务相关专业招生规模	明显增长
7. 每千名老年人配备社会工作者人数	保持1人以上
8. 老年大学覆盖面	每个县(市、区、旗)至少1所
9. “敬老月”活动覆盖面	每个县(市、区、旗)每年开展1次

三、织牢社会保障和兜底性养老服务网

(四)进一步健全社会保障制度。

完善基本养老保险和基本医疗保险体系。不断扩大基本养老保险覆盖面。尽快实现企业职工基本养老保险全国统筹。实施渐进式延迟法定退休年龄。落实基本养老金合理调整机制，适时适度调整城乡居民基础养老金标准。大力发展企业年金、职业年金，提高企业年金覆盖率，促进和规范发展第三支柱养老保险，推动个人养老金发展。完善基本医保政策，逐步实现门诊费用跨省直接结算,扩大老年人慢性病用药报销范围,将更多慢性病用药纳入集中带量采购,降低老年人用药负担。

稳步建立长期护理保险制度。适应我国经济社会发展水平和老龄化发展趋势,构建长期护理保险制度政策框架,协同促进长期照护服务体系建设。从职工基本医疗保险参保人群起步,重点解决重度失能人员基本护理保障需求。探索建立互助共济、责任共担的多渠道筹资机制,参加长期护理保险的职工筹资以单位和个人缴费为主,形成与经济社会发展和保障水平相适应的筹资动态调整机制。建立公平适度的待遇保障机制,合理确定待遇保障范围和基金支付水平。制定全国统一的长期护理保险失能等级评估标准,建立并完善长期护理保险需求认定、等级评定等标准体系和管理办法,明确长期护理保险基本保障项目。做好与经济困难的高龄、失能老年人补贴以及重度残疾人护理补贴等政策的衔接。健全长期护理保险经办服务体系。

完善社会救助和社会福利制度。健全分层分类的社会救助体系,将符合条件的老年人纳入相应社会救助范围,予以救助。为经济困难的老年人提供养老服务补贴,为经济困难的失能老年人提供护理补贴,并建立补贴标准动态调整机制。推动地方探索通过政府购买服务等方式为经济困难的失能老年人等提供必要的访视、照料服务。

(五)建立基本养老服务清单制度。

建立老年人能力综合评估制度。统筹现有的老年人能力、健康、残疾、照护等相关评估制度,通过政府购买服务等方式,统一开展老年人能力综合评估,推动评估结果全国范围内互认、各部门按需使用,作为接受养老服务等的依据。研究制定可满足老年人能力综合评估需要的国家标准,提供统一、规范和可操作的评估工具。推动培育一批综合评估机构,加强能力建设和规范管理。

针对不同老年人群体分类提供服务。各地要根据财政承受能力,出台基本养老服务清单,对健康、失能、经济困难等不同老年人群体,分类提供养老保障、生活照料、康复照护、社会救助等适宜服务。清单要明确服务对象、服务内容、服务标准和支出责任,并根据经济社会发展和科技进步进行动态调整。

(六)强化公办养老机构兜底保障作用。

坚持公办养老机构公益属性。各地要根据特困老年人规模确定公办养老机构床位总量下限,做好规划建设和保运转等工作。在满足有意愿的特困老年人集中供养需求的前提下,公办养老机构重点为经济困难的空巢、留守、失能、残疾、高龄老年人以及计划生育特殊家庭老年人等(以下统称特殊困难老年人)提供服务。建立公办养老机构入住评估管理制度,明确老年人入住条件和排序原则。引导公建民营、民办公助等养老机构优先接收特殊困难老年人、作出特殊贡献的老年人。鼓励地方探索解决无监护人老年人入住养老机构难的问题。

提升公办养老机构服务水平。加大现有公办养老机构改造力度，提升失能老年人照护能力，增设失智老年人照护专区，在满足政策保障对象入住需求的基础上优先安排失能老年人入住。支持1000个左右公办养老机构增加护理型床位。针对公共卫生、自然灾害等突发事件，增设隔离功能，改造消防设施，配备必要的物资和设备，加强人员应急知识培训，提升公办养老机构应急保障能力。发挥公办养老机构作用，辐射带动周边各类养老机构完善突发事件预防与应急准备、监测与预警、应急处置与救援等机制。

专栏2　公办养老机构提升行动
提升覆盖能力达标率。新建和升级改造设区的市级公办养老机构。县级、乡镇级重点支持特困人员供养服务设施(敬老院)建设，改造升级护理型床位，开辟失能老年人照护单元，到2025年，县级特困人员供养服务设施(敬老院)建有率达到100%。 提升服务质量安全达标率。加强公办养老机构规范化建设，使其符合养老机构服务安全基本规范等标准。依据养老机构等级划分与评定等标准，评定为一级至二级服务等级的乡镇级公办养老机构、评定为二级至三级服务等级的县级公办养老机构建有率均达到80%以上。 提升入住率。改善公办养老机构服务，优化供给结构，公办养老机构入住率明显提升，用好用足现有资源。

(七)加快补齐农村养老服务短板。

通过支持县级养老服务机构建设改造、将具备条件的乡镇级特困人员供养服务设施(敬老院)改扩建为区域养老服务中心、综合利用残疾人托养服务设施等方式，因地制宜实现农村有意愿的特困老年人集中供养。以村级邻里互助点、农村幸福院等为依托，构建农村互助式养老服务网络。支持乡镇级特困人员供养服务设施(敬老院)增加养老服务指导功能，将专业养老服务延伸至村级邻里互助点、农村幸福院和居家老年人。对于特困人员供养服务设施(敬老院)原地改造升级项目，不需要调整规划用途，不额外占用建设指标。加强农村养老服务和管理人才队伍建设，提高职业化、专业化水平。以行政村为单位，依托村民自治组织和邻里互助力量，建立特殊困难老年人定期巡访制度，督促家庭成员履行赡养扶养义务，提供必要的援助服务，帮助解决基本生活安全问题。

四、扩大普惠型养老服务覆盖面

（八）建设普惠养老服务网络。

发展社区养老服务机构。深化“十三五”时期居家和社区养老服务试点改革成果，培育一批以照护为主业、辐射社区周边、兼顾上门服务的社区养老服务机构，推动集中管理运营和标准化、品牌化发展。支持社区养老服务机构建设和运营家庭养老床位，将服务延伸至家庭。支持物业企业发挥贴近住户的优势，与社区养老服务机构合作提供居家养老服务。在乡镇（街道）层面，建设具备全日托养、日间照料、上门服务、供需对接、资源统筹等功能的区域养老服务中心。到2025年，乡镇（街道）层面区域养老服务中心建有率达到60%，与社区养老服务机构功能互补，共同构建“一刻钟”居家养老服务圈。

支持建设专业化养老机构。支持社会力量建设专业化、规模化、医养结合能力突出的养老机构，推动其在长期照护服务标准规范完善、专业人才培养储备、信息化智能化管理服务、康复辅助器具推广应用等方面发挥示范引领作用。支持养老机构针对失智老年人的特殊需求，提供专业照护服务。引导养老机构立足自身定位，合理延伸服务范围，依法依规开展医疗卫生服务，为老年人提供一体化的健康和养老服务。中央预算内投资重点支持新建护理型养老服务设施和照护服务能力改造提升项目。引导地方对普通型床位和护理型床位实行差异化补助，到2025年，全国养老机构护理型床位占比提高到55%。完善对护理型床位的认定办法，尽快建立长期照护服务的项目、标准、质量评价等规范。

积极推进公办养老机构改革。完善公办养老机构委托经营机制，改革以价格为主的筛选标准，综合考虑从业信誉、服务水平、可持续性等质量指标。引进养老服务领域专业能力较强的运营机构早期介入、全程参与委托经营的养老机构项目工程建设，支持规模化、连锁化运营。探索将具备条件的公办养老机构改制为国有养老服务企业或拓展为连锁服务机构。探索建立城市养老服务联合体，“以上带下”提升基层服务能力。

（九）支持普惠养老服务发展。

完善社区养老服务设施配套。各地要严格按照人均用地不少于0.1平方米的标准分区分级规划设置社区养老服务设施，老龄化程度较高的地区可结合实际适当上调标准。加强常态化督查，确保新建居住区与配套养老服务设施同步规划、同步建设、同步验收、同步交付。开展城镇配套养老服务设施专项治理，全面清查2014年以来新建城区、新建居住区配套情况，定期进行全国通报，2025年前完成整改。在城镇老旧小区改造中，统筹推进配套养老服务设施建设，通过补建、购置、置换、租赁、改造等方式，因地制宜补齐社区养老服务设施短板。支持在社区综合服务设施开辟空间用于养老服务。支持养老机构利用配套设施提供社区养老服务,具备条件的可重点开展失能老年人全日托养服务,无偿或低偿使用配套设施的,应当以普惠为导向确定服务价格。鼓励地方探索对相邻居住区的配套养老服务设施进行资源整合、统筹利用,统一管理运营。定期组织开展社区养老服务设施使用状况检查,对于未按养老服务用途使用的配套设施产权方,支持地方探索依法实施合理的经济处罚方式。

充分调动社会力量参与积极性。综合运用规划、土地、住房、财政、投资、融资、人才等支持政策,引导各类主体提供普惠养老服务,扩大供给,提高质量,提升可持续发展能力。进一步完善市场原则下的普惠价格形成机制,"十四五"期间,各地要结合实际,综合考虑企业建设运营成本、政策支持情况、消费者承受能力等因素,推动普惠养老服务价格在合理区间运行,价格水平显著低于当地同等服务水平的市场化养老服务机构。实施普惠养老专项行动,发挥中央预算内投资引导和撬动作用,引导地方政府制定支持性"政策包",带动企业提供普惠型"服务包",推动建设一批方便可及、价格可接受、质量有保障的养老服务机构。

加大国有经济对普惠养老的支持。建立国有经济对养老服务供给的补短板机制,强化中央国有经济在养老服务领域有效供给,加强地方国有经济在养老基础设施领域布局。引导地方国有资本积极培育发展以普惠养老服务为主责主业的国有企业。对主要承担养老服务功能的国有企业,重点考核服务质量、成本控制、运营效率等情况。

五、强化居家社区养老服务能力

(十)构建城乡老年助餐服务体系。

建立老年人助餐服务网络。综合利用社区养老服务设施和闲置房屋等资源,打造一批食材可溯、安全卫生、价格公道的标准化社区老年食堂(助餐服务点)。重点补齐农村、远郊等助餐服务短板,支持当地养老服务机构、餐饮场所等增加助餐功能,推广邻里互助的助餐模式。丰富和创新助餐服务提供机制,因地制宜采取中央厨房、社区食堂、流动餐车等形式,降低运营成本,便利老年人就餐。

支持高质量多元化供餐。围绕更好满足老年人多层次多样化就餐需求,鼓励助餐机构开发餐饮产品、丰富菜色品种、合理营养膳食。建立助餐服务合理回报机制,由经营者根据实际服务成本和适度利润水平确定收费标准,引导更多市场主体参与助餐服务。引导外卖平台等市场主体参与助餐配送。推动助餐机构投保食品安全责任保险。

（十一）开展助浴助洁和巡访关爱服务。

发展老年人助浴服务。支持社区助浴点、流动助浴车、入户助浴等多种业态发展，培育一批专业化、连锁化助浴机构。研究制定老年人助浴服务相关标准规范，加强养老护理员助浴技能培训。支持助浴服务相关产品研发，推广应用经济实用型产品。鼓励助浴机构投保相关保险，提高风险保障程度。

引导助洁服务覆盖更多老年人。支持家政企业开发被褥清洗、收纳整理、消毒除尘等适合老年人需求的保洁服务产品。引导物业企业将保洁服务范围由公共区域向老年人家庭延伸。支持有条件的地方通过政府购买服务、组织开展志愿服务等方式，为特殊困难老年人提供助洁服务。

加强居家老年人巡访关爱。建立居家养老巡访关爱服务制度，实行普遍巡访和重点巡访相结合，采取电话问候、上门探访等多种形式，运用互联网、物联网等技术手段，为老年人提供紧急救援服务。通过"社工+邻里+志愿者+医生"相结合的方式，为特殊困难老年人提供身心关爱服务。

（十二）加快发展生活性为老服务业。

提高老年人生活服务可及性。依托社区养老服务设施，引导社区综合服务平台广泛对接老年人需求，提供就近就便消费服务。组织和引导物业企业、零售服务商、社会工作服务机构等拓展为老服务功能，提供生活用品代购、餐饮外卖、家政预约、代收代缴、挂号取药、精神慰藉等服务。

培育老年人生活服务新业态。推动"互联网+养老服务"发展，推动互联网平台企业精准对接为老服务需求，支持社区养老服务机构平台化展示，提供"菜单式"就近便捷为老服务，鼓励"子女网上下单、老人体验服务"。培育城市级综合信息平台和行业垂直信息平台。引导有条件的养老服务机构线上线下融合发展，利用互联网、大数据、人工智能等技术创新服务模式。鼓励互联网企业开发面向老年人各种活动场景的监测提醒功能，利用大数据方便老年人的居家出行、健康管理和应急处置。

六、完善老年健康支撑体系

（十三）加强老年健康教育和预防保健。

完善健康教育和健康管理。开发老年健康教育科普教材，通过老年健康宣传周等多种活动，利用多种传播媒介普及健康知识和健康生活方式，提高老年人健康素养。落实基本公共卫生服务老年人健康管理项目，做实老年人家庭医生签约服务。加强老年人群重大传染病的早期筛查、干预，鼓励有条件的地方开展阿尔茨海默病、帕金森病等神经退行性疾病的早期筛查和健康指导。

实施老年健康促进工程。加强老年人群重点慢性病的早期筛查、干预及分类指导，开展老年口腔健康、老年营养改善、老年痴呆防治和心理关爱行动。

推动老年健康领域科研成果转化,遴选推广一批老年健康适宜技术,提高基层的老年健康服务能力。发挥中医药在老年病、慢性病防治等方面的优势和作用。

(十四)发展老年医疗、康复护理和安宁疗护服务。

增强医疗卫生机构为老服务能力。加强国家老年医学中心建设,布局若干区域老年医疗中心。加强综合性医院老年医学科建设。支持医疗资源丰富的地区将部分公立医疗机构转型为护理院、康复医院。推动医疗卫生机构开展老年综合征管理,促进老年医疗服务从单病种模式向多病共治模式转变。加快建设老年友善医疗机构,方便老年人看病就医。

推动医疗服务向居家社区延伸。支持有条件的医疗卫生机构为失能、慢性病、高龄、残疾等行动不便或确有困难的老年人提供家庭病床、上门巡诊等居家医疗服务。公立医疗机构为老年人提供上门医疗服务,采取"医疗服务价格+上门服务费"方式收费。提供的医疗服务、药品和医用耗材适用本医疗机构执行的医药价格政策,上门服务费可由公立医疗机构自主确定。鼓励社会力量开办社区护理站。积极开展社区和居家中医药健康服务。

开展安宁疗护服务。推动医疗卫生机构按照"充分知情、自愿选择"的原则开展安宁疗护服务。稳步扩大安宁疗护试点,推动安宁疗护机构标准化、规范化建设。支持社区和居家安宁疗护服务发展,建立机构、社区和居家相衔接的安宁疗护服务机制。加强对社会公众的生命教育。

专栏 3　老年健康服务体系建设行动
老年健康促进工程。监测老年人健康素养状况,开展有针对性的健康教育活动。将老年心理关爱行动覆盖至所有县(市、区、旗)。在先行试点的基础上,实施老年口腔健康行动和老年营养改善行动。实施老年痴呆防治行动,提升老年痴呆防治水平。 老年健康服务体系建设工程。构建综合连续、覆盖城乡的老年健康服务体系。加强综合性医院老年医学科以及老年医院、康复医院、护理院(中心、站)、安宁疗护机构建设。鼓励社会力量开办护理院(中心、站)。在国家安宁疗护试点市(区),每个县(市、区、旗)至少设立 1 个安宁疗护病区,有条件的社区卫生服务中心和乡镇卫生院设立安宁疗护病床。

(十五)深入推进医养结合。

丰富医养结合服务模式。鼓励大型或主要接收失能老年人的养老机构内部设置医疗卫生机构,将养老机构内设医疗卫生机构纳入医联体管理,根据服务老年人的特点,合理核定养老机构举办的医疗机构医保限额。推动养老机构与周边医疗卫生机构开展签约合作,做实合作机制和内容。到 2025 年,养老机构普遍具备医养结合能力(能够提供医疗卫生服务或与医疗卫生机构开展签约合作)。

增加医养结合服务供给。实施社区医养结合能力提升行动。积极开展基本公共卫生服务老年健康与医养结合服务项目。支持优抚医院、光荣院转型,开展医养结合服务。推动社区卫生服务中心与社区养老服务机构、乡镇卫生院与特困人员供养服务设施(敬老院)、村卫生室与农村幸福院毗邻建设,采取多种有效方式实现资源整合、服务衔接。

提升医养结合服务质量。健全医养结合标准规范体系。推动医疗卫生、养老服务数据共享,完善医养结合信息管理系统。推进"互联网+医疗健康"、"互联网+护理服务"、"互联网+康复服务",发展面向居家、社区和机构的智慧医养结合服务。

专栏4　医养结合能力提升专项行动
社区医养结合能力提升行动。依托社区卫生服务中心、乡镇卫生院或养老服务机构、特困人员供养服务设施(敬老院),利用现有资源改建一批社区(乡镇)医养结合服务设施,重点为失能、慢性病、高龄、残疾等老年人提供健康教育、预防保健、疾病诊治、康复护理、安宁疗护为主,兼顾日常生活照料的医养结合服务。 医养结合示范行动。利用中央预算内投资支持建设专业化、规模化、医养结合能力突出的养老服务机构。组织开展医养结合人才能力提升培训。组织开展全国医养结合示范省(自治区、直辖市)、示范县(市、区、旗)和示范机构创建活动。

(十六)强化老年人疫情防控。

制定老年人突发公共卫生事件应急处置预案和指南,分类完善居家、社区和入住养老机构的老年人疫情防控措施。在疫情应急处置中,充分发挥基层党组织和基层自治组织的作用,做好特殊困难老年人的就医帮助、生活照顾、心理慰藉等服务。加强养老机构疫情防控制度和能力建设。

七、大力发展银发经济

(十七)发展壮大老年用品产业。

加强老年用品研发制造。大力开发满足老年人衣、食、住、行等需求的老年生活用品。针对不同生活场景,重点开发适老化家电、家具、洗浴装置、坐便器、厨房用品等日用产品以及智能轮椅、生物力学拐杖等辅助产品,推广易于抓握的扶手等支撑装置以及地面防滑产品、无障碍产品,发展老年益智类玩具、乐器等休闲陪护产品。针对机构养老、日间托养、上门护理等需求,重点开发清洁卫生、饮食起居、生活护理等方面产品,提升成人尿裤、护理垫、溃疡康复用品等产品的适老性能,发展辅助搬运、翻身、巡检等机器人。发展老年人监护、防走失定位等产品。

促进优质产品应用推广。制修订一批关键急需的老年用品和服务技术标准，促进质量提升，规范市场秩序，引导消费者正确选择和使用。建立老年用品产品目录，适时进行评估并动态调整。对自主研发、技术领先、市场认可的产品，优先纳入升级和创新消费品指南。在有条件的街道、社区，发展嵌入式康复辅助器具销售和租赁网点，提供用品展示、预约使用、指导教学、售后维修、回收利用等服务。

鼓励发展产业集群。鼓励国内外多方共建特色养老产业合作园区，加强市场、规则、标准方面的软联通，打造制造业创新示范高地。优先培育一批带动力强、辐射面广的龙头企业，打造一批产业链长、覆盖领域广、经济社会效益显著的产业集群，形成一批具有国际竞争力的知名品牌，推动我国相关产业迈向全球价值链中高端。

专栏 5　规划布局一批银发经济重点发展区域
在京津冀、长三角、粤港澳大湾区、成渝等区域，规划布局 10 个左右高水平的银发经济产业园区。支持北京、天津、上海、海南、重庆在开展服务业扩大开放综合试点中推进国际性、跨区域合作。结合积极应对人口老龄化重点联系城市评选，在全国打造一批银发经济标杆城市，推进在服务业融合发展、制造业转型升级、新技术新业态培育方面的探索创新。建立区域老年用品市场交易平台，支持有条件的地区举办老年用品博览会、展销会。

（十八）促进老年用品科技化、智能化升级。

强化老年用品的科技支撑。加快推进互联网、大数据、人工智能、第五代移动通信（5G）等信息技术和智能硬件在老年用品领域的深度应用。支持智能交互、智能操作、多机协作等关键技术研发，提升康复辅助器具、健康监测产品、养老监护装置、家庭服务机器人、日用辅助用品等适老产品的智能水平、实用性和安全性，开展家庭、社区、机构等多场景的试点试用。

加强老年科技的成果转化。利用现有资金渠道，支持老年用品关键技术和产品研发、成果转化、服务创新及应用推广，促进产业创新。支持在老年用品领域培育国家技术创新示范企业、"专精特新"企业、制造业单项冠军企业等，加强产学研用协同创新和关键共性技术产业化。加强老年用品领域知识产权保护，依法保护相关专利、商标和商誉等合法权益。

发展健康促进类康复辅助器具。加快人工智能、脑科学、虚拟现实、可穿戴等新技术在健康促进类康复辅助器具中的集成应用。发展外骨骼康复训练、认知障碍评估和训练、沟通训练、失禁康复训练、运动肌力和平衡训练、老年能力评估和日常活动训练等康复辅助器具。发展用药和护理提醒、呼吸辅助器具、睡眠障碍干预以及其他健康监测检测设备。

推广智慧健康养老产品应用。针对老年人康复训练、行为辅助、健康理疗和安全监护等需求，加大智能假肢、机器人等产品应用力度。开展智慧健康养老应用试点示范建设，建设众创、众包、众扶、众筹等创业支撑平台，建立一批智慧健康养老产业生态孵化器、加速器。编制智慧健康养老产品及服务推广目录，完善服务流程规范和评价指标体系，推动智慧健康养老规范化、标准化发展。

专栏6　老年用品研发制造应用重大科技攻关
结合"十四五"国家重点研发计划相关专项的实施，加强对高龄老年人机能增强和照护、失能老年人用品等的研发。围绕神经系统损伤、损伤后脑认知功能障碍、瘫痪助行等康复治疗需求，突破脑机交互等技术，开发用于不同损伤康复的辅助机器人系列产品，实施智能服务机器人发展行动计划。研发穿戴式动态心电监测设备和其他生理参数检测设备，发展便携式健康监测设备、自助式健康检测设备等健康监测产品，开发新型信号采集芯片和智能数字医疗终端。

（十九）有序发展老年人普惠金融服务。

促进和规范发展第三支柱养老保险。支持商业保险机构开发商业养老保险和适合老年人的健康保险，引导全社会树立全生命周期的保险理念。引导商业保险机构加快研究开发适合居家护理、社区护理、机构护理等多样化护理需求的产品。研究建立寿险赔付责任与护理支付责任转换机制，支持被保险人在失能时提前获得保险金给付，用于护理费用支出。支持老年人住房反向抵押养老保险业务发展。积极推进老年人意外伤害保险。鼓励金融机构开发符合老年人特点的支付、储蓄、理财、信托、保险、公募基金等养老金融产品，研究完善金融等配套政策支持。加强涉老金融市场的风险管理，严禁金融机构误导老年人开展风险投资。

八、践行积极老龄观

（二十）创新发展老年教育。

加快发展城乡社区老年教育，支持各类有条件的学校举办老年大学（学校）、参与老年教育。鼓励养教结合创新实践，支持社区养老服务机构建设学习点。发挥社区教育办学网络的作用，办好家门口的老年教育。依托国家开放大学筹建国家老年大学，搭建全国老年教育资源共享和公共服务平台。推动各地开放大学举办"老年开放大学"，鼓励老年教育机构开展在线老年教育。创新机制，推动部门、行业企业、高校举办的老年大学面向社会开放办学。

（二十一）鼓励老年人继续发挥作用。

加强老年人就业服务。鼓励各地建立老年人才信息库，为有劳动意愿的老年人提供职业介绍、职业技能培训和创新创业指导服务。健全相关法律法规和政策，保障老年人劳动就业权益和创业权益。支持老年人依法依规从事经营和生产活动，兴办社会公益事业。按照单位按需聘请、个人自愿劳动原则，鼓励专业技术人才合理延长工作年限。

促进老年人社会参与。在全社会倡导积极老龄观，引导老年人根据自身情况，积极参与家庭、社区和社会发展。积极开展"银龄行动"，支持老年人参与文明实践、公益慈善、志愿服务、科教文卫等事业。建设高层次老年人才智库，在调查研究、咨询建言等方面发挥作用。鼓励和引导老年人在城乡社区建立基层老年协会等基层老年社会组织，搭建自我服务、自我管理、自我教育平台。指导和促进基层老年社会组织规范化建设。

专栏7　基层老年协会规范化建设行动
发挥基层党组织作用，加强基层老年协会党建工作，改善基层老年协会活动设施和条件，加强骨干培训和活动指导。通过政府购买服务等方式，引入专业社会工作者、社会组织等对基层老年协会进行培育孵化，打造一批规范化、专业化基层老年协会。做好基层老年协会的登记（备案）工作，推动各地制定切实可行的具体监管措施，加强规范管理。

（二十二）丰富老年人文体休闲生活。

扩大老年文化服务供给。改扩建或新建一批老年公共文体活动场所，支持通过公建民营、委托经营、购买服务等方式提高运营效率。鼓励编辑出版适合老年人的大字本图书，加强弘扬孝亲敬老美德的艺术作品创作，在广播电视和互联网播放平台增加播出，推出养老相关公益广告。搭建老年文化活动交流展示平台，支持老年文化团体和演出队伍登上乡村、社区舞台。鼓励和支持电影院、剧场等经营性文化娱乐场所增加面向老年人的优惠时段。

支持老年人参与体育健身。在体育公园、全民健身中心等公共体育设施布局中充分考虑老年人健身需求，加强配套运动场所和设施的规划建设。鼓励开发适合老年人的体育健身项目，搭建平台组织相关赛事和锻炼展示活动。发布老年人科学健身活动指南，根据差异化的身体素质推荐适合的运动项目和锻炼强度，推广中国传统保健体育运动。鼓励建立老年人全民健身志愿服务队伍，指导和帮助老年人科学开展各类体育健身项目。营造良性的体育健身消费环境，鼓励推出适合老年人的体育服装、锻炼器材等产品以及健身指导、竞赛参与等服务。

促进养老和旅游融合发展。引导各类旅游景区、度假区加强适老化建设和改造，建设康养旅游基地。鼓励企业开发老年特色旅游产品，拓展老年医疗旅游、老年观光旅游、老年乡村旅游等新业态。支持社会力量建设旅居养老旅游服务设施，结合各地自然禀赋，形成季节性地方推介目录，加强跨区域对接联动，打造旅居养老旅游市场。以健康状况取代年龄约束，修改完善相关规定。

九、营造老年友好型社会环境

（二十三）传承弘扬家庭孝亲敬老传统美德。

巩固和增强家庭养老功能。在全社会开展人口老龄化国情教育，积极践行社会主义核心价值观，传承弘扬"百善孝为先"的中华民族传统美德。建立常态化指导监督机制，督促赡养人履行赡养义务，防止欺老虐老弃老问题发生，将有能力赡养而拒不赡养老年人的违法行为纳入个人社会信用记录。支持地方制定具体措施，推动解决无监护人的特殊困难老年人监护保障问题。

完善家庭养老支持政策体系。将家庭照护者纳入养老护理员职业技能培训等范围，支持有关机构、行业协会开发公益课程并利用互联网平台等免费开放，依托基层群众性自治组织等提供指导，帮助老年人家庭成员提高照护能力。支持有条件的地区对分散供养特困人员中的高龄、失能、残疾老年人家庭实施居家适老化改造，配备辅助器具和防走失装置等设施设备。探索设立独生子女父母护理假制度。探索开展失能老年人家庭照护者"喘息服务"。

专栏8　中华孝亲敬老文化传承和创新工程
每年在重阳节当月开展为期一个月的"敬老月"活动，广泛组织动员政府部门、社会组织、企事业单位和家庭个人，以走访慰问、权益维护、文化活动、志愿服务、主题宣传等多种方式，为老年人办实事、做好事、献爱心。 每年举办一次中华孝亲敬老文化传承和创新大会。持续开展全国"敬老文明号"创建和全国敬老爱老助老模范人物评选，营造养老孝老敬老社会氛围。 深入开展人口老龄化国情教育，增强全社会人口老龄化国情意识，推动形成积极应对人口老龄化广泛共识。

（二十四）推进公共环境无障碍和适老化改造。

提升社区和家庭适老化水平。有序推进城镇老旧小区改造，完成小区路面平整、出入口和通道无障碍改造、地面防滑处理等，在楼梯沿墙加装扶手，在楼层间安装挂壁式休息椅等，做好应急避险等安全防护。有条件的小区可建设凉亭、休闲座椅等。完善社区卫生服务中心、社区综合服务设施等的适老化改造。推动将适老化标准融入农村人居环境建设。鼓励有条件的地方对经济困难的失能、残疾、高龄等老年人家庭实施无障碍和适老化改造。

推动公共场所适老化改造。大力推进无障碍环境建设。加大城市道路、交通设施、公共交通工具等适老化改造力度，在机场、火车站、三级以上汽车客运站等公共场所为老年人设置专席以及绿色通道，加强对坡道、电梯、扶手等的改造，全面发展适老型智能交通体系，提供便捷舒适的老年人出行环境。推动街道乡镇、城乡社区公共服务环境适老化改造。

(二十五)建设兼顾老年人需求的智慧社会。

完善传统服务保障措施。对医疗、社保、民政、金融、电信、邮政、出入境、生活缴费等高频服务事项，设置必要的线下办事渠道并向基层延伸。公共服务场所应保留人工窗口和电话专线，为老年人保留一定数量的线下名额。加强身份证信息归集和数据互联互通，在更多领域推广“一证通行”。定期开展拒收现金专项治理。

推进智能化服务适应老年人需求。依托全国一体化政务服务平台，推进政务数据共享，优化线上线下政务服务，让老年人办事少跑腿。持续推进互联网网站、移动互联网应用适老化改造，优化界面交互、内容朗读、操作提示、语音辅助等功能，鼓励企业提供相关应用的“关怀模式”、“长辈模式”，将无障碍改造纳入日常更新维护。支持终端设备制造商、应用产品提供商、养老服务机构联动，促进上下游功能衔接。以市场力量为主体推动出台一批智能技术适老化改造标准。组织开展老年人运用智能技术教育培训，通过体验学习、尝试应用、经验交流、互助帮扶等，引导老年人了解新事物、体验新科技、运用新技术。严厉打击电信网络诈骗等违法犯罪行为。

长效解决“数字鸿沟”难题。发挥解决老年人运用智能技术困难工作部际联席会议制度作用，总结各地创新经验和举措，及时推广并适时形成政策文件。组织开展第三方评估，对各地公共服务适老化程度进行评价，相关结果纳入积极应对人口老龄化综合评估。

专栏9　智慧助老行动
在全国城乡社区普遍开展老年人运用智能技术教育培训。研究编制一批老年人运用智能技术教育培训教材，鼓励老年人家庭成员、相关社会组织加强对老年人的培训。遴选培育一批智慧助老志愿服务团队，为老年人运用智能技术提供志愿培训和服务。加强智慧助老公益宣传，营造帮助老年人解决运用智能技术困难的良好氛围。

(二十六)培育敬老爱老助老社会风尚。

营造良好社会氛围。健全老年人权益保障机制，加强老龄法治建设，加大普法宣传教育力度。鼓励各地争创积极应对人口老龄化重点联系城市，开展全国示范性老年友好型社区创建活动，将老年友好型社会建设情况纳入文明城市评选的重要内容。加强老年人优待工作，鼓励各地推广与当地文化风俗、经济社会发展水平相适应的敬老爱老优待服务和活动。

积极发挥多方合力。建立健全为老志愿服务项目库，鼓励机构开发志愿服务项目，支持公益慈善类社会组织参与，引导在校生志愿服务和暑期实践、相关专业学生社会实习、社会爱心人士志愿服务等与老年人生活服务、健康服务、精神慰藉、法律援助等需求有效对接。围绕关爱老年人开展慈善募捐、慈善信托等慈善活动，依法加强对慈善组织和慈善活动的扶持和监管。

十、增强发展要素支撑体系

（二十七）推动有关培训疗养机构转型发展养老服务。

加大改革力度。按照“脱钩是原则、保留是例外”的要求，推动党政机关等所属培训疗养机构撤销或脱钩，资产统一划转至负责接收的国有企业，整合资源、统筹规划、整体转型。坚持“应改尽改、能转则转”的原则，推动党政机关、国有企事业单位所属培训疗养机构主要转型为普惠型养老服务设施，不得以养老名义经营其他业务。各地要建立绿色通道，本着尊重历史的原则，积极协调解决培训疗养机构转型问题。

强化示范引领。将培训疗养机构数量较多、分布集中的北京、大连、青岛、深圳、成都、杭州、秦皇岛、苏州、扬州、九江等确定为重点联系城市，支持更多符合条件的培训疗养机构转型，打造一批转型优质项目，纳入普惠养老专项行动，争取在 2022 年年底前基本投入运营。制定北戴河地区培训疗养机构转型发展养老服务规划，建设北戴河地区培训疗养机构转型发展养老服务集中示范区。

（二十八）完善用地用房支持政策。

科学规划布局新增用地。根据人口结构现状和老龄化发展趋势，因地制宜提出养老服务设施用地的规模、标准和布局。科学编制供地计划，分阶段供应规划确定的养老服务设施用地，并落实到年度建设用地供应计划，做到应保尽保。涉及新增建设用地的，在土地利用年度计划中优先予以安排。制定支持发展养老服务业的土地政策，以多种方式供应养老服务设施用地。

优化存量设施利用机制。在符合规划的前提下，支持利用存量场所改建养老服务设施，进一步简化和优化存量土地用途的变更程序。利用存量商业服务用地开展养老服务的，允许按照适老化设计要求适当放宽户均面积、租赁期限等土地和规划要求。养老服务机构所使用存量房屋在符合规划且不改变用地主体的条件下适用过渡期政策，五年内继续按原用途和权利类型使用土地。研究制定过渡期后顺畅接续的政策措施，稳定养老服务机构预期。出台支持依法利用集体建设用地发展养老服务的实施细则和工作指引，由养老服务机构与村集体约定土地使用和收益分配方案。

（二十九）强化财政资金和金融保障。

强化支持老龄事业发展和养老服务的资金保障。适应今后一段时期老龄事业发展的资金需求，完善老龄事业发展财政投入政策和多渠道筹资机制，继续加大中央预算内投资支持力度。民政部本级和地方各级政府用于社会福利事业的彩票公益金要加大倾斜力度，自2022年起将不低于55%的资金用于支持发展养老服务。鼓励地方在养老服务设施建设中同步考虑运营问题，确保后续发展可持续。各地要根据本地实际，研究制定可操作的运营补贴等激励政策，引导各类养老服务机构优先接收特殊困难老年人，鼓励对接收外地老年人的机构同等适用相应补贴政策。

推动税费优惠举措落地。落实落细支持养老服务发展的税费优惠政策。落实养老服务机构用电、用水、用气、用热享受居民价格政策，不得以土地、房屋性质等为理由拒绝执行相关价格政策，因难以计量等操作性原因无法执行的，探索应用大数据等技术手段予以解决。

拓宽金融支持养老服务渠道。鼓励金融机构按照市场化、法治化原则，提供差异化信贷支持，满足养老服务机构合理融资需求。鼓励探索以应收账款、动产、知识产权、股权等抵质押贷款，满足养老服务机构多样化融资需求。在依法合规、风险可控的前提下，审慎有序探索养老服务领域资产证券化，支持保险资金加大对养老服务业的投资力度，支持保险机构开发相关责任险及机构运营相关保险。

（三十）加强人才队伍建设。

完善人才激励政策。完善养老机构等级评定、质量评价等政策，鼓励聘用取得职业技能等级证书的养老护理员，推动行业专业化发展。完善养老护理员薪酬待遇和社会保险政策。建立基于岗位价值、能力素质、业绩贡献的工资分配机制，科学评价技能水平和业绩贡献，强化技能价值激励导向，促进养老护理员工资合理增长。对符合条件的养老护理员按规定给予职业技能鉴定补贴。支持城乡未继续升学初高中毕业生、农村转移就业劳动者、城镇登记失业人员等从事养老服务业，引导其取得职业技能等级证书，按规定获得补贴。建立健全从业人员和为老志愿服务激励褒扬机制。通过职业技能大赛等途径加大社会宣传，支持地方探索将行业紧缺、高技能的养老服务从业者纳入人才目录、积分落户、市民待遇等政策范围加以优待。

拓宽人才培养途径。优化养老服务专业设置，结合行业发展新业态，动态调整增设相关专业并完善教学标准体系，引导普通高校、职业院校、开放大学、成人高校等加大养老服务人才培养力度。积极稳妥推进1+X证书("学历证书+若干职业技能等级证书")制度。大力推进养老领域产教融合,培育一批产教融合型养老企业,支持院校和优质机构共建合办养老服务实训基地,探索将有条件的养老机构发展成实习实训点。大力发展老年学、养老服务管理、健康服务与管理、中医养生学相关专业本科教育。引导有条件的高校开设老年学、老年医学、老年护理学、老年心理学、老年社会学、老年营养学、老年服务与管理、老年社会工作等课程,鼓励高校自主培养积极应对人口老龄化相关领域的高水平人才,加大新技术新应用新业态的引才用人力度,为智慧健康养老、老龄科研、适老化产品研发制造等领域培养引进和储备专业人才。落实医师区域注册制度,鼓励医务人员到医养结合机构(同时具备医疗卫生资质和养老服务能力的医疗卫生机构或养老机构)执业。在养老机构举办的医疗机构中工作的医务人员,可参照执行基层医务人员相关激励政策。

专栏10 人才队伍建设行动

养老服务人才队伍扩容。积极增设养老服务相关本科专业,支持有条件的普通高校增设老年学、养老服务管理等专业。动态调整养老服务领域职业教育专业目录,支持有条件的职业院校开设养老服务相关专业,扩大养老服务技术技能人才培养规模。

老年医学人才队伍培养。对全国二级及以上综合性医院老年医学科和医养结合机构的1万名骨干医护人员、国家安宁疗护试点市(区)从事安宁疗护工作的5000名骨干医护人员,开展诊疗知识和技能培训。加强临床医学硕士专业学位老年医学领域研究生临床能力培养。在基层医疗卫生人员招聘、使用和培养等方面向医养结合机构倾斜,鼓励医养结合机构为有关院校提供学生实习岗位。将老年医学、护理、康复等医学人才纳入卫生健康紧缺人才培养。开展相关人才培训,提升医养结合服务能力,依托现有资源设立一批医养结合培训基地。

为老服务人才队伍提质。在一流本科专业建设中加大对养老服务相关专业的支持力度,引领带动养老服务相关专业建设水平和人才培养质量整体提升。完善和发布一批养老服务相关专业教学标准。加强养老服务领域职业教育教学资源建设,遴选一批优秀课程和教材,持续推动职业院校深化养老服务领域教师、教材、教法改革。积极稳妥推进1+X证书制度,推进老年照护等职业技能等级培训及考核工作。

十一、维护老年人合法权益

(三十一)加强市场主体行为监管。

落实市场主体信用承诺。建立健全养老服务机构备案信用承诺制度,备案申请人书面承诺养老服务机构按照有关法律法规和国家标准开展活动,书面承诺向社会公开,履约情况记入信用记录。督促养老服务机构落实主体责任,主动防范消除本机构在建筑、消防、食品、医疗卫生等方面的风险隐患,提高养老服务、安全管理、风险防控的能力和水平。

加强市场秩序监管。对未依法取得营业执照以市场主体名义从事养老服务经营活动、未经登记擅自以社会服务机构名义开展养老服务活动、未经登记管理机关核准登记擅自以事业单位法人名义开展养老服务活动等无证无照违法经营行为,加大依法打击查处力度。严禁利用养老服务机构设施和场地开展与养老服务无关的活动。指导养老服务机构按照国家有关规定和当事方协议约定提供服务,建立纠纷协商调解机制,引导老年人及其代理人依法维权。

(三十二)引领全行业规范健康发展。

健全养老服务综合监管制度。加强协同监管,健全各部门协调配合机制,实现违法线索互联、监管标准互通、处理结果互认,避免多头多层重复执法,切实减轻养老服务机构和从业人员负担。加强对养老服务机构的行为监管,严防欺老虐老行为。利用大数据分析等多种手段,创新开展智能监管,推动行业自律。建立"养老服务+信用"机制,充分运用全国信用信息共享平台、国家企业信用信息公示系统、中国社会组织政务服务平台,建立覆盖养老服务机构、从业人员的信用管理体系。

优化养老服务营商环境。完善养老机构备案办事指南,优化办事流程,实施并联服务,明确办理时限,推进"马上办、网上办、就近办"。制定养老服务领域政务服务事项清单,建立健全"好差评制度",持续改进提升政务服务质量。推进要素市场制度建设,实现要素价格市场决定、流动自主有序、配置高效公平。

推进养老服务标准化建设。加快养老服务领域标准的制修订,研究制定一批与国际接轨、体现中国特色、适应服务管理需要的养老服务标准。加快建立全国统一的养老服务质量标准、等级评定与认证体系,推动养老机构服务安全基本规范、服务质量基本规范、等级划分与评定等国家标准的实施,引导养老服务机构通过养老服务质量认证。鼓励各地因地制宜制定养老服务相关地方标准,鼓励社会组织自主制定高于国家标准、行业标准技术要求的养老服务相关团体标准。积极参与养老服务领域国际标准化活动。支持养老服务领域行业组织和机构开展标准化管理。

(三十三)加强老年人消费权益保护。

切实防范各类侵权风险。加大联合执法力度,严厉查处老年人产品和服务消费领域的侵权行为,特别是向老年人欺诈销售各类产品和服务的违法行为。广泛开展老年人识骗防骗宣传教育活动,提升老年人抵御欺诈销售的意识和能力。加大养老诈骗重点防范和整治工作力度,做好政策宣传和风险提示,对涉嫌犯罪的依法打击。完善养老服务领域预付费管理制度,探索建立对预付费的资金监管机制。加强对金融机构开展养老服务领域金融产品和服务创新的监管。完善养老服务机构退出机制，指导退出机构妥善做好老年人服务协议解除、安置等工作，建立健全养老服务机构关停等特殊情况应急处置机制。

加强涉老矛盾纠纷化解和法律援助。充分发挥基层党组织、基层群众性自治组织、相关社会组织的作用，做好涉老矛盾纠纷预警、排查、化解。建立适老型诉讼服务机制。倡导律师事务所、公证机构、基层法律服务机构为老年人减免法律服务费用，为行动不便的老年人提供上门服务。做好特殊困难老年人的法律服务、法律援助和司法救助。完善老年人监护制度。

规范中高端机构养老发展。对建设、销售以老年人为主要居住群体的住宅或居住小区，要坚持以服务为本的功能定位，鼓励地方建立监管机制，落实信用承诺，强化日常监管，确保经营健康稳定可持续，严禁以养老之名"跑马圈地"。

十二、实施保障

（三十四）加强党的领导。

坚持党的集中统一领导，充分发挥党总揽全局、协调各方的领导核心作用，为规划实施提供坚强保障。强化各地落实规划的主体责任，加强对规划实施的组织、协调和督导，将本规划主要任务指标纳入当地经济社会发展规划，纳入为民办实事项目，纳入政府工作议事日程和目标责任考核内容。

（三十五）完善法治保障。

落实依法治国要求，依法保障老年人合法权益，推动制定养老服务法，构建以老年人权益保障、养老服务等法律为统领，行政法规、部门规章、规范性文件为主体，相关标准为支撑的养老服务政策法律体系，实现养老服务有法可依、有法必依。发挥养老服务法规在保护当事人权益、维护市场秩序、规范合同管理、调解处理服务纠纷等方面的重要作用。

（三十六）强化组织协调。

各省（自治区、直辖市）要根据人口老龄化发展形势，制定实施专项规划，加强与相关规划衔接。各级老龄工作委员会要发挥统筹协调作用，推动老龄工作委员会各成员单位履职尽责，形成工作合力。发挥养老服务联席会议制度作用，推进养老服务体系建设，强化区域养老服务资源统筹管理。支持城市群、都市圈打造养老服务体系一体化建设格局，形成服务能力衔接、产业发展协同的合作区域。支持大型城市和区域中心城市推动养老产业集聚发展，充分发挥辐射带动和示范作用。推动以地级行政区为单位制定"整体解决方案"，将老龄事业发展和养老服务体系建设纳入经济社会发展全局中通盘考虑，全方位整合资源力量，充分调动各方积极性，推动兜底性、普惠型、多样化三种路径协同发展。

专栏 11　养老服务“整体解决方案”
地方层面制定实施方案。地方党委和政府结合本地区人口老龄化发展形势、经济社会发展水平、风土人情等，制定实施养老服务“整体解决方案”，重点包括建立工作机制、明确发展目标、加强财力支撑、完善要素保障、创新支持政策、设计运行机制等内容，体现系统性、科学性、可持续性。 国家层面共同行动。国家发展改革委、民政部、国家卫生健康委加强指导，对于“整体解决方案”含金量高的地方，在中央预算内投资、企业债券等方面加大支持力度，将养老服务领域符合条件的建设项目纳入地方政府专项债券支持范围，将所在地项目向优质养老服务企业和战略合作金融机构重点推介，通过老龄产业白皮书、大型论坛、现场经验交流会等方式积极推广。

（三十七）健全数据支撑。

建立完善老龄事业统计指标体系，定期发布国家老龄事业发展公报。持续开展城乡老年人生活状况抽样调查。依据养老产业统计分类，开展养老产业认定方法研究，推进重要指标年度统计。统筹养老服务领域政务和社会数据资源，加强部门间涉老数据信息共享，依托国家人口基础信息库等，汇聚老年人社会保障、养老服务机构、养老从业人员等基本数据集，建设公众需求牵引、政府监督管理、社会力量参与的全国养老数据资源体系。完善电子健康档案和电子病历数据库，加强疾病预测预警，提供老年人健康管理的个性化服务。鼓励和引导多元主体积极参与老年健康监测能力建设，为老年健康状况评估和疾病防治提供信息支持。积极利用智库和第三方力量，加强基础性研究，促进多学科交叉融合，开展老龄化趋势预测和养老产业前景展望，通过发布年度报告、白皮书等形式服务产业发展，引导社会预期。健全老龄事业重大决策专家咨询制度。

（三十八）深化国际合作。

全面放开养老服务市场，广泛开展国际交流与合作，推动落实一批具有技术先进性、理念创新性、模式带动性的示范合作项目，支持我国优质产品和服务走出去。推动建立健全双多边合作机制，探索与老龄化程度较高国家及相关国际组织开展合作，加强政策交流、项目对接、人才培养、学术研究等务实合作，以应对人口老龄化国际合作推动“一带一路”民心相通。

（三十九）落实评估考核。

国家发展改革委、民政部、国家卫生健康委会同有关部门，加强对各地的指导、督促，及时检查并向国务院报告本规划落实工作进展情况。搭建社会监督平台，健全第三方评估机制，适时对本规划执行情况进行评估，及时发现和解决突出问题。县级以上地方政府要按照本规划要求，结合实际情况，细化相关指标，推进任务落实，确保责任到位、工作到位、投入到位、见到实效。鼓励各地积极探索，勇于创新，创造性地开展工作。

国务院办公厅关于加快推进电子证照扩大应用领域和全国互通互认的意见

（2022 年 1 月 20 日　国办发〔2022〕3 号）

近年来，随着“互联网+政务服务”深入推进，各地区各部门依托全国一体化政务服务平台，积极推进电子证照应用，持续优化政务服务，在支撑政务服务事项办理减环节、减材料、减时限、减费用等方面取得了初步成效，政务服务便捷度、企业和群众获得感明显提升。但从全国层面看，电子证照还存在标准规范不健全、互通互认机制不完善、共享服务体系不完备、应用场景不丰富等突出问题。为加快推进电子证照扩大应用领域和全国互通互认，实现更多政务服务事项网上办、掌上办、一次办，进一步助力深化“放管服”改革和优化营商环境，经国务院同意，现提出以下意见。

一、总体要求

（一）指导思想。以习近平新时代中国特色社会主义思想为指导，全面贯彻落实党的十九大和十九届历次全会精神，按照党中央、国务院决策部署，坚持以人民为中心的发展思想，创新行政管理和服务方式，提升政务服务水平，优化营商环境，聚焦企业和群众经常办理的服务事项，充分依托全国一体化政务服务平台，推动电子证照在更多领域应用并实现全国互通互认，让数据多跑路，让群众少跑腿，更好发挥电子证照应用在深化“放管服”改革、推进数字政府建设、建设人民满意的服务型政府中的支撑保障作用，不断提升企业和群众的获得感和满意度。

（二）基本原则。

——坚持系统观念。注重顶层设计，建立完善协同高效的电子证照应用和全国互通互认工作推进机制，加强电子证照应用与“证照分离”、“一业一证”等改革的紧密衔接，做好与政务服务“跨省通办”、“一网通办”的统筹推进。

——坚持便民高效。聚焦惠企利民，提供多种渠道便利企业和群众申请、使用电子证照，实现线上线下一体化应用。凡是通过电子证照可以获取的信息，不再要求企业和群众提供相应材料。

——坚持需求导向。围绕企业生产经营和群众生产生活中的高频应用场景，紧贴企业和群众普遍需求，着力破解电子证照应用中的难点堵点问题，积极拓展电子证照应用和服务领域，推动实现全国互通互认。

——坚持创新引领。创新工作理念和制度机制，深入推进电子证照应用技术创新、管理创新、模式创新，鼓励先行先试，积极运用新技术，探索电子证照应用新机制、新渠道和新方式。

——坚持安全可控。统筹发展和安全，加强电子证照应用全过程规范管理，严格保护商业秘密和个人信息安全，切实筑牢电子证照应用安全防线。

（三）工作目标。2022年底前，全国一体化政务服务平台电子证照共享服务体系基本建立，电子证照制发机制建立健全，企业和群众常用证照基本实现电子化，与实体证照同步制发和应用，在全国范围内标准统一、互通互认；电子证照在政务服务领域广泛应用，社会化应用取得积极进展，"减证便民"取得明显成效。到2025年，电子证照应用制度规则更加健全，应用领域更加广泛，支撑政务服务标准化、规范化、便利化取得显著成效，进一步方便企业和群众办事。

二、扩大电子证照应用领域

（四）聚焦深化便民服务，扩大个人电子证照应用领域。加快推进出生医学证明、户口簿、身份证、社会保障卡、学历学位证、职业资格证、驾驶证和新申领的结（离）婚证、不动产权证书、不动产登记证明等个人常用证照电子化应用，覆盖与群众生产生活密切相关的婚姻登记、生育登记、住房公积金异地转移接续、就业创业、户籍迁移、社会保障卡申领、养老保险关系转移接续、异地就医报销、不动产登记等应用场景，并根据群众需求不断丰富其他应用场景，推动相关电子证照普遍使用。政府部门能够通过电子证照共享方式对关联信息进行查询、核验的，不再要求个人提供实体证照或纸质复印件，推动办事所需相关信息免填写。（教育部、公安部、民政部、人力资源社会保障部、住房城乡建设部、自然资源部、国家卫生健康委、国家医保局等相关部门及各地区按职责分工负责）

（五）助力优化营商环境，拓展企业电子证照应用领域。推动营业执照、生产经营许可证、检测认证等电子证照在企业登记、经营、投资和工程建设等高频政务服务事项中的应用，并进一步拓展到纳税缴费、社会保障、医疗保障、住房公积金、交通运输、公共资源交易、金融服务、行政执法、市场监管等领域。通过电子营业执照关联企业相关信息，支撑涉企政务服务事项办理所需信息免填写、纸质材料免提交，推动实现企业相关信息"最多报一次"。政府部门能够通过电子证照共享方式查询、核验企业办事所需信息的，不再要求企业提供实体证照或纸质材料，切实为企业降成本、增便利。（国家发展改革委、人力资源社会保障部、住房城乡建设部、交通运输部、商务部、税务总局、市场监管总局、国家医保局、银保监会等相关部门及各地区按职责分工负责)

(六)面向社会多样化需求,促进电子证照社会化应用。在不断推动电子证照在政务服务领域广泛应用的同时,依托全国一体化政务服务平台电子证照共享服务体系,围绕合同订立、人员招聘、交通出行、文化和旅游等场景与领域,积极推动电子证照在企业、社会组织、个人等持证主体之间的社会化应用。电子证照制发部门应通过政务服务平台、政务服务大厅等渠道定期向社会发布本行业、本领域电子证照技术和使用规范并提供必要的服务保障,电子证照使用部门应及时发布电子证照社会化应用场景清单和应用指南,不断提升电子证照社会认可度,推动电子证照在全社会广泛应用。(民政部、人力资源社会保障部、住房城乡建设部、交通运输部、文化和旅游部、国家卫生健康委、市场监管总局、银保监会等相关部门及各地区按职责分工负责)

(七)加大新技术运用力度,积极开展电子证照应用创新。加快推进大数据、云计算、人工智能等新技术应用,不断提升电子证照应用智能化水平。以身份证、营业执照等为身份信任源点,全面关联企业和群众各类常用电子证照的相关信息,推动电子证照一体化、便利化应用。支持各地区探索以电子社保卡等常用电子证照为载体建立居民服务"一卡通",在城市交通出行、旅游观光、文化体验等方面实现"同城待遇"。在保护个人隐私和确保数据安全的前提下,研究探索企业、社会组织等参与提供电子证照服务的模式。(工业和信息化部、科技部、公安部、人力资源社会保障部、市场监管总局等相关部门及各地区按职责分工负责)

(八)加强线上线下融合,保留传统服务方式。通过政务服务平台及其移动端、自助终端、人工服务窗口等渠道,便捷企业和群众依申请领取和使用电子证照,并做到线上线下融合、数据同源、同步更新。坚持传统服务方式与智能化服务创新并行,加强实体证照服务保障,满足老年人、残疾人等各类群体需求。(国务院办公厅、国家发展改革委、国家卫生健康委等相关部门及各地区按职责分工负责)

三、推动电子证照全国互通互认

(九)健全电子证照应用协同推进机制。加强电子证照应用跨地区、跨部门工作协同,推动解决电子证照扩大应用领域和全国互通互认中的重点难点问题。制定完善电子证照全国互通互认工作流程,明确电子证照发证、持证、用证、共享、留存等各环节的责任和义务,确保权责清晰。(国务院办公厅、公安部、市场监管总局等相关部门及各地区按职责分工负责)

(十)推进电子证照标准化规范化。建立健全涵盖电子证照应用业务、数据、技术、管理、安全等的标准体系，制定电子证照签章、电子印章密码应用等规范，完善电子证照在移动服务、自助服务等领域的使用规范。建立电子证照发证、用证清单，并纳入全国一体化政务服务平台动态管理。行业主管部门组织制定完善本行业、本领域电子证照相关标准、签发规则，推动身份证、户口簿、营业执照、社会组织登记证、经营许可证、职业资格证等常用电子证照全面实现标准化。加快标准实施，抓紧完成存量证照标准化改造，全面支撑开展电子化应用和全国互通互认。建立健全电子证照归档标准规范，进一步推进政务服务办件归档全程电子化管理，确保形成的电子档案来源可靠、程序规范、要素合规。（公安部、民政部、市场监管总局、人力资源社会保障部、国家档案局、国家密码局等相关部门及各地区按职责分工负责）

（十一）着力提升电子证照数据质量。各地区各有关部门应统筹建设完善本地区本部门电子证照库，按照“应归尽归”原则将电子证照信息汇聚至国家政务服务平台。对于实体证照数据要素缺失、颁发机构调整等特殊情况，行业主管部门应明确电子证照制发相关办法。依托全国一体化政务服务平台、政务服务便民热线等渠道，建立健全电子证照数据质量问题异议、投诉处理机制和快速校核更新工作流程，不断提高电子证照数据完整性、准确性和共享时效性。（国务院办公厅、教育部、公安部、民政部、市场监管总局等相关部门及各地区按职责分工负责）

四、全面提升电子证照应用支撑能力

（十二）进一步强化电子证照应用平台支撑。依托全国一体化政务服务平台提供电子证照公共验证服务，为政府部门、企业和群众提供便捷的电子证照核验服务。按照“谁制发、谁核验”原则，各省（自治区、直辖市）和新疆生产建设兵团政务服务平台负责提供本地区制发电子证照的核验服务，各部门负责提供本部门本行业本领域制发电子证照的核验服务，国家政务服务平台提供跨地区、跨部门应用的电子证照核验数据流转服务。优化完善全国一体化政务服务平台电子证照共享服务体系，推进政府部门间电子证照信息共享，加强与公安、海关、税务等部门垂直管理信息系统的关联应用，避免“点对点”、“多对多”重复对接，为电子证照应用提供及时准确、安全稳定的共享调用服务。（国务院办公厅、公安部、海关总署、税务总局、市场监管总局、国家密码局等相关部门及各地区按职责分工负责）

（十三）提升电子印章的支撑保障能力。加快制发各级政务部门电子印章，加强跨层级签章、多部门联合签章支撑。依法推进企事业单位、社会组织、个人等各类主体电子签名、电子印章的应用和互认。以电子营业执照为依托，以电子认证服务为支撑，构建统一的电子营业执照和企业电子印章同步制作、发放、使用服务体系，推动实现电子营业执照和企业电子印章同步发放、跨地区跨部门互信互认，拓展电子营业执照、电子签名和电子印章在涉企服务领域应用；加快建设形成事业单位、社会组织、个人等各类主体电子签名、电子印章的服务机制和体系，鼓励第三方电子认证服务机构加快创新，实现不同形式的电子证照与电子签名、电子印章融合发展。依托全国一体化政务服务平台，按照“谁签章(签名)、谁核验”原则，提供电子证明、电子发票、电子合同等电子文件跨地区、跨部门验章验签服务，便利企业和群众使用电子签名、电子印章办理政务服务事项。鼓励企事业单位、社会组织、个人等各类主体开展电子签名、电子印章社会化应用。(国务院办公厅、工业和信息化部、税务总局、市场监管总局、国家密码局等相关部门及各地区按职责分工负责)

(十四)加强电子证照应用安全管理和监管。加强电子证照签发、归集、存储、使用等各环节安全管理，严格落实网络安全等级保护制度等要求，强化密码应用安全性评估，探索运用区块链、新兴密码技术、隐私计算等手段提升电子证照安全防护、追踪溯源和精准授权等能力。按照信息采集最小化原则归集数据，对共享的电子证照进行分类分级管理，避免信息泄露。加快推进国家网络身份认证公共服务基础设施建设和应用，加强对电子证照持证主体、用证人员的身份认证、授权管理和个人信息保护。强化企业和群众身份认证支撑，增强电子证照签发和使用等环节的统一身份认证能力。建立健全严格的责任追究制度，依法严厉打击电子证照制作生成过程中的造假行为，杜绝未经授权擅自调用、留存电子证照信息，切实保障电子证照及相关信息合法合规使用，保护持证主体的商业秘密和个人信息。(工业和信息化部、公安部、市场监管总局、国家密码局等相关部门及各地区按职责分工负责)

五、保障措施

(十五)加强组织领导。各省(自治区、直辖市)和新疆生产建设兵团要加强对本地区电子证照应用和全国互通互认工作的统筹，明确目标任务和落实措施，加强经费保障，压实工作责任，加大工作力度。各有关部门要按照职责分工，指导、协调推进本行业、本领域电子证照应用和全国互通互认工作，加强部门间工作协同和数据共享。各地区各部门要落实和强化监管责任，确保电子证照应用和全国互通互认工作安全有序推进。(各地区各部门按职责分工负责)

(十六)完善法律制度。建立健全与电子证照应用相适应的法律法规规章制度体系，推动相关法律、法规、规章立改废释，保障电子证照合法合规应用。制定完善电子证照、电子印章、电子签名、可信身份认证、电子档案等方面配套制度，完善行政机关、企事业单位、社会组织电子印章申请和制发管理办法，明确电子印章制发主体、制作标准和应用规则。(国务院办公厅、工业和信息化

部、公安部、司法部、国家密码局等相关部门及各地区按职责分工负责)

(十七)加强督促落实。国务院办公厅加强对各地区各部门电子证照应用和全国互通互认工作的督促指导,及时完善相关政策措施,确保有序推进、取得实效。各地区各部门要抓好本意见的贯彻落实,加强日常督促,定期通报情况,确保各项任务和措施落实到位,充分运用政务服务"好差评"等方式,引导促进电子证照应用拓展和服务提升。(各地区各部门按职责分工负责)

(十八)加强宣传推广。各地区各部门要加大对电子证照应用的宣传力度,及时回应社会关切,营造良好氛围,让企业和群众充分了解电子证照应用场景和使用方式。对电子证照应用的有效做法、典型案例及时进行宣传报道,适时组织开展经验交流,加快应用推广。(各地区各部门按职责分工负责)

国务院关于开展第三次全国土壤普查的通知

(2022 年 1 月 29 日　国发〔2022〕4 号)

按照党中央、国务院有关决策部署,为全面掌握我国土壤资源情况,国务院决定自 2022 年起开展第三次全国土壤普查。现将有关事项通知如下:

一、普查总体要求

以习近平新时代中国特色社会主义思想为指导,全面贯彻党的十九大和十九届历次全会精神,弘扬伟大建党精神,完整、准确、全面贯彻新发展理念,加快构建新发展格局,推动高质量发展,遵循全面性、科学性、专业性原则,衔接已有成果,按照"统一领导、部门协作、分级负责、各方参与"的要求,全面查明查清我国土壤类型及分布规律、土壤资源现状及变化趋势,真实准确掌握土壤质量、性状和利用状况等基础数据,提升土壤资源保护和利用水平,为守住耕地红线、优化农业生产布局、确保国家粮食安全奠定坚实基础,为加快农业农村现代化、全面推进乡村振兴、促进生态文明建设提供有力支撑。

二、普查对象与内容

普查对象为全国耕地、园地、林地、草地等农用地和部分未利用地的土壤。其中,林地、草地重点调查与食物生产相关的土地,未利用地重点调查与可开垦耕地资源相关的土地,如盐碱地等。

普查内容为土壤性状、类型、立地条件、利用状况等。其中,性状普查包括野外土壤表层样品采集、理化和生物性状指标分析化验等;类型普查包括对主要土壤类型的剖面挖掘观测、采样化验等;立地条件普查包括地形地貌、水文地质等;利用状况普查包括基础设施条件、植被类型等。

三、普查时间安排

2022年，完成工作方案编制、技术规程制定、工作平台构建、外业采样点规划布设、普查试点，开展培训和宣传等工作，启动并完成全国盐碱地普查。

2023—2024年，组织开展多层级技术实训指导，完成外业调查采样和内业测试化验，开展土壤普查数据库与样品库建设，形成阶段性成果。外业调查采样时间截至2024年11月底。

2025年上半年，完成普查成果整理、数据审核，汇总形成第三次全国土壤普查基本数据；下半年，完成普查成果验收、汇交与总结，建成土壤普查数据库与样品库，形成全国耕地质量报告和全国土壤利用适宜性评价报告。

四、普查组织实施

土壤普查是一项重要的国情国力调查，涉及范围广、参与部门多、工作任务重、技术要求高。为加强组织领导，成立国务院第三次全国土壤普查领导小组（以下简称领导小组），负责普查组织实施中重大问题的研究和决策。领导小组办公室设在农业农村部，负责普查工作的具体组织和协调。领导小组成员单位要各司其职、各负其责、通力协作、密切配合，加强技术指导、信息共享、质量控制、经费物资保障等工作。各省级人民政府是本地区土壤普查工作的责任主体，要加强组织领导、系统谋划、统筹推进，确保高质量完成普查任务。地方各级人民政府要成立相应的普查领导小组及其办公室，负责本地区普查工作的组织实施。各省（自治区、直辖市）按照统一要求，结合本地区实际编制实施方案，报领导小组办公室备案。

五、普查经费保障

本次土壤普查经费由中央财政和地方财政按承担的工作任务分担。中央负责全国技术规程制定、平台系统构建、工作底图制作、采样点规划布设等；负责国家层面的技术培训、专家指导服务、内业测试化验结果抽查校核、数据分析和成果汇总等。地方负责本区域的外业调查采样、内业测试化验、技术培训、专家指导服务、数据分析和成果汇总等。地方各级人民政府要根据工作进度安排，将经费纳入相应年度预算予以保障，并加强监督审计。各地可按规定统筹现有资金渠道支持土壤普查相关工作。

六、普查工作要求

各地要加强专家技术指导、专业技术人员配置、普查队伍培训，确保土壤普查专业化、标准化、规范化。要强化质量控制，建立普查工作质量管理体系和普查数据质量追溯机制，层层压实责任。各级普查机构及其工作人员必须严格按要求报送普查数据，确保数据真实、准确、完整。任何地方、部门、单位和个人都不得虚报、瞒报、拒报、迟报，不得弄虚作假和篡改普查数据。各地区、各有关部门要充分利用全国统一的土壤普查工作平台等现代化技术手段，提高信息化水平，科学、规范、高效推进普查工作。用好报刊、广播、电视、互联网等媒体，广泛宣传土壤普查的重要意义和要求，为普查工作顺利开展营造良好社会氛围。

附件：国务院第三次全国土壤普查领导小组人员名单（略）

国务院关于加快推进政务服务标准化规范化便利化的指导意见

（2022年2月7日　国发〔2022〕5号）

持续优化政务服务是便利企业和群众生产经营与办事创业、畅通国民经济循环、加快构建新发展格局的重要支撑，是建设人民满意的服务型政府、推进国家治理体系和治理能力现代化的内在要求。党的十八大以来，各地区各部门认真贯彻党中央、国务院决策部署，深入推进政务服务"一网、一门、一次"改革，积极探索创新审批服务便民化措施，全国一体化政务服务平台初步建成并发挥成效，政务服务水平大幅提升，营商环境显著改善，企业和群众获得感不断增强。同时，政务服务标准不统一、线上线下服务不协同、数据共享不充分、区域和城乡政务服务发展不平衡等问题仍然不同程度存在。为加快推进政务服务标准化、规范化、便利化，更好满足企业和群众办事需求，现提出如下意见。

一、总体要求

（一）指导思想。以习近平新时代中国特色社会主义思想为指导，全面贯彻落实党的十九大和十九届历次全会精神，按照党中央、国务院决策部署，立足新发展阶段，完整、准确、全面贯彻新发展理念，构建新发展格局，加快转变政府职能、深化"放管服"改革、持续优化营商环境，加强跨层级、跨地域、跨系统、跨部门、跨业务协同管理和服务，充分发挥全国一体化政务服务平台"一网通办"支撑作用，进一步推进政务服务运行标准化、服务供给规范化、企业和群众办事便利化，有效服务生产要素自由流动和畅通国民经济循环，更好满足人民日益增长的美好生活需要，为推动高质量发展、创造高品质生活、推进国家治理体系和治理能力现代化提供有力支撑。

（二）基本原则。

坚持党的领导。在党中央集中统一领导下，把党的领导贯穿优化政务服务的全过程和各方面，深入贯彻党中央、国务院关于优化政务服务的决策部署，不断提升政务服务标准化、规范化、便利化水平。

坚持以人民为中心。聚焦企业和群众反映强烈的办事堵点难点问题，完善落实有关标准和政策措施，着力破解关键掣肘和体制机制障碍，提供更加优质高效的政务服务。

坚持系统观念。加强整体谋划，强化政务服务一体化建设，分级负责、协同联动，统筹线上线下政务服务资源，推动政务服务与事前事中事后监管有机衔接，构建高效运行的政务服务体系。

坚持公平可及。坚持传统服务方式与智能化服务创新并行，为老年人、残疾人等特殊群体提供多元化、个性化、贴心暖心的高质量服务。不断提升基层、边远和欠发达地区政务服务能力，推动政务服务区域间均衡发展。

（三）总体目标。2022年底前，国家、省、市、县、乡五级政务服务能力和水平显著提升；国家政务服务事项基本目录统一编制、联合审核、动态管理、全面实施机制基本建立；政务服务中心综合窗口全覆盖，全国一体化政务服务平台全面建成，"一网通办"服务能力显著增强，企业和群众经常办理的政务服务事项实现"跨省通办"。2025年底前，政务服务标准化、规范化、便利化水平大幅提升，高频政务服务事项实现全国无差别受理、同标准办理；高频电子证照实现全国互通互认，"免证办"全面推行；集约化办事、智慧化服务实现新的突破，"网上办、掌上办、就近办、一次办"更加好办易办，政务服务线上线下深度融合、协调发展，方便快捷、公平普惠、优质高效的政务服务体系全面建成。

二、推进政务服务标准化

（一）推进政务服务事项标准化。

明确政务服务事项范围。政务服务事项包括依申请办理的行政权力事项和公共服务事项。所涉及的行政权力事项包括行政许可、行政确认、行政裁决、行政给付、行政奖励、行政备案及其他行政权力事项。公共教育、劳动就业、社会保险、医疗卫生、养老服务、社会服务、住房保障、文化体育、残疾人服务等领域依申请办理的公共服务事项全部纳入政务服务事项范围。

建立国家政务服务事项基本目录审核制度。国务院有关部门负责编制和修订主管行业领域的政务服务事项基本目录，包括中央层面实施的和中央指定地方（涵盖省、市、县、乡）实施的政务服务事项。国务院办公厅负责组织对政务服务事项合法性，基本目录及其要素信息的完整度、准确性，以及与权责清单和行政许可事项清单的一致性、与地方政务服务业务开展的适用性等进行联合审核，修订印发统一的国家政务服务事项基本目录，并在国家政务服务平台和中国政府网发布。各地区要根据国家政务服务事项基本目录和本地实际，明确应承接的事项，并全面梳理依法依规自行设立的事项，修订完善本地区政务服务事项基本目录。

建立健全政务服务事项动态管理机制。建立健全国家和地方政务服务事项管理和动态调整机制。行业主管部门或政务服务审批部门要根据业务变化和实施情况及时向本级政务服务管理机构提出调整政务服务事项基本目录或实施清单的申请,政务服务管理机构负责政务服务事项基本目录、实施清单的审核发布。基于国家政务服务平台事项库,汇聚政务服务事项基本目录和实施清单,实现政务服务事项数据同源、动态更新、联动管理。推动实现市场准入负面清单、投资审批管理事项清单、工程建设项目审批事项清单等与政务服务事项基本目录的同类事项名称、类型等要素一致。

(二)推进政务服务事项实施清单标准化。国务院有关部门要依据国家政务服务事项基本目录,明确主管行业领域的政务服务事项拆分标准,在推进名称、编码、依据、类型等基本要素"四级四同"基础上,推动逐步实现同一政务服务事项受理条件、服务对象、办理流程、申请材料、法定办结时限、办理结果等要素在全国范围内统一,形成政务服务事项实施清单,统筹制定政务服务事项"跨省通办"全程网办、异地代收代办、多地联办的流程规则,明确收件地和办理地的权责划分、业务流转程序等内容。各地区要对依法依规自行设立的地方政务服务事项做好实施清单要素统一工作。

(三)健全政务服务标准体系。加强国家政务服务标准总体框架设计,研究制定政务服务标准化发展规划。依托全国行政管理和服务标准化技术委员会,制定国家政务服务标准化工作指南和制修订计划,建立健全政务服务事项管理、政务服务中心建设、政务服务实施、便民热线运行、服务评估评价等标准规范,持续完善全国一体化政务服务平台标准规范体系。建立标准研制、试点验证、审查发布、推广实施、效果评估和监督保障等闭环运行机制。

三、推进政务服务规范化

(一)规范审批服务。

规范审批服务行为。推进政务服务事项依法依规办理,严格按照政务服务事项实施清单提供办事服务,不得额外增加或变相增加办理环节和申请材料。严格执行首问负责、一次性告知和限时办结等制度。优化前置服务,加强政务服务事项申报辅导。对现场勘验、技术审查、听证论证等程序实施清单化管理,建立限时办结机制并向社会公布。

规范审批监管协同。按照"谁审批、谁监管,谁主管、谁监管"原则,健全审管衔接机制,实现审批和监管信息实时共享。实行相对集中行政许可权改革的地区,要明确政务服务审批部门、行业主管部门的监管职责和边界,加强协同配合,政务服务审批部门应将有关政务服务事项办理信息和结果同步推送至行业主管部门，行业主管部门应将相关的行政检查、行政处罚等监管信息与政务服务审批部门同步共享。

规范中介服务。各地区各部门要进一步清理政务服务领域没有法律法规或国务院决定依据的中介服务事项，对确需保留的强制性中介服务事项，实行清单管理并向社会公布。各地区要加强对中介服务的规范管理，完善中介服务网上交易平台，推动中介服务机构公开服务指南，明确服务条件、流程、时限和收费标准等要素。各有关部门不得强制企业选择特定中介服务机构。加强对中介服务机构的信用监管，实行信用等级评价、资质动态管理，解决中介服务环节多、耗时长、市场垄断、“红顶中介”等问题。

（二）规范政务服务场所办事服务。

规范政务服务场所设立。统一各地区设立的集中提供政务服务的综合性场所名称，县级以上为政务服务中心，乡镇（街道）为便民服务中心，村（社区）为便民服务站。各地区要建立政务服务中心进驻事项负面清单制度，除场地限制或涉及国家秘密等情形外，原则上政务服务事项均应纳入政务服务中心集中办理。地方部门单设的政务服务窗口原则上应整合并入本级政务服务中心，确不具备整合条件的要纳入本级政务服务中心一体化管理，按照统一要求提供规范化服务。未设立省级政务服务中心的地区，可探索依托省会城市政务服务中心共建运行模式。国务院部门可根据实际需要设立政务服务大厅，集中提供办事服务。

规范政务服务窗口设置。政务服务中心要设置综合咨询窗口，统一提供咨询、引导等服务。设置综合办事窗口，逐步整合部门单设的办事窗口，按照“前台综合受理、后台分类审批、综合窗口出件”模式，合理设置无差别或分领域综合办事窗口，实现“一窗受理、综合服务”。设置帮办代办窗口，为老年人、残疾人等特殊群体提供帮办代办服务。设置“跨省通办”、“省内通办”窗口，为企业和群众提供异地办事服务。设置“办不成事”反映窗口，提供兜底服务，解决企业和群众办事过程中遇到的疑难事项和复杂问题。

规范政务服务窗口业务办理。进驻的政务服务事项必须在政务服务中心实质运行，严禁“明进暗不进”。对适用“收件即受理”方式的政务服务事项，有关部门要授权窗口工作人员接收申请材料并出具受理凭证。建立部门业务综合授权的“首席事务代表”制度，推动更多政务服务事项当场办理、简单事项即时办结。

（三）规范网上办事服务。

统筹网上办事入口。各地区要依托全国一体化政务服务平台，统一提供政务服务，实现网上办事“一次注册、多点互认、全网通行”。推进各级政府网站、政务服务平台适老化、无障碍改造。各地区要整合本级部门的各类政务服务移动端应用,原则上通过本级统一的政务服务平台移动端(含小程序等)提供服务,解决政务移动应用程序(APP)数量多、重复注册等问题。

规范网上办事指引。进一步完善网上办事引导功能,优化页面设计、简化办事操作、提高系统稳定性,规范在线咨询、引导服务,提供更加简明易懂实用的办事指南和网上办事操作说明,创新在线导办帮办、智能客服等方式,辅助在线办理,解决网上办事看不懂、操作不便、容易出错、系统卡顿等问题,实现“一看就能懂、一点就能办”。

提升网上办事深度。深化政务服务“一网通办”,加大办事环节精简和流程再造力度,提升政务服务事项网上办理深度,提供申请受理、审查决定、结果送达等全流程、全环节网上服务,推动更多适合网上办理的政务服务事项由网上可办向全程网办、好办易办转变。

(四)规范政务服务线上线下融合发展。

规范政务服务办理方式。线上线下并行提供服务,满足企业和群众的多样化办事需求。对已实现线上办理的政务服务事项,原则上要同步提供线下窗口办事服务,由企业和群众自主选择办理渠道。申请人在线下办理业务时,不得强制要求其先到线上预约或在线提交申请材料。已在线收取申请材料或通过部门间共享能获取规范化电子材料的,不得要求申请人重复提交纸质材料。

合理配置政务服务资源。各地区要根据本地区政务服务发展水平、保障能力等实际情况,合理配置线上线下政务服务资源,协同推进政务服务中心(便民服务中心〔站〕)与政务服务平台建设,在推动更多政务服务事项线上办理的同时,同步提升线下服务能力。推进政务服务事项、办事指南等在线上线下服务渠道同源发布、同步更新,做到线上线下无差别受理、同标准办理。

(五)规范开展政务服务评估评价。落实政务服务“好差评”制度,在各级政务服务机构、政务服务平台、政务服务便民热线全面开展“好差评”工作,建立健全全国一体化政务服务平台“好差评”管理体系,确保评价数据客观、真实,形成评价、整改、反馈、监督全流程衔接的政务服务评价机制。坚持评价人自愿自主评价原则,不得强迫或者干扰评价人的评价行为。国务院办公厅负责统筹国家层面开展的政务服务相关评估评价工作,优化评价方式方法,科学引导政务服务优化提升。各地区要建立健全政务服务督查考核机制,将政务服务工作纳入本地区政府年度绩效考核范围。规范政务服务社会第三方评估,更好发挥社会监督作用,及时回应社会关切。

四、推进政务服务便利化

(一)推进政务服务事项集成化办理。从便利企业和群众办事角度出发,围绕企业从设立到注销、个人从出生到身后的全生命周期，推动关联性强、办事需求量大、企业和群众获得感强的多个跨部门、跨层级政务服务事项集成化办理，提供主题式、套餐式服务。按照“一次告知、一表申请、一套材料、一窗（端）受理、一网办理”的要求，优化业务流程，通过系统对接整合和数据共享，减少办事环节、精简申请材料、压缩办理时限。

（二）推广“免证办”服务。在保护个人隐私、商业秘密和确保数据安全的前提下，通过流程优化、机制创新和技术保障，推进电子证照在政务服务领域应用和全国互通互认。全面开展证照梳理，通过直接取消证照材料或数据共享、在线核验等方式，推动实现政府部门核发的材料一律免于提交，能够提供电子证照的一律免于提交实体证照。

（三）推动更多政务服务事项“就近办”。推动公共教育、劳动就业、社会保险、医疗卫生、养老服务、社会服务、户籍管理等领域群众经常办理且基层能有效承接的政务服务事项以委托受理、授权办理、帮办代办等方式下沉至便民服务中心（站）办理。推广24小时自助服务，推动集成式自助终端向村（社区）、园区、商场、楼宇和银行、邮政、电信网点等场所延伸，鼓励各地区整合公安、税务、社会保障、医疗保障等自助服务功能，推动更多事项全程自助办理，实现政务服务“就近办、家门口办”。

（四）推动更多政务服务事项“网上办、掌上办”。按照“应上尽上”原则，除涉及国家秘密等情形外，推动各地区各部门政务服务事项全部纳入全国一体化政务服务平台管理和运行，加快实现“一网通办”。加快全国一体化政务服务平台移动端建设，推动企业和群众经常办理的政务服务事项“掌上办、指尖办”，推进身份证电子证照、电子社保卡、电子驾驶证、电子行驶证、电子营业执照等高频电子证照在政务服务平台移动端汇聚，并在日常生产生活各领域中应用。在确保安全可控的前提下，发挥第三方平台渠道优势，拓展政务服务移动应用。

（五）推行告知承诺制和容缺受理服务模式。除直接涉及国家安全、国家秘密、公共安全、金融业审慎监管、生态环境保护，直接关系人身健康、生命财产安全，以及重要涉外等风险较大、纠错成本较高、损害难以挽回的政务服务事项外，各地区各有关部门要按照最大限度利企便民原则梳理可采取告知承诺制方式的政务服务事项，明确承诺的具体内容、要求以及违反承诺应承担的法律责任，细化办事承诺方式和承诺事项监管细则，并向社会公布。各地区各有关部门要完善容缺受理服务机制，依法依规编制并公布可容缺受理的政务服务事项清单，明确事项名称、主要申请材料和可容缺受理的材料。

（六）提升智慧化精准化个性化服务水平。依托全国一体化政务服务平台,建设企业和个人专属服务空间,完善“一企一档”、“一人一档”,规范和拓展二维码、数字名片等场景应用,实现个性化精准服务。充分运用大数据、人工智能、物联网等新技术,推出“免申即享”、政务服务地图、“一码办事”、智能审批等创新应用模式。

(七)提供更多便利服务。各类政务服务场所要加强无障碍环境建设和改造,为老年人、残疾人等特殊群体提供便利服务。推进水电气热、电信、公证、法律援助等与企业和群众生产生活密切相关的服务进驻政务服务中心和政务服务平台。政务服务中心(便民服务中心〔站〕)要依法加强与各类寄递企业的合作,降低企业和群众办事成本。鼓励各地区政务服务中心开展延时错时服务。

五、全面提升全国一体化政务服务平台服务能力

(一)加强平台建设统筹。充分发挥全国一体化在线政务服务平台建设和管理协调小组作用,统筹全国一体化政务服务平台建设和管理,加快地方、部门政务服务业务系统与国家政务服务平台全面对接融合。各级部门能依托全国一体化政务服务平台支撑政务服务业务办理的,不再单独建设相关业务系统,确需单独建设业务系统的,要把与全国一体化政务服务平台对接融合和数据共享作为项目立项及验收条件。各地区政务服务平台应由省级统筹建设,原则上不再单独建设地市级以下政务服务平台。

(二)强化平台公共支撑。充分发挥国家政务服务平台公共入口、公共通道、公共支撑的总枢纽作用,建立完善政务服务统一身份认证系统,规范各地区各部门电子印章制发核验和用印,加快电子证照归集共享应用,建立电子证照签发以及跨地区跨层级互通互认、异议处理、反馈纠错规则机制。推行政务服务电子文件单套归档和电子档案单套管理。

(三)提升数据共享能力。以全国一体化政务服务平台为数据共享总枢纽,在确保数据安全的基础上,充分发挥政务数据共享协调机制作用,建立政务数据共享供需对接机制,推进国务院部门垂直管理业务信息系统与地方政务服务平台深度对接和数据双向共享,强化部门之间、部门与地方之间、地方之间政务数据共享,提高数据质量和可用性、时效性,满足不动产登记、社会保障、户籍管理、市场主体准入准营等重点领域以及人口、法人、地名、教育、婚姻、生育、住房、信用等普遍性数据需求。

六、保障措施

(一)加强组织领导。各地区各部门要充分认识推进政务服务标准化、规范化、便利化工作的重要意义,切实加强组织领导,层层压实责任,强化经费、人员、场地、信息化保障。明确国家、省、市、县、乡五级政务服务责任体系。国务院办公厅负责全国政务服务工作的顶层设计、统筹推进、监督检查,组织建立健全政务服务责任和标准体系，完善政务数据共享协调机制，指导、协调和督促各地区各部门提供优质、规范、高效的政务服务，组织推进全国一体化政务服务平台建设。国务院各部门负责指导、协调和督促主管行业领域的政务服务工作。县级以上地方人民政府对本地区政务服务工作负主要责任，政府办公厅（室）要充分发挥统筹协调作用，细化任务分工，推动解决有关重点难点问题，确保改革任务尽快落地见效。乡镇人民政府和街道办事处负责本辖区政务服务具体工作，接受上级政务服务管理机构指导和监督。

（二）加强地方政务服务体系建设。县级以上地方人民政府要建立健全政务服务体系，加强政务服务中心、便民服务中心（站）、政务服务平台和政务服务便民热线建设运行管理，组织推进政务服务事项梳理、政务数据共享、标准实施、人员管理培训、日常考核、指导监督等工作，统筹做好便民服务中心（站）人员和经费保障工作。

（三）加强人员队伍建设。政务服务中心综合窗口工作人员由政务服务管理机构统一配备，支持有条件的地区推进便民服务中心（站）窗口工作人员由政务服务管理机构统一配备。政务服务管理机构负责部门派驻人员的日常管理、服务规范，并对其年度考核等次提出建议。通过政府购买服务提供办事窗口服务的地区，要健全完善和督促落实相关服务标准，合理确定政府购买服务价格，支持有条件的地区按照行政办事员（政务服务综合窗口办事员）国家职业技能标准开展等级认定、定岗晋级等工作，增强人员队伍的稳定性。健全培训管理制度，不断提升工作人员服务意识、业务能力和办事效率。加强全国一体化政务服务平台运营管理队伍建设，强化各级政务服务管理机构相关人员力量配备。

（四）加强法治保障。聚焦政务服务优化面临的政策制度障碍，及时清理和修改完善与推进政务服务标准化、规范化、便利化不相适应的行政法规、规章和行政规范性文件。推动将行之有效并可长期坚持的做法以立法形式予以固化，发挥法治引领和保障作用。

（五）加强安全保障。强化各级政务服务平台安全保障系统建设，落实安全管理主体责任，分级做好政务服务平台建设运营和网络数据安全保障工作，构建全方位、多层次、一致性的安全防护体系，不断提升全国一体化政务服务平台风险防控能力。加强政务数据全生命周期安全防护，强化政务服务和数据共享利用中的个人隐私、商业秘密保护，确保政务网络和数据安全。

（六）加强宣传推广。各地区各部门要加强政策宣传，通过政府网站、政务新媒体、政务服务平台等向社会及时提供通俗易懂的政策解读，对关联性较强的政策要一并解读。加强对推进政务服务标准化、规范化、便利化进展成效和经验做法的总结和复制推广。

国务院办公厅关于印发“十四五”中医药发展规划的通知

（2022年3月3日　国办发〔2022〕5号）

《“十四五”中医药发展规划》已经国务院同意，现印发给你们，请认真贯彻执行。

“十四五”中医药发展规划

为贯彻落实党中央、国务院关于中医药工作的决策部署，明确“十四五”时期中医药发展目标任务和重点措施，依据《中华人民共和国国民经济和社会发展第十四个五年规划和2035年远景目标纲要》，制定本规划。

一、规划背景

“十三五”期间，中医药发展顶层设计加快完善，政策环境持续优化，支持力度不断加大。2017年，中医药法施行。2019年，中共中央、国务院印发《关于促进中医药传承创新发展的意见》，国务院召开全国中医药大会。中医药服务体系进一步健全，截至2020年底，全国中医医院达到5482家，每千人口公立中医医院床位数达到0.68张，每千人口卫生机构中医类别执业（助理）医师数达到0.48人，99%的社区卫生服务中心、98%的乡镇卫生院、90.6%的社区卫生服务站、74.5%的村卫生室能够提供中医药服务，设置中医临床科室的二级以上公立综合医院占比达到86.75%，备案中医诊所达到2.6万家。中医药传承发展能力不断增强，中医药防控心脑血管疾病、糖尿病等重大慢病及重大传染性疾病临床研究取得积极进展，屠呦呦研究员获得国家最高科学技术奖，中医药人才培养体系持续完善，中成药和中药饮片产品标准化建设扎实推进，第四次全国中药资源普查基本完成，公民中医药健康文化素养水平达20.69%。中医药开放发展取得积极成效，已传播到196个国家和地区，中药类商品进出口贸易总额大幅增长。特别是新冠肺炎疫情发生以来，坚持中西医结合、中西药并用，中医药全面参与疫情防控救治，作出了重要贡献。

当前，全球新冠肺炎疫情仍处于大流行状态，新发传染病不断出现，我国慢性病发病率总体呈上升趋势，传统传染病防控形势仍然严峻。随着经济社会发展和生活水平提高，人民群众更加重视生命安全和健康质量，健康需求不断增长，并呈现多样化、差异化特点。有效应对多种健康挑战、更好满足人民群众健康需求，迫切需要加快推进中医药事业发展，更好发挥其在健康中国建设中的独特优势。同时也应看到，中医药发展不平衡不充分问题仍然突出，中医药优质医疗服务资源总体不足，基层中医药服务能力仍较薄弱，中西医协同作用发挥不够，中医药参与公共卫生和应急救治机制有待完善，传承创新能力有待持续增强，中药材质量良莠不齐，中医药特色人才培养质量仍需提升，符合中医药特点的政策体系需进一步健全。

二、总体要求

（一）指导思想。以习近平新时代中国特色社会主义思想为指导，深入贯彻党的十九大和十九届历次全会精神，统筹推进"五位一体"总体布局，协调推进"四个全面"战略布局，认真落实党中央、国务院决策部署，坚持稳中求进工作总基调，立足新发展阶段，完整、准确、全面贯彻新发展理念，构建新发展格局，坚持中西医并重，传承精华、守正创新，实施中医药振兴发展重大工程，补短板、强弱项、扬优势、激活力，推进中医药和现代科学相结合，推动中医药和西医药相互补充、协调发展，推进中医药现代化、产业化，推动中医药高质量发展和走向世界，为全面推进健康中国建设、更好保障人民健康提供有力支撑。

（二）基本原则。

坚持以人民为中心。把人民群众生命安全和身体健康放在第一位，加强服务体系和人才队伍建设，提升中医药服务能力，充分发挥中医药在治未病、重大疾病治疗、疾病康复中的重要作用，全方位全周期保障人民健康。

坚持遵循发展规律。正确把握继承与创新的关系，坚持中医药原创思维，坚持创造性转化、创新性发展，注重利用现代科学技术和方法，深入发掘中医药精华，在创新中形成新特色新优势，促进中医药特色发展。

坚持深化改革创新。破除体制机制和政策障碍，完善政策举措和评价标准体系，持续推进中医药领域改革创新，建立符合中医药特点的服务体系、服务模式、管理模式、人才培养模式，推动中医药事业和产业高质量发展。

坚持统筹协调推进。坚持中西医并重，提升中西医结合能力，促进优势互补，共同维护人民健康。统筹谋划推进中医药服务、人才、传承创新、产业、文化、开放发展、深化改革等工作，形成促进中医药事业发展的合力。

（三）发展目标。到 2025 年，中医药健康服务能力明显增强，中医药高质量发展政策和体系进一步完善，中医药振兴发展取得积极成效，在健康中国建设中的独特优势得到充分发挥。

——中医药服务体系进一步健全。融预防保健、疾病治疗和康复于一体的中医药服务体系逐步健全,中医药基层服务能力持续提升,中西医结合服务水平不断提高,中医药参与新发突发传染病防治和公共卫生事件应急处置能力显著增强。

——中医药特色人才建设加快推进。中医药教育改革深入推进,具有中医药特色的人才培养模式逐步完善,人才成长途径和队伍结构持续优化,队伍素质不断提升,基层中医药人才数量和质量进一步提高。

——中医药传承创新能力持续增强。中医药传承创新体系进一步健全,有利于传承创新的政策机制逐步完善,基础理论和重大疾病防治研究取得积极进展,临床与科研结合更为紧密,多学科融合创新持续推进。

——中医药产业和健康服务业高质量发展取得积极成效。中药材质量水平持续提升,供应保障能力逐步提高,中药注册管理不断优化,中药新药创制活力增强。中医药养生保健服务有序发展,中医药与相关业态持续融合发展。

——中医药文化大力弘扬。中医药文化产品和服务供给更为优质丰富,中医药博物馆事业加快发展,文化传播覆盖面进一步拓宽,公民中医药健康文化素养水平持续提高,中医药文化影响力进一步提升。

——中医药开放发展积极推进。中医药积极参与重大传染病防控国际合作,助力构建人类卫生健康共同体的作用更加显著。中医药高质量融入"一带一路"建设,国际交流不断深化,服务贸易积极发展。

——中医药治理水平进一步提升。中医药领域改革持续深化,遵循中医药发展规律的治理体系逐步完善,中医药信息化、综合统计、法治、监管等支撑保障不断加强,中医药治理水平持续提升。

主要发展指标

主 要 指 标	2020 年	2025 年	指标性质
1. 中医医疗机构数(万个)	7.23	9.50	预期性
2. 中医医院数(个)	5482	6300	预期性
3. 每千人口公立中医医院床位数(张)	0.68	0.85	预期性
4. 每千人口中医类别执业(助理)医师数(人)	0.48	0.62	预期性
5. 每万人口中医类别全科医生数(人)	0.66	0.79	预期性
6. 二级以上公立中医医院中医类别执业(助理)医师比例(%)	51.58	60	预期性
7. 二级以上中医医院设置康复(医学)科的比例(%)	59.43	70	预期性

续表

主要指标	2020年	2025年	指标性质
8. 三级公立中医医院和中西医结合医院(不含中医专科医院)设置发热门诊的比例(%)	—	100	约束性
9. 二级以上公立中医医院设置老年病科的比例(%)	36.57	60	预期性
10. 县办中医医疗机构(医院、门诊部、诊所)覆盖率(%)	85.86	100	预期性
11. 公立综合医院中医床位数(万张)	6.75	8.43	预期性
12. 二级以上公立综合医院设置中医临床科室的比例(%)	86.75	90	预期性
13. 二级妇幼保健院设置中医临床科室的比例(%)	43.56	70	预期性
14. 社区卫生服务中心和乡镇卫生院设置中医馆的比例(%)	81.29	力争到2022年全部设置	预期性
15. 公民中医药健康文化素养水平(%)	20.69	25	预期性

注:1. 中医医疗机构包括中医医院(含中西医结合医院、少数民族医医院)、中医门诊部(含中西医结合门诊部、少数民族医门诊部)、中医诊所(含中西医结合诊所、少数民族医诊所)。

2. 二级以上公立中医医院中医类别执业(助理)医师比例统计范围不含中西医结合医院和少数民族医医院。

三、主要任务

(一)建设优质高效中医药服务体系。

1. 做强龙头中医医院。依托综合实力强、管理水平高的中医医院,建设一批国家中医医学中心,在疑难危重症诊断与治疗、高层次中医药人才培养、高水平研究与创新转化、解决重大公共卫生问题、现代医院管理、传统医学国际交流等方面代表全国一流水平。将全国高水平中医医院作为输出医院,推进国家区域医疗中心建设项目,在优质中医药资源短缺或患者转外就医多的省份设置分中心、分支机构,促进优质中医医疗资源扩容和均衡布局。

2. 做优骨干中医医院。加强各级各类中医医院建设,强化以中医药服务为主的办院模式和服务功能,规范科室设置,推进执行建设标准,补齐资源配置不平衡的短板,优化就医环境,持续改善基础设施条件。建设一批中医特色重点医院。提升地市级中医医院综合服务能力。支持中医医院牵头组建医疗联合体。

3. 做实基层中医药服务网络。实施基层中医药服务能力提升工程“十四五”行动计划，全面提升基层中医药在治未病、疾病治疗、康复、公共卫生、健康宣教等领域的服务能力。持续加强县办中医医疗机构建设，基本实现县办中医医疗机构全覆盖。加强基层医疗卫生机构中医药科室建设，力争实现全部社区卫生服务中心和乡镇卫生院设置中医馆、配备中医医师，100%的社区卫生服务站和80%以上的村卫生室能够提供中医药服务。实施名医堂工程，打造一批名医团队运营的精品中医机构。鼓励有资质的中医专业技术人员特别是名老中医开办中医诊所。鼓励有条件的中医诊所组建家庭医生团队开展签约服务。推动中医门诊部和诊所提升管理水平。

4. 健全其他医疗机构中医药科室。强化综合医院、专科医院和妇幼保健机构中医临床科室、中药房建设，有条件的二级以上公立综合医院设立中医病区和中医综合治疗区。鼓励社会办医疗机构设置中医药科室。

专栏1　高质量中医药服务体系建设
1. 国家中医医学中心建设。依托综合实力强、管理水平高的中医医院建设国家中医医学中心，推动解决重大问题，引领国家中医学术发展方向。 2. 国家区域医疗中心建设。将优质医疗资源富集地区的全国高水平中医医院作为输出医院，实施国家区域医疗中心建设项目，促进优质中医医疗资源均衡布局。 3. 中医特色重点医院建设。以地市级中医医院为重点，建设130个左右中医特色突出、临床疗效显著、示范带动作用明显的中医特色重点医院。 4. 县级中医医院建设。加强县级中医医院能力建设。支持脱贫地区、“三区三州”、原中央苏区、易地扶贫搬迁安置地区县级中医医院基础设施建设。 5. 名医堂工程。按照品牌化、优质化、规范化、标准化的要求，分层级规划布局建设一批名医堂，创新机制，打造可推广、可复制、可持续的示范性名医堂运营模式。 6. 基层中医馆建设。加强基层医疗卫生机构中医馆建设。鼓励有条件的地方完成15%的社区卫生服务中心和乡镇卫生院中医馆服务内涵建设；在10%的社区卫生服务站和村卫生室开展“中医阁”建设。

(二)提升中医药健康服务能力。

1. 彰显中医药在健康服务中的特色优势。

提升疾病预防能力。实施中医药健康促进行动，推进中医治未病健康工程升级。开展儿童青少年近视、脊柱侧弯、肥胖等中医适宜技术防治。规范二级以上中医医院治未病科室建设。在各级妇幼保健机构推广中医治未病理念和方法。继续实施癌症中西医结合防治行动，加快构建癌症中医药防治网络。推广一批中医治未病干预方案，制定中西医结合的基层糖尿病、高血压防治指南。在国家基本公共卫生服务项目中优化中医药健康管理服务，鼓励家庭医生提供中医治未病签约服务。持续开展0—36个月儿童、65岁以上老年人等重点人群的中医药健康管理，逐步提高覆盖率。

增强疾病治疗能力。开展国家中医优势专科建设，以满足重大疑难疾病防治临床需求为导向，做优做强骨伤、肛肠、儿科、皮肤科、妇科、针灸、推拿及脾胃病、心脑血管病、肾病、肿瘤、周围血管病等中医优势专科专病，巩固扩大优势，带动特色发展。制定完善并推广实施一批中医优势病种诊疗方案和临床路径，逐步提高重大疑难疾病诊疗能力和疗效水平。加强中药药事管理，落实处方专项点评制度，促进合理使用中药。鼓励依托现有资源建设中医医疗技术中心，挖掘整理并推广应用安全有效的中医医疗技术。大力发展中医非药物疗法，充分发挥其在常见病、多发病和慢性病防治中的独特作用。加强护理人员中医药知识与技能培训，开展中医护理门诊试点。

强化特色康复能力。实施中医药康复服务能力提升工程。依托现有资源布局一批中医康复中心，二级以上中医医院加强康复(医学)科建设，康复医院全部设置传统康复治疗室，其他提供康复服务的医疗机构普遍能够提供中医药服务。探索有利于发挥中医药优势的康复服务模式。促进中医药、中华传统体育与现代康复技术融合，发展中国特色康复医学。针对心脑血管病、糖尿病、尘肺病等慢性病和伤残等，制定推广中医康复方案，推动研发中医康复器具。大力开展培训，推动中医康复技术进社区、进家庭、进机构。

专栏2　中医药服务“扬优强弱补短”建设
1. 国家中医优势专科建设。建设一批国家中医优势专科，强化设备配置，优化完善中医诊疗方案，提升中医临床疗效。 2. 地市级中医医院综合服务能力建设。推动地市级中医医院加强专科和中医综合治疗区建设，全面提升医院综合服务能力。 3. 基层中医药服务能力提升。推动县级中医医院加强特色优势专科建设，将县级中医医院建设成县域中医适宜技术推广中心。实施对口支援提升项目，提高被支援单位综合诊疗能力。加强三级中医医院对口帮扶国家乡村振兴重点帮扶县中医医院工作，推动30万人口以上国家乡村振兴重点帮扶县的中医医院达到二级甲等水平。开展国家中医医疗队巡回医疗。 4. 中医治未病服务能力建设。针对重点人群和重大疾病，制定并推广20个中医治未病干预方案。 5. 重点人群中医药健康促进项目。开展儿童青少年近视防治中医适宜技术试点，推广运用中医适宜技术干预儿童青少年近视。依托现有资源，推动省级老年人中医药健康中心建设，推广应用老年期常见疾病中医诊疗方案和技术。针对妇女围绝经

续表

专栏2　中医药服务"扬优强弱补短"建设
期、孕育调养、产后康复、亚健康状态和儿童生长发育、脊柱侧弯、肥胖等，开展中医药适宜技术和方法试点。 6. 中医药康复服务能力提升工程。依托现有资源布局一批中医康复中心。加强中医医院康复(医学)科和康复医院中医科室建设。

2. 提升中医药参与新发突发传染病防治和公共卫生事件应急处置能力。

完善中医药参与应急管理的制度。在传染病防治法、突发公共卫生事件应对法等法律法规制修订中，研究纳入坚持中西医并重以及中西医结合、中西药并用、加强中医救治能力建设等相关内容，推动建立有效机制，促进中医药在新发突发传染病防治和公共卫生事件应急处置中发挥更大作用。

加强中医药应急救治能力建设。依托高水平三级甲等中医医院，建设覆盖所有省份的国家中医疫病防治基地，依托基地组建中医疫病防治队伍，提升中医紧急医学救援能力。三级公立中医医院和中西医结合医院(不含中医专科医院)全部设置发热门诊，加强感染性疾病、急诊、重症、呼吸、检验等相关科室建设，提升服务能力。

强化中医药应急救治支撑保障。加强中医药应急科研平台建设，合理布局生物安全三级水平实验室。加大国家中医药应对重大公共卫生事件和疫病防治骨干人才培养力度，形成人员充足、结构合理、动态调整的人才库，提高中医药公共卫生应急和重症救治能力。完善中药应急物资保障供应机制。

专栏3　少数民族医医院能力建设项目
1. 国家中医疫病防治基地建设。建设35个左右国家中医疫病防治基地，提升中医药应急服务能力。 2. 中医医院应急救治能力建设。推动三级中医医院提高感染性疾病科、呼吸科、重症医学科服务能力，建成生物安全二级以上水平实验室。二级中医医院设置感染性疾病科、急诊科、呼吸科等。开展人员培训，加强院感防控管理，按照要求配备管控人员，提升新发突发传染病防治和公共卫生事件应急处置能力。

3. 发展少数民族医药。加强少数民族医医疗机构建设，提高民族地区基层医疗卫生机构少数民族医药服务能力。改善少数民族医医院基础设施条件，加强少数民族医医院专科能力、制剂能力和信息化能力建设。建立符合少数民族医医疗机构自身特点和发展规律的绩效评价指标体系。加大少数民族医药防治重大疾病和优势病种研究力度，有效传承特色诊疗技术和方法。鼓

励和扶持少数民族医药院校教育、师承教育和继续教育。加大对少数民族医药的传承保护力度，持续开展少数民族医药文献抢救整理工作，推动理论创新和技术创新。

专栏4　少数民族医医院能力建设项目
少数民族医医院能力建设。推动建设一批少数民族医重点专科，提高少数民族医医院制剂能力。推动地市级以上少数民族医医院信息化能力建设。在部分少数民族医医院开展以双语电子病历为核心的信息化能力建设。

4. 提高中西医结合水平。

推动综合医院中西医协同发展。在综合医院推广“有机制、有团队、有措施、有成效”的中西医结合医疗模式，将中医纳入多学科会诊体系，加强中西医协作和协同攻关，制定实施“宜中则中、宜西则西”的中西医结合诊疗方案。将中西医协同发展工作纳入医院评审和公立医院绩效考核。推动三级综合医院全部设置中医临床科室，设立中医门诊和中医病床。打造一批中西医协同“旗舰”医院、“旗舰”科室，开展重大疑难疾病、传染病、慢性病等中西医联合攻关。

加强中西医结合医院服务能力建设。建立符合中西医结合医院特点和规律的绩效评价指标体系，修订中西医结合医院工作指南。加强中西医结合医院业务用房等基础设施建设，强化设备配置。开展中西医结合学科和专科建设，促进中西医联合诊疗模式改革创新。

提升相关医疗机构中医药服务水平。引导专科医院、传染病医院、妇幼保健机构规范建设中医临床科室、中药房，普遍开展中医药服务，创新中医药服务模式，加强相关领域中医优势专科建设。优化妇幼中医药服务网络，提升妇女儿童中医药预防保健和疾病诊疗服务能力。

专栏5　中西医结合能力提升项目
1. 中西医协同“旗舰”医院、“旗舰”科室建设。支持建设50个左右中西医协同“旗舰”医院，建设一批中西医协同“旗舰”科室，加强基础设施建设和设备配置。 2. 中西医临床协作能力建设。持续开展中西医临床协作，围绕重大疑难疾病、传染病和慢性病等进行中西医联合攻关，逐步建立中西医结合临床疗效评价标准、遴选形成优势病种目录，形成100个左右中西医结合诊疗方案或专家共识。

5. 优化中医医疗服务模式。完善以病人为中心的服务功能，优化服务流程和方式，总结推广中医综合诊疗模式、多专业一体化诊疗模式和集预防、治疗、康复于一体的全链条服务模式。推进智慧医疗、智慧服务、智慧管理“三位

一体”的智慧中医医院建设。建设中医互联网医院，发展远程医疗和互联网诊疗。持续推进“互联网+医疗健康”、“五个一”服务行动。构建覆盖诊前、诊中、诊后的线上线下一体化中医医疗服务模式，让患者享有更加便捷、高效的中医药服务。

（三）建设高素质中医药人才队伍。

1. 深化中医药院校教育改革。深化医教协同，进一步推动中医药教育改革与高质量发展。建立以中医药课程为主线、先中后西的中医药类专业课程体系，优化专业设置、课程设置和教材组织，增设中医疫病课程，增加经典课程内容，开展中医药经典能力等级考试。强化中医思维培养，建立早跟师、早临床学习制度，将师承教育贯穿临床实践教学全过程。加大对省（部）局共建中医药院校改革发展的支持力度，推动建设100个左右中医药类一流本科专业建设点。加强中医临床教学能力建设，提升高校附属医院和中医医师规范化培训基地教学能力。实施卓越中医药师资培训计划。依托现有资源，支持建设一批中医药高水平高等职业学校和专业（群）。

2. 强化中医药特色人才队伍建设。实施中医药特色人才培养工程（岐黄工程）。打造岐黄学者品牌，持续开展岐黄学者培养、全国中医临床优秀人才研修等项目，做强领军人才、优秀人才、骨干人才梯次衔接的高层次人才队伍。建设一批高水平中医药重点学科。构建符合中医药特点的人才培养模式，发展中医药师承教育，建立高年资中医医师带徒制度，与职称评审、评优评先等挂钩，持续推进全国名老中医药专家传承工作室、全国基层名老中医药专家传承工作室建设。将综合医院、妇幼保健院等医疗机构中医药人才纳入各类中医药人才培养项目。按照“下得去、留得住、用得上”的要求，加强基层中医药人才队伍建设，根据需求合理确定中医专业农村订单定向免费培养医学生规模，在全科医生特岗计划中积极招收中医医师。推广中医药人员“县管乡用”，探索推进轮岗制与职称评审相衔接。适当放宽长期服务基层的中医医师职称晋升条件，表彰奖励评优向基层一线和艰苦地区倾斜，引导中医药人才向基层流动。

3. 完善落实西医学习中医制度。开展九年制中西医结合教育试点。增加临床医学类专业中医药课程学时，将中医药课程列为本科临床医学类专业必修课和毕业实习内容，在临床类别医师资格考试中增加中医知识。落实允许攻读中医专业学位的临床医学类专业学生参加中西医结合医师资格考试和中医医师规范化培训的政策要求。在高职临床医学类专业中开设中医基础与适宜技术必修课程。临床、口腔、公共卫生类别医师接受必要的中医药继续教育，综合医院对临床医师开展中医药专业知识轮训，使其具备本科室专业领域的常规中医诊疗能力。加强中西医结合学科建设，培育一批中西医结合多学科交叉创新团队。实施西医学习中医人才专项，培养一批中西医结合人才。

专栏6　中医药特色人才培养工程（岐黄工程）
1. 高层次人才计划。 “国医大师”和“全国名中医”表彰奖励项目。表彰30名国医大师和100名全国名中医。 中医药领军人才支持项目。遴选50名岐黄学者和200名青年岐黄学者，遴选组建10个左右国家中医药多学科交叉创新团队和一批国家中医药传承创新团队。 中医药优秀人才研修项目。培养1200名中医临床、少数民族医药、西医学习中医等优秀人才。 中医药骨干人才培养项目。持续开展全国老中医药专家学术经验继承工作，遴选指导老师，培养一批继承人。为二级以上中医医疗机构培养一批骨干师资及中药、护理、康复、管理等骨干人才。支持一批中医医师开展规范化培训。 综合医院中医药高层次人才支持项目。面向省级以上综合医院、妇幼保健院等医疗机构，开展西医学习中医高级人才培养和全国老中医药专家学术经验继承工作，建设一批传承工作室，培养一批中医药骨干人才。 2. 基层人才计划。 基层中医药人才培训项目。招录一定数量的中医专业农村订单定向免费培养医学生。支持一批中医类别全科医生开展规范化培训、转岗培训。支持一批中医医师开展中医助理全科医生培训。为中医馆培训一批骨干人才。 革命老区等中医药人才振兴项目。在革命老区、国家乡村振兴重点帮扶县等地区，加大中医专业农村订单定向免费培养医学生支持力度；支持建设一批全国基层名老中医药专家传承工作室。 3. 人才平台建议计划。 高水平中医药重点学科建设项目。重点建设一批中医基础类、经典类、疫病防治类、中药类和多学科交叉重点学科，加强学科内涵建设，培养一批学科团队和学科带头人。 中医临床教学基地能力建设。支持一批中医医师规范化培训基地加强培训能力建设，遴选若干个标准化规范化培训实践技能考核基地。 传承工作室建设。新增建设一批国医大师、全国名中医及全国名老中医药专家传承工作室。新增建设一批全国基层名老中医药专家传承工作室，覆盖二级以上中医医院。启动建设一批老药工传承工作室。

（四）建设高水平中医药传承保护与科技创新体系。

1. 加强中医药传承保护。实施中医药古籍文献和特色技术传承专项，编纂出版《中华医藏》，建立国家中医药古籍和传统知识数字图书馆。加强对名老中医学术经验、老药工传统技艺等的活态传承,支持中医学术流派发展。推动出台中医药传统知识保护条例,建立中医药传统知识数据库、保护名录和保护制度。

2. 加强重点领域攻关。在科技创新2030—重大项目、重点研发计划等国家科技计划中加大对中医药科技创新的支持力度。深化中医原创理论、中药作用机理等重大科学问题研究。开展中医药防治重大、难治、罕见疾病和新发突发传染病等诊疗规律与临床研究。加强中医药临床疗效评价研究。加强开展基于古代经典名方、名老中医经验方、有效成分或组分等的中药新药研发。支持儿童用中成药创新研发。推动设立中医药关键技术装备项目。

3. 建设高层次科技平台。依托现有资源,建设一批国家级中医药研究平台,研究布局全国重点实验室、国家临床医学研究中心、国家工程研究中心和国家技术创新中心;推进国家中医药传承创新中心、国家中医临床研究基地和中国中医药循证医学中心建设。发挥中国中医科学院“国家队”作用,实施中医药科技创新工程。

4. 促进科技成果转化。建设一批中医药科技成果孵化转化基地。支持中医医院与企业、科研机构、高等院校等加强协作、共享资源。鼓励高等院校、科研院所、医疗机构建立专业化技术转移机构,在成果转化收益分配、团队组建等方面赋予科研单位和科研人员更大自主权。

专栏7 国家中医药传承创新平台工程

1. 培育和建设国家重大科技创新平台。

全国重点实验室。支持在中医理论、中药资源、中药创新、中医药疗效评价等重要领域方向建设多学科交叉融合的全国重点实验室或全国重点实验室培育基地。

国家临床医学研究中心。围绕心血管疾病、神经系统疾病、恶性肿瘤、代谢性疾病等重大慢性病,妇科、骨伤、免疫等优势病种,以及针灸、其他非药物疗法等特色疗法,建设一批中医类国家临床医学研究中心及其协同创新网络。

深化建设国家工程研究中心。对已建的中医药国家工程研究中心和国家工程实验室明确功能定位,优化运行,符合条件的纳入国家工程研究中心序列管理。围绕制约中医药发展的关键技术和核心装备,在中医药标准化、中医药临床疗效与安全性评价、中药质量控制等方向深化研究。

培育国家技术创新中心。围绕中药现代化重大共性技术突破、产品研发和成果转化应用示范,培育建设一批中医药国家技术创新中心。

2. 国家中医药传承创新中心。建设30个左右国家中医药传承创新中心。

3. 做大做强中国中医科学院专项工程。实施中国中医科学院中医药科技创新工程,做强一批在国内外有影响力的优势学科,加强科技创新平台建设,打造成为中医药

续表

科技创新核心基地和创新人才高地。 4. 国家中医药局重点实验室。优化整合国家中医药局重点研究室、三级实验室，建设一批国家中医药局重点实验室，形成相关领域关键科学问题研究链。 5. 中医药活态传承工程。开展当代名老中医药专家学术经验、技术方法和临证方药挖掘整理和应用推广。开展老药工鉴定、炮制、制药技术传承。开展民间中医药技术方法整理和利用。开展中医理论、技术、方法原态保护和存续。 6. 中医药科技研究项目。实施中医药现代化研究重点专项，开展中医药循证评价研究，推进中医药理论创新。开展经典名方类中药复方制剂研发、应用。推动设立中医药关键技术装备项目。

（五）推动中药产业高质量发展。

1. 加强中药资源保护与利用。支持珍稀濒危中药材人工繁育。公布实施中药材种子管理办法。制定中药材采收、产地加工、野生抚育及仿野生栽培技术规范和标准。完成第四次全国中药资源普查，建立全国中药资源共享数据集和实物库，并利用实物样本建立中药材质量数据库，编纂中国中药资源大典。

2. 加强道地药材生产管理。制定发布全国道地药材目录，构建中药材良种繁育体系。加强道地药材良种繁育基地和生产基地建设，鼓励利用山地、林地推行中药材生态种植，优化生产区域布局和产品结构，开展道地药材产地和品质快速检测技术研发，集成创新、示范推广一批以稳定提升中药材质量为目标的绿色生产技术和种植模式，制定技术规范，形成全国道地药材生产技术服务网络，加强对道地药材的地理标志保护，培育一批道地药材知名品牌。

3. 提升中药产业发展水平。健全中药材种植养殖、仓储、物流、初加工规范标准体系。鼓励中药材产业化、商品化和适度规模化发展，推进中药材规范化种植、养殖。鼓励创建以中药材为主的优势特色产业集群和以中药材为主导的农业产业强镇。制定实施全国中药饮片炮制规范，继续推进中药炮制技术传承基地建设，探索将具有独特炮制方法的中药饮片纳入中药品种保护范围。加强中药材第三方质量检测平台建设。研究推进中药材、中药饮片信息化追溯体系建设，强化多部门协同监管。加快中药制造业数字化、网络化、智能化建设，加强技术集成和工艺创新，提升中药装备制造水平，加速中药生产工艺、流程的标准化和现代化。

4. 加强中药安全监管。提升药品检验机构的中药质量评价能力，建立健全中药质量全链条安全监管机制，建设中药外源性有害残留物监测体系。加强中药饮片源头监管，严厉打击生产销售假劣中药饮片、中成药等违法违规行为。建立中成药监测、预警、应急、召回、撤市、淘汰的风险管理长效机制。加强中药说明书和标签管理，提升说明书临床使用指导效果。

专栏8 中药质量提升工程
1. 全国中药资源普查成果转化。完善全国中药资源普查数据库及中药资源动态监测数据，建设重点区域常态化管理机制。 2. 中药材种质资源保护和发展。支持国家药用植物种质资源库建设。加强道地药材良种繁育基地建设。 3. 中药材规范化种植提升行动。加快中药材品种培优、品质提升、品牌打造和标准化生产，集成推广中药材标准化种植模式。开展适宜品种林下种植示范研究，形成生态种植技术体系。建设一批道地药材标准化生产基地。 4. 中药智能制造提升行动。研发中药材种植、采收、产地加工装备，中药饮片自动化、智能化生产装备，以及中成药共性技术环节数字化、网络化生产装备，提高中药生产智能化水平。

（六）发展中医药健康服务业。

1. 促进和规范中医药养生保健服务发展。促进中医健康状态辨识与评估、咨询指导、健康干预、健康管理等服务规范开展。推广太极拳、八段锦等中医药养生保健方法和中华传统体育项目，推动形成体医结合的健康服务模式。鼓励中医医疗机构为中医养生保健机构提供技术支持，支持中医医师依照规定提供服务。

2. 发展中医药老年健康服务。强化中医药与养老服务衔接，推进中医药老年健康服务向农村、社区、家庭下沉。逐步在二级以上中医医院设置老年病科，增加老年病床数量，开展老年病、慢性病防治和康复护理。推动二级以上中医医院与养老机构合作共建，鼓励有条件的中医医院开展社区和居家中医药老年健康服务。鼓励中医医师加入老年医学科工作团队和家庭医生签约团队，鼓励中医医师在养老机构提供保健咨询和调理服务。推动养老机构开展中医特色老年健康管理服务。在全国医养结合示范项目中培育一批具有中医药特色的医养结合示范机构，在医养结合机构推广中医药适宜技术。

3. 拓展中医药健康旅游市场。鼓励地方结合本地区中医药资源特色，开发更多体验性强、参与度高的中医药健康旅游线路和旅游产品，吸引境内外消费者。完善中医药健康旅游相关标准体系，推动中医药健康旅游高质量发展。

4. 丰富中医药健康产品供给。以保健食品、特殊医学用途配方食品、功能性化妆品、日化产品为重点，研发中医药健康产品。鼓励围绕中医养生保健、诊疗与康复，研制便于操作、适于家庭的健康检测、监测产品及自我保健、功能康复等器械。

（七）推动中医药文化繁荣发展。

1. 加强中医药文化研究和传播。深入挖掘中医药精华精髓，阐释中医药文化与中华优秀传统文化的内在联系。加强中医药学与相关领域协同创新研究。实施中医药文化传播行动，推动建设体验场馆，培育传播平台，丰富中医药文化产品和服务供给。推动中医药文化贯穿国民教育始终，进一步丰富中医药文化教育。加强中医药机构文化建设。加大对传统医药类非物质文化遗产代表性项目的保护传承力度。加强中医药科普专家队伍建设，推动中医医疗机构开展健康讲座等科普活动。建设中医药健康文化知识角。开展公民中医药健康文化素养水平监测。

2. 发展中医药博物馆事业。开展国家中医药博物馆基本建设，建成国家中医药数字博物馆。促进中医药博物馆体系建设，强化各级各类中医药博物馆收藏研究、社会教育、展览策划和文化服务功能，加强数字化建设，组织内容丰富的中医药专题展览。

3. 做大中医药文化产业。鼓励引导社会力量通过各种方式发展中医药文化产业。实施中医药文化精品行动，引导创作一批质量高、社会影响力大的中医药文化精品和创意产品。促进中医药与动漫游戏、旅游餐饮、体育演艺等融合发展。培育一批知名品牌和企业。

专栏9　中医药文化弘扬工程及博物馆建设
1. 中医药文化研究阐释。深入挖掘中医药精华精髓，做好研究阐释。编写若干种针对不同受众的中医药文化读物。 2. 中医药文化传播行动。广泛开展群众性中医药文化活动。充分依托地方现有资源，推动一批中医药文化体验场馆、中医药文化宣传教育基地达到国家级建设标准。推动开展中医药文化教育活动。持续开展公民中医药健康文化素养水平监测。 3. 中医药文化精品行动。扶持创作一批中医药文学、影视和网络视听优秀作品，支持制作一批中医药新媒体产品。 4. 国家中医药博物馆建设。开展国家中医药博物馆基本建设，打造中医药文化重要高地。建成国家中医药数字博物馆，建立中医药资源藏品信息数据库。开展各级中医药博物馆能力建设。 5. 中医药科普项目。推出一批中医药科普节目、栏目、读物及产品。建设中医药健康文化知识角。加强中医药文化科普巡讲专家队伍建设。推广中医药传统保健体育运动，举办全国中医药院校传统保健体育运动会。

（八）加快中医药开放发展。

1. 助力构建人类卫生健康共同体。积极参与全球卫生健康治理，推进中医药参与新冠肺炎等重大传染病防控国际合作，分享中医药防控疫情经验。

在夯实传播应用基础上,推进中医药高质量融入"一带一路"建设,实施中医药国际合作专项,推动社会力量提升中医药海外中心、中医药国际合作基地建设质量,依托现有机构建设传统医学领域的国际临床试验注册平台。指导和鼓励社会资本设立中医药"一带一路"发展基金。推进在相关国家实施青蒿素控制疟疾项目。

2. 深化中医药交流合作。巩固拓展与有关国家的政府间中医药合作,加强相关政策法规、人员资质、产品注册、市场准入、质量监管等方面的交流。鼓励和支持有关中医药机构和团体以多种形式开展产学研用国际交流与合作。促进中医药文化海外传播与技术国际推广相结合。鼓励和支持社会力量采用市场化方式,与有合作潜力和意愿的国家共同建设一批友好中医医院、中医药产业园。加强与港澳台地区的中医药交流合作,建设粤港澳大湾区中医药高地,打造高水平中医医院、中医优势专科、人才培养基地和科技创新平台。

3. 扩大中医药国际贸易。大力发展中医药服务贸易,高质量建设国家中医药服务出口基地。推动中医药海外本土化发展,促进产业协作和国际贸易。鼓励发展"互联网+中医药贸易"。逐步完善中医药"走出去"相关措施,开展中医药海外市场政策研究,助力中医药企业"走出去"。推动中药类产品海外注册和应用。

专栏 10　中医药开放发展工程
1. 中医药国际抗疫合作计划。组织中医药国际抗疫学术交流活动,举办中医药防控重大传染病等培训班,组建中医药国际抗疫合作专家团队,完善中医药国际疫情防控线上指导平台。 2. 中医药开放发展平台建设。在共建"一带一路"国家的重要节点城市,鼓励社会力量持续建设一批高质量中医药海外中心。依托国内中医药机构,拓展建设一批高质量中医药国际合作基地。鼓励和支持社会力量采用市场化方式,与有合作潜力和意愿的国家共同建设一批友好中医医院、中医药产业园。 3. 中医药国际影响力提升计划。扩大中医药学术期刊的国际影响力。在跨国科研合作计划中加大中医药参与力度。 4. 中医药国际贸易促进计划。高质量建设国家中医药服务出口基地,努力形成一批中医药服务知名品牌。建设中医药服务贸易统计体系。 5. 粤港澳大湾区中医药高地建设工程。支持粤港澳大湾区建设成为国际中医医疗先行区,建成多学科融合的科研平台,建立中医药人才协同培养机制。支持建设香港中医医院、粤澳合作中医药科技产业园,推进中医药产品创新研发。

(九)深化中医药领域改革。

1. 建立符合中医药特点的评价体系。建立完善科学合理的中医医疗机构、特色人才、临床疗效、科研成果等评价体系。健全公立中医医院绩效考核机制,常态化开展三级和二级公立中医医院绩效考核工作。完善各类中医临床教学基地标准和准入制度。建立完善符合中医药特点的人才评价体系,强化中医思维与临床能力考核,将会看病、看好病作为中医医师的主要评价内容。研究建立中医药人才表彰奖励制度。研究优化中医临床疗效评价体系,探索制定符合中医药规律的评价指标。通过同行评议、引进第三方评估等方式,完善有利于中医药创新的科研评价机制。

2. 健全现代医院管理制度。建立体现中医医院特点的现代医院管理制度,落实党委领导下的院长负责制,推动公立中医医院发展方式从规模扩张转向提质增效和中医内涵式特色发展,运行模式从粗放管理转向精细化管理,资源配置从注重物质要素转向更加注重人才技术要素。推进公立中医医院人事管理制度和薪酬分配制度改革,落实"两个允许"要求。落实公立中医医院总会计师制度。建立完善中医医疗质量管理与控制体系,推进中医病案质量控制中心和中药药事管理质控中心建设。完善中医医院院感防控体系。构建和谐医患关系,改善中医医务人员工作环境和条件,在全社会营造尊重中医的良好氛围。

3. 完善中医药价格和医保政策。建立以临床价值和技术劳务价值为主要依据、体现中医药特点的中医医疗服务卫生技术评估体系,优化中医医疗服务价格政策。在医疗服务价格动态调整中重点考虑中医医疗服务项目。医疗机构炮制使用的中药饮片、中药制剂实行自主定价,符合条件的按程序纳入基本医疗保险支付范围。改善市场竞争环境,引导形成以质量为导向的中药饮片市场价格机制。将符合条件的中医医疗服务项目和中药按程序纳入基本医疗保险支付范围。探索符合中医药特点的医保支付方式,遴选和发布中医优势病种,鼓励实行中西医同病同效同价。一般中医诊疗项目可继续按项目付费。继续深化中医药参与按床日付费、按人头付费等研究。支持保险公司、中医药机构合作开展健康管理服务,鼓励商业保险机构开发中医治未病等保险产品。

4. 改革完善中药注册管理。优化中药临床证据体系,建立中医药理论、人用经验和临床试验"三结合"的中药注册审评证据体系,积极探索建立中药真实世界研究证据体系。探索中药饮片备案、审批管理,优化医疗机构中药制剂注册管理。推进古代经典名方目录制定发布,加快收载方剂的关键信息考证。

5. 推进中医药领域综合改革。建设 10 个左右国家中医药综合改革示范区,鼓励在服务模式、产业发展、质量监管等方面先行先试,打造中医药事业和产业高质量发展高地。开展全国基层中医药工作示范市(县)创建工作。开展医疗、医保、医药联动促进中医药传承创新发展试点,发扬基层首创精神,完善更好发挥中医药特色优势的医改政策。

（十）强化中医药发展支撑保障。

1. 提升中医药信息化水平。依托现有资源持续推进国家和省级中医药数据中心建设。优化升级中医馆健康信息平台，扩大联通范围。落实医院信息化建设标准与规范要求；推进中医医院及中医馆健康信息平台规范接入全民健康信息平台。加强关键信息基础设施、数据应用服务的安全防护，增强自主可控技术应用。开展电子病历系统应用水平分级评价和医院信息互联互通标准化成熟度测评。鼓励中医辨证论治智能辅助诊疗系统等具有中医药特色的信息系统研发应用。

2. 建立国家中医药综合统计制度。逐步完善统计直报体系，建立与卫生健康统计信息共享机制。加强综合统计人才队伍建设，构建统一规范的国家中医药数据标准和资源目录体系，建设国家、省级中医药综合统计信息平台，建立统计数据定期发布机制，稳步推动数据资源共享开放。

3. 加强中医药法治建设。深入推进中医药法贯彻实施，完善中医药法相关配套制度。推动制修订相关法律法规和规章，加强对地方性法规建设的指导。进一步推进全国人大常委会中医药法执法检查报告及审议意见落实工作。建立不良执业记录制度，将提供中医药健康服务的机构及其人员诚信经营和执业情况依法依规纳入全国信用信息共享平台。强化中医药监督执法工作，健全长效机制，落实执法责任，加强人员培训，完善监督执法规范，全面提高中医药监督能力和水平。

4. 深化中医药军民融合发展。加强军地双方在中医药学科建设、科技创新、人才培养等方面的合作，完善工作机制和政策措施，畅通信息交流渠道，加快军事中医药学科全面建设与发展，提高军队中医药整体保障水平。

专栏 11　中医药支撑保障建设
1. 基层中医药信息化能力提升项目。推动中医馆健康信息平台升级改造，扩大中医馆联通范围。以县级中医医院为重点，提升基层中医医疗机构信息化水平。
2. 中医药综合统计体系建设。依托现有机构建设国家、省级中医药综合统计平台，构建统一规范的国家中医药数据标准和资源目录体系，加强人才队伍建设，构建中医药综合统计体系。
3. 新兴信息技术与中医药结合应用研究项目。支持中医医院应用人工智能、大数据、第五代移动通信（5G）、区块链、物联网等新兴信息技术，推动中医辨证论治智能辅助诊疗系统、名老中医经验传承系统等临床应用。
4. 中医药监督能力建设。开展虚假违法中医医疗广告监测，建立健全会商机制，提高有关突发事件处置能力。加强人员培训，提高专业水平和业务能力。

四、强化组织实施

（一）加强组织领导。强化国务院中医药工作部际联席会议办公室统筹职能，加强工作协调，及时研究和推动解决中医药发展重要问题。各省（自治区、直辖市）要完善中医药工作跨部门协调机制，支持和促进中医药发展，推动将中医药相关工作纳入政府绩效考核。建立健全省、市、县级中医药管理体系，合理配置人员力量。

（二）强化投入保障。各级政府通过现有资金渠道积极支持中医药发展，落实对公立中医医院的办医主体责任。支持通过地方政府专项债券等渠道，推进符合条件的公立中医医院建设项目。引导社会投入，打造中医药健康服务高地和学科、产业集聚区。鼓励金融机构依法依规为符合条件的中医药领域项目提供金融支持，进一步完善中医药发展多元化投入机制。

（三）健全实施机制。加强国家和省（自治区、直辖市）两级规划衔接。强化规划编制实施的制度保障，建立监测评估机制，监测重点任务、重大项目、重大改革举措的执行情况，进行中期、末期评估，及时发现并解决重要问题，确保本规划顺利实施。

（四）注重宣传引导。做好政策解读和培训，加强正面宣传和科学引导，大力宣传中医药传承创新发展成效，及时回应群众关切，营造良好社会氛围。及时总结提炼地方好的做法和经验，加强典型报道，发挥示范引领作用。充分发挥各方面积极作用，形成全社会共同关心和支持中医药发展的良好格局。

国务院关于设立 3 岁以下婴幼儿照护个人所得税专项附加扣除的通知

（2022 年 3 月 19 日　国办发〔2022〕8 号）

为贯彻落实《中共中央 国务院关于优化生育政策促进人口长期均衡发展的决定》，依据《中华人民共和国个人所得税法》有关规定，国务院决定，设立 3 岁以下婴幼儿照护个人所得税专项附加扣除。现将有关事项通知如下：

一、纳税人照护 3 岁以下婴幼儿子女的相关支出，按照每个婴幼儿每月 1000 元的标准定额扣除。

二、父母可以选择由其中一方按扣除标准的 100%扣除，也可以选择由双方分别按扣除标准的 50%扣除，具体扣除方式在一个纳税年度内不能变更。

三、3 岁以下婴幼儿照护个人所得税专项附加扣除涉及的保障措施和其他事项，参照《个人所得税专项附加扣除暂行办法》有关规定执行。

四、3岁以下婴幼儿照护个人所得税专项附加扣除自2022年1月1日起实施。

国务院关于落实《政府工作报告》重点工作分工的意见

（2022年3月21日　国发〔2022〕9号）

为全面贯彻党的十九大和十九届历次全会精神，深入落实中央经济工作会议精神和十三届全国人大五次会议通过的《政府工作报告》部署，做好今年政府工作，实现经济社会发展目标任务，现就《政府工作报告》确定的重点工作，提出分工意见如下：

一、2022年经济社会发展总体要求和政策取向

（一）总体要求和主要预期目标。

1. 要在以习近平同志为核心的党中央坚强领导下，以习近平新时代中国特色社会主义思想为指导，全面贯彻落实党的十九大和十九届历次全会精神，弘扬伟大建党精神，坚持稳中求进工作总基调，完整、准确、全面贯彻新发展理念，加快构建新发展格局，全面深化改革开放，坚持创新驱动发展，推动高质量发展，坚持以供给侧结构性改革为主线，统筹疫情防控和经济社会发展，统筹发展和安全，继续做好"六稳"、"六保"工作，持续改善民生，着力稳定宏观经济大盘，保持经济运行在合理区间，保持社会大局稳定，迎接党的二十大胜利召开。（国务院各部门分别负责，年内持续推进）

2. 今年发展主要预期目标是：国内生产总值增长5.5%左右；城镇新增就业1100万人以上，城镇调查失业率全年控制在5.5%以内；居民消费价格涨幅3%左右；居民收入增长与经济增长基本同步；进出口保稳提质，国际收支基本平衡；粮食产量保持在1.3万亿斤以上；生态环境质量持续改善，主要污染物排放量继续下降；能耗强度目标在"十四五"规划期内统筹考核，并留有适当弹性，新增可再生能源和原料用能不纳入能源消费总量控制。（国家发展改革委、财政部、人力资源社会保障部、生态环境部、农业农村部、商务部、人民银行、海关总署、国家能源局、国家外汇局等按职责分工负责，12月底前完成）

（二）重大政策取向和要求。

3. 完成今年发展目标任务，宏观政策要稳健有效，微观政策要持续激发市场主体活力,结构政策要着力畅通国民经济循环,科技政策要扎实落地,改革开放政策要激活发展动力,区域政策要增强发展的平衡性协调性,社会政策要兜住兜牢民生底线。各方面要围绕贯彻这些重大政策和要求,细化实化具体举措,形成推动发展的合力。(国务院各部门分别负责,年内持续推进)

4. 要保持宏观政策连续性,强化跨周期和逆周期调节,增强有效性。积极的财政政策要提升效能,更加注重精准、可持续。稳健的货币政策要灵活适度,保持流动性合理充裕。就业优先政策要提质加力。政策发力适当靠前,及时动用储备政策工具,确保经济平稳运行。(国家发展改革委、财政部、人力资源社会保障部、人民银行等按职责分工负责,年内持续推进)

5. 继续做好常态化疫情防控。坚持外防输入、内防反弹,不断优化完善防控措施,加强口岸城市疫情防控,加大对病毒变异的研究和防范力度,加快新型疫苗和特效药物研发,持续做好疫苗接种工作,更好发挥中医药独特作用,科学精准处置局部疫情,保持正常生产生活秩序。(国务院各部门分别负责,年内持续推进)

6. 要坚持稳字当头、稳中求进。面对新的下行压力,要把稳增长放在更加突出的位置。各地区各部门要切实担负起稳定经济的责任,积极推出有利于经济稳定的政策。要统筹稳增长、调结构、推改革,加快转变发展方式,不搞粗放型发展。坚持实事求是,立足社会主义初级阶段基本国情,着力办好自己的事,尊重发展规律、客观实际和群众需求,因地制宜创造性开展工作,把各方面干事创业积极性充分调动起来。推动有效市场和有为政府更好结合,善于运用改革创新办法,激发市场活力和社会创造力。要坚持以人民为中心的发展思想,依靠共同奋斗,扎实推进共同富裕,不断实现人民对美好生活的向往。(国务院各部门分别负责,年内持续推进)

二、着力稳定宏观经济大盘,保持经济运行在合理区间

(三)提升积极的财政政策效能。

7. 今年赤字率拟按2.8%左右安排、比去年有所下调,有利于增强财政可持续性。预计今年财政收入继续增长,加之特定国有金融机构和专营机构依法上缴近年结存的利润、调入预算稳定调节基金等,支出规模比去年扩大2万亿元以上,可用财力明显增加。新增财力要下沉基层,主要用于落实助企纾困、稳就业保民生政策,促进消费、扩大需求。今年安排中央本级支出增长3.9%,其中中央部门支出继续负增长。中央对地方转移支付增加约1.5万亿元、规模近9.8万亿元,增长18%、为多年来最大增幅。中央财政将更多资金纳入直达范围,省级财政也要加大对市县的支持,务必使基层落实惠企利民政策更有能力、更有动力。(财政部牵头,国家发展改革委、人力资源社会保障部、人

民银行、税务总局、国家烟草局等按职责分工负责，12月底前完成）

8. 要用好政府投资资金，带动扩大有效投资。今年拟安排地方政府专项债券3.65万亿元。强化绩效导向，坚持"资金、要素跟着项目走"，合理扩大使用范围，支持在建项目后续融资，开工一批具备条件的重大工程、新型基础设施、老旧公用设施改造等建设项目。民间投资在投资中占大头，要发挥重大项目牵引和政府投资撬动作用，完善相关支持政策，充分调动民间投资积极性。（国家发展改革委、财政部牵头，住房城乡建设部、自然资源部、生态环境部等按职责分工负责，年内持续推进）

9. 要坚持政府过紧日子，更好节用裕民。大力优化支出结构，保障重点支出，严控一般性支出。盘活财政存量资金和闲置资产。各级政府必须艰苦奋斗、勤俭节约，中央政府和省级政府要带头。加强收支管理，严禁铺张浪费，不得违规新建楼堂馆所，不得搞形象工程，对违反财经纪律、肆意挥霍公款的要严查重处，一定要把宝贵资金用在发展紧要处、民生急需上。（财政部牵头，国家发展改革委、国管局等按职责分工负责，年内持续推进）

（四）加大稳健的货币政策实施力度。

10. 发挥货币政策工具的总量和结构双重功能，为实体经济提供更有力支持。扩大新增贷款规模，保持货币供应量和社会融资规模增速与名义经济增速基本匹配，保持宏观杠杆率基本稳定。（人民银行牵头，年内持续推进）保持人民币汇率在合理均衡水平上的基本稳定。（人民银行、国家外汇局牵头，年内持续推进）进一步疏通货币政策传导机制，引导资金更多流向重点领域和薄弱环节，扩大普惠金融覆盖面。（人民银行、银保监会等按职责分工负责，年内持续推进）推动金融机构降低实际贷款利率、减少收费，让广大市场主体切身感受到融资便利度提升、综合融资成本实实在在下降。（人民银行、银保监会、证监会、国家外汇局、国家发展改革委等按职责分工负责，年内持续推进）

（五）强化就业优先政策。

11. 大力拓宽就业渠道，注重通过稳市场主体来稳就业，增强创业带动就业作用。财税、金融等政策都要围绕就业优先实施，加大对企业稳岗扩岗的支持力度。（国家发展改革委、工业和信息化部、财政部、人力资源社会保障部、人民银行、税务总局、市场监管总局、银保监会、证监会等按职责分工负责，年内持续推进）各类专项促就业政策要强化优化，对就业创业的不合理限制要坚决清理取消。（人力资源社会保障部、国家发展改革委牵头，年内持续推进）各地都要千方百计稳定和扩大就业。（人力资源社会保障部牵头，年内持续推进）

（六）确保粮食能源安全。

12. 保障粮食等重要农产品供应。（国家发展改革委、农业农村部、交通运输部、财政部、商务部、国家粮食和储备局等按职责分工负责，年内持续推进）继续做好能源、重要原材料保供稳价工作，保障民生和企业正常生产经营用电。（国家发展改革委、国家能源局牵头，年内持续推进）实施全面节约战略。增强国内资源生产保障能力，加快油气、矿产等资源勘探开发，完善国家战略物资储备制度，保障初级产品供给。（国家发展改革委、工业和信息化部、自然资源部、交通运输部、财政部、国家粮食和储备局、国家能源局等按职责分工负责，年内持续推进）打击哄抬物价等行为。保持物价水平基本稳定。（国家发展改革委、市场监管总局牵头，年内持续推进）

（七）防范化解重大风险。

13. 继续按照稳定大局、统筹协调、分类施策、精准拆弹的基本方针，做好经济金融领域风险防范和处置工作。（国家发展改革委、财政部、人民银行、银保监会、证监会、国家外汇局等按职责分工负责，年内持续推进）压实地方属地责任、部门监管责任和企业主体责任，加强风险预警、防控机制和能力建设，设立金融稳定保障基金，发挥存款保险制度和行业保障基金的作用，运用市场化、法治化方式化解风险隐患，有效应对外部冲击，牢牢守住不发生系统性风险的底线。（人民银行牵头，国家发展改革委、司法部、财政部、银保监会、证监会、国家外汇局等按职责分工负责，9 月底前完成金融稳定保障基金筹集相关工作，年内持续推进）

三、着力稳市场主体保就业，加大宏观政策实施力度

（八）实施新的组合式税费支持政策。

14. 坚持阶段性措施和制度性安排相结合，减税与退税并举。一方面，延续实施扶持制造业、小微企业和个体工商户的减税降费政策，并提高减免幅度、扩大适用范围。对小规模纳税人阶段性免征增值税。对小微企业年应纳税所得额 100 万元至 300 万元部分，再减半征收企业所得税。各地也要结合实际，依法出台税费减免等有力措施，使减税降费力度只增不减，以稳定市场预期。另一方面，综合考虑为企业提供现金流支持、促进就业消费投资，大力改进因增值税税制设计类似于先缴后退的留抵退税制度，今年对留抵税额提前实行大规模退税。优先安排小微企业，对小微企业的存量留抵税额于 6 月底前一次性全部退还，增量留抵税额足额退还。重点支持制造业，全面解决制造业、科研和技术服务、生态环保、电力燃气、交通运输等行业留抵退税问题。增值税留抵退税力度显著加大，以有力提振市场信心。预计全年退税减税约 2.5 万亿元，其中留抵退税约 1.5 万亿元，退税资金全部直达企业。中央财政将加大对地方财力支持，补助资金直达市县，地方政府及有关部门要建立健全工作机制，加强资金调度，确保退税减税这项关键性举措落实到位，为企业雪中送炭，助企业焕发生机。（财政部、税务总局牵头，4 月底前出台相关政策，年内持续推进）

（九）加强金融对实体经济的有效支持。

15. 用好普惠小微贷款支持工具，增加支农支小再贷款，优化监管考核，推动普惠小微贷款明显增长、信用贷款和首贷户比重继续提升。（人民银行、银保监会等按职责分工负责，6 月底前出台相关政策，年内持续推进）引导金融机构准确把握信贷政策，继续对受疫情影响严重的行业企业给予融资支持，避免出现行业性限贷、抽贷、断贷。对市场前景好的特殊困难行业企业给予“无缝续贷”。（人民银行、银保监会等按职责分工负责，年内持续推进）发挥好政策性、开发性金融作用。（财政部、人民银行、银保监会等按职责分工负责，6 月底前出台分类分账改革相关方案，年内持续推进）推进涉企信用信息整合共享，加快税务、海关、电力等单位与金融机构信息联通，扩大政府性融资担保对小微企业的覆盖面，努力营造良好融资生态，进一步推动解决实体经济特别是中小微企业融资难题。（国家发展改革委、工业和信息化部、财政部、商务部、人民银行、海关总署、税务总局、市场监管总局、银保监会、国家能源局等按职责分工负责，年内持续推进）

（十）推动降低企业生产经营成本。

16. 清理转供电环节不合理加价，支持地方对特殊困难行业用电实行阶段性优惠政策。（国家发展改革委、市场监管总局牵头，年内持续推进）引导大型平台企业降低收费，减轻中小商户负担。进一步清理规范行业协会商会、中介机构等收费。（国家发展改革委、市场监管总局、民政部等按职责分工负责，年内持续推进）要开展涉企违规收费专项整治行动，建立协同治理和联合惩戒机制，坚决查处乱收费、乱罚款、乱摊派。（国家发展改革委、工业和信息化部、财政部、市场监管总局牵头，有关部门按职责分工负责，12 月底前完成）要加大拖欠中小企业账款清理力度，规范商业承兑汇票使用，机关、事业单位和国有企业要带头清欠。（工业和信息化部牵头，财政部、人民银行、国务院国资委等按职责分工负责，年内持续推进）餐饮、住宿、零售、文化、旅游、客运等行业就业容量大、受疫情影响重，各项帮扶政策都要予以倾斜，支持这些行业企业挺得住、过难关、有奔头。（国家发展改革委、财政部、交通运输部、住房城乡建设部、商务部、文化和旅游部、人民银行、税务总局、中国民航局、中国国家铁路集团有限公司等按职责分工负责，年内持续推进）

（十一）落实落细稳就业举措。

17. 延续执行降低失业和工伤保险费率等阶段性稳就业政策。（人力资源社会保障部、财政部、税务总局牵头，4月底前出台相关政策，年内持续推进）对不裁员少裁员的企业，继续实施失业保险稳岗返还政策，明显提高中小微企业返还比例。（人力资源社会保障部、财政部牵头，4月底前出台相关政策，年内持续推进）今年高校毕业生超过1000万人，要加强就业创业指导、政策支持和不断线服务。（人力资源社会保障部、教育部、国家发展改革委、财政部等按职责分工负责，5月底前出台相关政策，年内持续推进）做好退役军人安置和就业保障，促进农民工就业，帮扶残疾人、零就业家庭成员就业。（人力资源社会保障部、国家发展改革委、财政部、农业农村部、退役军人部、国家乡村振兴局、中国残联等按职责分工负责，年内持续推进）深入开展大众创业万众创新，增强双创平台服务能力。（国家发展改革委牵头，年内持续推进）加强灵活就业服务，完善灵活就业社会保障政策，开展新就业形态职业伤害保障试点。（人力资源社会保障部、国家医保局、财政部、税务总局等按职责分工负责，年内持续推进）坚决防止和纠正性别、年龄、学历等就业歧视，大力营造公平就业环境。加强劳动保障监察执法，着力解决侵害劳动者合法权益的突出问题。（人力资源社会保障部、教育部、全国总工会、全国妇联等按职责分工负责，年内持续推进）增强公共就业服务针对性。（人力资源社会保障部牵头，年内持续推进）继续开展大规模职业技能培训，共建共享一批公共实训基地。（国家发展改革委、财政部、人力资源社会保障部等按职责分工负责，年内持续推进）使用1000亿元失业保险基金支持稳岗和培训，加快培养制造业高质量发展的急需人才，让更多劳动者掌握一技之长、让三百六十行行行人才辈出。（人力资源社会保障部、财政部牵头，4月底前出台相关政策，年内持续推进）

四、坚定不移深化改革，更大激发市场活力和发展内生动力

（十二）加快转变政府职能。

18. 加强高标准市场体系建设，抓好要素市场化配置综合改革试点，加快建设全国统一大市场。继续扩大市场准入。（国家发展改革委牵头，有关部门按职责分工负责，年内持续推进）围绕打造市场化法治化国际化营商环境，持续推进“放管服”改革，对取消和下放审批事项要同步落实监管责任和措施。全面实行行政许可事项清单管理。（国务院办公厅牵头，有关部门按职责分工负责，年内持续推进）加强数字政府建设。（国务院办公厅牵头，国家发展改革委、科技部、工业和信息化部、财政部等按职责分工负责，年内持续推进）推动政务数据共享。（国务院办公厅牵头，有关部门按职责分工负责，年内持续推进）进一步压减各类证明事项。（国务院办公厅、司法部牵头，有关部门按职责分工负责，年内持续推进）扩大“跨省通办”范围，基本实现电子证照互通互认，便利企业跨区域经营，加快解决群众关切事项的异地办理问题。（国务院办公厅牵头，有关部门按职责分工负责，年内持续推进）推进居民身份证电子化，实现通过扫码办理需要用身份证的服务事项，同时保障好群众信息安全和隐私。（公安部、国务院办公厅牵头，有关部门按职责分工负责，年内持续推进）推进政务服务事项集成化办理。（国务院办公厅牵头，有关部门按职责分工负责，6月底前出台相关政策，年内持续推进）推出优化不动产登记、车辆检测等便民举措。（自然资源部、公安部、市场监管总局牵头，有关部门按职责分工负责，9月底前出台相关政策，年内持续推进）强化政府监管责任，严格落实行业主管部门、相关部门监管责任和地方政府属地监管责任，防止监管缺位。加快建立健全全方位、多层次、立体化监管体系，实现事前事中事后全链条全领域监管，提高监管效能。（国务院办公厅牵头，有关部门按职责分工负责，年内持续推进）抓紧完善重点领域、新兴领域、涉外领域监管规则，创新监管方法，提升监管精准性和有效性。（国务院办公厅牵头，国家发展改革委、工业和信息化部、生态环境部、商务部、应急部、人民银行、海关总署、市场监管总局、银保监会、证监会、国家药监局等按职责分工负责，年内持续推进）深入推进公平竞争政策实施，加强反垄断和反不正当竞争，维护公平有序的市场环境。（市场监管总局牵头，国家发展改革委、科技部、工业和信息化部、财政部、商务部、人民银行、银保监会、证监会、全国工商联等按职责分工负责，年内持续推进）

（十三）促进多种所有制经济共同发展。

19. 坚持和完善社会主义基本经济制度，坚持“两个毫不动摇”。要正确认识和把握资本的特性和行为规律，支持和引导资本规范健康发展。依法平等保护企业产权、自主经营权和企业家合法权益，营造各类所有制企业竞相发展的良好环境。（国家发展改革委、工业和信息化部、商务部、人民银行、国务院国资委、市场监管总局、银保监会、证监会、全国工商联等按职责分工负责，年内持续推进）完成国企改革三年行动任务，加快国有经济布局优化和结构调整，深化混合所有制改革，加强国有资产监管，促进国企聚焦主责主业、提升产业链供应链支撑和带动能力。（国务院国资委、国家发展改革委、财政部等按职责分工负责，年内持续推进）落实支持民营经济发展的政策措施，鼓励引导民营企业改革创新，构建亲清政商关系。弘扬企业家精神，制定涉企政策要多听市场主体意见，尊重市场规律，支持企业家专注创业创新、安心经营发展。（国家发展改革委、工业和信息化部、国务院国资委、全国工商联、中国贸促会等按职责分工负责，年内持续推进）

(十四)推进财税金融体制改革。

20. 深化预算绩效管理改革,增强预算的约束力和透明度。(财政部牵头,年内持续推进)推进省以下财政体制改革。(财政部牵头,9月底前出台相关政策,年内持续推进)完善税收征管制度,依法打击偷税骗税。(税务总局牵头,9月底前出台相关政策,年内持续推进)加强和改进金融监管。(人民银行、银保监会、证监会、国家外汇局等按职责分工负责,年内持续推进)深化中小银行股权结构和公司治理改革,加快不良资产处置。(银保监会牵头,年内持续推进)完善民营企业债券融资支持机制,全面实行股票发行注册制,促进资本市场平稳健康发展。(人民银行、国家发展改革委、证监会等按职责分工负责,年内持续推进)

五、深入实施创新驱动发展战略,巩固壮大实体经济根基

(十五)提升科技创新能力。

21. 实施基础研究十年规划,加强长期稳定支持,提高基础研究经费占全社会研发经费比重。(科技部、财政部、教育部、国务院国资委、中科院、工程院、国家自然科学基金委等按职责分工负责,年内持续推进)实施科技体制改革三年攻坚方案,强化国家战略科技力量,加强国家实验室和全国重点实验室建设,发挥好高校和科研院所作用,改进重大科技项目立项和管理方式,深化科技评价激励制度改革。(科技部、国家发展改革委、财政部牵头,国家国防科工局等按职责分工负责,年内持续推进)支持各地加大科技投入,开展各具特色的区域创新。(科技部、国家发展改革委牵头,有关部门按职责分工负责,年内持续推进)加强科普工作。推进国际科技合作。(科技部牵头,外交部、国家发展改革委、中科院、工程院、中国科协、国家自然科学基金委等按职责分工负责,年内持续推进)加快建设世界重要人才中心和创新高地,完善人才发展体制机制,弘扬科学家精神,加大对青年科研人员支持力度,让各类人才潜心钻研、尽展其能。(科技部、教育部、中国科协等按职责分工负责,年内持续推进)

(十六)加大企业创新激励力度。

22. 强化企业创新主体地位,持续推进关键核心技术攻关,深化产学研用结合,促进科技成果转移转化。(科技部、国家发展改革委、工业和信息化部、教育部、财政部、农业农村部、国务院国资委、国家国防科工局牵头,有关部门按职责分工负责,年内持续推进)加强知识产权保护和运用。(国家知识产权局牵头,教育部、科技部、工业和信息化部、司法部、市场监管总局等按职责分工负责,年内持续推进)促进创业投资发展,创新科技金融产品和服务,提升科技中介服务专业化水平。(人民银行、银保监会、证监会、科技部、国家发展改革委、税务总局等按职责分工负责,6月底前出台相关政策,年内持续推进)加大研发费用加计扣除政策实施力度，将科技型中小企业加计扣除比例从75%提高到100%，对企业投入基础研究实行税收优惠，完善设备器具加速折旧、高新技术企业所得税优惠等政策，这相当于国家对企业创新给予大规模资金支持。（财政部、税务总局、科技部牵头，9月底前出台相关政策，年内持续推进）要落实好各类创新激励政策，以促进企业加大研发投入，培育壮大新动能。（科技部、国家发展改革委、财政部、税务总局、国务院国资委牵头，年内持续推进）

（十七）增强制造业核心竞争力。

23. 促进工业经济平稳运行，加强原材料、关键零部件等供给保障，实施龙头企业保链稳链工程，维护产业链供应链安全稳定。（国家发展改革委、工业和信息化部牵头，年内持续推进）引导金融机构增加制造业中长期贷款。（人民银行、银保监会牵头，年内持续推进）启动一批产业基础再造工程项目，促进传统产业升级，大力推进智能制造，加快发展先进制造业集群，实施国家战略性新兴产业集群工程。（工业和信息化部、国家发展改革委牵头，年内持续推进）着力培育"专精特新"企业，在资金、人才、孵化平台搭建等方面给予大力支持。（工业和信息化部牵头，财政部、人力资源社会保障部、人民银行、银保监会、证监会等按职责分工负责，年内持续推进）推进质量强国建设，推动产业向中高端迈进。（市场监管总局、国家发展改革委、科技部、工业和信息化部等按职责分工负责，年内持续推进）

（十八）促进数字经济发展。

24. 加强数字中国建设整体布局。建设数字信息基础设施，逐步构建全国一体化大数据中心体系，推进5G规模化应用，促进产业数字化转型。（国家发展改革委、工业和信息化部牵头，年内持续推进）发展智慧城市、数字乡村。（国家发展改革委、工业和信息化部、住房城乡建设部、农业农村部等按职责分工负责，年内持续推进）加快发展工业互联网，培育壮大集成电路、人工智能等数字产业，提升关键软硬件技术创新和供给能力。（国家发展改革委、工业和信息化部、科技部等按职责分工负责，年内持续推进）完善数字经济治理，培育数据要素市场，释放数据要素潜力，提高应用能力，更好赋能经济发展、丰富人民生活。（国家发展改革委、工业和信息化部、商务部、市场监管总局等按职责分工负责，年内持续推进）

六、坚定实施扩大内需战略，推进区域协调发展和新型城镇化

（十九）推动消费持续恢复。

25. 多渠道促进居民增收，完善收入分配制度，提升消费能力。（国家发展改革委牵头，财政部、人力资源社会保障部等按职责分工负责，年内持续推进）

推动线上线下消费深度融合，促进生活服务消费恢复，发展消费新业态新模式。（商务部、国家发展改革委牵头，年内持续推进）继续支持新能源汽车消费，鼓励地方开展绿色智能家电下乡和以旧换新。（国家发展改革委、工业和信息化部、财政部、生态环境部、住房城乡建设部、商务部、国家能源局等按职责分工负责，年内持续推进）加大社区养老、托幼等配套设施建设力度，在规划、用地、用房等方面给予更多支持。（住房城乡建设部、民政部、国家发展改革委、自然资源部、国家卫生健康委等按职责分工负责，年内持续推进）促进家政服务业提质扩容。（国家发展改革委、商务部牵头，年内持续推进）加强县域商业体系建设，发展农村电商和快递物流配送。（商务部、国家邮政局牵头，农业农村部、交通运输部、供销合作总社、中国邮政集团有限公司等按职责分工负责，年内持续推进）提高产品和服务质量，强化消费者权益保护，着力适应群众需求、增强消费意愿。（市场监管总局牵头，国家发展改革委、科技部、工业和信息化部、农业农村部等按职责分工负责，年内持续推进）

（二十）积极扩大有效投资。

26. 围绕国家重大战略部署和“十四五”规划，适度超前开展基础设施投资。建设重点水利工程、综合立体交通网、重要能源基地和设施，加快城市燃气管道、给排水管道等管网更新改造，完善防洪排涝设施，继续推进地下综合管廊建设。中央预算内投资安排 6400 亿元。政府投资更多向民生项目倾斜，加大社会民生领域补短板力度。（国家发展改革委、工业和信息化部、民政部、财政部、住房城乡建设部、交通运输部、水利部、农业农村部、国家卫生健康委、应急部、国家能源局、中国民航局、中国国家铁路集团有限公司等按职责分工负责，年内持续推进）深化投资审批制度改革，做好用地、用能等要素保障，对国家重大项目要实行能耗单列。要优化投资结构，破解投资难题，切实把投资关键作用发挥出来。（国家发展改革委、财政部、自然资源部、生态环境部、人民银行、银保监会、国家能源局等按职责分工负责，年内持续推进）

（二十一）增强区域发展平衡性协调性。

27. 深入实施区域重大战略和区域协调发展战略。推进京津冀协同发展、长江经济带发展、粤港澳大湾区建设、长三角一体化发展、黄河流域生态保护和高质量发展，高标准高质量建设雄安新区，支持北京城市副中心建设。推动西部大开发形成新格局，推动东北振兴取得新突破，推动中部地区高质量发展，鼓励东部地区加快推进现代化，支持产业梯度转移和区域合作。支持革命老区、民族地区、边疆地区加快发展。发展海洋经济，建设海洋强国。经济大省要充分发挥优势，增强对全国发展的带动作用。经济困难地区要用好国家支持政策，挖掘自身潜力，努力促进经济恢复发展。（国家发展改革委牵头，年

内持续推进)

(二十二)提升新型城镇化质量。

28. 有序推进城市更新,加强市政设施和防灾减灾能力建设,开展老旧建筑和设施安全隐患排查整治,再开工改造一批城镇老旧小区,支持加装电梯等设施,推进无障碍环境建设和公共设施适老化改造。(住房城乡建设部牵头,国家发展改革委、财政部、自然资源部、应急部、中国残联等按职责分工负责,年内持续推进)健全常住地提供基本公共服务制度。(国家发展改革委、财政部、教育部、公安部、民政部、人力资源社会保障部、住房城乡建设部、国家卫生健康委、退役军人部、国家医保局等按职责分工负责,年内持续推进)加强县城基础设施建设。稳步推进城市群、都市圈建设,促进大中小城市和小城镇协调发展。(国家发展改革委、住房城乡建设部牵头,年内持续推进)推进成渝地区双城经济圈建设。(国家发展改革委牵头,有关部门与重庆市人民政府、四川省人民政府等按职责分工负责,年内持续推进)严控撤县建市设区。(民政部牵头,有关部门按职责分工负责,年内持续推进)在城乡规划建设中做好历史文化保护传承,节约集约用地。(自然资源部、住房城乡建设部、文化和旅游部、国家文物局等按职责分工负责,年内持续推进)要深入推进以人为核心的新型城镇化,不断提高人民生活质量。(国家发展改革委牵头,年内持续推进)

七、大力抓好农业生产,促进乡村全面振兴

(二十三)加强粮食等重要农产品稳产保供。

29. 稳定粮食播种面积,优化粮食结构,针对小麦晚播强化夏粮田间管理,促进大豆和油料增产。(农业农村部、国家林草局等按职责分工负责,年内持续推进)适当提高稻谷、小麦最低收购价。(国家发展改革委牵头,财政部、农业农村部、国家粮食和储备局等按职责分工负责,4 月底前完成)保障化肥等农资供应和价格稳定,给种粮农民再次发放农资补贴,加大对主产区支持力度,让农民种粮有合理收益、主产区抓粮有内在动力。(国家发展改革委、财政部、农业农村部、工业和信息化部、生态环境部、交通运输部、商务部、市场监管总局、供销合作总社等按职责分工负责,年内持续推进)坚决守住 18 亿亩耕地红线,划足划实永久基本农田,切实遏制耕地“非农化”、防止“非粮化”。(自然资源部、农业农村部等按职责分工负责,年内持续推进)加强中低产田改造,新建 1 亿亩高标准农田,新建改造一批大中型灌区。(农业农村部、水利部牵头,年内持续推进)加大黑土地保护和盐碱地综合利用力度。(国家发展改革委、农业农村部、财政部、水利部、科技部、中科院、国家林草局、自然资源部等按职责分工负责,年内持续推进)支持黄河流域发展节水农业、旱作农业。(农业农村部、水利部、国家发展改革委、财政部等按职责分工负责,年内持续推进)启动第三次全国土壤普查。（农业农村部牵头，自然资源部、国家发展改革委、财政部、生态环境部、水利部、国家统计局、中科院、国家林草局等按职责分工负责，年内持续推进）加快推进种业振兴，加强农业科技攻关和推广应用，提高农机装备水平。（农业农村部、科技部、国家发展改革委、工业和信息化部、国家林草局等按职责分工负责，年内持续推进）提升农业气象灾害防控和动植物疫病防治能力。（农业农村部牵头，中国气象局、海关总署、国家林草局等按职责分工负责，年内持续推进）加强生猪产能调控，抓好畜禽、水产、蔬菜等生产供应，加快发展现代化设施种养业。支持棉花、甘蔗等生产。（农业农村部牵头，年内持续推进）保障国家粮食安全各地区都有责任，粮食调入地区更要稳定粮食生产。各方面要共同努力，装满“米袋子”、充实“菜篮子”，把 14 亿多中国人的饭碗牢牢端在自己手中。（国家发展改革委、农业农村部、财政部、商务部、国家粮食和储备局等按职责分工负责，年内持续推进）

（二十四）全面巩固拓展脱贫攻坚成果。

30. 完善落实防止返贫监测帮扶机制，确保不发生规模性返贫。（国家乡村振兴局牵头，年内持续推进）支持脱贫地区发展特色产业，加强劳务协作、职业技能培训，促进脱贫人口持续增收。（农业农村部、国家乡村振兴局、人力资源社会保障部、全国工商联等按职责分工负责，年内持续推进）强化国家乡村振兴重点帮扶县帮扶措施，做好易地搬迁后续扶持，深化东西部协作、定点帮扶和社会力量帮扶，大力实施“万企兴万村”行动，增强脱贫地区自我发展能力。（国家乡村振兴局、国家发展改革委、农业农村部、全国工商联等按职责分工负责，年内持续推进）

（二十五）扎实稳妥推进农村改革发展。

31. 开展好第二轮土地承包到期后再延长 30 年整县试点。（农业农村部牵头，年内持续推进）深化供销社、集体产权、集体林权、国有林区林场、农垦等改革。积极发展新型农村集体经济。（国家发展改革委、自然资源部、农业农村部、国家林草局、供销合作总社等按职责分工负责，年内持续推进）加强农村金融服务，加快发展乡村产业。（人民银行、银保监会、证监会、国家外汇局、农业农村部、国家乡村振兴局、国家发展改革委、财政部、农业发展银行等按职责分工负责，年内持续推进）壮大县域经济。（国家发展改革委、工业和信息化部、农业农村部、商务部、国家乡村振兴局等按职责分工负责，年内持续推进）严格规范村庄撤并，保护传统村落和乡村风貌。启动乡村建设行动，强化规划引领，加强水电路气信邮等基础设施建设，因地制宜推进农村改厕和污水垃圾处理。（农业农村部、国家乡村振兴局、国家发展改革委、工业和信息化部、民政部、财政部、自然资源部、生态环境部、住房城乡建设部、交通运输部、水利部、文化和旅游部、国家卫生健康委、国家邮政局、国家文物局等按职责分工负责,年内持续推进)深入开展文明村镇建设。(有关部门按职责分工负责,年内持续推进)强化农民工工资拖欠治理,支持农民工就业创业,一定要让广大农民有更多务工增收的渠道。(人力资源社会保障部、住房城乡建设部、交通运输部、水利部、农业农村部、国家乡村振兴局等按职责分工负责,年内持续推进)

八、扩大高水平对外开放,推动外贸外资平稳发展

(二十六)多措并举稳定外贸。

32.扩大出口信用保险对中小微外贸企业的覆盖面,加强出口信贷支持,优化外汇服务,加快出口退税进度,帮助外贸企业稳订单稳生产。(商务部、财政部、人民银行、税务总局、银保监会、国家外汇局、进出口银行、中国出口信用保险公司、中国贸促会等按职责分工负责,年内持续推进)加快发展外贸新业态新模式,充分发挥跨境电商作用,支持建设一批海外仓。(商务部牵头,年内持续推进)积极扩大优质产品和服务进口。(商务部、财政部、海关总署牵头,年内持续推进)创新发展服务贸易、数字贸易,推进实施跨境服务贸易负面清单。(商务部牵头,年内持续推进)深化通关便利化改革,加快国际物流体系建设,助力外贸降成本、提效率。(海关总署、商务部、交通运输部、国家发展改革委、国家移民局、中国贸促会、中国国家铁路集团有限公司等按职责分工负责,年内持续推进)

(二十七)积极利用外资。

33.深入实施外资准入负面清单,落实好外资企业国民待遇。扩大鼓励外商投资范围,支持外资加大中高端制造、研发、现代服务等领域和中西部、东北地区投资。优化外资促进服务,推动重大项目加快落地。(国家发展改革委、商务部等按职责分工负责,年内持续推进)扎实推进自贸试验区、海南自由贸易港建设,推动开发区改革创新,提高综合保税区发展水平,增设服务业扩大开放综合试点。(国家发展改革委、商务部、科技部、海关总署与海南省人民政府等按职责分工负责,年内持续推进)开放的中国大市场,必将为各国企业在华发展提供更多机遇。(国家发展改革委、商务部等按职责分工负责,年内持续推进)

(二十八)高质量共建"一带一路"。

34.坚持共商共建共享,巩固互联互通合作基础,稳步拓展合作新领域。推进西部陆海新通道建设。有序开展对外投资合作,有效防范海外风险。(国家发展改革委、商务部、外交部牵头,有关部门按职责分工负责,年内持续推进)

（二十九）深化多双边经贸合作。

35. 区域全面经济伙伴关系协定形成了全球最大自由贸易区，要支持企业用好优惠关税、原产地累积等规则，扩大贸易和投资合作。（商务部、海关总署牵头，年内持续推进）推动与更多国家和地区商签高标准自贸协定。坚定维护多边贸易体制，积极参与世贸组织改革。中国愿与世界各国加强互利合作，实现共赢多赢。（商务部牵头，年内持续推进）

九、持续改善生态环境，推动绿色低碳发展

（三十）加强生态环境综合治理。

36. 深入打好污染防治攻坚战。强化大气多污染物协同控制和区域协同治理，加大重要河湖、海湾污染整治力度，持续推进土壤污染防治。（生态环境部、国家发展改革委、工业和信息化部、财政部、自然资源部、住房城乡建设部、交通运输部、水利部、农业农村部、公安部、应急部、市场监管总局、国家能源局等按职责分工负责，年内持续推进）加强固体废物和新污染物治理，推行垃圾分类和减量化、资源化。（生态环境部、住房城乡建设部、国家发展改革委、工业和信息化部、农业农村部、国家卫生健康委、商务部、市场监管总局等按职责分工负责，年内持续推进）完善节能节水、废旧物资循环利用等环保产业支持政策。（国家发展改革委、住房城乡建设部、水利部、商务部等按职责分工负责，年内持续推进）加强生态环境分区管控，科学开展国土绿化，统筹山水林田湖草沙系统治理，保护生物多样性，推进以国家公园为主体的自然保护地体系建设，要让我们生活的家园更绿更美。（生态环境部、自然资源部、国家发展改革委、财政部、住房城乡建设部、水利部、农业农村部、国家林草局等按职责分工负责，年内持续推进）

（三十一）有序推进碳达峰碳中和工作。

37. 落实碳达峰行动方案。（国家发展改革委牵头，有关部门按职责分工负责，年内持续推进）推动能源革命，确保能源供应，立足资源禀赋，坚持先立后破、通盘谋划，推进能源低碳转型。加强煤炭清洁高效利用，有序减量替代，推动煤电节能降碳改造、灵活性改造、供热改造。推进大型风光电基地及其配套调节性电源规划建设，加强抽水蓄能电站建设，提升电网对可再生能源发电的消纳能力。支持生物质能发展。（国家发展改革委、科技部、工业和信息化部、国家能源局等按职责分工负责，年内持续推进）推进绿色低碳技术研发和推广应用，建设绿色制造和服务体系，推进钢铁、有色、石化、化工、建材等行业节能降碳，强化交通和建筑节能。坚决遏制高耗能、高排放、低水平项目盲目发展。（国家发展改革委牵头，科技部、工业和信息化部、生态环境部、住房城乡建设部、交通运输部等按职责分工负责，年内持续推进）提升生态系统碳汇能力。推动能耗“双控”向碳排放总量和强度“双控”转变,完善减污降碳激励约束政策,发展绿色金融,加快形成绿色低碳生产生活方式。(国家发展改革委、自然资源部、生态环境部、人民银行、国家统计局、国家林草局等按职责分工负责,年内持续推进)

十、切实保障和改善民生,加强和创新社会治理

(三十二)促进教育公平与质量提升。

38. 落实立德树人根本任务。推动义务教育优质均衡发展和城乡一体化,依据常住人口规模配置教育资源,保障适龄儿童就近入学,解决好进城务工人员子女就学问题。加强乡村教师定向培养、在职培训与待遇保障。继续做好义务教育阶段减负工作。多渠道增加普惠性学前教育资源。加强县域普通高中建设。办好特殊教育、继续教育、专门教育,支持和规范民办教育发展。提升国家通用语言文字普及程度和质量。发展现代职业教育,改善职业教育办学条件,完善产教融合办学体制,增强职业教育适应性。推进高等教育内涵式发展,优化高等教育布局,分类建设一流大学和一流学科,加快培养理工农医类专业紧缺人才,支持中西部高等教育发展。高校招生继续加大对中西部和农村地区倾斜力度。加强师德师风建设。健全学校家庭社会协同育人机制。发展在线教育。完善终身学习体系。倡导全社会尊师重教。我国有2.9亿在校学生,要坚持把教育这个关乎千家万户和中华民族未来的大事办好。(教育部牵头,国家发展改革委、科技部、工业和信息化部、国家民委、民政部、财政部、人力资源社会保障部、自然资源部、住房城乡建设部、农业农村部、国家卫生健康委、市场监管总局、体育总局、国家疾控局、银保监会、全国妇联、国务院妇儿工委办公室、中国残联等按职责分工负责,年内持续推进)全面落实义务教育教师工资待遇。(人力资源社会保障部、教育部、财政部牵头,年内持续推进)进一步加大向农村和边远地区义务教育的投入力度。(教育部牵头,财政部、国家发展改革委等按职责分工负责,年内持续推进)

(三十三)提高医疗卫生服务能力。

39. 居民医保和基本公共卫生服务经费人均财政补助标准分别再提高30元和5元。(财政部、国家卫生健康委、国家医保局、国家疾控局牵头,6月底前出台相关政策,年内持续推进)推动基本医保省级统筹。(国家医保局、财政部、税务总局牵头,年内持续推进)推进药品和高值医用耗材集中带量采购,确保生产供应。(国家医保局、工业和信息化部、财政部等按职责分工负责,年内持续推进)强化药品疫苗质量安全监管。(国家药监局牵头,工业和信息化部、公安部、商务部、国家卫生健康委、市场监管总局、国家医保局、国家中医药局、国家疾控局等按职责分工负责,年内持续推进)深化医保支付方式改革,加强医保基金监管。(国家医保局牵头,财政部、国家卫生健康委等按职责分工负责,年内持续推进)完善跨省异地就医直接结算办法。(国家医保局牵头,财政部等按职责分工负责,6月底前出台相关政策,年内持续推进)实现全国医保用药范围基本统一。(国家医保局牵头,12月底前完成)

40. 坚持预防为主,加强健康教育和健康管理,深入推进健康中国行动。(国家卫生健康委、教育部、体育总局牵头,国家发展改革委、民政部、生态环境部、住房城乡建设部、农业农村部、市场监管总局、国家中医药局、国家疾控局等按职责分工负责,年内持续推进)逐步提高心脑血管病、癌症等慢性病和肺结核、肝炎等传染病防治服务保障水平,加强罕见病研究和用药保障。(工业和信息化部、国家卫生健康委、科技部、国家医保局、国家药监局等按职责分工负责,年内持续推进)健全疾病预防控制网络,促进医防协同,加强公共卫生队伍建设,提高重大疫情监测预警、流调溯源和应急处置能力。(国家卫生健康委、国家疾控局、公安部、工业和信息化部、国家发展改革委、教育部、科技部、财政部、人力资源社会保障部、交通运输部、商务部、市场监管总局、海关总署、国家移民局、中国民航局、国家中医药局、国家药监局等按职责分工负责,年内持续推进)推动公立医院综合改革和高质量发展。规范医疗机构收费和服务,继续帮扶因疫情遇困的医疗机构,补齐妇幼儿科、精神卫生、老年医学等服务短板。(国家卫生健康委、国家发展改革委、市场监管总局、财政部、教育部、人力资源社会保障部、民政部、国务院国资委、国家医保局、国家中医药局、国家疾控局等按职责分工负责,年内持续推进)坚持中西医并重,加大中医药振兴发展支持力度,推进中医药综合改革。(国家中医药局、国家卫生健康委、国家发展改革委牵头,教育部、科技部、工业和信息化部、财政部、人力资源社会保障部、农业农村部、国家医保局、国家林草局、国家药监局、国家知识产权局等按职责分工负责,年内持续推进)落实和完善乡村医生待遇保障与激励政策。持续推进分级诊疗和优化就医秩序,加快建设国家、省级区域医疗中心,推动优质医疗资源向市县延伸,提升基层防病治病能力,使群众就近得到更好医疗卫生服务。(国家卫生健康委、国家发展改革委、财政部、教育部、人力资源社会保障部、国家中医药局、国家疾控局、国家医保局等按职责分工负责,年内持续推进)

(三十四)加强社会保障和服务。

41. 稳步实施企业职工基本养老保险全国统筹。(人力资源社会保障部、财政部、税务总局牵头,年内持续推进)适当提高退休人员基本养老金和城乡居民基础养老金标准,确保按时足额发放。(人力资源社会保障部、财政部牵头,6月底前出台相关政策,年内持续推进)继续规范发展第三支柱养老保险。

(人力资源社会保障部、财政部、银保监会牵头,4月底前出台相关政策,年内持续推进)加快推进工伤和失业保险省级统筹。(人力资源社会保障部、财政部、税务总局牵头,6月底前出台相关政策,年内持续推进)做好军人军属、退役军人和其他优抚对象优待抚恤工作。(退役军人部牵头,财政部等按职责分工负责,年内持续推进)积极应对人口老龄化,加快构建居家社区机构相协调、医养康养相结合的养老服务体系。优化城乡养老服务供给,支持社会力量提供日间照料、助餐助洁、康复护理等服务,稳步推进长期护理保险制度试点,鼓励发展农村互助式养老服务,创新发展老年教育,推动老龄事业和产业高质量发展。(国家发展改革委、民政部、国家卫生健康委、教育部、财政部、人力资源社会保障部、自然资源部、住房城乡建设部、商务部、农业农村部、市场监管总局、国家医保局、银保监会、国家中医药局、国家乡村振兴局、全国老龄办、中国残联等按职责分工负责,年内持续推进)完善三孩生育政策配套措施,多渠道发展普惠托育服务,减轻家庭生育、养育、教育负担。(国家卫生健康委、国家发展改革委、财政部、人力资源社会保障部、教育部、商务部、住房城乡建设部、自然资源部、国家医保局等按职责分工负责,年内持续推进)将3岁以下婴幼儿照护费用纳入个人所得税专项附加扣除。(财政部、税务总局牵头,公安部、民政部、国家卫生健康委等按职责分工负责,3月底前出台相关政策,年内持续推进)强化未成年人保护和心理健康教育。(民政部牵头,有关部门按职责分工负责,年内持续推进)提升残疾预防和康复服务水平。(民政部、国家卫生健康委、中国残联牵头,有关部门按职责分工负责,年内持续推进)加强民生兜底保障和遇困群众救助,努力做到应保尽保、应助尽助。(民政部、国家卫生健康委、应急部、国家医保局牵头,年内持续推进)

(三十五)继续保障好群众住房需求。

42. 坚持房子是用来住的、不是用来炒的定位,探索新的发展模式,坚持租购并举,加快发展长租房市场,推进保障性住房建设,支持商品房市场更好满足购房者的合理住房需求,稳地价、稳房价、稳预期,因城施策促进房地产业良性循环和健康发展。(住房城乡建设部牵头,国家发展改革委、财政部、自然资源部、人民银行、税务总局、银保监会、证监会等按职责分工负责,年内持续推进)

(三十六)丰富人民群众精神文化生活。

43. 培育和践行社会主义核心价值观,深化群众性精神文明创建。繁荣新闻出版、广播影视、文学艺术、哲学社会科学和档案等事业。深入推进全民阅读。加强和创新互联网内容建设,深化网络生态治理。推进公共文化数字化建设,促进基层文化设施布局优化和资源共享,扩大优质文化产品和服务供给,支持文化产业发展。传承弘扬中华优秀传统文化,加强文物古籍保护利用和非物质文化遗产保护传承,推进国家文化公园建设。(文化和旅游部、国家发展改革委、广电总局、教育部、社科院、国家文物局等按职责分工负责,年内持续推进)用好北京冬奥会、冬残奥会遗产,发展冰雪运动和冰雪产业。建设群众身边的体育场地设施,促进全民健身蔚然成风。(体育总局、国家发展改革委、住房城乡建设部与北京市人民政府、河北省人民政府等按职责分工负责,年内持续推进)

(三十七)推进社会治理共建共治共享。

44. 促进人民安居乐业、社会安定有序。创新和完善基层社会治理,强化社区服务功能,加强社会动员体系建设,提升基层治理能力。(民政部、工业和信息化部、公安部、司法部、住房城乡建设部、农业农村部、国家卫生健康委、国家乡村振兴局等按职责分工负责,年内持续推进)健全社会信用体系。(国家发展改革委、人民银行牵头,有关部门按职责分工负责,6月底前出台相关政策,年内持续推进)发展社会工作,支持社会组织、人道救助、志愿服务、公益慈善等健康发展。健全老年人、残疾人关爱服务体系。(民政部、国务院妇儿工委办公室、共青团中央、全国老龄办、全国妇联、中国残联、中国红十字会总会等按职责分工负责,年内持续推进)严厉打击拐卖、收买妇女儿童犯罪行为,坚决保障妇女儿童合法权益。(公安部、民政部、司法部、国务院妇儿工委办公室、全国妇联、共青团中央等按职责分工负责,年内持续推进)完善信访制度,加强矛盾纠纷排查化解,依法及时解决群众合理诉求。(国家信访局牵头,中央信访工作联席会议成员单位和有关部门按职责分工负责,年内持续推进)重视社会心理服务。(有关部门按职责分工负责,年内持续推进)强化公共法律服务和法律援助。(司法部牵头,年内持续推进)

45. 提高防灾减灾救灾和应急救援能力,做好洪涝干旱、森林草原火灾、地质灾害、地震等防御和气象服务。(应急部、自然资源部、住房城乡建设部、水利部、工业和信息化部、中国气象局、国家粮食和储备局、国家林草局、中国地震局等按职责分工负责,年内持续推进)严格食品全链条质量安全监管。(市场监管总局、公安部、农业农村部、国家卫生健康委、海关总署、教育部、生态环境部、国家粮食和储备局、工业和信息化部等按职责分工负责,年内持续推进)落实安全生产责任和管理制度,深入开展安全生产专项整治三年行动,有效遏制重特大事故发生。(应急部牵头,工业和信息化部、公安部、自然资源部、住房城乡建设部、交通运输部、农业农村部、生态环境部、国家能源局、国家矿山安监局等按职责分工负责,年内持续推进)推进国家安全体系和能力建设。(安全部等按职责分工负责,年内持续推进)强化网络安全、数据安全和个人信息保护。(有关部门按职责分工负责,年内持续推进)加强社会治安综合治理,推动扫黑除恶常态化,坚决防范和打击各类违法犯罪,建设更高水平的平安中国、法治中国。(公安部牵头,年内持续推进)

十一、全面加强政府自身建设

(三十八)坚持不懈推进全面从严治党,加强法治政府、廉洁政府建设。

46. 各级政府要全面贯彻落实党的十九大和十九届历次全会精神,深刻认识"两个确立"的决定性意义,增强"四个意识"、坚定"四个自信"、做到"两个维护",自觉在思想上政治上行动上同以习近平同志为核心的党中央保持高度一致。依法接受同级人大及其常委会的监督,自觉接受人民政协的民主监督,主动接受社会和舆论监督。加强统计监督。支持工会、共青团、妇联等群团组织更好发挥作用。坚持不懈推进全面从严治党,深入开展党风廉政建设和反腐败斗争。加强廉洁政府建设。巩固党史学习教育成果。政府工作人员要自觉接受法律监督、监察监督和人民监督,始终把人民放在心中最高位置,无愧于人民公仆称号。(国务院各部门分别负责,年内持续推进)坚持依法行政,加强法治政府建设。(司法部牵头,有关部门按职责分工负责,年内持续推进)深化政务公开。(国务院办公厅牵头,年内持续推进)加强审计监督。(审计署牵头,年内持续推进)

(三十九)必须恪尽职守、勤政为民,凝心聚力抓发展、保民生。

47. 坚持发展是第一要务,必须全面落实新发展理念,推动高质量发展。要锲而不舍落实中央八项规定精神,驰而不息纠治"四风"特别是形式主义、官僚主义,坚决反对敷衍应付、推诿扯皮,坚决纠治任性用权、工作方法简单粗暴。要始终把人民群众安危冷暖放在心上,察实情、办实事、求实效,及时回应民生关切,坚决严肃处理漠视群众合法权益的严重失职失责问题。要充分发挥中央和地方两个积极性,尊重人民群众首创精神,防止政策执行"一刀切"、层层加码,持续为基层减负。健全激励和保护机制,支持广大干部敢担当、善作为。全国上下毕力同心、苦干实干,就一定能创造新的发展业绩。(国务院各部门分别负责,年内持续推进)

十二、做好民族、宗教、侨务、国防、港澳台、外交工作

(四十)坚持和全面贯彻党的民族政策、宗教政策、侨务政策。

48. 要坚持和完善民族区域自治制度,以铸牢中华民族共同体意识为主线,促进各民族交往交流交融,推动民族地区加快现代化建设步伐。(国家民委牵头,有关部门按职责分工负责,年内持续推进)坚持党的宗教工作基本方针,坚持我国宗教的中国化方向,积极引导宗教与社会主义社会相适应。(有关部门按职责分工负责,年内持续推进)全面贯彻党的侨务政策,维护海外侨

胞和归侨侨眷合法权益，激励海内外中华儿女携手共创新的辉煌。（有关部门按职责分工负责，年内持续推进）

（四十一）大力支持国防和军队建设。

49. 要深入贯彻习近平强军思想，贯彻新时代军事战略方针，扣牢建军一百年奋斗目标，全面加强党的领导和党的建设，全面深化练兵备战，坚定灵活开展军事斗争，捍卫国家主权、安全、发展利益。加快现代军事物流体系、军队现代资产管理体系建设，构建武器装备现代化管理体系，持续深化国防和军队改革，加强国防科技创新，深入实施新时代人才强军战略，推进依法治军、从严治军，推动军队高质量发展。加强全民国防教育。各级政府要大力支持国防和军队建设，深入开展“双拥”活动，让军政军民团结坚如磐石。（有关部门按职责分工负责，年内持续推进）优化国防科技工业布局。（国家国防科工局牵头，9 月底前出台相关政策，年内持续推进）完成国防动员体制改革。（国家发展改革委等按职责分工负责，12 月底前完成）

（四十二）继续全面准确、坚定不移贯彻“一国两制”、“港人治港”、“澳人治澳”、高度自治的方针。

50. 落实中央对特别行政区全面管治权，坚定落实“爱国者治港”、“爱国者治澳”。全力支持特别行政区政府依法施政。支持港澳防控疫情、发展经济、改善民生，更好融入国家发展大局，保持香港、澳门长期繁荣稳定。（国务院港澳办牵头，有关部门按职责分工负责，年内持续推进）

（四十三）坚持对台工作大政方针。

51. 贯彻新时代党解决台湾问题的总体方略，坚持一个中国原则和“九二共识”，推进两岸关系和平发展和祖国统一。坚决反对“台独”分裂行径，坚决反对外部势力干涉。两岸同胞要和衷共济，共创民族复兴的光荣伟业。（有关部门按职责分工负责，年内持续推进）

（四十四）坚持独立自主的和平外交政策。

52. 坚定不移走和平发展道路，推动建设新型国际关系，推动构建人类命运共同体。推进落实全球发展倡议，弘扬全人类共同价值。中国始终是世界和平的建设者、全球发展的贡献者、国际秩序的维护者，愿同国际社会一道，为促进世界和平稳定与发展繁荣作出新的更大贡献。（外交部、国家发展改革委、商务部、工业和信息化部、财政部、生态环境部、交通运输部、农业农村部、文化和旅游部、国家卫生健康委、国际发展合作署、国家乡村振兴局、国家疾控局等按职责分工负责，年内持续推进）

今年将召开中国共产党第二十次全国代表大会，是党和国家事业发展进程中十分重要的一年。我们要更加紧密地团结在以习近平同志为核心的党中央周围,高举中国特色社会主义伟大旗帜,以习近平新时代中国特色社会主义思想为指导,认真落实党中央、国务院决策部署,攻坚克难,砥砺奋进,努力完成全年目标任务,确保兑现对人民的承诺。一是强化组织领导。今年经济社会发展任务重、挑战多,各地区、各部门要进一步增强责任感、紧迫感,把责任扛在肩上,对各项工作早安排早部署,争取时间及早抓落实,细化时间表、路线图、优先序。有关地区和部门要对照分工意见,抓紧制定本地区、本部门落实重点工作分工的实施方案,于4月6日前报国务院。二是加强统筹协调。各地区、各部门要尊重发展规律、客观实际和群众需求,强化系统思维和科学谋划,力戒形式主义、官僚主义。要统筹稳增长、调结构、推改革,注重实际效果和可持续性,扎实做好稳中求进各项工作,脚踏实地为群众办实事、解难题,为市场主体减负纾困。三是密切协作配合。要加强跨部门、跨区域分工协作,形成工作合力。各部门要强化政策支撑和要素保障,加强调查研究,密切关注政策落实进展情况、困难问题和成效经验,根据形势变化调整完善政策。各地区要因地制宜创造性开展工作,有针对性地采取措施,确保政策落地见效。四是抓好监督落实。各地区、各部门要坚持言必信、行必果,以钉钉子精神坚韧不拔抓部署、抓落实、抓督查,有力有序推动各项重点工作如期完成,重大情况要及时报告。要规范督查督办,加大监督问责力度,防止和纠正推诿扯皮、敷衍塞责、"一刀切"特别是漠视群众合法权益受侵害等不作为乱作为,确保执行不偏向、不变通、不走样。国务院办公厅要建立《政府工作报告》督查总台账,定期对账督办,推动党中央、国务院重大决策部署不折不扣落到实处。

国务院部门规章

反兴奋剂管理办法

（2021年7月20日国家体育总局令第27号公布　自公布之日起施行　国司备字[2022006178]）

第一章　总　　则

第一条　为了防止在体育运动中使用兴奋剂，保护体育运动参与者的身心健康，维护体育竞赛的公平竞争，维护国家荣誉和形象，弘扬社会主义核心价值观和中华体育精神，规范反兴奋剂工作，根据《中华人民共和国体育法》《反兴奋剂条例》等法律法规，制定本办法。

第二条　本办法所称兴奋剂，是指年度《兴奋剂目录》所列的禁用物质和禁用方法。

本办法所称兴奋剂违规包括以下情形：

（一）检测结果阳性；

（二）使用或企图使用兴奋剂；

（三）逃避、拒绝或未能完成样本采集；

（四）违反行踪信息管理规定；

（五）篡改或企图篡改兴奋剂管制环节；

（六）持有兴奋剂；

（七）从事或企图从事兴奋剂交易；

（八）对运动员施用或企图施用兴奋剂；

（九）共谋或企图共谋兴奋剂违规行为；

（十）违反禁止合作规定；

（十一）阻止举报或报复举报人；

（十二）其他法律法规或者国家体育总局的规范性文件明确将其规定为兴奋剂违规的行为。

第三条　体育运动中的反兴奋剂工作，适用本办法。

第四条 反兴奋剂工作坚持“零容忍”,坚持严令禁止、严格检查、严肃处理的方针,推动构建“拿干净金牌”的反兴奋剂长效治理体系。

反兴奋剂工作遵循以下原则:

(一)预防为主,惩防并举;

(二)公平、公正、公开;

(三)维护运动员和辅助人员合法权益。

第五条 国家体育总局主管全国的反兴奋剂工作。地方各级体育行政部门主管本地区的反兴奋剂工作。

国家反兴奋剂机构、全国性体育社会团体、国家运动项目管理单位、运动员管理单位、全国综合性运动会组织机构在各自职责范围内负责开展反兴奋剂工作。

第六条 鼓励对兴奋剂违规进行举报。

第七条 本办法规定体育主管部门以及其他相关体育单位在反兴奋剂管理中的职责权限等内容。

反兴奋剂工作的技术性、操作性规则由国家体育总局参照《世界反兴奋剂条例》的要求,制定《反兴奋剂规则》。

第二章 反兴奋剂工作职责

第八条 国家体育总局领导、协调和监督全国的反兴奋剂工作,具体职责包括:

(一)制定反兴奋剂管理制度与规章;

(二)制定反兴奋剂发展规划;

(三)开展反兴奋剂宣传教育;

(四)制定兴奋剂检测机构管理制度并实施监管;

(五)协调和推动跨部门合作开展兴奋剂综合治理;

(六)指导、监督省级体育行政部门、国家反兴奋剂机构、全国性体育社会团体、国家运动项目管理单位反兴奋剂工作的实施;

(七)开展政府间反兴奋剂国际交流与合作。

第九条 地方各级体育行政部门领导、协调和监督本地区的反兴奋剂工作。

省级体育行政部门应当设立专项经费,配备专职人员,做好反兴奋剂工作。

第十条 国家反兴奋剂机构的具体职责包括:

（一）制定教育、检查、调查、结果管理、听证和治疗用药豁免等方面的程序和标准；

（二）组织实施兴奋剂检查；

（三）实施对涉嫌兴奋剂违规的调查、听证、结果管理和监督；

（四）开展反兴奋剂科学研究、宣传教育和社会服务；

（五）参与兴奋剂综合治理；

（六）组织开展反兴奋剂国际交流；

（七）指导、协调、监督各省区市和各级各类体育组织开展反兴奋剂工作。

第十一条 全国性体育社会团体按照有关法律法规、本办法和社团章程负责本社团的反兴奋剂工作，具体职责包括：

（一）制定本社团反兴奋剂工作规则和工作计划，明确反兴奋剂工作职责和责任；

（二）加强对国家队反兴奋剂宣传教育和管理，提高管理人员反兴奋剂意识和能力；

（三）监督地方体育社会团体履行反兴奋剂职责；

（四）开展所属运动员及有关人员涉嫌兴奋剂违规的调查，实施兴奋剂违规处理。

第十二条 国家运动项目管理单位按照有关法律法规和本办法负责所管理运动项目的反兴奋剂工作，具体职责包括：

（一）制定所管理运动项目反兴奋剂工作计划，明确反兴奋剂工作职责和责任；

（二）加强对国家队反兴奋剂宣传教育和管理，提高管理人员反兴奋剂意识和能力；

（三）监督地方运动项目管理单位履行反兴奋剂职责；

（四）开展所属运动员及有关人员涉嫌兴奋剂违规的调查。

第十三条 按照“谁组队、谁管理、谁负责”的原则，负责备战任务的国家运动项目管理单位、全国性体育社会团体等单位承担国家队反兴奋剂工作职责，省级及以下体育行政部门承担省级及以下运动队反兴奋剂工作职责，同时配合做好入选国家队运动员的反兴奋剂工作。

第十四条 运动员管理单位包括运动员所属单位和有资格代表运动员进行注册的单位。

运动员管理单位应当组织开展反兴奋剂宣传教育，加强药品、营养品、食品的管理，监督和协助运动员填报行踪等相关信息，对所属运动员及有关人员涉嫌的兴奋剂违规主动进行调查，配合兴奋剂检查与调查。

第十五条 全国综合性运动会组织机构按照有关法律法规、本办法和运动会规程负责运动会反兴奋剂工作，制定与本办法和《反兴奋剂规则》一致的反兴奋剂规定，开展兴奋剂检查、宣传教育等反兴奋剂工作，在其管理权限内对兴奋剂违规作出处理。

第三章 反兴奋剂宣传教育

第十六条 各级体育行政部门、国家反兴奋剂机构、全国性体育社会团体、国家运动项目管理单位、运动员管理单位、全国综合性运动会组织机构应当重视和加强反兴奋剂宣传，积极与媒体合作，通过各种形式开展反兴奋剂宣传工作，全面推进反兴奋剂教育，共同构建反兴奋剂教育预防体系。

第十七条 各级各类学校包括高等体育院校、体育运动学校和业余体校等应当开设反兴奋剂教育课程或讲座。

第十八条 国家体育总局负责建立反兴奋剂教育考试制度，国家反兴奋剂机构负责制定反兴奋剂教育考试细则并组织实施。地方各级体育行政部门、全国性体育社会团体、国家运动项目管理单位、运动员管理单位负责实施反兴奋剂教育考试制度，并将其作为运动员和辅助人员入队入职、注册和参赛的必要条件。

第四章 兴奋剂检查与调查

第十九条 兴奋剂检查包括：

(一)列入国家年度兴奋剂检查计划的检查；

(二)经国家反兴奋剂机构批准或者同意的委托检查；

(三)国家体育总局指定或者授权开展的其他检查。

第二十条 国家反兴奋剂机构负责确定兴奋剂检查程序和标准，管理兴奋剂检查工作人员，组织实施兴奋剂检查，指导和监督委托兴奋剂检查的开展等各项工作。

第二十一条 任何单位和个人不得组织未经国家体育总局、国家反兴奋剂机构或者其授权部门批准的兴奋剂检查。

第二十二条 国家体育总局、地方各级人民政府体育主管部门、国家反兴奋剂机构、全国性体育社会团体、国家运动项目管理单位、运动员管理单位有权依据法律法规和本办法，对涉嫌兴奋剂违规的行为开展调查。

国家反兴奋剂机构应当收集、评估和利用信息与情报，对其中可能存在的兴奋剂违规开展调查。重大、复杂的兴奋剂事件,由国家体育总局组织国家反兴奋剂机构和相关单位开展调查。

第二十三条 兴奋剂检查、调查工作人员履行兴奋剂检查、调查职责时,有权依法进入体育训练场所、体育竞赛场所、运动员和辅助人员驻地等,工作人员应主动出示证件和授权文件。有关单位和人员可对证件和授权文件进行核对,并应配合检查、调查工作,不得拒绝、阻挠。

第二十四条 国家运动项目管理单位、全国性体育社会团体、运动员管理单位应当及时向国家体育总局、国家反兴奋剂机构报送以下相关信息:

(一)国际体育组织对所属运动员实施的兴奋剂检查信息;

(二)国际体育组织查出的兴奋剂违规;

(三)所属国际体育组织反兴奋剂规则和要求;

(四)所属国际体育组织注册检查库名单;

(五)其他需要报送的相关信息。

第五章　兴奋剂检测

第二十五条 国家体育总局确定符合兴奋剂检测国际标准条件和资质的兴奋剂检测实验室,所有受检样本应当送到具备兴奋剂检测资质的实验室进行检测。

不具备兴奋剂检测资质的单位和个人不得实施任何形式的兴奋剂检测。

第二十六条 国家反兴奋剂机构应当制定受检样本的保存标准,国家反兴奋剂机构有权对受检样本进一步检测。

第六章　结果管理

第二十七条 结果管理是指具有结果管理权的主体对涉嫌兴奋剂违规者实施的审查、通知、临时停赛、听证等一系列管理行为。

第二十八条 本办法第十九条第一项所列的兴奋剂检查,由国家反兴奋剂机构负责结果管理;第二项所列的兴奋剂检查(不含国际比赛),由国家反兴奋剂机构根据委托进行结果管理;第三项所列的兴奋剂检查,由国家体育总局决定结果管理的主体,并制定结果管理的规则。

第二十九条 发生兴奋剂违规,由全国性体育社会团体等有关单位依据《反兴奋剂规则》及其章程对运动员和辅助人员作出取消比赛成绩和参赛资格、停赛、禁赛等处理,对相关运动员管理单位作出警告、停赛、取消参赛资格等处理。委托检查中发生的兴奋剂违规,由兴奋剂检查委托方和相关单位作出处理决定。

运动员发生兴奋剂违规,还应当处理直接责任人和主管教练员等相关人员。

第三十条 兴奋剂违规处理决定,经国家反兴奋剂机构审查通过后执行。

国家反兴奋剂机构定期汇总兴奋剂违规情况和禁止合作名单,及时对外发布。

兴奋剂违规处理决定由全国性体育社会团体、兴奋剂检查委托方等有关单位抄送有关地方人民政府体育主管部门。

第七章 惩处与奖励

第三十一条 发生兴奋剂违规,上级体育主管部门和运动员管理单位要对造成兴奋剂违规的根源、管理环节和相关人员责任进行调查认定,并根据调查结果依纪依规追究运动员管理单位领导人员和负有责任的主管人员的责任。涉嫌犯罪的,移交监察机关或者司法机关,依法追究刑事责任。

第三十二条 各级体育主管部门按照管理权限对兴奋剂违规问题实施责任追究。

相关体育主管部门应当自收到兴奋剂违规处理决定之日起一个月内对相关人员和单位进行追责,追责处理决定作出之日起 15 日内报国家体育总局备案。情况复杂的,经国家体育总局批准,可以适当延长。

第三十三条 发生兴奋剂违规且被禁赛的运动员和辅助人员,禁赛期内相关管理单位应禁止其从事运动员辅助工作和运动队管理工作,禁止使用政府所属或者资助的体育场馆设施进行训练,取消与体育相关的政府津贴、补助或者其他经济资助,取消体育系统各类奖励、奖项、荣誉称号、职称、科研项目的申报和评比资格。

发生兴奋剂违规且被禁赛的运动员和辅助人员,禁赛期满后 4 年内,相关管理单位应取消其参加体育系统各类评优评先、荣誉称号、职称、科研项目的申报和评比资格。

代表国家队参加奥运会、亚运会等重大国际赛事期间发生兴奋剂违规的运动员和辅助人员,组织、强迫、欺骗、教唆运动员使用兴奋剂或对运动员施用兴奋剂的辅助人员,以及发生其他严重兴奋剂违规的人员,终身取消参加体育系统各类评优评先、荣誉称号、职称、科研项目的申报和评比资格,严禁参与国家队和省区市运动队运动员训练指导、体育教学、青少年体育等工作。涉嫌犯罪的,移交监察机关或者司法机关,依法追究刑事责任。

因兴奋剂违规被禁赛1年以上(不含1年)的运动员和辅助人员,不得以任何身份入选国家队。禁赛期在1年及1年以下的,进入国家队需严格审核。

第三十四条 有以下情形之一的,可以酌情减轻处分:

(一)在无证据的情况下主动承认兴奋剂违规的;

(二)揭发、举报他人兴奋剂违规或者提供他人兴奋剂违规的重要线索,经查证属实的。

第三十五条 发生1例运动员兴奋剂违规且被禁赛的,该管理单位该项目(不分男女,下同)停赛不少于1年;同一管理单位同一项目运动员在全国综合性运动会周期内发生2例兴奋剂违规且被禁赛的,取消该单位该项目本届全国综合性运动会参赛资格。停赛时间自运动员兴奋剂违规处理决定作出之日起算。

第三十六条 全国综合性运动会周期是指自上届闭幕之日起至本届开幕之日止。全国综合性运动会周期内以及举办期间发生兴奋剂违规且被禁赛的,取消该管理单位本届全国综合性运动会体育道德风尚奖等相关奖项评选资格。相关情况通报所属省区市人民政府。

第三十七条 国家队运动员在国家队、国家(集训)队训练期间或者代表国家参赛期间发生的兴奋剂违规,主管教练员应认定为国家队主管教练员。有直接责任人的,按照调查情况认定运动员管理单位;无直接责任人的,运动员管理单位应认定为国家运动项目管理单位。

国家队运动员在国家队、国家(集训)队训练期间或者代表国家参赛期间发生的兴奋剂违规,经调查与运动员所属单位无关的,不计入对单位的累计例数。

各省区市、行业体育协会、学校等有关单位委托实施的检查中发生的兴奋剂违规,不计入对单位的累计例数。

未发生兴奋剂违规的运动员经审查可以以个人身份参赛。

第三十八条 涉及多个单位培养的运动员,相关单位应在培养协议中明确各自的反兴奋剂职责,协议报国家反兴奋剂机构和全国性体育社会团体备案。发生兴奋剂违规的,根据备案的协议追究相应单位的责任。协议未备案的,追究各方的责任。军地共同培养的运动员管理单位是解放军体育主管部门所属单位。

第三十九条 未成年运动员发生兴奋剂违规的,依据《反兴奋剂规则》,可视情况适当减轻对运动员个人的处罚,对负有责任的辅助人员等加重处罚。构成犯罪的,移交司法机关,依法追究刑事责任。

第四十条 各级各类体育运动学校运动员发生兴奋剂违规且被禁赛的,该学校不得参加国家高水平体育后备人才基地的评选或认定。对已命名为国家高水平体育后备人才基地的,取消命名。

第四十一条 运动员禁赛期间违规参赛的,或者退役运动员违规参赛的,或者有其他不执行处理决定行为的,应责令停止违规行为;由体育主管部门给予运动员管理单位、负有责任的国家或者地方运动项目管理单位通报批评,给予负有责任的公职人员处分。

第四十二条 违反本办法第三十三条规定的,应责令停止违规行为,责令返还禁赛期已获得的经济资助,取消禁赛期已获得的各类奖励、奖项、荣誉称号、职称、科研项目等;由体育主管部门给予相关单位通报批评,给予负有责任的公职人员处分。

第四十三条 违规实施兴奋剂检查、检测的,应责令停止兴奋剂检查或者检测;由体育主管部门给予相关单位通报批评,取消该单位体育系统重点实验室资质和体育系统科研项目承担资质,给予负有责任的公职人员处分。

第四十四条 有关部门和有关单位违反本办法第二十三条的规定,不予配合,或者拒绝、阻挠兴奋剂检查、调查的,建议和督促有关部门按照国家有关规定,给予负有责任的公职人员处分。

第四十五条 反兴奋剂工作人员在反兴奋剂工作中违反法定权限或者程序,不履行法定职责,或者包庇、纵容非法使用、提供兴奋剂的,依法给予负有责任的公职人员处分。涉嫌犯罪的,移交司法机关,依法追究刑事责任。

第四十六条 对在反兴奋剂工作中做出重大贡献、有突出成绩的单位和个人,应纳入体育系统表彰奖励范围。

第四十七条 举报兴奋剂违规的线索或者证据经查实的,根据线索或者证据的重要性,按照国家有关规定酌情给予举报人奖励,并对举报人的安全和隐私进行保护。

第八章 药品、营养品、食品管理

第四十八条 运动员管理单位应当加强对运动员治疗用药的管理,指定专门机构或者人员负责管理药品和医疗器械。运动员因医疗目的确需使用含有《兴奋剂目录》所列禁用物质的药物或者禁用方法时,应按照运动员治疗用药豁免的有关规定使用。

第四十九条 运动员管理单位应当加强对运动员营养品的管理,规范营养品采购渠道,确保运动员所使用的营养品不包含任何禁用物质,避免运动员误服误用营养品发生兴奋剂违规。

第五十条 运动员管理单位和训练保障单位应当加强对运动员食品的管理,防止发生食源性兴奋剂事件。

第九章 附 则

第五十一条 残疾人体育、职业体育、学校体育、社会体育等其他领域的反兴奋剂管理参照本办法执行。

第五十二条 本办法自公布之日起施行,2014 年 11 月 21 日颁布的国家体育总局第 20 号令《反兴奋剂管理办法》同时废止。

关于修改《非上市公众公司信息披露管理办法》的决定

(2021 年 10 月 30 日中国证券监督管理委员会令第 191 号公布 自 2021 年 11 月 15 日起施行 国司备字[2022006162])

一、第四条修改为:“根据挂牌公司发展阶段、公众化程度以及风险状况等因素,充分考虑投资者需求,以全国股转系统创新层、基础层分层为基础,实施挂牌公司差异化的信息披露制度。”

二、第十一条修改为:“挂牌公司定期报告包括年度报告、中期报告。凡是对投资者作出投资决策有重大影响的信息,均应当在定期报告中披露。年度报告中的财务会计报告应当经符合《证券法》规定的会计师事务所审计。”

三、第十二条修改为:“年度报告应当在每个会计年度结束之日起四个月内,中期报告应当在每个会计年度的上半年结束之日起两个月内编制完成并披露。”

四、删除第十三条。

五、删除第十六条。

六、删除第十七条。

七、删除第二十二条。

八、第二十四条修改为第二十条,删除第二款。

九、第三十一条修改为第二十七条,第一款第(六)项修改为:“(六)未公开信息的保密措施,内幕信息知情人登记管理要求,内幕信息知情人的范围和保密责任”，第三款修改为：“创新层挂牌公司应当按照全国股转公司的规定设立董事会秘书。基础层挂牌公司可以设立董事会秘书，不设立董事会秘书的，应当指定一名高级管理人员兼任信息披露事务负责人。董事会秘书为公司高级管理人员，其选任、履职应当符合中国证监会、全国股转公司的有关规定。”删除第四款。

十、第三十二条修改为第二十八条，改为：“挂牌公司董事长、经理、信息披露事务负责人，应当对公司临时报告信息披露的真实性、准确性、完整性、及时性和公平性承担主要责任。挂牌公司董事长、经理、财务负责人应对公司财务报告的真实性、准确性、完整性、及时性和公平性承担主要责任。”

十一、第四十九条修改为第四十五条，删除第(五)项。

十二、删除第五十三条。

十三、第六十七条修改为第六十二条，增加一款，作为第二款：“国家有关部门对公司信息披露有特别规定的，公司还应当遵守其规定并履行信息披露义务。”

本决定自2021年11月15日起施行。

《非上市公众公司信息披露管理办法》根据本决定作相应的修改并对条文顺序作相应调整，重新公布。

非上市公众公司信息披露管理办法

(2019年12月20日中国证券监督管理委员会令第162号公布 根据2021年6月11日中国证券监督管理委员会《关于修改部分证券期货规章的决定》第一次修正 根据2021年10月30日中国证券监督管理委员会《关于修改〈非上市公众公司信息披露管理办法〉的决定》第二次修正)

第一章 总 则

第一条 为了规范非上市公众公司有关信息披露行为，保护投资者合法权益，维护市场秩序和社会公众利益，根据《公司法》《证券法》《国务院关于全国中小企业股份转让系统有关问题的决定》《非上市公众公司监督管理办法》(证监会令第190号)等有关法律法规的规定，制定本办法。

第二条 本办法适用于股票在全国中小企业股份转让系统(以下简称全国股转系统)挂牌公开转让的非上市公众公司(以下简称挂牌公司)定期报告

和临时报告信息披露有关行为。

第三条 挂牌公司披露的信息,应当真实、准确、完整,简明清晰,通俗易懂,不得有虚假记载、误导性陈述或重大遗漏。

在境外市场发行股票及其他证券品种并上市的挂牌公司在境外市场披露的信息,应当同时在全国股转系统披露。

第四条 根据挂牌公司发展阶段、公众化程度以及风险状况等因素,充分考虑投资者需求,以全国股转系统创新层、基础层分层为基础,实施挂牌公司差异化的信息披露制度。

第五条 挂牌公司的董事、监事、高级管理人员应当忠实、勤勉地履行职责,保证公司及时、公平地披露信息,所披露的信息真实、准确、完整。

第六条 在内幕信息依法披露前,任何知情人不得公开或者泄露该信息,不得利用该信息进行交易。

第七条 挂牌公司依法披露的信息,应当在符合《证券法》规定的信息披露平台发布。挂牌公司在公司网站或者其他公众媒体发布信息的时间不得先于上述信息披露平台。

挂牌公司应当将披露的信息同时置备于公司住所、全国股转系统,供社会公众查阅。

信息披露文件应当采用中文文本。同时采用外文文本的,挂牌公司应当保证两种文本的内容一致。两种文本发生歧义时,以中文文本为准。

第八条 中国证券监督管理委员会(以下简称中国证监会)根据《证券法》等法律法规以及本办法的规定,对挂牌公司信息披露有关各方的行为进行监督管理,并且可以结合市场分层对挂牌公司信息披露实施分类监管。

全国中小企业股份转让系统有限责任公司(以下简称全国股转公司)对挂牌公司信息披露有关行为实施自律管理,强化监管问询,督促挂牌公司及时、准确地披露信息。

第九条 除依法或者按照本办法及有关自律规则需要披露的信息外,挂牌公司可以自愿披露与投资者作出价值判断和投资决策有关的信息,但不得与依法或者按照本办法及有关自律规则披露的信息相冲突,不得误导投资者。

挂牌公司应当保持信息披露的持续性和一致性,避免选择性披露,不得利用自愿披露信息不当影响公司股票及其他证券品种交易价格。自愿披露具有一定预测性质信息的,应当明确预测的依据,并提示可能出现的不确定性和风险。

第十条 由于国家秘密、商业秘密等特殊原因导致本办法规定的某些信息确实不便披露的,挂牌公司可以不予披露,但应当在相关定期报告、临时报告中说明未按照规定进行披露的原因。中国证监会、全国股转公司认为需要披露的,挂牌公司应当披露。

第二章 定期报告

第十一条 挂牌公司定期报告包括年度报告、中期报告。凡是对投资者作出投资决策有重大影响的信息,均应当在定期报告中披露。

年度报告中的财务会计报告应当经符合《证券法》规定的会计师事务所审计。

第十二条 年度报告应当在每个会计年度结束之日起四个月内,中期报告应当在每个会计年度的上半年结束之日起两个月内编制完成并披露。

第十三条 挂牌公司年度报告应当记载以下内容:

(一)公司基本情况;

(二)主要会计数据和财务指标;

(三)管理层讨论与分析;

(四)公司股票、债券发行及变动情况,报告期末股票、债券总额、股东总数,公司前十大股东持股情况;

(五)控股股东及实际控制人情况;

(六)董事、监事、高级管理人员、核心员工任职及持股情况;

(七)报告期内发生的重大事件及对公司的影响;

(八)公司募集资金使用情况(如有);

(九)利润分配情况;

(十)公司治理及内部控制情况;

(十一)财务会计报告和审计报告全文;

(十二)中国证监会规定的其他事项。

第十四条 挂牌公司中期报告应当记载以下内容:

(一)公司基本情况;

(二)主要会计数据和财务指标;

(三)公司股票、债券发行及变动情况,报告期末股东总数,公司前十大股东持股情况;

(四)控股股东及实际控制人发生变化的情况;

(五)报告期内重大诉讼、仲裁等重大事件及对公司的影响;

(六)公司募集资金使用情况(如有);

(七)财务会计报告;

（八）中国证监会规定的其他事项。

第十五条 挂牌公司存在特别表决权股份的，应当在年度报告中披露特别表决权股份的持有和变化情况，以及相关投资者合法权益保护措施的实施情况。

第十六条 挂牌公司股东大会实行累积投票制和网络投票安排的，应当在年度报告中披露累积投票制和网络投票安排的实施情况。

第十七条 挂牌公司董事、高级管理人员应当对定期报告签署书面确认意见。

监事会应当对董事会编制的定期报告进行审核并提出书面审核意见，说明董事会的编制和审核程序是否符合法律、行政法规和中国证监会、全国股转公司的规定，报告的内容是否真实、准确、完整地反映挂牌公司的实际情况。监事应当签署书面确认意见。

挂牌公司董事、监事和高级管理人员无法保证定期报告内容的真实性、准确性、完整性或者有异议的，应当在书面确认意见中发表意见并陈述理由，挂牌公司应当披露。挂牌公司不予披露的，董事、监事和高级管理人员可以直接申请披露。

第十八条 定期报告披露前出现业绩泄露，或者出现业绩传闻且公司股票及其他证券品种交易出现异常波动的，挂牌公司应当及时披露本报告期相关财务数据。

第十九条 定期报告中的财务会计报告被出具非标准审计意见的，挂牌公司董事会应当针对该审计意见涉及事项作出专项说明。

第二十条 挂牌公司未在规定期限内披露定期报告的，全国股转公司根据自律规则予以处理，情节严重的，应当提请中国证监会立案稽查。

第三章 临时报告

第二十一条 发生可能对挂牌公司股票及其他证券品种交易价格产生较大影响，或者对投资者作出投资决策有较大影响的重大事件，投资者尚未得知时，挂牌公司应当立即将有关该重大事件的情况向中国证监会和全国股转公司报送临时报告，并予公告，说明事件的起因、目前的状态和可能产生的影响。

前款所称重大事件包括：

（一）公司的经营方针和经营范围的重大变化；

（二）公司的重大投资行为，公司在一年内购买、出售重大资产超过公司资产总额百分之三十，或者公司营业用主要资产的抵押、质押、出售或者报废一次超过该资产的百分之三十；

（三）公司订立重要合同，提供重大担保或者从事关联交易，可能对公司的资产、负债、权益和经营成果产生重要影响；

（四）公司发生重大债务和未能清偿到期重大债务的违约情况；

（五）公司发生重大亏损或者重大损失；

（六）公司生产经营的外部条件发生的重大变化；

（七）公司的董事、三分之一以上监事或者经理发生变动，董事长或者经理无法履行职责；

（八）持有公司百分之五以上股份的股东或者实际控制人，其持有股份或者控制公司的情况发生较大变化，公司的实际控制人及其控制的其他企业从事与公司相同或者相似业务的情况发生较大变化；

（九）公司分配股利、增资的计划，公司股权结构的重要变化，公司减资、合并、分立、解散及申请破产的决定，或者依法进入破产程序、被责令关闭；

（十）涉及公司的重大诉讼、仲裁，股东大会、董事会决议被依法撤销或者宣告无效；

（十一）公司涉嫌违法违规被有权机关调查，或者受到刑事处罚、重大行政处罚；公司控股股东、实际控制人、董事、监事、高级管理人员涉嫌违法违纪被有权机关调查、采取留置措施或强制措施，或者受到刑事处罚、重大行政处罚；

（十二）获得大额政府补贴等可能对公司资产、负债、权益或者经营成果产生重大影响的额外收益；

（十三）公司董事会就拟在其他证券交易场所上市、股权激励方案、股份回购方案作出决议；

（十四）公司主要资产被查封、扣押、冻结；

（十五）公司丧失重要生产资质、许可、特许经营权，或者主要业务陷入停顿；

（十六）法院裁决禁止控股股东转让其所持股份；任一股东所持公司百分之五以上股份被质押、冻结、司法拍卖、托管、设定信托或者被依法限制表决权；

（十七）变更会计政策、会计估计（法律、行政法规或者国家统一会计制度要求的除外）；

（十八）因前期已披露的信息存在差错、未按规定披露或者虚假记载，被有关机关责令改正或者经董事会决定进行更正；

（十九）中国证监会规定的其他事项。

挂牌公司的控股股东或者实际控制人对重大事件的发生、进展产生较大影响的,应当及时将其知悉的有关情况书面告知挂牌公司,并配合挂牌公司履行信息披露义务。

第二十二条 挂牌公司应当在最先发生的以下任一时点,及时履行重大事件的信息披露义务:

(一)董事会或者监事会就该重大事件形成决议时;

(二)有关各方就该重大事件签署意向书或者协议时;

(三)董事、监事或者高级管理人员知悉或者应当知悉该重大事件发生时。

挂牌公司筹划的重大事项存在较大不确定性,立即披露可能会损害公司利益或者误导投资者,且有关内幕信息知情人已书面承诺保密的,公司可以暂不披露,但最迟应当在该重大事项形成最终决议、签署最终协议、交易确定能够达成时对外披露。

相关信息确实难以保密、已经泄露或者出现市场传闻,导致公司股票及其他证券品种交易价格发生大幅波动的,公司应当立即披露相关筹划和进展情况。

第二十三条 挂牌公司披露重大事件后,已披露的重大事件出现可能对投资者决策或者挂牌公司股票及其他证券品种交易价格产生较大影响的进展或者变化的,应当及时披露进展或者变化情况、可能产生的影响。

第二十四条 挂牌公司控股子公司发生本办法第二十一条规定的重大事件,可能对投资者决策或者公司股票及其他证券品种交易价格产生较大影响的,挂牌公司应当履行信息披露义务。

挂牌公司参股公司发生可能对投资者决策或者挂牌公司股票及其他证券品种交易价格产生较大影响的事件,挂牌公司应当履行信息披露义务。

第二十五条 挂牌公司股票及其他证券品种交易被中国证监会或者全国股转公司认定为异常波动的,挂牌公司应当及时了解造成交易异常波动的影响因素,并于次一交易日开盘前披露。

第二十六条 媒体传播的消息可能或者已经对投资者决策或者挂牌公司股票及其他证券品种交易价格产生较大影响的,挂牌公司应当及时了解情况,发布相应澄清公告。

第四章 信息披露事务管理

第二十七条 挂牌公司应当制定信息披露事务管理制度,经董事会审议通过并披露。信息披露事务管理制度应当包括:

(一)明确挂牌公司应当披露的信息,确定披露标准;

（二）未公开信息的传递、审核、披露流程；

（三）信息披露事务负责人在信息披露中的职责；

（四）董事和董事会、监事和监事会、高级管理人员等的报告、审议和披露的职责；

（五）董事、监事、高级管理人员履行职责的记录和保管制度；

（六）未公开信息的保密措施，内幕信息知情人登记管理要求，内幕信息知情人的范围和保密责任；

（七）财务管理和会计核算的内部控制及监督机制；

（八）对外发布信息的申请、审核、发布流程；与投资者、证券服务机构、媒体等的信息沟通与制度；

（九）信息披露相关文件、资料的档案管理；

（十）涉及子公司的信息披露事务管理和报告制度；

（十一）未按规定披露信息的责任追究机制，对违反规定人员的处理措施。

信息披露事务负责人是指挂牌公司董事会秘书或者挂牌公司指定负责信息披露事务的人员。

创新层挂牌公司应当按照全国股转公司的规定设立董事会秘书。基础层挂牌公司可以设立董事会秘书，不设立董事会秘书的，应当指定一名高级管理人员兼任信息披露事务负责人。董事会秘书为公司高级管理人员，其选任、履职应当符合中国证监会、全国股转公司的有关规定。

第二十八条 挂牌公司董事长、经理、信息披露事务负责人，应当对公司临时报告信息披露的真实性、准确性、完整性、及时性和公平性承担主要责任。

挂牌公司董事长、经理、财务负责人应对公司财务报告的真实性、准确性、完整性、及时性和公平性承担主要责任。

第二十九条 挂牌公司董事、监事、高级管理人员应当关注信息披露文件的编制情况，保证定期报告、临时报告在规定期限内披露，配合挂牌公司履行信息披露义务。

第三十条 挂牌公司应当制定定期报告的编制、审议、公告程序。经理、财务负责人、信息披露事务负责人及相关人员应当及时编制定期报告草案，提请董事会审议；信息披露事务负责人负责送达董事审阅；董事长负责召集和主持董事会会议审议定期报告；监事会负责审核董事会编制的定期报告；信息披露事务负责人负责组织定期报告的公告工作。

第三十一条 挂牌公司应当制定重大事件的报告、传递、审核、披露程序。董事、监事、高级管理人员知悉重大事件发生时，应当按照公司规定立即履行报告义务；董事长在接到报告后，应当立即向董事会报告，并敦促信息披露事务负责人组织临时报告的披露工作。

第三十二条 挂牌公司通过业绩说明会、分析师会议、路演、接受投资者调研等形式就公司的经营情况、财务情况及其他事件与任何机构和个人进行沟通的,不得提供内幕信息。

第三十三条 董事应当了解并持续关注公司生产经营情况、财务状况和公司已经发生或者可能发生的重大事件及其影响,主动调查、获取决策所需的资料。

第三十四条 监事应当对公司董事、高级管理人员履行信息披露职责的行为进行监督;关注公司信息披露情况,发现信息披露存在违法违规问题的,应当进行调查并提出处理建议。

第三十五条 高级管理人员应当及时向董事会报告有关公司经营或者财务方面出现的重大事件、已披露的事件的进展或者变化情况及其他相关信息。

第三十六条 信息披露事务负责人负责组织和协调挂牌公司信息披露事务,汇集挂牌公司应当披露的信息并报告董事会,持续关注媒体对公司的报道并主动求证报道的真实情况,办理公司信息对外公布等相关事宜。

信息披露事务负责人有权参加股东大会、董事会会议、监事会会议和高级管理人员相关会议,有权了解公司的财务和经营情况,查阅涉及信息披露事宜的所有文件。挂牌公司应当为信息披露事务负责人履行职责提供便利条件,财务负责人应当配合信息披露事务负责人在财务信息披露方面的相关工作。

第三十七条 挂牌公司的股东、实际控制人不得滥用其股东权利、支配地位指使挂牌公司不按规定履行信息披露义务或者披露有虚假记载、误导性陈述或者重大遗漏的信息,不得要求挂牌公司向其提供内幕信息。

挂牌公司的股东、实际控制人发生以下事件时,应当及时告知公司,并配合挂牌公司履行信息披露义务。

(一)持有公司百分之五以上股份的股东或者实际控制人,其持有股份或者控制公司的情况发生较大变化,公司的实际控制人及其控制的其他企业从事与公司相同或者相似业务的情况发生较大变化;

(二)法院裁决禁止控股股东转让其所持股份,任一股东所持公司百分之五以上股份被质押、冻结、司法拍卖、托管、设定信托或者被依法限制表决权;

(三)拟对挂牌公司进行重大资产或者业务重组;

(四)中国证监会规定的其他情形。

通过接受委托或者信托等方式持有挂牌公司百分之五以上股份的股东或者实际控制人,应当及时将委托人情况告知挂牌公司,配合挂牌公司履行信息披露义务。

应当披露的信息依法披露前,相关信息已在媒体上传播或者公司股票及其他证券品种出现交易异常情况的,股东或者实际控制人应当及时、准确地向挂牌公司作出书面报告,并配合挂牌公司及时、准确地披露。

第三十八条 挂牌公司董事、监事、高级管理人员、持股百分之五以上的股东及其一致行动人、实际控制人应当及时向挂牌公司董事会报送挂牌公司关联方名单、关联关系及变化情况的说明。挂牌公司应当履行关联交易的审议程序,并严格执行关联交易回避表决制度。交易各方不得通过隐瞒关联关系或者采取其他手段,规避挂牌公司信息披露义务和关联交易审议程序。

第三十九条 为挂牌公司提供持续督导服务的主办券商应持续关注挂牌公司业务经营、公司治理、财务等方面的重大变化,指导、督促挂牌公司规范履行信息披露义务。挂牌公司应当配合主办券商持续督导工作,提供必要材料,为主办券商开展持续督导工作提供便利条件。

持续督导期间内,发现挂牌公司拟披露的信息或已披露信息存在错误、遗漏或者误导的,或者发现存在应当披露而未披露事项的,主办券商应当要求挂牌公司进行更正或补充。挂牌公司拒不更正、补充的,主办券商应当及时发布风险揭示公告并报告全国股转公司,情节严重的,应同时报告挂牌公司注册地中国证监会派出机构。

主办券商持续督导业务有关具体规定由全国股转公司制定。

第四十条 为挂牌公司履行信息披露义务出具专项文件的证券服务机构,应当勤勉尽责、诚实守信,认真履行审慎核查义务,按照依法制定的业务规定、行业执业规范、监管规则和道德准则发表意见,保证所出具文件的真实性、准确性和完整性。

挂牌公司应当配合为其提供服务的证券服务机构的工作,按要求提供与其执业相关的材料,不得要求证券服务机构出具与客观事实不符的文件或阻碍其工作。

证券服务机构在为信息披露出具专项文件时,发现挂牌公司提供的材料有虚假记载、误导性陈述、重大遗漏的,应当要求其补充、纠正。挂牌公司拒不补充、纠正的,证券服务机构应报告全国股转公司,情节严重的,应同时报告挂牌公司注册地中国证监会派出机构。

第四十一条 挂牌公司解聘会计师事务所的,应当在董事会决议后及时通知会计师事务所,公司股东大会就解聘会计师事务所进行表决时,应当允许会计师事务所陈述意见。股东大会作出解聘、更换会计师事务所决议的,挂牌公司应当在披露时说明更换的具体原因和会计师事务所的陈述意见。

第四十二条 任何机构和个人不得非法获取、提供、传播挂牌公司的内幕信息,不得利用所获取的内幕信息买卖或者建议他人买卖公司股票或其他证券品种,不得在投资价值分析报告、研究报告等文件中使用内幕信息。

第四十三条 媒体应当客观、真实地报道涉及挂牌公司的情况,发挥舆论监督作用。

任何机构和个人不得提供、传播虚假或者误导投资者的挂牌公司信息。

违反前两款规定,给投资者造成损失的,依法承担赔偿责任。

第五章 监督管理

第四十四条 中国证监会依法对挂牌公司、主办券商和证券服务机构进行检查,挂牌公司、主办券商和证券服务机构应当予以配合。

中国证监会可以要求挂牌公司及其股东、实际控制人,或者其董事、监事、高级管理人员对有关信息披露问题作出解释、说明或者提供相关资料,或要求挂牌公司提供主办券商或者证券服务机构的专业意见。

中国证监会可以要求主办券商、证券服务机构对挂牌公司有关信息披露问题进行核查,并出具专项意见。中国证监会对主办券商和证券服务机构出具文件的真实性、准确性、完整性有疑义的,可以要求相关机构作出解释、补充,并调阅其工作底稿。

第四十五条 挂牌公司及其董事、监事、高级管理人员,挂牌公司的股东、实际控制人及其董事、监事、高级管理人员违反本办法的,中国证监会可以采取以下措施:

(一)责令改正;

(二)监管谈话;

(三)责令公开说明;

(四)出具警示函;

(五)依法可以采取的其他监管措施。

第四十六条 主办券商及其人员履行持续督导等义务,未勤勉尽责情节严重的,中国证监会可以采取责令改正、监管谈话、出具警示函及依法可以采取的其他监管措施。

第四十七条 为挂牌公司履行信息披露义务出具专项文件的证券服务机构及其人员,违反《证券法》、行政法规和中国证监会的规定,中国证监会可以采取责令改正、监管谈话、出具警示函及依法可以采取的其他监管措施。

第四十八条 全国股转公司可以依据自律规则及挂牌协议的规定对挂牌公司、主办券商、证券服务机构进行核查、检查,要求挂牌公司及其董事、监事、高级管理人员、股东、实际控制人,主办券商、证券服务机构对有关信息披露问题作出说明,发现问题应当按照有关规定处理,涉嫌违法的及时移送中国证监会。

第六章 法律责任

第四十九条 挂牌公司未按规定履行信息披露义务,或者所披露的信息有虚假记载、误导性陈述或者重大遗漏的,中国证监会依照《证券法》有关规定处罚。

挂牌公司的控股股东、实际控制人指使从事前款行为的,或知晓前款行为而未及时制止、纠正的,中国证监会可以依照前款规定处罚。

第五十条 挂牌公司及其董事、监事、高级管理人员、股东及其一致行动人、实际控制人,主办券商、证券服务机构未按照本办法规定履行报告义务,或者报送的报告有虚假记载、误导性陈述或者重大遗漏的,中国证监会依照《证券法》有关规定处罚。

第五十一条 挂牌公司通过隐瞒关联关系或者采取其他手段,规避信息披露、报告义务的,中国证监会依照《证券法》有关规定处罚。

第五十二条 为挂牌公司履行信息披露义务出具专项文件的证券服务机构及其人员,违反《证券法》、行政法规和中国证监会的规定,应当给予行政处罚的,中国证监会依照《证券法》有关规定处罚。

第五十三条 任何机构和个人泄露挂牌公司内幕信息,或者利用内幕信息买卖股票及其他证券品种,中国证监会依照《证券法》有关规定处罚。

第五十四条 任何机构和个人编制、传播虚假信息扰乱证券市场;媒体传播挂牌公司信息不真实、不客观的,中国证监会依照《证券法》有关规定处罚。

在股票及其他证券品种交易活动中作出虚假陈述或者信息误导的,中国证监会依照《证券法》有关规定处罚。

第五十五条 挂牌公司未按本办法规定制定挂牌公司信息披露事务管理制度的,中国证监会可以采取责令改正的监管措施。拒不改正的,可以给予警告或者三万元以下罚款。

第五十六条 挂牌公司股东、实际控制人未依法配合挂牌公司履行信息披露义务的,或者非法要求挂牌公司提供内幕信息的,中国证监会可以采取责令改正的监管措施。拒不改正的,可以给予警告或者三万元以下罚款。

第五十七条 相关责任主体违反本办法,存在主动消除或者减轻危害后果等情形的,依法从轻或者减轻处罚。

违法行为轻微并及时纠正,没有造成危害后果的,不予处罚。

第五十八条 相关责任主体违反本办法的规定,情节严重的,中国证监会可以采取证券市场禁入的措施。

第五十九条 违反本办法,涉嫌犯罪的,依法移送司法机关,追究刑事责任。

第七章 附 则

第六十条 本办法下列用语具有如下含义:

(一)主办券商,是指依据《全国中小企业股份转让系统有限责任公司管理暂行办法》规定在全国股转系统从事相关业务的证券公司。

(二)证券服务机构,是指为挂牌公司履行信息披露义务出具专项文件的会计师事务所、资产评估机构、律师事务所、财务顾问机构、资信评级机构等。

(三)及时,是指自起算日起或者触及披露时点的两个交易日内。

(四)挂牌公司的关联交易,是指挂牌公司或者其控股子公司与挂牌公司关联方之间发生的转移资源或者义务的事项。

关联方包括关联法人和关联自然人。

具有以下情形之一的法人或非法人组织,为挂牌公司的关联法人:

1. 直接或者间接地控制挂牌公司的法人或非法人组织;

2. 由前项所述法人直接或者间接控制的除挂牌公司及其控股子公司以外的法人或非法人组织;

3. 关联自然人直接或者间接控制的、或者担任董事、高级管理人员的,除挂牌公司及其控股子公司以外的法人或非法人组织;

4. 直接或间接持有挂牌公司百分之五以上股份的法人或非法人组织;

5. 在过去十二个月内或者根据相关协议安排在未来十二个月内,存在上述情形之一的;

6. 中国证监会、全国股转公司或者挂牌公司根据实质重于形式的原则认定的其他与挂牌公司有特殊关系,可能或者已经造成挂牌公司对其利益倾斜的法人或非法人组织。

具有以下情形之一的自然人,为挂牌公司的关联自然人:

1. 直接或间接持有挂牌公司百分之五以上股份的自然人;

2. 挂牌公司董事、监事及高级管理人员;

3. 直接或者间接地控制挂牌公司的法人的董事、监事及高级管理人员;

4. 上述第1、2项所述人士的关系密切的家庭成员,包括配偶、父母、年满

十八周岁的子女及其配偶、兄弟姐妹及其配偶,配偶的父母、兄弟姐妹,子女配偶的父母;

5. 在过去十二个月内或者根据相关协议安排在未来十二个月内,存在上述情形之一的;

6. 中国证监会、全国股转公司或者挂牌公司根据实质重于形式的原则认定的其他与挂牌公司有特殊关系,可能或者已经造成挂牌公司对其利益倾斜的自然人。

第六十一条 股票不在全国股转系统公开转让的非上市公众公司有关信息披露行为按照《非上市公众公司监督管理办法》的相关规定执行。

第六十二条 中国证监会对特殊行业公司信息披露有特别规定的,适用其规定。

国家有关部门对公司信息披露有特别规定的,公司还应当遵守其规定并履行信息披露义务。

第六十三条 本办法自公布之日起施行。

北京证券交易所上市公司证券发行注册管理办法(试行)

(2021 年 10 月 30 日中国证券监督管理委员会令第 188 号公布 自 2021 年 11 月 15 日起施行 国司备字[2022006159])

第一章 总 则

第一条 为了规范北京证券交易所上市公司(以下简称上市公司)证券发行行为,保护投资者合法权益和社会公共利益,根据《中华人民共和国证券法》(以下简称《证券法》)《国务院办公厅关于贯彻实施修订后的证券法有关工作的通知》及相关法律法规,制定本办法。

第二条 上市公司申请在境内发行股票、可转换为股票的公司债券及中国证券监督管理委员会(以下简称中国证监会)认可的其他证券品种,适用本办法。

第三条 上市公司发行证券,可以向不特定合格投资者公开发行,也可以向特定对象发行。

第四条 上市公司发行证券的,应当符合《证券法》和本办法规定的发行条件和相关信息披露要求,依法经北京证券交易所(以下简称北交所)发行上市审核,并报中国证监会注册,但因依法实行股权激励、公积金转为增加公司资本、分配股票股利的除外。

第五条 上市公司应当诚实守信,依法充分披露投资者作出价值判断和投资决策所必需的信息,所披露信息必须真实、准确、完整,简明清晰、通俗易懂,不得有虚假记载、误导性陈述或者重大遗漏。

上市公司应当按照保荐人、证券服务机构要求,依法向其提供真实、准确、完整的财务会计资料和其他资料,配合相关机构开展尽职调查和其他相关工作。

上市公司的控股股东、实际控制人、董事、监事、高级管理人员应当配合相关机构开展尽职调查和其他相关工作,不得要求或者协助上市公司隐瞒应当提供的资料或者应当披露的信息。

第六条 保荐人应当诚实守信,勤勉尽责,按照依法制定的业务规则和行业自律规范的要求,充分了解上市公司经营情况和风险,对注册申请文件和信息披露资料进行全面核查验证,对上市公司是否符合发行条件独立作出专业判断,审慎作出保荐决定,并对募集说明书、发行情况报告书或者其他信息披露文件及其所出具的相关文件的真实性、准确性、完整性负责。

第七条 证券服务机构应当严格遵守法律法规、中国证监会制定的监管规则、业务规则和本行业公认的业务标准和道德规范,建立并保持有效的质量控制体系,保护投资者合法权益,审慎履行职责,作出专业判断与认定,并对募集说明书、发行情况报告书或者其他信息披露文件中与其专业职责有关的内容及其所出具文件的真实性、准确性、完整性负责。

证券服务机构及其相关执业人员应当对与本专业相关的业务事项履行特别注意义务,对其他业务事项履行普通注意义务,并承担相应法律责任。

证券服务机构及其执业人员从事证券服务应当配合中国证监会的监督管理,在规定的期限内提供、报送或披露相关资料、信息,并保证其提供、报送或披露的资料、信息真实、准确、完整,不得有虚假记载、误导性陈述或者重大遗漏。

证券服务机构应当妥善保存客户委托文件、核查和验证资料、工作底稿以及与质量控制、内部管理、业务经营有关的信息和资料。

第八条 对上市公司发行证券申请予以注册,不表明中国证监会和北交所对该证券的投资价值或者投资者的收益作出实质性判断或者保证,也不表明中国证监会和北交所对申请文件的真实性、准确性、完整性作出保证。

第二章 发行条件

第九条 上市公司向特定对象发行股票,应当符合下列规定:

(一)具备健全且运行良好的组织机构。

(二)具有独立、稳定经营能力,不存在对持续经营有重大不利影响的情形。

(三)最近一年财务会计报告无虚假记载,未被出具否定意见或无法表示意见的审计报告;最近一年财务会计报告被出具保留意见的审计报告,保留意见所涉及事项对上市公司的重大不利影响已经消除。本次发行涉及重大资产重组的除外。

(四)合法规范经营,依法履行信息披露义务。

第十条 上市公司存在下列情形之一的,不得向特定对象发行股票:

(一)上市公司或其控股股东、实际控制人最近三年内存在贪污、贿赂、侵占财产、挪用财产或者破坏社会主义市场经济秩序的刑事犯罪,存在欺诈发行、重大信息披露违法或者其他涉及国家安全、公共安全、生态安全、生产安全、公众健康安全等领域的重大违法行为。

(二)上市公司或其控股股东、实际控制人,现任董事、监事、高级管理人员最近一年内受到中国证监会行政处罚、北交所公开谴责;或因涉嫌犯罪正被司法机关立案侦查或者涉嫌违法违规正被中国证监会立案调查,尚未有明确结论意见。

(三)擅自改变募集资金用途,未作纠正或者未经股东大会认可。

(四)上市公司或其控股股东、实际控制人被列入失信被执行人名单且情形尚未消除。

(五)上市公司利益严重受损的其他情形。

第十一条 上市公司向不特定合格投资者公开发行股票的,除应当符合本办法第九条、第十条规定的条件外,还应当符合《北京证券交易所向不特定合格投资者公开发行股票注册管理办法(试行)》规定的其他条件。

第十二条 上市公司发行可转换为股票的公司债券,应当符合下列规定:

(一)具备健全且运行良好的组织机构;

(二)最近三年平均可分配利润足以支付公司债券一年的利息;

(三)具有合理的资产负债结构和正常的现金流量。

除前款规定条件外,上市公司向特定对象发行可转换为股票的公司债券,还应当遵守本办法第九条、第十条的规定;向不特定合格投资者公开发行可转换为股票的公司债券,还应当遵守本办法第十一条的规定。但上市公司通过收购本公司股份的方式进行公司债券转换的除外。

第十三条 上市公司存在下列情形之一的,不得发行可转换为股票的公司债券:

(一)对已公开发行的公司债券或者其他债务有违约或者延迟支付本息的事实,仍处于继续状态;

(二)违反《证券法》规定,改变公开发行公司债券所募资金用途。

第十四条 上市公司及其控股股东、实际控制人、主要股东不得向发行对象做出保底保收益或者变相保底保收益承诺,也不得直接或者通过利益相关方向发行对象提供财务资助或者其他补偿。

第十五条 上市公司最近一期末存在持有金额较大的财务性投资的,保荐人应当对上市公司本次募集资金的必要性和合理性审慎发表核查意见。

第三章 发行程序

第一节 发行人审议

第十六条 董事会应当依法就本次发行证券的具体方案、本次募集资金使用的可行性及其他必须明确的事项作出决议,并提请股东大会批准。

独立董事应当就证券发行事项的必要性、合理性、可行性、公平性发表专项意见。

第十七条 监事会应当对董事会编制的募集说明书等文件进行审核并提出书面审核意见。

第十八条 股东大会就本次发行证券作出决议,决议至少应当包括下列事项:

(一)本次发行证券的种类和数量(数量上限);

(二)发行方式、发行对象或范围、现有股东的优先认购安排(如有);

(三)定价方式或发行价格(区间);

(四)限售情况(如有);

(五)募集资金用途;

(六)决议的有效期;

(七)对董事会办理本次发行具体事宜的授权;

(八)发行前滚存利润的分配方案;

(九)其他必须明确的事项。

第十九条 股东大会就发行可转换为股票的公司债券作出决议,除应当符合本办法第十八条的规定外,还应当就债券利率、债券期限、赎回条款、回售条款、还本付息的期限和方式、转股期、转股价格的确定和修正等事项作出决议。

第二十条 股东大会就发行证券事项作出决议,必须经出席会议的股东所持表决权的2/3以上通过。上市公司应当对出席会议的持股比例在5%以下的中小股东表决情况单独计票并予以披露。

上市公司就发行证券事项召开股东大会,应当提供网络投票的方式,上市公司还可以通过其他方式为股东参加股东大会提供便利。

第二十一条 董事会、股东大会就向特定对象发行证券事项作出决议,应当按要求履行表决权回避制度,上市公司向原股东配售股份的除外。

第二十二条 上市公司拟引入战略投资者的,董事会、股东大会应当将引入战略投资者的事项作为单独议案,就每名战略投资者单独审议。

第二十三条 根据公司章程的规定,上市公司年度股东大会可以授权董事会向特定对象发行累计融资额低于一亿元且低于公司最近一年末净资产20%的股票(以下简称授权发行),该项授权的有效期不得超过上市公司下一年度股东大会召开日。

第二节 审核与注册

第二十四条 上市公司申请发行证券,应当按照中国证监会有关规定制作注册申请文件,依法由保荐人保荐并向北交所申报。北交所收到注册申请文件后,应当在五个工作日内作出是否受理的决定,本办法另有规定的除外。

第二十五条 自注册申请文件申报之日起,上市公司及其控股股东、实际控制人、董事、监事、高级管理人员,以及与本次证券发行相关的保荐人、证券服务机构及相关责任人员,即承担相应法律责任。

第二十六条 注册申请文件受理后,未经中国证监会或者北交所同意,不得改动。

发生重大事项的,上市公司、保荐人、证券服务机构应当及时向北交所报告,并按要求更新注册申请文件和信息披露资料。

第二十七条 上市公司发行证券,不属于本办法第二十八条规定情形的,保荐人应当指定保荐代表人负责具体保荐工作。

保荐人持续督导期间为证券上市当年剩余时间及其后两个完整会计年度。

保荐人及保荐代表人应当按照本办法及《证券发行上市保荐业务管理办

法》的规定履行职责，并依法承担相应的责任。

第二十八条 上市公司向前十名股东、实际控制人、董事、监事、高级管理人员及核心员工发行股票，连续12个月内发行的股份未超过公司总股本10%且融资总额不超过2000万元的，无需提供保荐人出具的保荐文件以及律师事务所出具的法律意见书。

按照前款规定发行股票的，董事会决议中应当明确发行对象、发行价格和发行数量，且不得存在以下情形：

（一）上市公司采用授权发行方式发行；

（二）认购人以非现金资产认购；

（三）发行股票导致上市公司控制权发生变动；

（四）本次发行中存在特殊投资条款安排；

（五）上市公司或其控股股东、实际控制人，现任董事、监事、高级管理人员最近一年内被中国证监会给予行政处罚或采取监管措施、被北交所采取纪律处分。

第二十九条 北交所审核部门负责审核上市公司证券发行申请；北交所上市委员会负责对上市公司向不特定合格投资者公开发行证券的申请文件和审核部门出具的审核报告提出审议意见。

北交所应当根据本办法制定上市公司证券发行审核业务规则，并报中国证监会批准。

第三十条 北交所主要通过向上市公司提出审核问询、上市公司回答问题方式开展审核工作，判断上市公司是否符合发行条件和信息披露要求。

第三十一条 北交所按照规定的条件和程序，形成上市公司是否符合发行条件和信息披露要求的审核意见。认为上市公司符合发行条件和信息披露要求的，将审核意见、上市公司注册申请文件及相关审核资料报送中国证监会注册；认为上市公司不符合发行条件或者信息披露要求的，作出终止发行上市审核决定。

第三十二条 北交所应当自受理注册申请文件之日起两个月内形成审核意见。

上市公司采用授权发行方式向特定对象发行股票且按照竞价方式确定发行价格和发行对象的，北交所应当在两个工作日内作出是否受理的决定，并自受理注册申请文件之日起三个工作日内形成审核意见。

通过对上市公司实施现场检查、对保荐人实施现场督导、要求保荐人和证券服务机构对有关事项进行专项核查等方式要求上市公司补充、修改申请文件的时间不计算在内。

第三十三条 中国证监会收到北交所报送的审核意见、上市公司注册申请文件及相关审核资料后，履行发行注册程序。发行注册主要关注北交所发行上市审核内容有无遗漏，审核程序是否符合规定，以及上市公司在发行条件和信息披露要求的重大方面是否符合相关规定。中国证监会认为存在需要进一步说明或者落实事项的，可以要求北交所进一步问询。

中国证监会认为北交所对影响发行条件的重大事项未予关注或者北交所的审核意见依据明显不充分的，可以退回北交所补充审核。北交所补充审核后，认为上市公司符合发行条件和信息披露要求的，重新向中国证监会报送审核意见及相关资料，本办法第三十四条规定的注册期限重新计算。

第三十四条 中国证监会在十五个工作日内对上市公司的注册申请作出同意注册或不予注册的决定。通过要求北交所进一步问询、要求保荐人和证券服务机构等对有关事项进行核查、对发行人现场检查等方式要求发行人补充、修改申请文件的时间不计算在内。

第三十五条 中国证监会的予以注册决定，自作出之日起一年内有效，上市公司应当在注册决定有效期内发行证券，发行时点由上市公司自主选择。

第三十六条 中国证监会作出予以注册决定后、上市公司证券上市交易前，上市公司应当及时更新信息披露文件；保荐人以及证券服务机构应当持续履行尽职调查职责；发生重大事项的，上市公司、保荐人应当及时向北交所报告。北交所应当对上述事项及时处理，发现上市公司存在重大事项影响发行条件的，应当出具明确意见并及时向中国证监会报告。

中国证监会作出予以注册决定后、上市公司证券上市交易前，发生可能影响本次发行的重大事项的，中国证监会可以要求上市公司暂缓发行、上市；相关重大事项导致上市公司不符合发行条件的，应当撤销注册。中国证监会撤销注册后，证券尚未发行的，上市公司应当停止发行；证券已经发行尚未上市的，上市公司应当按照发行价并加算银行同期存款利息返还证券持有人。

第三十七条 上市公司申请向特定对象发行股票，可申请一次注册，分期发行。自中国证监会予以注册之日起，公司应当在三个月内首期发行，剩余数量应当在十二个月内发行完毕。首期发行数量应当不少于总发行数量的50%，剩余各期发行的数量由公司自行确定，每期发行后5个工作日内将发行情况报北交所备案。

第三十八条 北交所认为上市公司不符合发行条件或者信息披露要求，作出终止发行上市审核决定，或者中国证监会作出不予注册决定的，自决定作出之日起六个月后，上市公司可以再次提出证券发行申请。

第三十九条 上市公司证券发行上市审核或者注册程序的中止、终止等情形参照适用《北京证券交易所向不特定合格投资者公开发行股票注册管理办法(试行)》的相关规定。

第四十条 中国证监会和北交所可以对上市公司进行现场检查,可以要求保荐人、证券服务机构对有关事项进行专项核查并出具意见。

第三节 定价、发售与认购

第四十一条 上市公司发行证券,应当聘请具有证券承销业务资格的证券公司承销,但上市公司向特定对象发行证券且董事会提前确定全部发行对象的除外。

上市公司向不特定合格投资者公开发行股票的,发行承销的具体要求参照适用《北京证券交易所向不特定合格投资者公开发行股票注册管理办法(试行)》的相关规定,本办法另有规定的除外。

上市公司向特定对象发行证券的发行承销行为,适用本章规定。

第四十二条 上市公司向原股东配售股份的,应当采用代销方式发行。

控股股东应当在股东大会召开前公开承诺认配股份的数量。控股股东不履行认配股份的承诺,或者代销期限届满,原股东认购股票的数量未达到拟配售数量70%的,上市公司应当按照发行价并加算银行同期存款利息返还已经认购的股东。

第四十三条 上市公司向不特定合格投资者公开发行股票的,发行价格应当不低于公告招股意向书前二十个交易日或者前一个交易日公司股票均价。

第四十四条 上市公司向特定对象发行股票的,发行价格应当不低于定价基准日前二十个交易日公司股票均价的80%。

向特定对象发行股票的定价基准日为发行期首日。

上市公司董事会决议提前确定全部发行对象,且发行对象属于下列情形之一的,定价基准日可以为关于本次发行股票的董事会决议公告日、股东大会决议公告日或者发行期首日:

(一)上市公司的控股股东、实际控制人或者其控制的关联方;

(二)按照本办法第二十八条规定参与认购的上市公司前十名股东、董事、监事、高级管理人员及核心员工;

(三)通过认购本次发行的股票成为上市公司控股股东或实际控制人的投资者;

(四)董事会拟引入的境内外战略投资者。

第四十五条 上市公司向特定对象发行股票的,发行对象属于本办法第四十四条第三款规定以外情形的,上市公司应当以竞价方式确定发行价格和发行对象。

上市公司向特定对象发行可转换为股票的公司债券的,上市公司应当采用竞价方式确定利率和发行对象,本次发行涉及发行可转换为股票的公司债券购买资产的除外。

董事会决议确定部分发行对象的,确定的发行对象不得参与竞价,且应当接受竞价结果,并明确在通过竞价方式未能产生发行价格的情况下,是否继续参与认购、价格确定原则及认购数量。

上市公司发行证券采用竞价方式的,上市公司和承销商的控股股东、实际控制人、董事、监事、高级管理人员及其控制或者施加重大影响的关联方不得参与竞价。

第四十六条 上市公司以竞价方式向特定对象发行股票的,在发行期首日前一工作日,上市公司及承销商可以向符合条件的特定对象提供认购邀请书。认购邀请书发送对象至少应当包括:

(一)已经提交认购意向书的投资者;

(二)上市公司前二十名股东;

(三)合计不少于十家证券投资基金管理公司、证券公司或保险机构。

认购邀请书发送后,上市公司及承销商应当在认购邀请书约定的时间内收集特定投资者签署的申购报价表。

在申购报价期间,上市公司及承销商应当确保任何工作人员不泄露发行对象的申购报价情况。

申购报价结束后,上市公司及承销商应当对有效申购按照报价高低进行累计统计,按照价格优先等董事会确定的原则合理确定发行对象、发行价格和发行股数。

第四十七条 上市公司向特定对象发行证券的,发行对象确定后,上市公司应当与发行对象签订认购合同,上市公司向原股东配售股份的除外。

第四十八条 向特定对象发行的股票,自发行结束之日起六个月内不得转让,做市商为取得做市库存股参与发行认购的除外,但做市商应当承诺自发行结束之日起六个月内不得申请退出为上市公司做市。

发行对象属于本办法第四十四条第三款规定情形的,其认购的股票自发行结束之日起十二个月内不得转让。法律法规、部门规章对前述股票的限售期另有规定的,同时还应当遵守相关规定。

第四十九条 上市公司向原股东配售股份的,应当向股权登记日在册的股东配售,且配售比例应当相同。

向原股东配售股份的价格由上市公司和承销商协商确定,豁免适用本节关于向特定对象发行股票定价与限售的相关规定。

第五十条 上市公司在证券发行过程中触及北交所规定的终止上市情形的,应当终止发行。

第四章 信息披露

第五十一条 上市公司应当按照中国证监会制定的信息披露规则,编制并披露募集说明书、发行情况报告书等信息披露文件。

上市公司应当以投资者需求为导向,根据自身特点,有针对性地披露上市公司基本信息、本次发行情况以及本次发行对上市公司的影响。

中国证监会制定的信息披露规则是信息披露的最低要求。不论上述规则是否有明确规定,凡是投资者作出价值判断和投资决策所必需的信息,上市公司均应当充分披露。

第五十二条 中国证监会依法制定募集说明书、发行情况报告书内容与格式准则等信息披露规则,对相关信息披露文件的内容、格式等作出规定。

北交所可以依据中国证监会部门规章和规范性文件,制定信息披露细则或指引,在中国证监会确定的信息披露内容范围内,对信息披露提出细化和补充要求。

第五十三条 上市公司应当结合现有主营业务、生产经营规模、财务状况、技术条件、发展目标、前次发行募集资金使用情况等因素合理确定募集资金规模,充分披露本次募集资金的必要性和合理性。

第五十四条 上市公司应当按照中国证监会和北交所有关规定及时披露董事会决议、股东大会通知、股东大会决议、受理通知、审核决定、注册决定等发行进展公告。

第五十五条 北交所认为上市公司符合发行条件和信息披露要求,将上市公司注册申请文件报送中国证监会时,募集说明书等文件应当同步在北交所网站和中国证监会网站公开。

第五十六条 上市公司应当在发行证券前在符合《证券法》规定的信息披露平台刊登经注册生效的募集说明书,同时将其置备于公司住所、北交所,供社会公众查阅。

第五十七条 向特定对象发行证券的,上市公司应当在发行结束后,按照中国证监会和北交所的有关要求编制并披露发行情况报告书。

申请分期发行的上市公司应在每期发行后,按照中国证监会和北交所的有关要求进行披露,并在全部发行结束或者超过注册文件有效期后按照中国证监会的有关要求编制并披露发行情况报告书。

第五十八条 上市公司可以将募集说明书以及有关附件刊登于其他报刊、网站,但披露内容应当完全一致,且不得早于在符合《证券法》规定的信息披露平台的披露时间。

第五章 监督管理与法律责任

第五十九条 中国证监会建立对北交所发行上市审核工作和发行承销过程监管的监督机制,可以对北交所相关工作进行检查或抽查。对于中国证监会监督过程中发现的问题,北交所应当整改。

第六十条 北交所应当发挥自律管理作用,对证券发行相关行为进行监督。发现上市公司及其控股股东、实际控制人、董事、监事、高级管理人员以及保荐人、承销商、证券服务机构及其相关执业人员等违反法律、行政法规和中国证监会相关规定的,应当向中国证监会报告,并采取自律管理措施。

北交所对证券发行承销过程实施自律管理。发现异常情形或者涉嫌违法违规的,中国证监会可以要求北交所对相关事项进行调查处理,或者直接责令上市公司、承销商暂停或中止发行。

第六十一条 中国证券业协会应当发挥自律管理作用,对从事证券发行业务的保荐人进行监督,督促其勤勉尽责地履行尽职调查和督导职责。发现保荐人有违反法律、行政法规和中国证监会相关规定的行为,应当向中国证监会报告,并采取自律管理措施。

中国证券业协会应当建立对承销商询价、定价、配售行为和询价投资者报价行为的自律管理制度,并加强相关行为的监督检查,发现违规情形的,应当及时采取自律管理措施。

第六十二条 北交所发行上市审核工作存在下列情形之一的,由中国证监会责令改正;情节严重的,追究直接责任人员相关责任:

(一)未按审核标准开展发行上市审核工作;

(二)未按审核程序开展发行上市审核工作;

(三)不配合中国证监会对发行上市审核工作和发行承销监管工作的检查、抽查,或者不按中国证监会的整改要求进行整改。

第六十三条 上市公司在证券发行文件中隐瞒重要事实或者编造重大虚假内容的,中国证监会可以视情节轻重,对上市公司及相关责任人员依法采取责令改正、监管谈话、出具警示函等监管措施,或者采取证券市场禁入的措施。

第六十四条 上市公司的控股股东、实际控制人违反本办法规定，致使上市公司报送的注册申请文件和披露的信息存在虚假记载、误导性陈述或者重大遗漏，或者组织、指使上市公司进行财务造假、利润操纵或者在发行证券文件中隐瞒重要事实或编造重大虚假内容的，中国证监会可以视情节轻重，依法采取责令改正、监管谈话、出具警示函等监管措施，或者采取证券市场禁入的措施。

上市公司的董事、监事和高级管理人员违反本办法规定，致使上市公司报送的注册申请文件和披露的信息存在虚假记载、误导性陈述或者重大遗漏的，中国证监会可以视情节轻重，依法采取责令改正、监管谈话、出具警示函等监管措施，或者采取证券市场禁入的措施。

第六十五条 保荐人未勤勉尽责，致使上市公司信息披露资料存在虚假记载、误导性陈述或者重大遗漏的，中国证监会可以视情节轻重，对保荐人及相关责任人员依法采取责令改正、监管谈话、出具警示函、暂停保荐业务资格一年到三年、证券市场禁入等措施。

证券服务机构未勤勉尽责，致使上市公司信息披露资料中与其职责有关的内容及其所出具的文件存在虚假记载、误导性陈述或者重大遗漏的，中国证监会可以视情节轻重，对证券服务机构及相关责任人员，依法采取责令改正、监管谈话、出具警示函、证券市场禁入等措施。

第六十六条 保荐人存在下列情形之一的，中国证监会可以视情节轻重，采取暂停保荐业务资格三个月至三年的监管措施；情节特别严重的，撤销其业务资格：

（一）伪造或者变造签字、盖章；

（二）重大事项未报告、未披露；

（三）以不正当手段干扰审核注册工作；

（四）不履行其他法定职责。

第六十七条 上市公司、保荐人、证券服务机构存在以下情形之一的，中国证监会可以视情节轻重，依法采取责令改正、监管谈话、出具警示函等监管措施：

（一）制作或者出具的文件不齐备或者不符合要求；

（二）擅自改动注册申请文件、信息披露资料或者其他已提交文件；

（三）注册申请文件或者信息披露资料存在相互矛盾或者同一事实表述不一致且有实质性差异；

（四）文件披露的内容表述不清，逻辑混乱，严重影响投资者理解；

（五）未及时报告或者未及时披露重大事项。

第六十八条 承销商及其直接负责的主管人员和其他责任人员在承销证券过程中，存在违法违规行为的，中国证监会可以视情节轻重，依法采取责令改正、监管谈话、出具警示函等监管措施，或者采取证券市场禁入的措施。

第六十九条 北交所按照本办法第三十二条第二款开展审核工作的，北交所和中国证监会发现上市公司或者相关中介机构及其责任人员存在相关违法违规行为的，中国证监会按照本章规定从重处罚。

第七十条 参与认购的投资者擅自转让限售期限未满的证券的，中国证监会可以视情节轻重，依法采取责令改正、监管谈话、出具警示函等监管措施。

第七十一条 相关主体违反本办法第十四条规定的，中国证监会可以视情节轻重，依法采取责令改正、监管谈话、出具警示函等监管措施，或者采取证券市场禁入的措施。

第七十二条 上市公司及其控股股东和实际控制人、董事、监事、高级管理人员，保荐人、承销商、证券服务机构及其相关执业人员，在证券发行活动中存在其他违反本办法规定行为的，中国证监会可以视情节轻重，依法采取责令改正、监管谈话、出具警示函、责令公开说明、责令定期报告等监管措施，或者采取证券市场禁入的措施。

上市公司及其控股股东、实际控制人、董事、监事、高级管理人员以及保荐人、承销商、证券服务机构及其相关执业人员等违反《证券法》依法应予以行政处罚的，中国证监会将依法予以处罚。涉嫌犯罪的，依法移送司法机关，追究其刑事责任。

第七十三条 中国证监会将遵守本办法的情况记入证券市场诚信档案，会同有关部门加强信息共享，依法实施守信激励与失信惩戒。

第六章 附 则

第七十四条 本办法所称战略投资者，是指符合下列情形之一，且与上市公司具有协同效应，愿意长期持有上市公司较大比例股份，愿意且有能力协助上市公司提高公司治理质量，具有良好诚信记录，最近三年未受到中国证监会行政处罚或被追究刑事责任的投资者：

（一）能够为上市公司带来领先的技术资源，增强上市公司的核心竞争力和创新能力，带动上市公司产业技术升级，提升上市公司盈利能力；

（二）能够为上市公司带来市场渠道、品牌等战略性资源，促进上市公司市场拓展，推动实现上市公司销售业绩提升；

（三）具备相关产业投资背景，且自愿设定二十四个月及以上限售期的其他长期投资者。

境外战略投资者应当同时遵守国家的相关规定。

第七十五条 本办法所称的核心员工，应当由上市公司董事会提名，并向全体员工公示和征求意见，由监事会发表明确意见后，经股东大会审议批准。

第七十六条 上市公司向不特定合格投资者公开发行可转换为股票的公司债券的，还应当遵守中国证监会的相关规定。

上市公司发行优先股的，其申请、审核、注册、发行等相关程序，参照本办法相关规定执行。

第七十七条 本办法自2021年11月15日起施行。

北京证券交易所上市公司持续监管办法（试行）

（2021年10月30日中国证券监督管理委员会令第189号公布 自2021年11月15日起施行 国司备字[2022006160]）

第一章 总 则

第一条 为了规范企业股票在北京证券交易所（以下简称北交所）上市后相关各方的行为，支持引导创新型中小企业更好地发展，保护投资者合法权益，根据《中华人民共和国证券法》（以下简称《证券法》）、《中华人民共和国公司法》以及相关法律法规，制定本办法。

第二条 中国证券监督管理委员会（以下简称中国证监会）根据《证券法》等法律法规、本办法和中国证监会的其他相关规定，对北交所上市公司（以下简称上市公司）及相关主体进行监督管理。

中国证监会其他相关规定与本办法规定不一致的，适用本办法。

中国证监会根据北交所以服务创新型中小企业为主的特点和市场运行情况，适时完善相关具体制度安排。

第三条 北交所根据《证券交易所管理办法》、本办法等有关规定，建立以上市规则为中心的持续监管规则体系，在公司治理、持续信息披露、股份减持、股权激励、员工持股计划、重大资产重组、退市等方面制定具体实施规则。上市公司应当遵守北交所持续监管实施规则。

北交所应当履行一线监管职责，加强信息披露与二级市场交易监管联动，加大现场检查力度，强化监管问询，切实防范和打击内幕交易与操纵市场行为，督促上市公司提高信息披露质量。

第二章　公司治理

第四条　上市公司应当增强公众公司意识，保持健全、有效、透明的治理体系和监督机制，保证股东大会、董事会、监事会规范运作，督促董事、监事和高级管理人员履行忠实、勤勉义务，明确纠纷解决机制，保障全体股东合法权利，积极履行社会责任，保护利益相关者的基本权益。

上市公司控股股东、实际控制人应当诚实守信，依法行使权利，严格履行承诺，维持公司独立性，维护公司和全体股东的共同利益。

第五条　上市公司设独立董事，独立董事的选任、履职应当符合中国证监会和北交所的有关规定。

第六条　鼓励上市公司根据需要设立审计、战略、提名、薪酬与考核等专门委员会，专门委员会对董事会负责，依照公司章程和董事会授权履行职责。专门委员会成员全部由董事构成，其中审计委员会、提名委员会、薪酬与考核委员会中独立董事应当占多数并担任召集人，审计委员会的召集人应当为会计专业人士。

第七条　上市公司应当积极回报股东，根据自身条件和发展阶段，在公司章程中规定现金分红、股份回购等股东回报政策并严格执行。北交所可以制定股东回报相关规则。

第八条　上市公司应当建立完善募集资金管理使用制度。募集资金的存放、使用、变更和持续披露等具体规则由北交所制定。

第九条　上市公司存在特别表决权股份的，应当在公司章程中规定特别表决权股份的持有人资格、特别表决权股份拥有的表决权数量与普通股份拥有的表决权数量的比例安排、持有人所持特别表决权股份能够参与表决的股东大会事项范围、特别表决权股份锁定安排及转让限制、特别表决权股份与普通股份的转换情形等事项。

上市公司应当在定期报告中持续披露特别表决权安排的情况；特别表决权安排发生重大变化的，应当及时披露。

北交所应对存在特别表决权股份公司的上市条件、表决权差异的设置、存续、调整、信息披露和投资者保护事项制定有关规定。

第三章　信息披露

第十条　上市公司和相关信息披露义务人应当及时、公平地披露所有可能对证券交易价格或者投资决策有较大影响的事项，保证所披露信息的真实、准确、完整，不存在虚假记载、误导性陈述或者重大遗漏。

上市公司应当建立并执行信息披露事务管理制度，增强信息披露的透明度。上市公司董事长对信息披露事务管理承担首要责任，董事会秘书负责组织和协调公司信息披露事务、办理信息对外公布等相关事宜。

第十一条　上市公司筹划的重大事项存在较大不确定性，立即披露可能会损害公司利益或者误导投资者，且有关内幕信息知情人已书面承诺保密的，上市公司可以暂不披露，但最迟应当在该重大事项形成最终决议、签署最终协议或者交易确定能够达成时对外披露；已经泄密或者确实难以保密的，上市公司应当立即披露该信息。

第十二条　上市公司应当结合所属行业的特点，充分披露行业经营信息，便于投资者合理决策。

第十三条　上市公司应当充分披露可能对公司核心竞争力、经营活动和未来发展产生重大不利影响的风险因素。

上市公司尚未盈利的，应当充分披露尚未盈利的成因，以及对公司现金流、业务拓展、人才吸引、团队稳定性、研发投入、战略性投入、生产经营可持续性等方面的影响。

第十四条　上市公司和相关信息披露义务人确有需要的，可以在非交易时段对外发布重大信息，但应当在下一交易时段开始前披露相关公告，不得以新闻发布或者答记者问等形式代替信息披露。

第十五条　上市公司和相关信息披露义务人适用中国证监会、北交所相关信息披露规定，可能导致其难以反映经营活动的实际情况、难以符合行业监管要求等有关规定的，可以依照相关规定暂缓适用或者免于适用，但是应当充分说明原因和替代方案。中国证监会、北交所认为依法不应当调整适用的，上市公司和相关信息披露义务人应当执行相关规定。

第十六条　上市公司的控股股东、实际控制人应当配合上市公司履行信息披露义务，不得要求或者协助上市公司隐瞒应当披露的信息。

第十七条　上市公司应当在符合《证券法》规定的信息披露平台发布信息，在其他媒体披露信息的时间不得早于在符合《证券法》规定的信息披露平台披露的时间，并确保披露内容的一致性。

第四章　股份减持

第十八条　股份锁定期届满后，上市公司控股股东、实际控制人、董事、监事、高级管理人员及其他股东减持向不特定合格投资者公开发行并上市前的股份以及上市公司向特定对象发行的股份，应当遵守北交所有关减持方式、程序、价格、比例以及后续转让等事项的规定。

第十九条　上市时未盈利的公司，其控股股东、实际控制人、董事、监事、高级管理人员所持向不特定合格投资者公开发行并上市前的股份锁定期应当适当延长，具体期限由北交所规定。

第二十条　上市公司股东、实际控制人、董事、监事、高级管理人员减持股份应当按照中国证监会和北交所的要求及时履行信息披露义务。

持股百分之五以上股东、实际控制人、董事、监事、高级管理人员计划通过北交所集中竞价交易减持股份，应当在首次卖出的十五个交易日前预先披露减持计划，并按照北交所的规定披露减持计划实施情况；拟在三个月内减持股份的总数超过公司股份总数百分之一的，还应当在首次卖出的三十个交易日前预先披露减持计划。

持股百分之五以上股东、实际控制人减持其通过北交所和全国股转系统竞价或做市交易买入的上市公司股份，不适用前款规定。

第五章　股权激励

第二十一条　上市公司以本公司股票为标的实施股权激励的，应当设置合理的考核指标，有利于促进公司持续发展。

第二十二条　单独或合计持有上市公司百分之五以上股份的股东或实际控制人及其配偶、父母、子女，作为董事、高级管理人员、核心技术人员或者核心业务人员的，可以成为激励对象。

上市公司应当充分说明前款规定人员成为激励对象的必要性、合理性。

第二十三条　上市公司向激励对象授予的限制性股票的价格低于市场参考价百分之五十的，或者股票期权的行权价格低于市场参考价的，应当符合北交所相关规定，并应当说明定价依据及定价方式。

出现前款规定情形的，上市公司应当聘请独立财务顾问，对股权激励计划的可行性、相关定价依据和定价方法的合理性、是否有利于公司持续发展、是否损害股东利益等发表意见。

第二十四条 上市公司全部在有效期内的股权激励计划所涉及的标的股票总数,累计不得超过公司股本总额的百分之三十。经股东大会特别决议批准,单个激励对象通过全部在有效期内的股权激励计划获授的本公司股票,累计可以超过公司股本总额的百分之一。

第二十五条 上市公司开展员工持股计划的具体实施规则,由北交所根据中国证监会的相关规定另行制定。

第六章 重大资产重组

第二十六条 上市公司实施重大资产重组或者发行股份购买资产的,标的资产应当符合北交所相关行业要求,或者与上市公司处于同行业或上下游。

第二十七条 上市公司实施重大资产重组的标准,按照《上市公司重大资产重组管理办法》(以下简称《重组办法》)第十二条予以认定,其中营业收入指标执行下列标准:购买、出售的资产在最近一个会计年度所产生的营业收入占上市公司同期经审计的合并财务会计报告营业收入的比例达到百分之五十以上,且超过五千万元人民币。

上市公司实施重大资产重组,构成《重组办法》第十三条规定的交易情形的,置入资产的具体条件由北交所制定。

第二十八条 上市公司发行股份购买资产的,发行股份的价格不得低于市场参考价的百分之八十,市场参考价按照《重组办法》的规定计算。

第二十九条 北交所对重大资产重组进行审核,并对信息披露、持续督导等进行自律管理。

涉及发行股份购买资产的,北交所审核通过后,报中国证监会履行注册程序。

第七章 其他事项

第三十条 上市公司控股股东、实际控制人质押公司股份的,应当合理使用融入资金,维持公司控制权和生产经营稳定,不得侵害公司利益或者向公司转移风险,并依据中国证监会、北交所的规定履行信息披露义务。

第三十一条 上市公司及其股东、实际控制人、董事、监事、高级管理人员、其他信息披露义务人、内幕信息知情人等相关主体违反本办法,证券公司、证券服务机构及其人员未勤勉尽责且情节严重的,中国证监会根据《证券法》等法律法规和中国证监会其他有关规定,依法追究其法律责任。

第三十二条 中国证监会将遵守本办法的情况记入证券市场诚信档案，会同有关部门加强信息共享，依法依规实施守信激励与失信惩戒。

第八章 附 则

第三十三条 本办法自2021年11月15日起施行。

关于修改《非上市公众公司监督管理办法》的决定

（2021年10月30日中国证券监督管理委员会令第190号公布
自2021年11月15日起施行 国司备字[2022006161]）

一、第二十二条修改为："信息披露文件主要包括公开转让说明书、定向转让说明书、定向发行说明书、发行情况报告书、定期报告和临时报告等。具体的内容与格式、编制规则及披露要求，由中国证监会另行制定。"

二、第二十四条第二款修改为："公众公司监事会应当对董事会编制的定期报告进行审核并提出书面审核意见，说明董事会对定期报告的编制和审核程序是否符合法律、行政法规、中国证监会的规定和公司章程，报告的内容是否能够真实、准确、完整地反映公司实际情况。监事应当签署书面确认意见。"

三、第二十五条修改为："证券公司，律师事务所、会计师事务所及其他证券服务机构出具的文件和其他有关的重要文件应当作为备查文件，予以披露。"

四、第三十二条修改为："公司及其他信息披露义务人应当将信息披露公告文稿和相关备查文件置备于公司住所、全国股转系统（如适用）供社会公众查阅。"

五、第三十六条第一款修改为："股东人数超过200人的公司申请其股票挂牌公开转让，应当按照中国证监会有关规定制作公开转让的申请文件，申请文件应当包括但不限于：公开转让说明书、符合《证券法》规定的律师事务所出具的法律意见书、符合《证券法》规定的会计师事务所出具的审计报告、证券公司出具的推荐文件、全国股转系统的自律监管意见。公司持申请文件向中国证监会申请核准。"

六、第四十四条增加一款，作为第二款："监事会应当对董事会编制的股票发行文件进行审核并提出书面审核意见。监事应当签署书面确认意见。”

七、第四十六条修改为:“公司应当按照中国证监会有关规定制作定向发行的申请文件,申请文件应当包括但不限于:定向发行说明书、符合《证券法》规定的律师事务所出具的法律意见书、符合《证券法》规定的会计师事务所出具的审计报告、证券公司出具的推荐文件。”

八、删除第五十四条至第六十九条、第七十二条第二款、第七十三条第二款、第七十五条第二款、第八十九条。

九、第七十八条修改为:“公司在其公告的股票挂牌公开转让、股票发行文件中隐瞒重要事实或者编造重要虚假内容的,除依照《证券法》有关规定进行处罚外,中国证监会可视情节轻重,依法采取责令改正、监管谈话、出具警示函等监管措施;情节严重的,中国证监会可以对有关责任人员采取证券市场禁入的措施。公司擅自改动已提交的股票转让、股票发行申请文件的,或发生重大事项未及时报告或者未及时披露的,中国证监会可视情节轻重,依法采取责令改正、监管谈话、出具警示函等监管措施。”

十、第七十九条修改为:“公司向不符合本办法规定条件的投资者发行股票的,中国证监会可以责令改正。”

十一、第八十条修改为:“公司未依照本办法第三十四条、第三十六条、第四十八条规定,擅自转让或者发行股票的,依照《证券法》有关规定进行处罚。”

十二、第八十三条修改为:“信息披露义务人及其董事、监事、高级管理人员,公司控股股东、实际控制人,为信息披露义务人出具专项文件的证券公司、证券服务机构及其工作人员,违反《证券法》、行政法规和中国证监会相关规定的,中国证监会可以依法采取责令改正、监管谈话、出具警示函等监管措施,并记入诚信档案;情节严重的,中国证监会可以对有关责任人员采取证券市场禁入的措施。”

十三、第八十五条修改为:“股票公开转让的公众公司及其股东、实际控制人未按本办法规定配合证券公司、证券服务机构尽职调查、持续督导等工作的,中国证监会可以依法采取责令改正、监管谈话、出具警示函等监管措施,并记入诚信档案。”

十四、第八十六条修改为:“证券公司及其工作人员未按本办法规定履行持续督导责任,情节严重的,中国证监会可以依法采取责令改正、监管谈话、出具警示函等监管措施。”

十五、第八十七条修改为:“证券公司、证券服务机构出具的文件有虚假记载、误导性陈述或者重大遗漏的,除依照《证券法》及相关法律法规的规定处罚外,中国证监会可以依法采取责令改正、监管谈话、出具警示函等监管措施;情节严重的,中国证监会可以对有关责任人员采取证券市场禁入的措施。”

十六、第八十八条修改为:“证券公司、证券服务机构擅自改动已提交的股票转让、股票发行申请文件的,或发生重大事项未及时报告或者未及时披露的,中国证监会可视情节轻重,依法采取责令改正、监管谈话、出具警示函等监管措施。”

本决定自2021年11月15日起施行。

《非上市公众公司监督管理办法》根据本决定作相应的修订并对条文顺序作相应调整,重新公布。

非上市公众公司监督管理办法

(2012年9月28日中国证券监督管理委员会令第85号公布 根据2013年12月26日中国证券监督管理委员会《关于修改〈非上市公众公司监督管理办法〉的决定》第一次修正 2019年12月20日中国证券监督管理委员会《关于修改〈非上市公众公司监督管理办法〉的决定》第二次修正 2021年10月30日中国证券监督管理委员会《关于修改〈非上市公众公司监督管理办法〉的决定》第三次修正)

第一章 总 则

第一条 为了规范非上市公众公司股票转让和发行行为,保护投资者合法权益,维护社会公共利益,根据《证券法》、《公司法》及相关法律法规的规定,制定本办法。

第二条 本办法所称非上市公众公司(以下简称公众公司)是指有下列情形之一且其股票未在证券交易所上市交易的股份有限公司:

(一)股票向特定对象发行或者转让导致股东累计超过200人;

(二)股票公开转让。

第三条 公众公司应当按照法律、行政法规、本办法和公司章程的规定,做到股权明晰,合法规范经营,公司治理机制健全,履行信息披露义务。

第四条 公众公司公开转让股票应当在全国中小企业股份转让系统(以下简称全国股转系统)进行,公开转让的公众公司股票应当在中国证券登记结算公司集中登记存管。

第五条 公众公司可以依法进行股权融资、债权融资、资产重组等。

公众公司发行优先股、可转换公司债券等证券品种,应当遵守法律、行政法规和中国证券监督管理委员会(以下简称中国证监会)的相关规定。

第六条 为公司出具专项文件的证券公司、律师事务所、会计师事务所及其他证券服务机构,应当勤勉尽责、诚实守信,认真履行审慎核查义务,按照依法制定的业务规则、行业执业规范和职业道德准则发表专业意见,保证所出具文件的真实性、准确性和完整性,并接受中国证监会的监管。

第二章 公司治理

第七条 公众公司应当依法制定公司章程。

中国证监会依法对公众公司章程必备条款作出具体规定,规范公司章程的制定和修改。

第八条 公众公司应当建立兼顾公司特点和公司治理机制基本要求的股东大会、董事会、监事会制度,明晰职责和议事规则。

第九条 公众公司的治理结构应当确保所有股东,特别是中小股东充分行使法律、行政法规和公司章程规定的合法权利。

股东对法律、行政法规和公司章程规定的公司重大事项,享有知情权和参与权。

公众公司应当建立健全投资者关系管理,保护投资者的合法权益。

第十条 公众公司股东大会、董事会、监事会的召集、提案审议、通知时间、召开程序、授权委托、表决和决议等应当符合法律、行政法规和公司章程的规定;会议记录应当完整并安全保存。

股东大会的提案审议应当符合规定程序,保障股东的知情权、参与权、质询权和表决权;董事会应当在职权范围和股东大会授权范围内对审议事项作出决议,不得代替股东大会对超出董事会职权范围和授权范围的事项进行决议。

第十一条 公众公司董事会应当对公司的治理机制是否给所有的股东提供合适的保护和平等权利等情况进行充分讨论、评估。

第十二条 公众公司应当强化内部管理,按照相关规定建立会计核算体系、财务管理和风险控制等制度,确保公司财务报告真实可靠及行为合法合规。

第十三条 公众公司进行关联交易应当遵循平等、自愿、等价、有偿的原则,保证交易公平、公允,维护公司的合法权益,根据法律、行政法规、中国证监会的规定和公司章程,履行相应的审议程序。

关联交易不得损害公众公司利益。

第十四条 公众公司应当采取有效措施防止股东及其关联方以各种形式占用或者转移公司的资金、资产及其他资源。

公众公司股东、实际控制人、董事、监事及高级管理人员不得实施侵占公司资产、利益输送等损害公众公司利益的行为。

未经董事会或股东大会批准或授权，公众公司不得对外提供担保。

第十五条 公众公司实施并购重组行为，应当按照法律、行政法规、中国证监会的规定和公司章程，履行相应的决策程序并聘请证券公司和相关证券服务机构出具专业意见。

任何单位和个人不得利用并购重组损害公众公司及其股东的合法权益。

第十六条 进行公众公司收购，收购人或者其实际控制人应当具有健全的公司治理机制和良好的诚信记录。收购人不得以任何形式从被收购公司获得财务资助，不得利用收购活动损害被收购公司及其股东的合法权益。

在公众公司收购中，收购人持有的被收购公司的股份，在收购完成后 12 个月内不得转让。

第十七条 公众公司实施重大资产重组，重组的相关资产应当权属清晰、定价公允，重组后的公众公司治理机制健全，不得损害公众公司和股东的合法权益。

第十八条 公众公司应当按照法律的规定，同时结合公司的实际情况在章程中约定建立表决权回避制度。

第十九条 公众公司应当在章程中约定纠纷解决机制。股东有权按照法律、行政法规和公司章程的规定，通过仲裁、民事诉讼或者其他法律手段保护其合法权益。

第二十条 股票公开转让的科技创新公司存在特别表决权股份的，应当在公司章程中规定以下事项：

（一）特别表决权股份的持有人资格；

（二）特别表决权股份拥有的表决权数量与普通股份拥有的表决权数量的比例安排；

（三）持有人所持特别表决权股份能够参与表决的股东大会事项范围；

（四）特别表决权股份锁定安排及转让限制；

（五）特别表决权股份与普通股份的转换情形；

（六）其他事项。

全国股转系统应对存在特别表决权股份的公司表决权差异的设置、存续、调整、信息披露和投资者保护等事项制定具体规定。

第三章 信息披露

第二十一条 公司及其他信息披露义务人应当按照法律、行政法规和中国证监会的规定履行信息披露义务，所披露的信息应当真实、准确、完整，不得有虚假记载、误导性陈述或者重大遗漏。公司及其他信息披露义务人应当及时、公平地向所有投资者披露信息。

公司的董事、监事、高级管理人员应当忠实、勤勉地履行职责，保证公司披露信息的真实、准确、完整。

第二十二条 信息披露文件主要包括公开转让说明书、定向转让说明书、定向发行说明书、发行情况报告书、定期报告和临时报告等。具体的内容与格式、编制规则及披露要求，由中国证监会另行制定。

第二十三条 股票公开转让与定向发行的公众公司应当报送年度报告、中期报告，并予公告。年度报告中的财务会计报告应当经符合《证券法》规定的会计师事务所审计。

股票向特定对象转让导致股东累计超过200人的公众公司，应当报送年度报告，并予公告。年度报告中的财务会计报告应当经会计师事务所审计。

第二十四条 公众公司董事、高级管理人员应当对定期报告签署书面确认意见；对报告内容有异议的，应当单独陈述理由，并与定期报告同时披露。公众公司不得以董事、高级管理人员对定期报告内容有异议为由不按时披露定期报告。

公众公司监事会应当对董事会编制的定期报告进行审核并提出书面审核意见，说明董事会对定期报告的编制和审核程序是否符合法律、行政法规、中国证监会的规定和公司章程，报告的内容是否能够真实、准确、完整地反映公司实际情况。监事应当签署书面确认意见。

第二十五条 证券公司，律师事务所、会计师事务所及其他证券服务机构出具的文件和其他有关的重要文件应当作为备查文件，予以披露。

第二十六条 发生可能对股票价格产生较大影响的重大事件，投资者尚未得知时，公众公司应当立即将有关该重大事件的情况向中国证监会和全国股转系统报送临时报告，并予以公告，说明事件的起因、目前的状态和可能产生的后果。

第二十七条 中国证监会对公众公司实行差异化信息披露管理，具体规定由中国证监会另行制定。

第二十八条 公众公司实施并购重组的，相关信息披露义务人应当依法严格履行公告义务。

参与并购重组的相关单位和人员，应当及时、准确地向公众公司通报有关信息，配合公众公司真实、准确、完整地进行披露，在并购重组的信息依法披露前负有保密义务，禁止利用该信息进行内幕交易。

第二十九条 公众公司应当制定信息披露事务管理制度并指定具有相关专业知识的人员负责信息披露事务。

第三十条 除监事会公告外,公众公司披露的信息应当以董事会公告的形式发布。董事、监事、高级管理人员非经董事会书面授权,不得对外发布未披露的信息。

第三十一条 公司及其他信息披露义务人依法披露的信息,应当在符合《证券法》规定的信息披露平台公布。公司及其他信息披露义务人可在公司网站或者其他公众媒体上刊登依本办法必须披露的信息,但披露的内容应当完全一致,且不得早于在上述信息披露平台披露的时间。

股票向特定对象转让导致股东累计超过200人的公众公司可以在公司章程中约定其他信息披露方式;在《证券法》规定的信息披露平台披露相关信息的,应当符合本条第一款的要求。

第三十二条 公司及其他信息披露义务人应当将信息披露公告文稿和相关备查文件置备于公司住所、全国股转系统(如适用)供社会公众查阅。

第三十三条 公司应当配合为其提供服务的证券公司及律师事务所、会计师事务所等证券服务机构的工作,按要求提供所需资料,不得要求证券公司、证券服务机构出具与客观事实不符的文件或者阻碍其工作。

第四章 股 票 转 让

第三十四条 股票向特定对象转让导致股东累计超过200人的股份有限公司,应当自上述行为发生之日起3个月内,按照中国证监会有关规定制作申请文件,申请文件应当包括但不限于:定向转让说明书、律师事务所出具的法律意见书、会计师事务所出具的审计报告。股份有限公司持申请文件向中国证监会申请核准。在提交申请文件前,股份有限公司应当将相关情况通知所有股东。

在3个月内股东人数降至200人以内的,可以不提出申请。

股票向特定对象转让应当以非公开方式协议转让。申请股票挂牌公开转让的,按照本办法第三十五条、第三十六条的规定办理。

第三十五条 公司申请其股票挂牌公开转让的,董事会应当依法就股票挂牌公开转让的具体方案作出决议,并提请股东大会批准,股东大会决议必须经出席会议的股东所持表决权的2/3以上通过。

董事会和股东大会决议中还应当包括以下内容:

(一)按照中国证监会的相关规定修改公司章程;

(二)按照法律、行政法规和公司章程的规定建立健全公司治理机制；

(三)履行信息披露义务,按照相关规定披露公开转让说明书、年度报告、中期报告及其他信息披露内容。

公司申请其股票挂牌公开转让时,可以按照本办法第五章规定申请发行股票。

第三十六条 股东人数超过 200 人的公司申请其股票挂牌公开转让,应当按照中国证监会有关规定制作公开转让的申请文件,申请文件应当包括但不限于:公开转让说明书、符合《证券法》规定的律师事务所出具的法律意见书、符合《证券法》规定的会计师事务所出具的审计报告、证券公司出具的推荐文件、全国股转系统的自律监管意见。公司持申请文件向中国证监会申请核准。

公开转让说明书应当在公开转让前披露。

第三十七条 股东人数未超过 200 人的公司申请其股票挂牌公开转让,中国证监会豁免核准,由全国股转系统进行审查。

第三十八条 中国证监会受理申请文件后,依法对公司治理和信息披露进行审核,在 20 个工作日内作出核准、中止审核、终止审核、不予核准的决定。

第三十九条 公司及其董事、监事、高级管理人员,应当对公开转让说明书、定向转让说明书签署书面确认意见,保证所披露的信息真实、准确、完整。

第四十条 申请股票挂牌公开转让的公司应当聘请证券公司推荐其股票挂牌公开转让。证券公司应当对所推荐的股票公开转让的公众公司进行持续督导,督促公司诚实守信、及时履行信息披露义务、完善公司治理、提高规范运作水平。

股票公开转让的公众公司应当配合证券公司持续督导工作,接受证券公司的指导和督促。

第四十一条 本办法施行前股东人数超过 200 人的股份有限公司,符合条件的,可以申请在全国股转系统挂牌公开转让股票、首次公开发行并在证券交易所上市。

第五章　定向发行

第四十二条 本办法所称定向发行包括股份有限公司向特定对象发行股票导致股东累计超过 200 人,以及公众公司向特定对象发行股票两种情形。

前款所称特定对象的范围包括下列机构或者自然人:

(一)公司股东;

（二）公司的董事、监事、高级管理人员、核心员工；

（三）符合投资者适当性管理规定的自然人投资者、法人投资者及其他经济组织。

股票未公开转让的公司确定发行对象时，符合本条第二款第（三）项规定的投资者合计不得超过 35 名。

核心员工的认定，应当由公司董事会提名，并向全体员工公示和征求意见，由监事会发表明确意见后，经股东大会审议批准。

投资者适当性管理规定由中国证监会另行制定。

第四十三条 公司应当对发行对象的身份进行确认，有充分理由确信发行对象符合本办法和公司的相关规定。

公司应当与发行对象签订包含风险揭示条款的认购协议，发行过程中不得采取公开路演、询价等方式。

第四十四条 公司董事会应当依法就本次股票发行的具体方案作出决议，并提请股东大会批准，股东大会决议必须经出席会议的股东所持表决权的 2/3 以上通过。

监事会应当对董事会编制的股票发行文件进行审核并提出书面审核意见。监事应当签署书面确认意见。

股东大会就股票发行作出的决议，至少应当包括下列事项：

（一）本次发行股票的种类和数量（数量上限）；

（二）发行对象或范围、现有股东优先认购安排；

（三）定价方式或发行价格（区间）；

（四）限售情况；

（五）募集资金用途；

（六）决议的有效期；

（七）对董事会办理本次发行具体事宜的授权；

（八）发行前滚存利润的分配方案；

（九）其他必须明确的事项。

申请向特定对象发行股票导致股东累计超过 200 人的股份有限公司，董事会和股东大会决议中还应当包括以下内容：

（一）按照中国证监会的相关规定修改公司章程；

（二）按照法律、行政法规和公司章程的规定建立健全公司治理机制；

（三）履行信息披露义务，按照相关规定披露定向发行说明书、发行情况报告书、年度报告、中期报告及其他信息披露内容。

第四十五条 董事会、股东大会决议确定具体发行对象的，董事、股东参与认购或者与认购对象存在关联关系的,应当回避表决。

出席董事会的无关联关系董事人数不足三人的,应将该事项提交公司股东大会审议。

第四十六条 公司应当按照中国证监会有关规定制作定向发行的申请文件,申请文件应当包括但不限于:定向发行说明书、符合《证券法》规定的律师事务所出具的法律意见书、符合《证券法》规定的会计师事务所出具的审计报告、证券公司出具的推荐文件。

第四十七条 股票公开转让的公众公司向公司前十名股东、实际控制人、董事、监事、高级管理人员及核心员工定向发行股票,连续12个月内发行的股份未超过公司总股本10%且融资总额不超过2000万元的,无需提供证券公司出具的推荐文件以及律师事务所出具的法律意见书。

按照前款规定发行股票的,董事会决议中应当明确发行对象、发行价格和发行数量,且公司不得存在以下情形:

(一)认购人以非现金资产认购的;

(二)发行股票导致公司控制权发生变动的;

(三)本次发行中存在特殊投资条款安排的;

(四)公司或其控股股东、实际控制人、董事、监事、高级管理人员最近12个月内被中国证监会给予行政处罚或采取监管措施、被全国股转系统采取纪律处分的。

第四十八条 向特定对象发行股票后股东累计超过200人的公司,应当持申请文件向中国证监会申请核准。股票公开转让的公众公司提交的申请文件还应当包括全国股转系统的自律监管意见。

股票公开转让的公众公司向特定对象发行股票后股东累计不超过200人的,中国证监会豁免核准,由全国股转系统自律管理。

第四十九条 中国证监会受理申请文件后,依法对公司治理和信息披露以及发行对象情况进行审核,在20个工作日内作出核准、中止审核、终止审核、不予核准的决定。

第五十条 公司申请定向发行股票,可申请一次核准,分期发行。自中国证监会予以核准之日起,公司应当在3个月内首期发行,剩余数量应当在12个月内发行完毕。超过核准文件限定的有效期未发行的,须重新经中国证监会核准后方可发行。首期发行数量应当不少于总发行数量的50%,剩余各期发行的数量由公司自行确定,每期发行后5个工作日内将发行情况报中国证监会备案。

第五十一条 股票发行结束后,公众公司应当按照中国证监会的有关要求编制并披露发行情况报告书。申请分期发行的公众公司应在每期发行后按照中国证监会的有关要求进行披露,并在全部发行结束或者超过核准文件有效期后按照中国证监会的有关要求编制并披露发行情况报告书。

豁免向中国证监会申请核准定向发行的公众公司,应当在发行结束后按照中国证监会的有关要求编制并披露发行情况报告书。

第五十二条 公司及其董事、监事、高级管理人员,应当对定向发行说明书、发行情况报告书签署书面确认意见,保证所披露的信息真实、准确、完整。

第五十三条 公众公司定向发行股份购买资产的,按照本章有关规定办理。

第六章 监督管理

第五十四条 中国证监会会同国务院有关部门、地方人民政府,依照法律法规和国务院有关规定,各司其职,分工协作,对公众公司进行持续监管,防范风险,维护证券市场秩序。

第五十五条 中国证监会依法履行对公司股票转让、股票发行、信息披露的监管职责,有权对公司、证券公司、证券服务机构等采取《证券法》规定的有关措施。

第五十六条 全国股转系统应当发挥自律管理作用,对股票公开转让的公众公司及相关信息披露义务人披露信息进行监督,督促其依法及时、准确地披露信息。发现股票公开转让的公众公司及相关信息披露义务人有违反法律、行政法规和中国证监会相关规定的行为,应当向中国证监会报告,并采取自律管理措施。

全国股转系统可以依据相关规则对股票公开转让的公众公司进行检查。

第五十七条 中国证券业协会应当发挥自律管理作用,对从事公司股票转让和股票发行业务的证券公司进行监督,督促其勤勉尽责地履行尽职调查和督导职责。发现证券公司有违反法律、行政法规和中国证监会相关规定的行为,应当向中国证监会报告,并采取自律管理措施。

第五十八条 中国证监会可以要求公司及其他信息披露义务人或者其董事、监事、高级管理人员对有关信息披露问题作出解释、说明或者提供相关资料,并要求公司提供证券公司或者证券服务机构的专业意见。

中国证监会对证券公司和证券服务机构出具文件的真实性、准确性、完整性有疑义的,可以要求相关机构作出解释、补充,并调阅其工作底稿。

第五十九条 证券公司在从事股票转让、股票发行等业务活动中,应当按照中国证监会的有关规定勤勉尽责地进行尽职调查，规范履行内核程序，认真编制相关文件，并持续督导所推荐公司及时履行信息披露义务、完善公司治理。

第六十条 证券服务机构为公司的股票转让、股票发行等活动出具审计报告、资产评估报告或者法律意见书等文件的，应当严格履行法定职责，遵循勤勉尽责和诚实信用原则，对公司的主体资格、股本情况、规范运作、财务状况、公司治理、信息披露等内容的真实性、准确性、完整性进行充分的核查和验证，并保证其出具的文件不存在虚假记载、误导性陈述或者重大遗漏。

第六十一条 中国证监会依法对公司及其他信息披露义务人、证券公司、证券服务机构进行监督检查或者调查，被检查或者调查对象有义务提供相关文件资料。对于发现问题的单位和个人，中国证监会可以采取责令改正、监管谈话、责令公开说明、出具警示函等监管措施，并记入诚信档案；涉嫌违法、犯罪的，应当立案调查或者移送司法机关。

第七章 法律责任

第六十二条 公司在其公告的股票挂牌公开转让、股票发行文件中隐瞒重要事实或者编造重要虚假内容的，除依照《证券法》有关规定进行处罚外，中国证监会可视情节轻重，依法采取责令改正、监管谈话、出具警示函等监管措施；情节严重的，中国证监会可以对有关责任人员采取证券市场禁入的措施。

公司擅自改动已提交的股票转让、股票发行申请文件的，或发生重大事项未及时报告或者未及时披露的，中国证监会可视情节轻重，依法采取责令改正、监管谈话、出具警示函等监管措施。

第六十三条 公司向不符合本办法规定条件的投资者发行股票的，中国证监会可以责令改正。

第六十四条 公司未依照本办法第三十四条、第三十六条、第四十八条规定，擅自转让或者发行股票的，依照《证券法》有关规定进行处罚。

第六十五条 公众公司违反本办法第十三条、第十四条规定的，中国证监会可以责令改正，对相关责任主体给予警告，单处或者并处 3 万元以下的罚款。

第六十六条 公司及其他信息披露义务人未按照规定披露信息，或者所披露的信息有虚假记载、误导性陈述或者重大遗漏的，依照《证券法》有关规定进行处罚。

第六十七条 信息披露义务人及其董事、监事、高级管理人员，公司控股股东、实际控制人，为信息披露义务人出具专项文件的证券公司、证券服务机构及其工作人员，违反《证券法》、行政法规和中国证监会相关规定的，中国证监会可以依法采取责令改正、监管谈话、出具警示函等监管措施，并记入诚信档案；情节严重的，中国证监会可以对有关责任人员采取证券市场禁入的措施。

第六十八条 公众公司内幕信息知情人或非法获取内幕信息的人，在对公众公司股票价格有重大影响的信息公开前，泄露该信息、买卖或者建议他人买卖该股票的，依照《证券法》有关规定进行处罚。

第六十九条 股票公开转让的公众公司及其股东、实际控制人未按本办法规定配合证券公司、证券服务机构尽职调查、持续督导等工作的，中国证监会可以依法采取责令改正、监管谈话、出具警示函等监管措施，并记入诚信档案。

第七十条 证券公司及其工作人员未按本办法规定履行持续督导责任，情节严重的，中国证监会可以依法采取责令改正、监管谈话、出具警示函等监管措施。

第七十一条 证券公司、证券服务机构出具的文件有虚假记载、误导性陈述或者重大遗漏的，除依照《证券法》及相关法律法规的规定处罚外，中国证监会可以依法采取责令改正、监管谈话、出具警示函等监管措施；情节严重的，中国证监会可以对有关责任人员采取证券市场禁入的措施。

第七十二条 证券公司、证券服务机构擅自改动已提交的股票转让、股票发行申请文件的，或发生重大事项未及时报告或者未及时披露的，中国证监会可视情节轻重，依法采取责令改正、监管谈话、出具警示函等监管措施。

第八章 附 则

第七十三条 公众公司申请在证券交易所上市的，应当遵守中国证监会和证券交易所的相关规定。

第七十四条 注册在境内的境外上市公司在境内定向发行股份、将境内股份在全国股转系统挂牌公开转让，按照本办法相关规定执行。

第七十五条 本办法施行前股东人数超过200人的股份有限公司，不在全国股转系统挂牌公开转让股票或证券交易所上市的，应当按相关要求规范后申请纳入非上市公众公司监管。

第七十六条 公司发行优先股、可转换公司债券的，应当符合中国证监会和全国股转系统的有关规定，普通股、优先股、可转换公司债券持有人数合并计算，并按照本办法第五章有关规定办理。

第七十七条 本办法所称股份有限公司是指首次申请股票转让或定向发行的股份有限公司；所称公司包括非上市公众公司和首次申请股票转让或定向发行的股份有限公司。

第七十八条 本办法自2013年1月1日起施行。

北京证券交易所向不特定合格投资者公开发行股票注册管理办法（试行）

（2021年10月30日中国证券监督管理委员会令第187号公布 自2021年11月15日起施行 国司备字[2022006158]）

第一章 总 则

第一条 为了规范北京证券交易所（以下简称北交所）试点注册制向不特定合格投资者公开发行股票相关活动，保护投资者合法权益和社会公共利益，根据《中华人民共和国证券法》（以下简称《证券法》）《国务院办公厅关于贯彻实施修订后的证券法有关工作的通知》及相关法律法规，制定本办法。

第二条 股票向不特定合格投资者公开发行（以下简称公开发行）并在北交所上市的发行注册，适用本办法。

前款所称的合格投资者应当符合中国证券监督管理委员会（以下简称中国证监会）和北交所的投资者适当性管理规定。

第三条 北交所充分发挥对全国中小企业股份转让系统（以下简称全国股转系统）的示范引领作用，深入贯彻创新驱动发展战略，聚焦实体经济，主要服务创新型中小企业，重点支持先进制造业和现代服务业等领域的企业，推动传统产业转型升级，培育经济发展新动能，促进经济高质量发展。

第四条 公开发行股票并在北交所上市，应当符合发行条件、上市条件以及相关信息披露要求，依法经北交所发行上市审核，并报中国证监会注册。

第五条 发行人应当诚实守信，依法充分披露投资者作出价值判断和投资决策所必需的信息，所披露信息必须真实、准确、完整，简明清晰、通俗易懂，不得有虚假记载、误导性陈述或者重大遗漏。

发行人应当按保荐人、证券服务机构要求，依法向其提供真实、准确、完整的财务会计资料和其他资料，配合相关机构开展尽职调查和其他相关工作。

发行人的控股股东、实际控制人、董事、监事、高级管理人员应当配合相关机构开展尽职调查和其他相关工作,不得要求或者协助发行人隐瞒应当提供的资料或者应当披露的信息。

第六条 保荐人应当诚实守信,勤勉尽责,按照依法制定的业务规则和行业自律规范的要求,充分了解发行人经营情况和风险,对注册申请文件和信息披露资料进行全面核查验证,对发行人是否符合发行条件、上市条件独立作出专业判断,审慎作出保荐决定,并对招股说明书及其所出具的相关文件的真实性、准确性、完整性负责。

第七条 证券服务机构应当严格遵守法律法规、中国证监会制定的监管规则、业务规则和本行业公认的业务标准和道德规范,建立并保持有效的质量控制体系,保护投资者合法权益,审慎履行职责,作出专业判断与认定,并对招股说明书或者其他信息披露文件中与其专业职责有关的内容及其所出具的文件的真实性、准确性、完整性负责。

证券服务机构及其相关执业人员应当对与本专业相关的业务事项履行特别注意义务,对其他业务事项履行普通注意义务,并承担相应法律责任。

证券服务机构及其执业人员从事证券服务应当配合中国证监会的监督管理,在规定的期限内提供、报送或披露相关资料、信息,并保证其提供、报送或披露的资料、信息真实、准确、完整,不得有虚假记载、误导性陈述或者重大遗漏。

证券服务机构应当妥善保存客户委托文件、核查和验证资料、工作底稿以及与质量控制、内部管理、业务经营有关的信息和资料。

第八条 对发行人公开发行股票申请予以注册,不表明中国证监会和北交所对该股票的投资价值或者投资者的收益作出实质性判断或者保证,也不表明中国证监会和北交所对注册申请文件的真实性、准确性、完整性作出保证。

第二章 发行条件

第九条 发行人应当为在全国股转系统连续挂牌满十二个月的创新层挂牌公司。

第十条 发行人申请公开发行股票,应当符合下列规定:

(一)具备健全且运行良好的组织机构;

(二)具有持续经营能力,财务状况良好;

(三)最近三年财务会计报告无虚假记载,被出具无保留意见审计报告;

(四)依法规范经营。

第十一条 发行人及其控股股东、实际控制人存在下列情形之一的,发行人不得公开发行股票:

(一)最近三年内存在贪污、贿赂、侵占财产、挪用财产或者破坏社会主义市场经济秩序的刑事犯罪;

(二)最近三年内存在欺诈发行、重大信息披露违法或者其他涉及国家安全、公共安全、生态安全、生产安全、公众健康安全等领域的重大违法行为;

(三)最近一年内受到中国证监会行政处罚。

第三章 注 册 程 序

第十二条 发行人董事会应当依法就本次股票发行的具体方案、本次募集资金使用的可行性及其他必须明确的事项作出决议,并提请股东大会批准。

发行人监事会应当对董事会编制的招股说明书等文件进行审核并提出书面审核意见。

第十三条 发行人股东大会就本次股票发行作出决议,至少应当包括下列事项:

(一)本次公开发行股票的种类和数量;

(二)发行对象的范围;

(三)定价方式、发行价格(区间)或发行底价;

(四)募集资金用途;

(五)决议的有效期;

(六)对董事会办理本次发行具体事宜的授权;

(七)发行前滚存利润的分配方案;

(八)其他必须明确的事项。

第十四条 发行人股东大会就本次股票发行事项作出决议,必须经出席会议的股东所持表决权的2/3以上通过。发行人应当对出席会议的持股比例在5%以下的中小股东表决情况单独计票并予以披露。

发行人就本次股票发行事项召开股东大会,应当提供网络投票的方式,发行人还可以通过其他方式为股东参加股东大会提供便利。

第十五条 发行人申请公开发行股票,应当按照中国证监会有关规定制作注册申请文件,依法由保荐人保荐并向北交所申报。北交所收到注册申请文件后,应当在五个工作日内作出是否受理的决定。

保荐人应当指定保荐代表人负责具体保荐工作。

第十六条 自注册申请文件申报之日起,发行人及其控股股东、实际控制人、董事、监事、高级管理人员,以及与本次股票公开发行相关的保荐人、证券服务机构及相关责任人员,即承担相应法律责任。

第十七条 注册申请文件受理后,未经中国证监会或者北交所同意,不得改动。

发生重大事项的,发行人、保荐人、证券服务机构应当及时向北交所报告,并按要求更新注册申请文件和信息披露资料。

第十八条 北交所设立独立的审核部门,负责审核发行人公开发行并上市申请;设立上市委员会,负责对审核部门出具的审核报告和发行人的申请文件提出审议意见。北交所可以设立行业咨询委员会,负责为发行上市审核提供专业咨询和政策建议。

北交所应当根据本办法制定发行上市审核业务规则,并报中国证监会批准。

第十九条 北交所主要通过向发行人提出审核问询、发行人回答问题方式开展审核工作,判断发行人是否符合发行条件、上市条件和信息披露要求。

第二十条 北交所按照规定的条件和程序,形成发行人是否符合发行条件和信息披露要求的审核意见。认为发行人符合发行条件和信息披露要求的,将审核意见、发行人注册申请文件及相关审核资料报送中国证监会注册;认为发行人不符合发行条件或者信息披露要求的,作出终止发行上市审核决定。

第二十一条 北交所应当自受理注册申请文件之日起两个月内形成审核意见,通过对发行人实施现场检查、对保荐人实施现场督导、要求保荐人和证券服务机构对有关事项进行专项核查等方式要求发行人补充、修改申请文件的时间不计算在内。

第二十二条 中国证监会收到北交所报送的审核意见、发行人注册申请文件及相关审核资料后,履行发行注册程序。发行注册主要关注北交所发行上市审核内容有无遗漏,审核程序是否符合规定,以及发行人在发行条件和信息披露要求的重大方面是否符合相关规定。中国证监会认为存在需要进一步说明或者落实事项的,可以要求北交所进一步问询。

中国证监会认为北交所对影响发行条件的重大事项未予关注或者北交所的审核意见依据明显不充分的,可以退回北交所补充审核。北交所补充审核后,认为发行人符合发行条件和信息披露要求的,重新向中国证监会报送审核意见及相关资料,本办法第二十三条规定的注册期限重新计算。

第二十三条 中国证监会在二十个工作日内对发行人的注册申请作出同

意注册或不予注册的决定,通过要求北交所进一步问询、要求保荐人和证券服务机构等对有关事项进行核查、对发行人现场检查等方式要求发行人补充、修改申请文件的时间不计算在内。

第二十四条 中国证监会的予以注册决定,自作出之日起一年内有效,发行人应当在注册决定有效期内发行股票,发行时点由发行人自主选择。

第二十五条 中国证监会作出予以注册决定后、发行人股票上市交易前,发行人应当及时更新信息披露文件内容,财务报表已过有效期的,发行人应当补充财务会计报告等文件;保荐人以及证券服务机构应当持续履行尽职调查责任;发生重大事项的,发行人、保荐人应当及时向北交所报告。北交所应当对上述事项及时处理,发现发行人存在重大事项影响发行条件、上市条件的,应当出具明确意见并及时向中国证监会报告。

中国证监会作出予以注册决定后、发行人股票上市交易前,发生可能影响本次发行的重大事项的,中国证监会可以要求发行人暂缓发行、上市;相关重大事项导致发行人不符合发行条件的,应当撤销注册。中国证监会撤销注册后,股票尚未发行的,发行人应当停止发行;股票已经发行尚未上市的,发行人应当按照发行价并加算银行同期存款利息返还股票持有人。

第二十六条 北交所认为发行人不符合发行条件或者信息披露要求,作出终止发行上市审核决定,或者中国证监会作出不予注册决定的,自决定作出之日起六个月后,发行人可以再次提出公开发行股票并上市申请。

第二十七条 北交所应当提高审核工作透明度,接受社会监督,公开下列事项:

(一)发行上市审核标准和程序等发行上市审核业务规则和相关业务细则;

(二)在审企业名单、企业基本情况及审核工作进度;

(三)发行上市审核问询及回复情况,但涉及国家秘密或者发行人商业秘密的除外;

(四)上市委员会会议的时间、参会委员名单、审议的发行人名单、审议结果及现场问询问题;

(五)对股票公开发行并上市相关主体采取的自律监管措施或者纪律处分;

(六)北交所规定的其他事项。

中国证监会应当按规定公开股票发行注册相关的监管信息。

第二十八条 存在下列情形之一的,发行人、保荐人应当及时书面报告北交所或者中国证监会,北交所或者中国证监会应当中止相应发行上市审核程序或者发行注册程序：

（一）发行人及其控股股东、实际控制人涉嫌贪污、贿赂、侵占财产、挪用财产或者破坏社会主义市场经济秩序的犯罪，或者涉嫌欺诈发行、重大信息披露违法或其他涉及国家安全、公共安全、生态安全、生产安全、公众健康安全等领域的重大违法行为，被立案调查或者被司法机关侦查，尚未结案；

（二）发行人的保荐人或者签字保荐代表人以及律师事务所、会计师事务所等证券服务机构或者相关签字人员因公开发行股票并上市、上市公司证券发行、并购重组业务涉嫌违法违规，或者其他业务涉嫌违法违规且对市场有重大影响，正在被中国证监会立案调查，或者正在被司法机关侦查，尚未结案；

（三）发行人的保荐人以及律师事务所、会计师事务所等证券服务机构被中国证监会依法采取限制业务活动、责令停业整顿、指定其他机构托管、接管等措施，或者被北交所实施一定期限内不接受其出具的相关文件的纪律处分，尚未解除；

（四）发行人的签字保荐代表人、签字律师、签字会计师等中介机构签字人员被中国证监会依法采取认定为不适当人选等监管措施或者证券市场禁入的措施，或者被北交所实施一定期限内不接受其出具的相关文件的纪律处分，尚未解除；

（五）发行人及保荐人主动要求中止发行上市审核程序或者发行注册程序，理由正当且经北交所或者中国证监会同意；

（六）发行人注册申请文件中记载的财务资料已过有效期，需要补充提交；

（七）中国证监会规定的其他情形。

前款所列情形消失后，发行人可以提交恢复申请；因前款第（二）项规定情形中止的，保荐人以及律师事务所、会计师事务所等证券服务机构按照有关规定履行复核程序后，发行人也可以提交恢复申请。北交所或者中国证监会按照规定恢复发行上市审核程序或者发行注册程序。

第二十九条　存在下列情形之一的，北交所或者中国证监会应当终止相应发行上市审核程序或者发行注册程序，并向发行人说明理由：

（一）发行人撤回注册申请或者保荐人撤销保荐；

（二）发行人未在要求的期限内对注册申请文件作出解释说明或者补充、修改；

（三）注册申请文件存在虚假记载、误导性陈述或者重大遗漏；

（四）发行人阻碍或者拒绝中国证监会、北交所依法对发行人实施检查、核查；

（五）发行人及其关联方以不正当手段严重干扰发行上市审核或者发行注

册工作；

（六）发行人法人资格终止；

（七）注册申请文件内容存在重大缺陷，严重影响投资者理解和发行上市审核或者发行注册工作；

（八）发行人注册申请文件中记载的财务资料已过有效期且逾期三个月未更新；

（九）发行人发行上市审核程序中止超过北交所规定的时限或者发行注册程序中止超过三个月仍未恢复；

（十）北交所认为发行人不符合发行条件或者信息披露要求；

（十一）中国证监会规定的其他情形。

第三十条 中国证监会和北交所可以对发行人进行现场检查，可以要求保荐人、证券服务机构对有关事项进行专项核查并出具意见。

第四章 信息披露

第三十一条 发行人应当按照中国证监会制定的信息披露规则，编制并披露招股说明书。

发行人应当以投资者需求为导向，结合所属行业的特点和发展趋势，充分披露自身的创新特征。

中国证监会制定的信息披露规则是信息披露的最低要求。不论上述规则是否有明确规定，凡是投资者作出价值判断和投资决策所必需的信息，发行人均应当充分披露。

第三十二条 中国证监会依法制定招股说明书内容与格式准则等信息披露规则，对相关信息披露文件的内容、格式等作出规定。

北交所可以依据中国证监会部门规章和规范性文件，制定信息披露细则或指引，在中国证监会确定的信息披露内容范围内，对信息披露提出细化和补充要求。

第三十三条 北交所受理注册申请文件后，发行人应当按规定将招股说明书、发行保荐书、上市保荐书、审计报告和法律意见书等文件在北交所网站预先披露。

北交所将发行人注册申请文件报送中国证监会时，前款规定的文件应当同步在北交所网站和中国证监会网站公开。

预先披露的招股说明书及其他注册申请文件不能含有价格信息，发行人不得据此发行股票。

第三十四条 发行人在发行股票前应当在符合《证券法》规定的信息披露平台刊登经注册生效的招股说明书,同时将其置备于公司住所、北交所,供社会公众查阅。

发行人可以将招股说明书以及有关附件刊登于其他报刊、网站,但披露内容应当完全一致,且不得早于在符合《证券法》规定的信息披露平台的披露时间。

第五章 发行上市保荐的特别规定

第三十五条 公开发行股票并在北交所上市保荐业务,适用《证券发行上市保荐业务管理办法》(以下简称《保荐办法》),本办法另有规定的除外。

北交所应当根据《保荐办法》和本办法制定发行保荐业务规则,并报中国证监会批准。

第三十六条 保荐人应当按照中国证监会和北交所的规定制作、报送和披露发行保荐书、上市保荐书、回复意见等相关文件,遵守中国证监会和北交所的规定,配合中国证监会和北交所工作,自提交保荐文件之日起,保荐人及其保荐代表人应承担相应的责任。

第三十七条 保荐人持续督导期间为公开发行股票上市当年剩余时间及其后三个完整会计年度。

第六章 发行承销

第三十八条 公开发行股票并在北交所上市的发行与承销行为,适用本办法。

北交所应当根据本办法制定发行承销业务规则,并报中国证监会批准。

第三十九条 发行人公开发行股票,应当聘请具有证券承销业务资格的证券公司承销,按照《证券法》有关规定签订承销协议,确定采取代销或包销方式。

第四十条 证券公司承销公开发行股票,应当依据本办法以及依法制定的业务规则和行业自律规范的有关风险控制和内部控制等相关规定,制定严格的风险管理制度和内部控制制度,加强定价和配售过程管理,落实承销责任。为股票发行出具相关文件的证券服务机构和人员,应当按照行业公认的业务标准和道德规范,严格履行法定职责,对其所出具文件的真实性、准确性和完整性承担责任。

第四十一条 发行人可以与主承销商自主协商直接定价,也可以通过合格投资者网上竞价,或者网下询价等方式确定股票发行价格和发行对象。发行人和主承销商应当在招股说明书和发行公告中披露本次发行股票采用的定价方式。

发行人应当对定价依据及定价方式、定价的合理性作出充分说明并披露,主承销商应当对本次发行价格的合理性、相关定价依据和定价方法的合理性,是否损害现有股东利益等发表意见。

第四十二条 发行人通过网下询价方式确定股票发行价格和发行对象的,询价对象应当是经中国证券业协会注册的网下投资者。

发行人和主承销商可以根据北交所和中国证券业协会相关自律规则的规定,设置网下投资者的具体条件,并在发行公告中预先披露。

第四十三条 获中国证监会同意注册后,发行人与主承销商应当及时向北交所报送发行与承销方案。

第四十四条 公开发行股票可以向战略投资者配售。发行人的高级管理人员、核心员工可以参与战略配售。

前款所称的核心员工,应当由公司董事会提名,并向全体员工公示和征求意见,由监事会发表明确意见后,经股东大会审议批准。

发行人应当与战略投资者事先签署配售协议。发行人和主承销商应当在发行公告中披露战略投资者的选择标准、向战略投资者配售的股票总量、占本次发行股票的比例以及持有期限等。

第四十五条 发行人、承销机构及相关人员不得存在以下行为:

(一)泄露询价或定价信息;

(二)以任何方式操纵发行定价;

(三)夸大宣传,或以虚假广告等不正当手段诱导、误导投资者;

(四)向投资者提供除招股意向书等公开信息以外的公司信息;

(五)以提供透支、回扣或者中国证监会认定的其他不正当手段诱使他人申购股票;

(六)以代持、信托持股等方式谋取不正当利益或向其他相关利益主体输送利益;

(七)直接或通过其利益相关方向参与申购的投资者提供财务资助或者补偿;

(八)以自有资金或者变相通过自有资金参与网下配售;

(九)与投资者互相串通,协商报价和配售;

(十)收取投资者回扣或其他相关利益;

（十一）中国证监会规定的其他情形。

第七章　监督管理与法律责任

第四十六条　中国证监会建立对北交所发行上市审核工作和发行承销过程监管的监督机制，可以对北交所相关工作进行检查或抽查。对于中国证监会监督过程中发现的问题，北交所应当整改。

第四十七条　北交所应当发挥自律管理作用，对公开发行并上市相关行为进行监督。发现发行人及其控股股东、实际控制人、董事、监事、高级管理人员以及保荐人、承销商、证券服务机构及其相关执业人员等违反法律、行政法规和中国证监会相关规定的，应当向中国证监会报告，并采取自律管理措施。

北交所对股票发行承销过程实施自律管理。发现异常情形或者涉嫌违法违规的，中国证监会可以要求北交所对相关事项进行调查处理，或者直接责令发行人、承销商暂停或中止发行。

第四十八条　中国证券业协会应当发挥自律管理作用，对从事股票公开发行业务的保荐人进行监督，督促其勤勉尽责地履行尽职调查和督导职责。发现保荐人有违反法律、行政法规和中国证监会相关规定的行为，应当向中国证监会报告，并采取自律管理措施。

中国证券业协会应当建立对承销商询价、定价、配售行为和询价投资者报价行为的自律管理制度，并加强相关行为的监督检查，发现违规情形的，应当及时采取自律管理措施。

第四十九条　北交所发行上市审核工作存在下列情形之一的，由中国证监会责令改正；情节严重的，追究直接责任人员相关责任：

（一）未按审核标准开展发行上市审核工作；

（二）未按审核程序开展发行上市审核工作；

（三）不配合中国证监会对发行上市审核工作和发行承销监管工作的检查、抽查，或者不按中国证监会的整改要求进行整改。

第五十条　发行人在发行股票文件中隐瞒重要事实或者编造重大虚假内容的，中国证监会可以视情节轻重，对发行人及相关责任人员依法采取责令改正、监管谈话、出具警示函等监管措施，或者采取证券市场禁入的措施。

第五十一条　发行人的控股股东、实际控制人违反本办法规定，致使发行人所报送的注册申请文件和披露的信息存在虚假记载、误导性陈述或者重大遗漏，或者组织、指使发行人进行财务造假、利润操纵或者在发行股票文件中隐瞒重要事实或编造重大虚假内容的，中国证监会可以视情节轻重，依法采取责令改正、监管谈话、出具警示函等监管措施,或者采取证券市场禁入的措施。

发行人的董事、监事和高级管理人员违反本办法规定,致使发行人所报送的注册申请文件和披露的信息存在虚假记载、误导性陈述或者重大遗漏的,中国证监会可以视情节轻重,依法采取责令改正、监管谈话、出具警示函等监管措施,或者采取证券市场禁入的措施。

第五十二条 保荐人未勤勉尽责,致使发行人信息披露资料存在虚假记载、误导性陈述或者重大遗漏的,中国证监会可以视情节轻重,对保荐人及相关责任人员依法采取责令改正、监管谈话、出具警示函、暂停保荐业务资格一年到三年、撤销保荐业务资格、证券市场禁入等措施。

证券服务机构未勤勉尽责,致使发行人信息披露资料中与其职责有关的内容及其所出具的文件存在虚假记载、误导性陈述或者重大遗漏的,中国证监会可以视情节轻重,对证券服务机构及相关责任人员依法采取责令改正、监管谈话、出具警示函、证券市场禁入等措施。

第五十三条 保荐人存在下列情形之一的,中国证监会可以视情节轻重,采取暂停保荐业务资格三个月至三年的监管措施;情节特别严重的,撤销其业务资格:

(一)伪造或者变造签字、盖章;

(二)重大事项未报告、未披露;

(三)以不正当手段干扰审核注册工作;

(四)不履行其他法定职责。

第五十四条 发行人、保荐人、证券服务机构存在以下情形之一的,中国证监会可以视情节轻重,依法采取责令改正、监管谈话、出具警示函等监管措施:

(一)制作或者出具的文件不齐备或者不符合要求;

(二)擅自改动注册申请文件、信息披露资料或者其他已提交文件;

(三)注册申请文件或者信息披露资料存在相互矛盾或者同一事实表述不一致且有实质性差异;

(四)文件披露的内容表述不清,逻辑混乱,严重影响投资者理解;

(五)未及时报告或者未及时披露重大事项。

第五十五条 承销商及其直接负责的主管人员和其他责任人员在承销证券过程中,违反本办法第四十五条规定的,中国证监会可以视情节轻重,依法采取责令改正、监管谈话、出具警示函等监管措施,或者采取证券市场禁入的措施。

第五十六条 发行人及其控股股东和实际控制人、董事、监事、高级管理人员,保荐人、承销商、证券服务机构及其相关执业人员,在股票公开发行并上市相关的活动中存在其他违反本办法规定行为的,中国证监会可以视情节轻重,依法采取责令改正、监管谈话、出具警示函、责令公开说明、责令定期报告等监管措施,或者采取证券市场禁入的措施。

发行人及其控股股东、实际控制人、董事、监事、高级管理人员以及保荐人、承销商、证券服务机构及其相关执业人员等违反《证券法》依法应予以行政处罚的,中国证监会将依法予以处罚。涉嫌犯罪的,依法移送司法机关,追究其刑事责任。

第五十七条 中国证监会将遵守本办法的情况记入证券市场诚信档案,会同有关部门加强信息共享,依法实施守信激励与失信惩戒。

第八章 附 则

第五十八条 本办法自2021年11月15日起施行。

广播电视行政处罚程序规定

(2021年12月10日国家广播电视总局令第11号公布 自公布之日起施行 国司备字[2022005953])

第一章 总 则

第一条 为维护广播电视和网络视听领域行政管理秩序,保障和规范广播电视行政部门有效实施行政管理,保护公民、法人或者其他组织的合法权益,根据《中华人民共和国行政处罚法》《广播电视管理条例》及有关法律、行政法规的规定,制定本规定。

第二条 办理广播电视行政处罚案件,适用本规定。

第三条 实施广播电视行政处罚应当以法律、法规和规章为依据,应当遵循公正、公开的原则,坚持处罚与教育相结合。

第四条 实施广播电视行政处罚,应当依法履行告知义务,保护当事人合法权益。

第五条 广播电视行政部门及其工作人员对实施行政处罚过程中知悉的国家秘密、商业秘密、工作秘密或者个人隐私,应当依法予以保密。

第二章　行政处罚的管辖与适用

第六条　县级以上广播电视行政部门可以根据工作需要，在法定权限内以书面委托书形式委托符合《中华人民共和国行政处罚法》规定的组织实施行政处罚。委托书应当规定委托的具体事项、权限及期限，并由委托广播电视行政部门和受委托组织向社会公布。

第七条　实施广播电视行政处罚，由违法行为发生地的有行政处罚权的县级以上广播电视行政部门管辖。

违法行为发生地包括：法人住所地，实际经营地，服务许可地或者备案地，网站建立者、管理者、使用者所在地，网络接入地，计算机等终端设备所在地等。

第八条　两个以上广播电视行政部门都有管辖权的案件，由最先立案的广播电视行政部门管辖。

对管辖发生争议的，应当协商解决，协商不成的，报请共同的上一级广播电视行政部门指定管辖；也可以直接由共同的上一级广播电视行政部门指定管辖。

重大、复杂的案件，可以由国家广播电视总局指定管辖。

第九条　实施广播电视行政处罚，适用违法行为发生时的法律、法规、规章的规定。但是，作出行政处罚决定时，法律、法规、规章已被修改或者废止，且新的规定处罚较轻或者不认为是违法的，适用新的规定。

第三章　一 般 规 定

第十条　广播电视行政处罚的立案依据、实施程序和救济渠道等信息应当公示。

第十一条　广播电视行政部门应当依法以文字、音像等形式，对行政处罚的启动、调查取证、审核、决定、送达、执行等进行全过程记录，归档保存。

第十二条　广播电视行政处罚应当由具有行政执法资格的执法人员实施。执法人员不得少于两人，法律另有规定的除外。

执法人员应当文明执法，尊重和保护当事人合法权益。

第十三条　在案件办理过程中，当事人委托代理人的，应当提交授权委托书，载明委托人及其代理人的基本信息、委托事项及代理权限、代理权的起止日期、委托日期和委托人签名或者盖章。

委托人变更委托内容或者提前解除委托的,应当书面告知广播电视行政部门。

第十四条 执法人员有下列情形之一的,应当自行回避,当事人及其代理人有权申请其回避:

(一)是案件的当事人或者当事人的近亲属;

(二)本人或者其近亲属与案件有直接利害关系;

(三)与案件有其他关系,可能影响案件公正处理。

第十五条 执法人员自行回避或者当事人及其代理人要求执法人员回避的,应当提出申请,并且说明理由。

回避申请由广播电视行政部门依法审查,并由本机关负责人作出决定。回避决定作出前,执法人员不停止行政处罚案件调查。

第十六条 听证主持人、记录员、检测人、检验人、技术鉴定人和翻译人员的回避,适用本规定第十四条、第十五条的规定。

第十七条 广播电视行政部门办理行政处罚案件的证据种类主要有:

(一)书证;

(二)物证;

(三)视听资料;

(四)电子数据;

(五)证人证言;

(六)当事人的陈述;

(七)鉴定意见;

(八)勘验笔录、现场笔录。

证据必须经查证属实,方可作为认定案件事实的根据。

以非法手段取得的证据,不得作为认定案件事实的根据。

第十八条 广播电视行政部门收集的物证、书证应当是原物、原件。收集原物、原件确有困难的,可以拍摄、复制足以反映原物、原件内容或者外形的照片、录像、复制件,并且可以指定或者委托有关单位或者个人对原物、原件予以妥善保管。

第十九条 广播电视行政部门收集电子数据或者录音、录像等视听资料,应当收集原始载体。

收集原始载体确有困难的,可以采取打印、拍照或者录像等方式固定相关证据,并附有关过程等情况的文字说明。

第二十条 期间以时、日、月、年计算。期间开始的时和日,不计算在期间内。期间届满的最后一日是节假日的,以其后的第一个工作日为期间届满日期。

期间不包括在途时间，法定期满前交付邮寄的，不视为逾期。

第二十一条 经当事人或者其代理人同意并签订确认书的，广播电视行政部门可以采用传真、电子邮件等方式，将行政处罚决定书等法律文书送达当事人或者其代理人。

采取前款方式送达的，以传真、电子邮件等到达当事人或者其代理人特定系统的日期为送达日期。

第二十二条 广播电视行政处罚法律文书的送达程序，《中华人民共和国行政处罚法》《中华人民共和国行政强制法》和本规定均未明确的，适用《中华人民共和国民事诉讼法》的相关规定。

第二十三条 对行政处罚案件的法律文书和案件有关材料，应当按照下列顺序及时归档：

（一）案卷封面；

（二）案卷材料目录；

（三）行政处罚决定书；

（四）行政处罚决定书送达回证；

（五）立案批件；

（六）调查笔录、现场笔录；

（七）照片等证据材料；

（八）先行登记保存、抽样取证相关文书；

（九）检验或者鉴定证明；

（十）行政处罚告知书；

（十一）行政处罚告知书送达回证；

（十二）听证相关材料；

（十三）财产处理单据；

（十四）行政处罚决定审批表；

（十五）结案报告；

（十六）其他有关材料；

（十七）案卷封底。

予以立案，但未作处罚决定的案件材料，也应按前款规定归档。

第二十四条 行政处罚案卷必须一案一卷，并经立卷人签字或者盖章。任何人不得私自增添或者抽取案卷材料。未经许可，不得擅自借阅。

第四章 行政处罚的决定

第一节 简 易 程 序

第二十五条 违法事实确凿并有法定依据，对公民处以二百元以下，对法人或者其他组织处以三千元以下罚款或者警告的行政处罚的，广播电视行政部门可以适用简易程序当场作出行政处罚决定。

第二十六条 执法人员当场作出行政处罚决定的，应当向当事人出示执法证件，填写预定格式、编有号码的行政处罚决定书，并当场交付当事人。当事人拒绝签收的，应当在行政处罚决定书上注明。

前款规定的行政处罚决定书应当载明当事人的违法行为，行政处罚的种类和依据、罚款数额、时间、地点，申请行政复议、提起行政诉讼的途径和期限以及作出行政处罚决定机关名称，并由执法人员签名或者盖章。

执法人员当场作出的行政处罚决定，应当报作出行政处罚决定机关备案。

第二十七条 除依法可以当场作出的行政处罚外，广播电视行政部门发现公民、法人或者其他组织有依法应当给予行政处罚的行为的，必须全面、客观、公正地调查，收集有关证据；必要时，依照法律、法规的规定，可以进行检查。符合立案标准的，应当及时立案。

第二节 普 通 程 序

第二十八条 执法人员进行调查或者进行检查时，应当主动向当事人或者有关人员出示执法证件。当事人或者有关人员有权要求执法人员出示执法证件。执法人员不出示执法证件的，当事人或者有关人员有权拒绝接受调查或者检查。

当事人或者有关人员应当如实回答询问，并协助调查或者检查，不得拒绝或者阻挠。询问或者检查应当制作笔录。

第二十九条 调查笔录或者现场笔录应当由当事人或者在场的有关人员核对后签字或者盖章。

对拒不签字或者盖章的，可以由在场执法人员签字或者盖章并注明情况，也可以采取录音、拍照、录像等方式记录。

第三十条 执法人员可以采取询问，勘验，检查，抽样取证，鉴定，拍摄，收集、调取和固定电子数据等方式收集证据。

在证据可能灭失或者以后难以取得的情况下，经本机关负责人批准，可以先行登记保存,并填写证据先行登记保存通知书、物品清单和现场笔录。

第三十一条 对先行登记保存的证据应当视情况选择适当场所妥善保存,并于七日内作出处理决定:

(一)需要采取证据保全措施的,采取记录、复制、拍照、录像等证据保全措施后予以返还;

(二)法律、法规、规章规定的其他处理方式。

对需要进行技术检测、检验或者鉴定的,进行检测、检验或者鉴定的时间不计入作出处理决定期限。

在先行登记保存期间,当事人或者有关人员不得销毁或者转移证据。

第三十二条 执法人员对证据进行抽样取证或者先行登记保存,须经本机关负责人批准,并制发相关通知书。当事人不在场或者拒绝到场的,执法人员可请有关人员参加,或者由在场执法人员签字或者盖章并注明情况,也可以采取录音、拍照、录像等方式记录。

对抽样取证或者先行登记保存的物品应当开列清单,写明物品名称、数量、规格等事项,由执法人员、当事人签名或者盖章,一式两份,一份送达当事人。当事人拒绝签收的,应当由两名以上执法人员在清单上注明情况。

第三十三条 广播电视行政部门在调查终结后、作出行政处罚决定前,应当制作行政处罚告知书,告知当事人拟作出的行政处罚内容及事实、理由、依据,并且告知当事人依法享有的陈述、申辩、要求听证等权利。

广播电视行政部门未依照前款规定履行告知义务,或者拒绝听取当事人的陈述、申辩,不得作出行政处罚决定;当事人明确放弃陈述或者申辩权利的除外。

第三十四条 当事人有权进行陈述和申辩。广播电视行政部门必须充分听取当事人意见,对当事人提出的事实、理由和证据,应当进行复核;当事人提出的事实、理由、证据或者意见成立的,应当采纳。

广播电视行政部门不得因当事人陈述、申辩、要求听证而给予更重的处罚,但是发现新的违法事实的除外。

第三十五条 除因不可抗力或者广播电视行政部门认可的其他正当理由外,当事人应当在收到行政处罚告知书之日起五日内提出书面陈述、申辩和要求听证。逾期视为放弃权利。

当事人因不可抗拒的事由或者其他正当理由耽误期限的,在障碍消除后的十日内可以向广播电视行政部门申请顺延期限,是否准许,由广播电视行政部门决定。

第三十六条 对违法行为调查终结,本机关负责人应当对拟作出的行政

处罚决定进行审查,根据不同情况分别作出如下决定:

(一)确有应受行政处罚的违法行为的,根据情节轻重及具体情况,作出行政处罚决定;

(二)违法行为轻微,依法可以不予行政处罚的,不予行政处罚;

(三)违法事实不能成立的,不予行政处罚;

(四)违法行为涉嫌犯罪的,移送司法机关。

对情节复杂或者重大违法行为给予行政处罚,应由本机关负责人集体讨论决定。对集体讨论的案件,实行首长负责制。

法律、法规、规章规定应当经上级广播电视行政部门批准的,应当经批准后决定。

第三十七条 有下列情形之一,在本机关负责人作出决定之前,应当由从事行政处罚决定法制审核的人员进行法制审核,未经法制审核或者审核未通过的,不得作出决定:

(一)涉及重大公共利益的;

(二)直接关系当事人或者第三人重大权益,经过听证程序的;

(三)案件情况疑难复杂,涉及多个法律关系的;

(四)法律、法规规定应当进行法制审核的其他情形。

本机关中初次从事行政处罚决定法制审核的人员,应当符合《中华人民共和国行政处罚法》中的相关要求。

第三十八条 广播电视行政部门依照本规定第三十六条的规定应当给予行政处罚的,应当制作行政处罚决定书。

行政处罚决定书应当载明以下内容:

(一)当事人的基本情况,包括当事人姓名或者名称、地址等;

(二)违反法律、法规、规章的事实和证据;

(三)行政处罚的种类和依据;

(四)行政处罚的履行方式和期限;

(五)申请行政复议或者提起行政诉讼的途径和期限;

(六)作出行政处罚决定的行政部门名称和作出决定的日期。

行政处罚决定书必须盖有作出行政处罚决定机关的印章。

第三十九条 广播电视行政部门应当自行政处罚案件立案之日起六个月内作出行政处罚决定;确有必要的,经本机关负责人批准可以延长期限,延长期限不得超过六个月。案情特别复杂或者有其他特殊情况,经延长期限仍不能作出处理决定的,应当由省级以上广播电视行政部门负责人集体讨论决定是否继续延长期限,决定继续延长期限的,应当同时确定延长的合理期限。

上述期间不包括公告、检测、检验、技术鉴定、听证的期间。

在案件办理期间，发现当事人另有违法行为的，自发现之日起重新计算办案期限。

第三节 听证程序

第四十条 广播电视行政部门拟作出下列行政处罚决定，应当告知当事人有要求听证的权利，当事人要求听证的，应当组织听证：

（一）对公民处一万元以上罚款、对法人或者其他组织处十万元以上罚款；

（二）对公民处没收违法所得一万元以上、对法人或者其他组织处没收违法所得十万元以上；

（三）没收公民、法人或者其他组织从事违法活动的工具、设备、节目载体，价值分别超过一万元、十万元；

（四）降低资质等级、吊销许可证件；

（五）责令停产停业、责令关闭、限制从业；

（六）其他较重的行政处罚；

（七）法律、法规、规章规定的其他情形。

各省、自治区、直辖市人大常委会或者人民政府对前款第（一）项、第（二）项、第（三）项所列金额另有规定的，可以从其规定。

当事人不承担组织听证的费用。

第四十一条 听证由广播电视行政部门负责行政处罚案件法制审核的部门组织。

第四十二条 除涉及国家秘密、商业秘密或者个人隐私依法予以保密外，听证公开举行。

第四十三条 广播电视行政部门决定组织听证的，应当自收到听证申请之日起二十日以内举行听证，并在举行听证的七日前将举行听证的时间、地点通知听证参加人和其他人员。

第四十四条 听证结束后，广播电视行政部门应当根据听证笔录，依照本规定第三十六条的规定作出决定。

第五章 行政处罚的执行

第四十五条 广播电视行政部门作出行政处罚决定后，当事人应当在行政处罚决定书载明的期限内，予以履行。

广播电视行政部门作出罚款决定的，当事人应当自收到行政处罚决定书之日起十五日内,到指定的银行或者通过电子支付系统缴纳罚款。

第四十六条 当事人确有经济困难向广播电视行政部门提出延期或者分期缴纳罚款的,应当以书面方式提出申请。

广播电视行政部门收到当事人延期、分期缴纳罚款的申请后,应当在十日内作出是否准予延期、分期缴纳罚款的决定。

第四十七条 依照本规定第二十五条的规定当场作出行政处罚决定,有下列情形之一,执法人员可以当场收缴罚款:

(一)依法给予一百元以下罚款的;

(二)不当场收缴事后难以执行的。

第四十八条 当事人逾期不履行行政处罚决定的,广播电视行政部门可以采取下列措施:

(一)到期不缴纳罚款的,每日按照罚款数额的百分之三加处罚款,加处罚款的数额不得超出罚款的数额;

(二)法律规定的其他行政强制执行方式;

(三)依照《中华人民共和国行政强制法》的规定申请人民法院强制执行。

第六章 法律责任

第四十九条 广播电视行政部门实施行政处罚,有下列情形之一的,由上级广播电视行政部门或者有关部门责令改正,可以对直接负责的主管人员和其他直接责任人员依法给予处分:

(一)没有法定的行政处罚依据的;

(二)擅自改变行政处罚种类、幅度的;

(三)违反法定的行政处罚程序的;

(四)违反本规定第六条关于委托处罚的规定的;

(五)执法人员未取得执法证件的。

广播电视行政部门对符合立案标准的案件不及时立案的,依照前款规定予以处理。

第五十条 执法人员玩忽职守、徇私舞弊、滥用职权、索取或者收受他人财物的,依法给予处分;构成犯罪的,依法追究刑事责任。

第五十一条 广播电视行政部门对应当依法移交司法机关追究刑事责任的案件不移交,以行政处罚代替刑事处罚,由上级行政机关或者有关机关责令改正,对直接负责的主管人员和其他直接责任人员依法给予处分;情节严重构成犯罪的,依法追究刑事责任。

第七章 附　　则

第五十二条 本规定中所称广播电视行政处罚，包括对广播电视和网络视听领域违法行为实施的行政处罚。

第五十三条 本规定所称以上、以下，包括本数。

第五十四条 本规定中“三日”“五日”“七日”“十日”“二十日”的规定是指工作日，不含法定节假日。

第五十五条 本规定自公布之日起施行。1996 年 12 月 19 日发布的《广播电影电视行政处罚程序暂行规定》（广播电影电视部令第 20 号）同时废止。

自由贸易试验区外商投资准入特别管理措施（负面清单）（2021 年版）

（2021 年 12 月 27 日国家发展和改革委员会、商务部令第 48 号公布　自 2022 年 1 月 1 日起施行　国司备字［2022005959］）

说　　明

一、《自由贸易试验区外商投资准入特别管理措施（负面清单）》（以下简称《自贸试验区负面清单》）统一列出股权要求、高管要求等外商投资准入方面的特别管理措施，适用于自由贸易试验区。《自贸试验区负面清单》之外的领域，按照内外资一致原则实施管理。境内外投资者统一适用《市场准入负面清单》的有关规定。

二、境外投资者不得作为个体工商户、个人独资企业投资人、农民专业合作社成员，从事投资经营活动。

三、外商投资企业在自由贸易试验区内投资，应符合《自贸试验区负面清单》的有关规定。

四、有关主管部门在依法履行职责过程中，对境外投资者拟投资《自贸试验区负面清单》内领域，但不符合《自贸试验区负面清单》规定的，不予办理许可、企业登记注册等相关事项；涉及固定资产投资项目核准的，不予办理相关核准事项。投资有股权要求的领域，不得设立外商投资合伙企业。

五、经国务院有关主管部门审核并报国务院批准，特定外商投资可以不适用《自贸试验区负面清单》中相关领域的规定。

六、从事《自贸试验区负面清单》禁止投资领域业务的境内企业到境外发行股份并上市交易的，应当经国家有关主管部门审核同意，境外投资者不得参与企业经营管理，其持股比例参照境外投资者境内证券投资管理有关规定执行。

七、境内公司、企业或自然人以其在境外合法设立或控制的公司并购与其有关联关系的境内公司，按照外商投资、境外投资、外汇管理等有关规定办理。

八、《自贸试验区负面清单》中未列出的文化、金融等领域与行政审批、资质条件、国家安全等相关措施，按照现行规定执行。

九、《内地与香港关于建立更紧密经贸关系的安排》及其后续协议、《内地与澳门关于建立更紧密经贸关系的安排》及其后续协议、《海峡两岸经济合作框架协议》及其后续协议、我国缔结或者参加的国际条约、协定对境外投资者准入待遇有更优惠规定的，可以按照相关规定执行。

十、《自贸试验区负面清单》由国家发展改革委、商务部会同有关部门负责解释。

十一、2020 年 6 月 23 日国家发展改革委、商务部发布的 2020 年版《自贸试验区负面清单》自 2022 年 1 月 1 日起废止。

自由贸易试验区外商投资准入特别管理措施（负面清单）（2021 年版）

序号	特别管理措施
一、农、林、牧、渔业	
1	小麦、玉米新品种选育和种子生产的中方股比不低于 34%。
2	禁止投资中国稀有和特有的珍贵优良品种的研发、养殖、种植以及相关繁殖材料的生产（包括种植业、畜牧业、水产业的优良基因）。
3	禁止投资农作物、种畜禽、水产苗种转基因品种选育及其转基因种子（苗）生产。
二、采矿业	
4	禁止投资稀土、放射性矿产、钨勘查、开采及选矿。（未经允许，禁止进入稀土矿区或取得矿山地质资料、矿石样品及生产工艺技术。）
三、电力、热力、燃气及水生产和供应业	
5	核电站的建设、经营须由中方控股。

续表

序号	特别管理措施
四、批发和零售业	
6	禁止投资烟叶、卷烟、复烤烟叶及其他烟草制品的批发、零售。
五、交通运输、仓储和邮政业	
7	国内水上运输公司须由中方控股。(且不得经营或租用中国籍船舶或者舱位等方式变相经营国内水路运输业务及其辅助业务;水路运输经营者不得使用外国籍船舶经营国内水路运输业务,但经中国政府批准,在国内没有能够满足所申请运输要求的中国籍船舶,并且船舶停靠的港口或者水域为对外开放的港口或者水域的情况下,水路运输经营者可以在中国政府规定的期限或者航次内,临时使用外国籍船舶经营中国港口之间的海上运输和拖航。)
8	公共航空运输公司须由中方控股,且一家外商及其关联企业投资比例不得超过25%,法定代表人须由中国籍公民担任。通用航空公司的法定代表人须由中国籍公民担任,其中农、林、渔业通用航空公司限于合资,其他通用航空公司限于中方控股。(只有中国公共航空运输企业才能经营国内航空服务,并作为中国指定承运人提供定期和不定期国际航空服务。)
9	民用机场的建设、经营须由中方相对控股。外方不得参与建设、运营机场塔台。
10	禁止投资邮政公司(和经营邮政服务)、信件的国内快递业务。
六、信息传输、软件和信息技术服务业	
11	电信公司:限于中国入世承诺开放的电信业务,增值电信业务的外资股比不超过50%(电子商务、国内多方通信、存储转发类、呼叫中心除外),基础电信业务须由中方控股(且经营者须为依法设立的专门从事基础电信业务的公司)。上海自贸试验区原有区域〔28.8平方公里〕试点政策推广至所有自贸试验区执行。
12	禁止投资互联网新闻信息服务、网络出版服务、网络视听节目服务、互联网文化经营(音乐除外)、互联网公众发布信息服务(上述服务中,中国入世承诺中已开放的内容除外)。
七、租赁和商务服务业	
13	禁止投资中国法律事务(提供有关中国法律环境影响的信息除外),不得成为国内律师事务所合伙人。(外国律师事务所只能以代表机构的方式进入中国,且不得聘用中国执业律师,聘用的辅助人员不得为当事人提供法律服务;如在华设立代表机构、派驻代表,须经中国司法行政部门许可。)

续表

序号	特别管理措施
14	广播电视收听、收视调查须由中方控股。社会调查中方股比不低于67%,法定代表人应当具有中国国籍。
八、科学研究和技术服务业	
15	禁止投资人体干细胞、基因诊断与治疗技术开发和应用。
16	禁止投资人文社会科学研究机构。
17	禁止投资大地测量、海洋测绘、测绘航空摄影、地面移动测量、行政区域界线测绘,地形图、世界政区地图、全国政区地图、省级及以下政区地图、全国性教学地图、地方性教学地图、真三维地图和导航电子地图编制,区域性的地质填图、矿产地质、地球物理、地球化学、水文地质、环境地质、地质灾害、遥感地质等调查(矿业权人在其矿业权范围内开展工作不受此特别管理措施限制)。
九、教育	
18	学前、普通高中和高等教育机构限于中外合作办学,须由中方主导(校长或者主要行政负责人应当具有中国国籍(且在中国境内定居),理事会、董事会或者联合管理委员会的中方组成人员不得少于1/2)。(外国教育机构、其他组织或者个人不得单独设立以中国公民为主要招生对象的学校及其他教育机构(不包括非学制类职业培训机构、学制类职业教育机构),但是外国教育机构可以同中国教育机构合作举办以中国公民为主要招生对象的教育机构。)
19	禁止投资义务教育机构、宗教教育机构。
十、卫生和社会工作	
20	医疗机构限于合资。
十一、文化、体育和娱乐业	
21	禁止投资新闻机构(包括但不限于通讯社)。(外国新闻机构在中国境内设立常驻新闻机构、向中国派遣常驻记者,须经中国政府批准。外国通讯社在中国境内提供新闻的服务业务须由中国政府审批。中外新闻机构业务合作,须中方主导,且须经中国政府批准。)
22	禁止投资图书、报纸、期刊、音像制品和电子出版物的编辑、出版、制作业务。(但经中国政府批准,在确保合作中方的经营主导权和内容终审权并遵守中国政府批复的其他条件下,中外出版单位可进行新闻出版中外合作出版项目。未经中国政府批准,禁止在中国境内提供金融信息服务。)

续表

序号	特别管理措施
23	禁止投资各级广播电台(站)、电视台(站)、广播电视频道(率)、广播电视传输覆盖网(发射台、转播台、广播电视卫星、卫星上行站、卫星收转站、微波站、监测台及有线广播电视传输覆盖网等),禁止从事广播电视视频点播业务和卫星电视广播地面接收设施安装服务。(对境外卫星频道落地实行审批制度。)
24	禁止投资广播电视节目制作经营(含引进业务)公司。(引进境外影视剧和以卫星传送方式引进其他境外电视节目由广电总局指定的单位申报。对中外合作制作电视剧(含电视动画片)实行许可制度。)
25	禁止投资电影制作公司、发行公司、院线公司以及电影引进业务。(但经批准,允许中外企业合作摄制电影。)
26	禁止投资文物拍卖的拍卖公司、文物商店和国有文物博物馆。(禁止不可移动文物及国家禁止出境的文物转让、抵押、出租给外国人。禁止设立与经营非物质文化遗产调查机构;境外组织或个人在中国境内进行非物质文化遗产调查和考古调查、勘探、发掘,应采取与中国合作的形式并经专门审批许可。)
27	文艺表演团体须由中方控股。

中小学法治副校长聘任与管理办法

(2021年12月27日教育部令第52号公布　自2022年5月1日起施行　国司备字[2022005941])

第一条　为了完善中小学治理体系,健全学生权益保护机制,进一步规范中小学法治副校长聘任与管理,促进未成年人健康成长,根据教育法、未成年人保护法、预防未成年人犯罪法等法律法规,制定本办法。

第二条　普通中小学、中等职业学校、特殊教育学校、专门学校(以下统称学校)法治副校长的聘任与管理,适用本办法。

第三条　本办法所称法治副校长,是指由人民法院、人民检察院、公安机关、司法行政部门推荐或者委派,经教育行政部门或者学校聘任,在学校兼任副校长职务,协助开展法治教育、学生保护、安全管理、预防犯罪、依法治理等工作的人员。

第四条　国务院教育行政部门会同最高人民法院、最高人民检察院、公安部、司法部制定学校法治副校长聘任与管理的宏观政策，统筹指导地方开展法治副校长的推荐、聘任、培训、考核、评价、奖励等工作。

县级以上地方人民政府教育行政部门会同人民法院、人民检察院、公安机关、司法行政部门负责本地区学校法治副校长聘任与管理工作。

有条件的地方，可以建立由教育行政部门、人民法院、人民检察院、公安机关、司法行政部门参加的学校法治副校长工作联席会议制度，统筹推进本地区学校法治副校长聘任与管理工作。

第五条 法治副校长履职期间协助开展以下工作：

（一）开展法治教育。推动习近平法治思想的学习宣传，参与制订学校法治教育工作计划，协助学校创新法治教育内容和形式，每年在任职学校承担或者组织落实不少于4课时的、以法治实践教育为主的法治教育任务，提高法治教育的针对性和实效性。面向教职工开展法治宣传，指导、帮助道德与法治等课程教师开展法治教育。

（二）保护学生权益。参与学校学生权益保护制度的制定、执行，参加学生保护委员会、学生欺凌治理等组织，指导、监督学校落实未成年人保护职责，依法保护学生权益。

（三）预防未成年人犯罪。指导学校对未成年学生进行有针对性的预防犯罪教育，对有不良行为的学生加强管理和教育。

（四）参与安全管理。指导学校完善安全管理制度，协调推动建立学校安全区域制度，协助学校健全安全事故预防与处置机制，主持或者参与学校安全事故的调解协商，指导学校依法处理安全事故纠纷，制止侵害学校和师生合法权益的行为。

（五）实施或者指导实施教育惩戒。协助学校、公安机关、司法行政部门按照法律和相关规定对有不良行为、严重不良行为的学生予以训诫或者矫治教育。根据学校实际和需要，参与建立学生教育保护辅导工作机制，对有需要的学生进行专门的辅导、矫治。

（六）指导依法治理。协助学校建立健全校规校纪、完善各类规章制度，参与校规校纪的审核，协助处理学校涉法涉诉案件，进入申诉委员会，参与处理师生申诉，协助加强与社区、家庭及社会有关方面的沟通联系。

（七）指导、协助学校履行法律法规规章规定的其他职责。

第六条 人民法院、人民检察院、公安机关和司法行政部门（以下称派出机关）应当遴选、推荐符合以下条件的在职工作人员担任法治副校长：

（一）政治素质好，品德优秀，作风正派，责任心强；

（二）有较丰富的法律专业知识与法治实践经历，从事法治工作三年以上；

（三）身心健康，热心教育工作，了解教育教学规律和学生的身心特点，关心学生健康成长；

（四）具有较强的语言表达能力、沟通交流能力和组织协调能力。

符合上述条件，年龄不超过65周岁的退休人员也可以经推荐担任一个任期的法治副校长。

第七条 教育行政部门应当商有关部门制定法治副校长聘任计划，会同派出机关综合考虑学校需求和工作便利，协商确定、统筹安排法治副校长人选，优先为偏远地区、农村地区学校和城市薄弱学校配备法治副校长。

第八条 每所学校应当配备至少1名法治副校长，师生人数多、有需求的学校，可以聘任2名以上5名以下法治副校长。

根据工作需要，1人可以同时担任2所学校的法治副校长。

第九条 县级或者设区的市级人民政府教育行政部门可以商有关部门组建由不同派出机关人员组成的法治副校长工作团队，服务区域内学校。

第十条 教育行政部门会同派出机关建立法治副校长人员库，推荐符合条件的人员入库并动态调整。

教育行政部门组织学校根据工作需要，参照就近就便的原则，从人员库中自主或者根据统一安排选聘法治副校长，经各方协商一致，确定聘任人选。

第十一条 法治副校长由所聘学校颁发聘书。聘期一般为三年，期满后可以续聘。

学校已聘任的法治副校长因派出机关工作变动或其他原因不宜或者不能继续履职的，应当及时报告，由教育主管部门会同派出机关在30日内重新推荐或者委派。

第十二条 教育行政部门应当会同派出机关制定法治副校长培训方案和规划，并纳入教师、校长培训规划，安排经费对法治副校长开展培训。培训应当包括政治理论、未成年人保护、教育法律政策、心理健康教育、学校安全管理等方面的内容。

法治副校长任职前，应当接受不少于8学时的培训。任职期间，根据实际安排参加相应的培训。

第十三条 派出机关应当采取必要措施，保障所派出的法治副校长在任职学校有必要的工作时间和条件，鼓励、支持其履职尽责。

法治副校长应当按照本办法主动参与学校工作，积极参加培训，定期到校开展工作。鼓励法治副校长利用信息化手段，参与学校工作。

第十四条 学校应当将支持法治副校长履职纳入整体工作规划，主动向法治副校长介绍学校有关情况，定期收集教职工、学生及学生家长的法律服务需求并及时向法治副校长反馈，配合法治副校长做好相关工作。涉及到法治副校长履职的会议、活动，应当事先与法治副校长沟通，并通知其参加。

学校应当结合实际为法治副校长履职提供必要的便利条件。

法治副校长的基本情况和工作职责等应当以适当方式在学校公示。

第十五条 派出机关、教育行政部门可以根据有关规定，为在偏远农村地区、交通不便地区学校任职的法治副校长给予食宿、交通等补助。

第十六条 学校应当建立法治副校长工作评价制度，按年度对法治副校长工作情况作出评价。

学校对法治副校长进行评价时，应当听取教职工、学生及学生家长意见，形成客观、公正的评价结果，并将结果报送教育主管部门，由教育主管部门反馈派出机关。

第十七条 派出机关应当将担任法治副校长工作纳入相关工作人员的工作量，明确为考核内容，学校作出的工作评价以及法治副校长的述职报告等应当一并作为考核其工作、晋职、晋级和立功受奖的重要依据。

第十八条 地方教育行政部门应当定期对本区域内法治副校长的履职情况进行考评，对工作成绩突出的法治副校长，应当予以表彰、奖励或者会同派出机关联合予以表彰、奖励。

司法行政部门应当将派出机关法治副校长履职情况作为落实“谁执法谁普法”普法责任制的重要方面，纳入普法工作考核内容。对推荐、聘任法治副校长工作成绩突出的派出机关、学校，应当作为普法工作评先评优的重要参考。

各级教育行政部门应当会同派出机关对组织开展中小学法治副校长工作有显著成绩的组织和个人，按照有关规定给予表彰、奖励。

第十九条 学校从其他执法机关、法学教育和法律服务机构等单位聘任校外法治辅导员的，参照本办法执行。

幼儿园聘任法治副园长的，聘任与管理参照本办法执行。

第二十条 本办法自 2022 年 5 月 1 日起施行。

网络安全审查办法

（2021 年 12 月 28 日国家互联网信息办公室、国家发展和改革委员会、工业和信息化部、公安部、国家安全部、财政部、商务部、中国人民银行、国家市场监督管理总局、国家广播电视总局、中国证券监督管理委员会、国家保密局、国家密码管理局令第 8 号公布　自 2022 年 2 月 15 日起施行　国司备字[2022005934]）

第一条　为了确保关键信息基础设施供应链安全，保障网络安全和数据安全，维护国家安全，根据《中华人民共和国国家安全法》、《中华人民共和国网络安全法》、《中华人民共和国数据安全法》、《关键信息基础设施安全保护条例》，制定本办法。

第二条　关键信息基础设施运营者采购网络产品和服务，网络平台运营者开展数据处理活动，影响或者可能影响国家安全的，应当按照本办法进行网络安全审查。

前款规定的关键信息基础设施运营者、网络平台运营者统称为当事人。

第三条　网络安全审查坚持防范网络安全风险与促进先进技术应用相结合、过程公正透明与知识产权保护相结合、事前审查与持续监管相结合、企业承诺与社会监督相结合，从产品和服务以及数据处理活动安全性、可能带来的国家安全风险等方面进行审查。

第四条　在中央网络安全和信息化委员会领导下，国家互联网信息办公室会同中华人民共和国国家发展和改革委员会、中华人民共和国工业和信息化部、中华人民共和国公安部、中华人民共和国国家安全部、中华人民共和国财政部、中华人民共和国商务部、中国人民银行、国家市场监督管理总局、国家广播电视总局、中国证券监督管理委员会、国家保密局、国家密码管理局建立国家网络安全审查工作机制。

网络安全审查办公室设在国家互联网信息办公室，负责制定网络安全审查相关制度规范，组织网络安全审查。

第五条　关键信息基础设施运营者采购网络产品和服务的，应当预判该产品和服务投入使用后可能带来的国家安全风险。影响或者可能影响国家安全的，应当向网络安全审查办公室申报网络安全审查。

关键信息基础设施安全保护工作部门可以制定本行业、本领域预判指南。

第六条　对于申报网络安全审查的采购活动，关键信息基础设施运营者应当通过采购文件、协议等要求产品和服务提供者配合网络安全审查，包括承诺不利用提供产品和服务的便利条件非法获取用户数据、非法控制和操纵用户设备，无正当理由不中断产品供应或者必要的技术支持服务等。

第七条 掌握超过 100 万用户个人信息的网络平台运营者赴国外上市，必须向网络安全审查办公室申报网络安全审查。

第八条 当事人申报网络安全审查，应当提交以下材料：

（一）申报书；

（二）关于影响或者可能影响国家安全的分析报告；

（三）采购文件、协议、拟签订的合同或者拟提交的首次公开募股（IPO）等上市申请文件；

（四）网络安全审查工作需要的其他材料。

第九条 网络安全审查办公室应当自收到符合本办法第八条规定的审查申报材料起 10 个工作日内，确定是否需要审查并书面通知当事人。

第十条 网络安全审查重点评估相关对象或者情形的以下国家安全风险因素：

（一）产品和服务使用后带来的关键信息基础设施被非法控制、遭受干扰或者破坏的风险；

（二）产品和服务供应中断对关键信息基础设施业务连续性的危害；

（三）产品和服务的安全性、开放性、透明性、来源的多样性，供应渠道的可靠性以及因为政治、外交、贸易等因素导致供应中断的风险；

（四）产品和服务提供者遵守中国法律、行政法规、部门规章情况；

（五）核心数据、重要数据或者大量个人信息被窃取、泄露、毁损以及非法利用、非法出境的风险；

（六）上市存在关键信息基础设施、核心数据、重要数据或者大量个人信息被外国政府影响、控制、恶意利用的风险，以及网络信息安全风险；

（七）其他可能危害关键信息基础设施安全、网络安全和数据安全的因素。

第十一条 网络安全审查办公室认为需要开展网络安全审查的，应当自向当事人发出书面通知之日起 30 个工作日内完成初步审查，包括形成审查结论建议和将审查结论建议发送网络安全审查工作机制成员单位、相关部门征求意见；情况复杂的，可以延长 15 个工作日。

第十二条 网络安全审查工作机制成员单位和相关部门应当自收到审查结论建议之日起 15 个工作日内书面回复意见。

网络安全审查工作机制成员单位、相关部门意见一致的，网络安全审查办公室以书面形式将审查结论通知当事人；意见不一致的，按照特别审查程序处理，并通知当事人。

第十三条 按照特别审查程序处理的，网络安全审查办公室应当听取相关单位和部门意见，进行深入分析评估，再次形成审查结论建议，并征求网络安全审查工作机制成员单位和相关部门意见，按程序报中央网络安全和信息化委员会批准后，形成审查结论并书面通知当事人。

第十四条 特别审查程序一般应当在 90 个工作日内完成，情况复杂的可以延长。

第十五条 网络安全审查办公室要求提供补充材料的，当事人、产品和服务提供者应当予以配合。提交补充材料的时间不计入审查时间。

第十六条 网络安全审查工作机制成员单位认为影响或者可能影响国家安全的网络产品和服务以及数据处理活动，由网络安全审查办公室按程序报中央网络安全和信息化委员会批准后，依照本办法的规定进行审查。

为了防范风险，当事人应当在审查期间按照网络安全审查要求采取预防和消减风险的措施。

第十七条 参与网络安全审查的相关机构和人员应当严格保护知识产权，对在审查工作中知悉的商业秘密、个人信息，当事人、产品和服务提供者提交的未公开材料，以及其他未公开信息承担保密义务；未经信息提供方同意，不得向无关方披露或者用于审查以外的目的。

第十八条 当事人或者网络产品和服务提供者认为审查人员有失客观公正，或者未能对审查工作中知悉的信息承担保密义务的，可以向网络安全审查办公室或者有关部门举报。

第十九条 当事人应当督促产品和服务提供者履行网络安全审查中作出的承诺。

网络安全审查办公室通过接受举报等形式加强事前事中事后监督。

第二十条 当事人违反本办法规定的，依照《中华人民共和国网络安全法》、《中华人民共和国数据安全法》的规定处理。

第二十一条 本办法所称网络产品和服务主要指核心网络设备、重要通信产品、高性能计算机和服务器、大容量存储设备、大型数据库和应用软件、网络安全设备、云计算服务，以及其他对关键信息基础设施安全、网络安全和数据安全有重要影响的网络产品和服务。

第二十二条 涉及国家秘密信息的，依照国家有关保密规定执行。

国家对数据安全审查、外商投资安全审查另有规定的，应当同时符合其规定。

第二十三条 本办法自 2022 年 2 月 15 日起施行。2020 年 4 月 13 日公布的《网络安全审查办法》(国家互联网信息办公室、国家发展和改革委员会、工业和信息化部、公安部、国家安全部、财政部、商务部、中国人民银行、国家市场监督管理总局、国家广播电视总局、国家保密局、国家密码管理局令第 6 号)同时废止。

国家发展改革委关于修改《产业结构调整指导目录(2019 年本)》的决定

(2021 年 12 月 30 日国家发展和改革委员会令第 49 号公布　自公布之日起施行　国司备字[2022006169])

在《产业结构调整指导目录(2019 年本)》淘汰类“一、落后生产工艺装备”“(十八)其他”中增加第 7 项,内容为“虚拟货币‘挖矿’活动”。

产业结构调整指导目录(2019 年本)

(2019 年 10 月 30 日国家发展和改革委员会令第 29 号公布　根据 2021 年 12 月 30 日《国家发展改革委关于修改产业结构调整指导目录(2019 年本)的决定》修正)

第一类　鼓励类

一、农林业

1. 农田建设与保护工程(含高标准农田建设、农田水利建设、高效节水灌溉、农田整治等),土地综合整治

2. 农产品及农作物种子基地建设

3. 蔬菜、瓜果、花卉设施栽培(含无土栽培)先进技术开发与应用,优质、高产、高效标准化栽培技术开发与应用

4. 畜禽标准化规模养殖技术开发与应用

5. 重大病虫害及动物疫病防治

6. 动植物(含野生)优良品种选育、繁育、保种和开发,生物育种,种子(种

苗)生产、加工、包装、检验、鉴定技术和仓储、运输设备的开发与应用

7. 旱作节水农业、保护性耕作、生态农业建设、耕地质量建设、新开耕地快速培肥、水肥一体化技术开发与应用

8. 生态种(养)技术开发与应用

9. 全生物降解地膜农田示范与应用及受污染耕地风险管控与修复

10. 获得绿色食品生产资料标志的饲料、饲料添加剂、肥料、农药、兽药等优质安全环保农业投入品及绿色食品生产允许使用的食品添加剂开发

11. 内陆流域性大湖资源增殖保护工程

12. 远洋渔业、人工鱼礁、渔政渔港工程

13. 牛羊胚胎(体内)及精液工厂化生产

14. 农业生物技术开发与应用

15. 耕地保养管理与土、肥、水速测技术开发与应用

16. 农、林作物、畜禽和渔业种质资源保护地、保护区建设;动植物种质资源收集、保存、鉴定、开发与应用

17. 农作物秸秆综合利用(秸秆肥料化利用,秸秆饲料化利用,秸秆能源化利用,秸秆基料化利用,秸秆原料化利用等)

18. 农村可再生资源综合利用开发工程(沼气工程、生物天然气工程、“三沼”综合利用、沼气发电,生物质能清洁供热,秸秆气化清洁能源利用工程,废弃菌棒利用,太阳能利用)

19. 草原、森林灾害综合治理工程

20. 退耕还林还草、退牧还草及天然草原植被恢复工程,优质高产牧草人工种植与加工

21. 动物疫病新型诊断试剂、疫苗及低毒低残留兽药(含兽用生物制品)新工艺、新技术开发与应用

22. 天然橡胶及杜仲种植生产

23. 无公害农产品及其产地环境的有害元素监测技术开发与应用

24. 有机废弃物无害化处理及有机肥料产业化技术开发与应用

25. 农牧渔产品无公害、绿色生产技术开发与应用

26. 农林牧渔产品储运、保鲜、加工与综合利用

27. 防护林工程,天然林等自然资源保护工程,森林抚育、低质低效林改造工程

28. 国家储备林建设、特色经济林建设,碳汇林建设、植树种草工程及林草种苗工程,油茶、油棕等木本粮油基地建设,生物质能源林定向培育与产业化

29. 水土流失综合治理工程,荒漠化、石漠化防治及防沙治沙工程

30. 海洋、森林、野生动植物、湿地、荒漠、草原等自然保护区建设及生态示范工程

31. 固沙、保水、改土新材料生产

32. 抗盐与耐旱植物培植

33. 竹藤、花卉基地建设、产品开发及精深加工

34. 林木、草原基因资源保护工程,野生经济林树种保护、改良及开发利用

35. 珍稀濒危野生动植物和古树名木保护工程

36. 次小薪材、沙生灌木及三剩物深加工与产品开发

37. 野生动植物培植、驯养繁育基地及疫源疫病监测预警体系建设

38. 道地中药材及优质、丰产、濒危或紧缺动植物药材的种植(养殖),香料、野生花卉等林下资源人工培育与开发

39. 木、竹、草(包括秸秆)人造板及其复合材料技术开发及应用

40. 松脂林建设、林产化学品深加工

41. 人工增雨防雹等人工影响天气技术开发与应用

42. 数字(信息)农业、林草技术开发与应用

43. 农业农村环境保护与治理技术开发与应用

44. 淡水与海水健康养殖及产品深加工,淡水与海水渔业资源增殖与保护,海洋牧场

45. 生态清洁型小流域建设及面源污染防治

46. 粮油干燥节能设备、农户绿色储粮生物技术、驱鼠技术、农户新型储粮仓(彩钢板组合仓、钢骨架矩形仓、钢网式干燥仓、热浸镀锌钢板仓等)推广应用

47. 农作物、林木害虫密度自动监测技术开发与应用

48. 气象卫星工程(卫星研制、生产及配套软件系统、地面接收处理设备、卫星遥感应用技术)和气象信息服务

49. 农业生产数字化改造和智慧农业工程

50. 乡村厕所废物废水以及餐厨废物废水的收集处理与生态农业联合经营

51. 面向资源化的乡村生活废水、生活废物、畜禽粪便、农业废弃物与农田面源污染协同综合治理

52. 休闲农业和乡村旅游精品工程

53. 畜禽养殖废弃物处理和资源化利用(畜禽粪污肥料化、能源化、基料化和垫料化利用,病死畜禽无害化处理)

54. 数字农村建设和信息进村入户工程

55. “互联网+”农产品出村进城工程

56. 木材及木(竹)质材料节能、节材、环保加工技术开发与利用

57. 湿态酒精糟(WDGS)的应用、生物质液体有机肥的应用

二、水利

1. 江河湖海堤防建设及河道治理工程

2. 跨流域调水工程

3. 城乡供水水源工程

4. 农村饮水安全工程

5. 蓄滞洪区建设

6. 江河湖库清淤疏浚工程

7. 病险水库、水闸除险加固工程

8. 堤坝隐患监测与修复技术开发与应用

9. 城市积涝预警和防洪工程

10. 出海口门整治工程

11. 综合利用水利枢纽工程

12. 淤地坝工程

13. 水利工程用土工合成材料及新型材料开发制造

14. 灌区及配套设施建设、改造

15. 高效输配水、节水灌溉技术推广应用

16. 灌溉排水泵站更新改造工程

17. 水利血吸虫病防治工程

18. 山洪地质灾害防治工程(山洪地质灾害防治区监测预报预警体系建设及山洪沟、泥石流沟和滑坡治理等)

19. 水生态系统及地下水保护与修复工程

20. 水源地保护工程(水源地保护区划分、隔离防护、水土保持、水资源保护、水生态环境修复及有关技术开发推广)

21. 水土流失监测预报自动化系统开发与应用

22. 防洪调动自动化系统开发、洪水风险图编制技术及应用(大江大河中下游及重点防洪区、防洪保护区等特定地区洪涝灾害信息专题地图)

23. 水资源管理信息系统建设

24. 水文站网基础设施以及水文水资源监测能力建设

25. 非常规水源开发利用

三、煤炭

1. 煤田地质及地球物理勘探

2. 矿井灾害(瓦斯、煤尘、矿井水、火、围岩、地温、冲击地压等)防治

3. 型煤及水煤浆技术开发与应用

4. 煤炭共伴生资源加工与综合利用

5. 煤层气勘探、开发、利用和煤矿瓦斯抽采、利用

6. 煤矸石、煤泥、洗中煤等低热值燃料综合利用

7. 管道输煤

8. 煤炭清洁高效洗选技术开发与应用

9. 地面沉陷区治理、矿井水资源保护与利用

10. 煤电一体化建设

11. 提高资源回收率的采煤方法、工艺开发与应用

12. 矿井采空区、建筑物下、铁路等基础设施下、水体下采用煤矸石等物质填充采煤技术开发与应用

13. 井下救援技术及特种装备开发与应用

14. 煤矿生产过程综合监控技术、装备开发与应用

15. 大型煤炭储运中心、煤炭交易市场建设及储煤场地环保改造

16. 新型矿工避险自救器材开发与应用

17. 煤矿智能化开采技术及煤矿机器人研发应用

18. 煤炭清洁高效利用技术

四、电力

1. 大中型水力发电及抽水蓄能电站

2. 单机 60 万千瓦及以上超超临界机组电站建设

3. 采用背压(抽背)型热电联产、热电冷多联产、30 万千瓦及以上超(超)临界热电联产机组

4. 缺水地区单机 60 万千瓦及以上大型空冷机组电站建设

5. 重要用电负荷中心且天然气充足地区天然气调峰发电项目

6. 30 万千瓦及以上循环流化床、增压流化床、整体煤气化联合循环发电等洁净煤发电

7. 单机 30 万千瓦及以上采用流化床锅炉并利用煤矸石、中煤、煤泥等发电

8. 500 千伏及以上交、直流输变电

9. 燃煤发电机组超低排放技术

10. 电网改造与建设,增量配电网建设

11. 继电保护技术、电网运行安全监控信息技术开发与应用

12. 大型电站及大电网变电站集约化设计和自动化技术开发与应用

13. 跨区电网互联工程技术开发与应用

14. 输变电节能、环保技术推广应用

15. 降低输、变、配电损耗技术开发与应用

16. 分布式供电及并网(含微电网)技术推广应用

17. 燃煤发电机组多污染物协同治理

18. 火力发电废烟气脱硝催化剂再生及低温催化剂开发生产

19. 水力发电中低温水恢复措施工程、过鱼措施工程技术开发与应用

20. 大容量电能储存技术开发与应用

21. 电动汽车充电设施

22. 乏风瓦斯发电技术及开发利用

23. 垃圾焚烧发电成套设备

24. 分布式能源

25. 高效电能替代技术及设备

26. 燃煤耦合生物质发电

27. 火力发电机组灵活性改造

28. 智慧能源系统

五、新能源

1. 太阳能热发电集热系统、太阳能光伏发电系统集成技术开发应用、逆变控制系统开发制造

2. 氢能、风电与光伏发电互补系统技术开发与应用

3. 太阳能建筑一体化组件设计与制造

4. 高效太阳能热水器及热水工程,太阳能中高温利用技术开发与设备制造

5. 生物质纤维素乙醇、生物燃油(柴油、汽油、航空煤油)等非粮生物质燃料生产技术开发与应用

6. 生物质直燃、气化发电技术开发与设备制造

7. 农林生物质资源收集、运输、储存技术开发与设备制造;农林生物质成型燃料加工设备、锅炉和炉具制造

8. 以农作物秸秆、畜禽粪便、生活垃圾、工业有机废弃物、有机污水污泥等各类城乡有机废弃物为原料的大型沼气和生物天然气生产成套设备

9. 沼气发电机组、沼气净化设备、沼气管道供气、装罐成套设备制造

10. 海洋能、地热能利用技术开发与设备制造

11. 5MW 及以上海上风电机组技术开发与设备制造

12. 海上风电场建设与设备及海底电缆制造

13. 能源路由、能源交易等能源互联网技术与设备

14. 高效制氢、运氢及高密度储氢技术开发应用及设备制造,加氢站及车用清洁替代燃料加注站

15. 移动新能源技术开发及应用

16. 传统能源与新能源发电互补技术开发及应用

六、核能

1. 铀矿地质勘查和铀矿采冶、铀精制、铀转化

2. 先进核反应堆及多用途模块化小型堆建造与技术开发

3. 核电站建设

4. 高性能核燃料元件、MOX 元件、金属元件制造

5. 乏燃料后处理

6. 同位素、加速器及辐照应用技术开发

7. 先进的铀同位素分离技术开发与设备制造

8. 辐射防护技术开发与监测设备制造

9. 核安保关键系统开发与设备制造

10. 核设施退役及放射性废物治理

11. 核电站延寿及退役技术和设备

12. 核电站应急抢险技术和设备

13. 核能综合利用(供暖、供汽、海水淡化等)

七、石油、天然气

1. 常规石油、天然气勘探与开采

2. 页岩气、页岩油、致密油、油砂、天然气水合物等非常规资源勘探开发

3. 原油、天然气、液化天然气、成品油的储运和管道输送设施、网络和液化天然气加注设施建设

4. 油气伴生资源综合利用

5. 油气田提高采收率技术、安全生产保障技术、生态环境恢复与污染防治工程技术开发利用

6. 放空天然气回收利用与装置制造

7. 天然气分布式能源技术开发与应用

8. 石油储运设施挥发油气回收技术开发与应用

9. 液化天然气技术、装备开发与应用

10. 油气回收自动监控设备

八、钢铁

1. 黑色金属矿山接替资源勘探及关键勘探技术开发,低品位难选矿综合

选别和利用技术,高品质铁精矿绿色高效智能化生产技术与装备

2. 焦炉加热精准控制、焦炉烟气脱硫脱硝副产物资源化利用、脱硫废液资源化利用、焦化废水深度处理回用、煤焦油炭基材料、煤沥青制针状焦、焦炉煤气高附加值利用、荒煤气和循环氨水等余热回收、低阶粉煤干燥成型-干馏一体化等先进技术的研发和应用、综合污水深度处理回用、冷轧废水深度处理回用、烧结烟气脱硫废水处理回用等技术研发和应用

3. 非高炉炼铁技术

4. 高性能轴承钢,高性能齿轮用钢,高性能冷镦钢,高性能合金弹簧钢,先进轨道交通装备用钢,节能与新能源汽车用钢,低铁损高磁感取向电工钢,高性能工模具钢,建筑结构用高强度抗震钢筋、钢板及型钢,超高强度桥梁缆索用钢,高性能管线钢,高性能耐磨钢,高性能耐蚀钢,高强度高韧性工程机械用钢,海洋工程装备及高技术船舶用钢,电力装备用特殊钢,油气钻采集输用高品质特殊钢,高性能不锈钢,高温合金,高延性冷轧带肋钢筋,非调质钢,汽车等机械行业用高强钢,高纯度、高品质合金粉末,复合钢材,半导体用高纯高性能钢

5. 在线热处理、在线性能控制、在线强制冷却的新一代热机械控制加工(TMCP)工艺、铸坯直接轧制、无头轧制、超快速冷却、节能高效轧制及后续处理等技术应用

6. 直径600毫米及以上超高功率电极、高炉用微孔和超微孔碳砖、特种石墨(高强、高密、高纯、高模量)、石墨(质)化阴极、内串石墨化炉开发与生产,环保均质化凉料设备开发与生产应用

7. 焦炉、高炉、热风炉用长寿节能环保耐火材料生产工艺;精炼钢用低碳、无碳耐火材料、保温材料和高效连铸用功能环保性耐火材料生产工艺

8. 钢铁产品全流程质量管控技术

9. 利用钢铁生产设备处理社会废弃物(不含危险废物)

10. 钢铁行业超低排放技术,以及副产物资源化、再利用化技术

11. 冶金固体废弃物(含冶金矿山废石、尾矿,钢铁厂产生的各类尘、泥、渣、铁皮等)综合利用先进工艺技术;冶金废液(含废水、废酸、废油等)循环利用工艺技术与设备

12. 钢铁与相关产业间可循环流程工艺技术开发与应用

13. 带式焙烧等高效球团矿生产工艺技术,高炉高比例球团冶炼工艺技术

九、有色金属

1. 有色金属现有矿山接替资源勘探开发,紧缺资源的深部及难采矿床开采

2. 高效、低耗、低污染、新型冶炼技术开发

3. 高效、节能、低污染、规模化再生资源回收与综合利用。(1)废杂有色金属回收利用。(2)有价元素的综合利用。(3)赤泥及其他冶炼废渣综合利用。(4)高铝粉煤灰提取氧化铝。(5)钨冶炼废渣的减量化、资源化和无害化利用处置

4. 信息、新能源有色金属新材料生产。(1)信息:直径200mm以上的硅单晶及抛光片、直径125mm以上直拉或直径50mm以上水平生长化合物半导体材料、铝铜硅钨钼稀土等大规格高纯靶材、超高纯稀有金属及靶材、高端电子级多晶硅、超大规模集成电路铜镍硅和铜铬锆引线框架材料、电子焊料等。(2)新能源:核级海绵锆及锆材、高容量长寿命二次电池电极材料、前驱体材料

5. 交通运输、高端制造及其他领域有色金属新材料。(1)交通运输:抗压强度不低于500MPa、导电率不低于80%IACS的铜合金精密带材和超长线材制品等高强高导铜合金、交通运输工具主承力结构用的新型高强、高韧、耐蚀铝合金材料及大尺寸制品(航空用铝合金抗压强度不低于650MPa,高速列车用铝合金抗压强度不低于500MPa)、高性能镁合金及其制品。(2)高端制造及其他领域:用于航空航天、核工业、医疗等领域高性能钨材料及钨基复合材料,高性能超细、超粗、复合结构硬质合金材料及深加工产品,蜂窝陶瓷载体及稀土催化材料,低模量钛合金材料及记忆合金等生物医用材料,耐腐蚀热交换器用铜合金及钛合金材料,3D打印用高端金属粉末材料,高品质稀土磁性材料、储氢材料、光功能材料、合金材料、特种陶瓷材料、助剂及高端应用

6. 新能源、半导体照明、电子领域用连续性金属卷材、真空镀膜材料、高性能铜箔材料

十、黄金

1. 黄金深部(1000米及以下)探矿与开采

2. 从尾矿及废石中回收黄金

3. 黄金冶炼有价元素高效综合利用〔难处理矿石选冶回收率≥75%;低品位矿石选冶回收率≥65%(不含堆浸);当黄金与其他矿物共生时,综合利用率≥70%;当黄金与其他矿物伴生时,综合利用率≥50%〕

十一、石化化工

1. 高标准油品生产技术开发与应用,煤经甲醇制对二甲苯

2. 硫、钾、硼、锂、溴等短缺化工矿产资源勘探开发及综合利用,磷矿选矿尾矿综合利用技术开发与应用,中低品位磷矿、萤石矿采选与利用,磷矿、萤石矿伴生资源综合利用

3. 零极距、氧阴极等离子膜烧碱电解槽节能技术、废盐酸制氯气等综合利

用技术、铬盐清洁生产新工艺的开发和应用，全封闭高压水淬渣及无二次污染磷泥处理黄磷生产工艺，气动流化塔生产高锰酸钾，全热能回收热法磷酸生产，大型脱氟磷酸钙生产装置

4. 10万吨/年及以上离子交换法双酚A、15万吨/年及以上直接氧化法环氧丙烷、20万吨/年及以上共氧化法环氧丙烷、万吨级己二腈生产装置，万吨级脂肪族异氰酸酯生产技术开发与应用

5. 优质钾肥及各种专用肥、水溶肥、液体肥、中微量元素肥、硝基肥、缓控释肥的生产，磷石膏综合利用技术开发与应用

6. 高效、安全、环境友好的农药新品种、新剂型、专用中间体、助剂的开发与生产，定向合成法手性和立体结构农药生产，生物农药新产品、新技术的开发与生产

7. 水性木器、工业、船舶用涂料，高固体分、无溶剂、辐射固化涂料，低VOCs含量的环境友好、资源节约型涂料，用于大飞机、高铁等重点领域的高性能防腐涂料生产；单线产能3万吨/年及以上氯化法钛白粉生产

8. 高固着率、高色牢度、高提升性、高匀染性、高重现性、低沾污性以及低盐、低温、小浴比染色用和湿短蒸轧染用的活性染料，高超细旦聚酯纤维染色性、高洗涤牢度、高染着率、高光牢度和低沾污性（尼龙、氨纶）、高耐碱性、低毒低害环保型、小浴比染色用的分散染料，聚酰胺纤维、羊毛和皮革染色用高耐洗、高氯漂、高匀染、高遮盖力的酸性染料，高色牢度、功能性还原染料，高色牢度、功能性、低芳胺、无重金属、易分散、原浆着色的有机颜料，采用上述染料、颜料生产的水性液态着色剂

9. 染料、有机颜料及其中间体清洁生产、本质安全的新技术（包括发烟硫酸连续磺化、连续硝化、连续酰化、连续萃取、连续加氢还原、连续重氮偶合等连续化工艺，催化、三氧化硫磺化、绝热硝化、定向氯化、组合增效、溶剂反应、双氧水氧化、循环利用等技术，以及取代光气等剧毒原料的适用技术，膜过滤和原浆干燥技术）的开发和应用

10. 乙烯-乙烯醇共聚树脂、聚偏氯乙烯等高性能阻隔树脂，聚异丁烯、乙烯-辛烯共聚物、茂金属聚乙烯等特种聚烯烃，高碳α烯烃等关键原料的开发与生产，液晶聚合物、聚苯硫醚、聚苯醚、芳族酮聚合物、聚芳醚醚腈等工程塑料生产以及共混改性、合金化技术开发和应用，高吸水性树脂、导电性树脂和可降解聚合物的开发与生产，长碳链尼龙、耐高温尼龙等新型聚酰胺开发与生产

11. 5万吨/年及以上溴化丁基橡胶、溶聚丁苯橡胶、稀土顺丁橡胶，丙烯酸酯橡胶，固含量大于60%的丁苯胶乳、异戊二烯胶乳开发与生产；合成橡胶

化学改性技术开发与应用；聚丙烯热塑性弹性体（PTPE）、热塑性聚酯弹性体（TPEE）、氢化苯乙烯-异戊二烯热塑性弹性体（SEPS）、动态全硫化热塑性弹性体（TPV）、有机硅改性热塑性聚氨酯弹性体等热塑性弹性体材料开发与生产

12. 改性型、水基型胶粘剂和新型热熔胶，环保型吸水剂、水处理剂，分子筛固汞、无汞等新型高效、环保催化剂和助剂，纳米材料，功能性膜材料，超净高纯试剂、光刻胶、电子气、高性能液晶材料等新型精细化学品的开发与生产

13. 苯基氯硅烷、乙烯基氯硅烷等新型有机硅单体，苯基硅油、氨基硅油、聚醚改性型硅油等，苯基硅橡胶、苯撑硅橡胶等高性能硅橡胶及杂化材料，甲基苯基硅树脂等高性能树脂，三乙氧基硅烷等高效偶联剂

14. 全氟烯醚等特种含氟单体，聚全氟乙丙烯、聚偏氟乙烯、聚三氟氯乙烯、乙烯-四氟乙烯共聚物等高品质氟树脂，氟醚橡胶、氟硅橡胶、四丙氟橡胶、高含氟量246氟橡胶等高性能氟橡胶，含氟润滑油脂，消耗臭氧潜能值（ODP）为零、全球变暖潜能值（GWP）低的消耗臭氧层物质（ODS）替代品，全氟辛基磺酰化合物（PFOS）和全氟辛酸（PFOA）及其盐类的替代品和替代技术开发和应用，含氟精细化学品和高品质含氟无机盐

15. 高性能子午线轮胎〔包括无内胎载重子午胎、巨型工程子午胎（49吋以上），低断面和扁平化（低于55系列）〕及智能制造技术与装备，航空轮胎、农用子午胎及配套专用材料和设备生产，新型天然橡胶开发与应用

16. 生物高分子材料、填料、试剂、芯片、干扰素、传感器、纤维素生化产品开发与生产

17. 四氯化碳、四氯化硅、甲基三氯硅烷、三甲基氯硅烷等副产物的综合利用，二氧化碳的捕获与应用

十二、建材

1. 利用不低于2000吨/日（含）新型干法水泥窑或不低于6000万块/年（含）新型烧结砖瓦生产线协同处置废弃物，水泥窑协同处置垃圾焚烧飞灰使用水洗工艺脱盐预处理；新型干法水泥窑生产硫（铁）铝酸盐水泥、铝酸盐水泥、白色硅酸盐水泥等特种水泥工艺技术及产品的研发与应用；新型静态水泥熟料煅烧工艺技术的研发与应用；新型干法水泥窑替代燃料技术、烟气二氧化碳捕集纯化技术的研发与应用；水泥外加剂的开发与应用；粉磨系统节能改造（水泥立磨、生料辊压机终粉磨等）；水泥包装自动插袋机、包装机、装车机开发与应用

2. 规模不超过150吨/日（含）的电子信息产业用超薄基板玻璃、触控玻璃、高铝盖板玻璃、载板玻璃、导光板玻璃生产线、技术装备和产品；高硼硅玻

璃，微晶玻璃；交通工具和太阳能装备用铝硅酸盐玻璃；大尺寸（1 平方米及以上）铜铟镓硒和碲化镉等薄膜光伏电池背电极玻璃；节能、安全、显示、智能调控等功能玻璃产品及技术装备；连续自动化真空玻璃生产线；玻璃熔窑用全氧/富氧燃烧技术；一窑多线平板玻璃生产技术与装备；玻璃熔窑用低导热熔铸锆刚玉、长寿命（12 年及以上）无铬碱性高档耐火材料

3. 适用于装配式建筑的部品化建材产品；低成本相变储能墙体材料及墙体部件；光伏建筑一体化部品部件；岩棉复合材料制品/部品；气凝胶节能材料；A 级阻燃保温材料制品，建筑用复合真空绝热保温材料，保温、装饰等功能一体化复合板材，桥梁隧道、地下管廊、岛礁设施、海工设施等领域用长寿命防水防腐阻燃复合材料，改性沥青防水卷材、高分子防水卷材、水性或高固含量防水涂料等新型建筑防水材料；功能型装饰装修材料及制品，绿色无醛人造板以及路面砖（板）、路面透水砖（板）、广场透水砖（板）、装饰砖（砌块）、仿古砖、护坡生态砖（砌块）、水工生态砖（砌块）等绿色建材产品技术开发与生产应用

4. 陶瓷集中制粉、陶瓷园区清洁煤制气生产技术开发与应用；单块面积大于 1.62 平方米（含）的陶瓷板生产线和工艺装备技术开发与应用；利用尾矿、废弃物等生产的轻质发泡陶瓷隔墙板及保温板材生产线和工艺装备技术开发与应用

5. 一次冲洗用水量 6 升及以下的坐便器、蹲便器，节水型生活用水器具及节水控制设备，智能坐便器、卫浴集成系统，满足装配式要求的整体卫浴部品开发与生产

6. 8 万吨/年及以上无碱玻璃纤维粗纱（单丝直径>9 微米）池窑拉丝技术，5 万吨/年及以上无碱玻璃纤维细纱（单丝直径≤9 微米）池窑拉丝技术，超细、高强高模、耐碱、低介电、高硅氧、可降解、异形截面等高性能玻璃纤维及玻纤制品技术开发与生产；玄武岩纤维池窑拉丝技术；碳化硅纤维、复合纤维；航空航天、环保、海工、电工电子、交通、能源、建筑、物联网、畜牧养殖等领域用热塑性、热固性复合材料产品及其高效成型制备工艺和装备；树脂基复合材料废弃物回收利用技术与装备；20 万吨/年及以上矿物原料粉体加工生产线

7. 使用合成矿物纤维、芳纶纤维等作为增强材料的无石棉摩擦、密封材料新工艺、新产品开发与生产

8. 信息、新能源、国防、航天航空等领域用高品质人工晶体材料、制品和器件，功能性人造金刚石材料生产装备技术开发；高纯石英原料（纯度大于等于 99.999%）、半导体用高端石英坩埚、化学气相合成石英玻璃等制造技术开发与生产；航天航空等领域所需的特种玻璃制造技术开发与生产；高纯纳米级球形硅微粉与高纯工业硅的生产、应用及其技术装备开发与应用

9. 石墨烯材料生产及应用开发；环境治理、节能储能、电子信息、保温隔热、农业用等非金属矿物功能材料生产及其技术装备开发应用；矿物超细材料加工在线检测与控制智能化生产线；非金属矿开采、加工、贸易、应用、投资等产业大数据平台技术开发和建设

10. 30万平方米/年及以上超薄复合石材生产；机械化石材矿山开采；矿石碎料和板材边角料、石粉综合利用生产及工艺装备开发；无机人造石的生产，采用无毒或低毒树脂的树脂基人造石的生产

11. 利用矿山尾矿、建筑废弃物、工业废弃物、江河湖(渠)海淤泥以及农林剩余物等二次资源生产建材及其工艺技术装备开发

12. 精细陶瓷粉体、适用于增材制造的陶瓷前驱体及陶瓷短切纤维；陶瓷球、陶瓷阀门、陶瓷螺杆等精密成型的陶瓷部件；陶瓷膜、蜂窝陶瓷、泡沫陶瓷；陶瓷基板、陶瓷绝缘部件、电子陶瓷材料及部件；连续陶瓷纤维及纤维增强陶瓷基复合材料；医用精细陶瓷材料及部件；陶瓷墨水材料；精密研磨及抛光用陶瓷材料等工业陶瓷技术开发与生产应用；信息、新能源、国防、航空航天等领域用高性能陶瓷的制造技术开发与生产

13. 储料区、主机搅拌楼、物料输送系统等主要生产区域实现全封闭，并配置主动式收尘、降尘设备，采用信息化集成管理系统进行运营管理，具备消纳城市固废能力的智能化预拌混凝土生产线；海洋工程用混凝土、轻质高强混凝土、超高性能混凝土、混凝土自修复材料的开发和应用

14. 用于工程或装备的建材产品质量追溯体系开发与应用

十三、医药

1. 拥有自主知识产权的新药开发和生产，天然药物开发和生产，满足我国重大、多发性疾病防治需求的通用名药物首次开发和生产，药物新剂型、新辅料、儿童药、短缺药的开发和生产，药物生产过程中的膜分离、超临界萃取、新型结晶、手性合成、酶促合成、连续反应、系统控制等技术开发与应用，基本药物质量和生产技术水平提升及降低成本，原料药生产节能降耗减排技术、新型药物制剂技术开发与应用

2. 重大疾病防治疫苗、抗体药物、基因治疗药物、细胞治疗药物、重组蛋白质药物、核酸药物，大规模细胞培养和纯化技术、大规模药用多肽和核酸合成、抗体偶联、无血清无蛋白培养基培养、发酵、纯化技术开发和应用，纤维素酶、碱性蛋白酶、诊断用酶等酶制剂，采用现代生物技术改造传统生产工艺

3. 新型药用包装材料与技术的开发和生产(中性硼硅药用玻璃，化学稳定性好、可降解、具有高阻隔性的功能性材料，气雾剂、粉雾剂、自我给药、预灌封、自动混药等新型包装给药系统及给药装置)

4. 濒危稀缺药用动植物人工繁育技术开发，实验动物标准化养殖及动物实验服务，先进农业技术在中药材规范化种植、养殖中的应用，中药质量控制新技术开发和应用，中药现代剂型的工艺技术，中药饮片炮制技术传承与创新，中药经典名方的开发与生产，中药创新药物的研发与生产，中成药二次开发和生产，民族药物开发和生产

5. 新型医用诊断设备和试剂、数字化医学影像设备，人工智能辅助医疗设备，高端放射治疗设备，电子内窥镜、手术机器人等高端外科设备，新型支架、假体等高端植入介入设备与材料及增材制造技术开发与应用，危重病用生命支持设备，移动与远程诊疗设备，新型基因、蛋白和细胞诊断设备

6. 高端制药设备开发与生产，透皮吸收、粉雾剂等新型制剂生产设备，大规模生物反应器及附属系统，蛋白质高效分离和纯化设备，中药高效提取设备，药品连续化生产技术及装备

十四、机械

1. 高档数控机床及配套数控系统：五轴及以上联动数控机床，数控系统，高精密、高性能的切削刀具、量具量仪和磨料磨具

2. 大型发电机组、大型石油化工装置、大型冶金成套设备等重大技术装备用分散型控制系统（DCS），现场总线控制系统（FCS），新能源发电控制系统

3. 具备运动控制功能和远程 IO 的可编程控制系统（PLC），输入输出点数 512 个以上，拥有独立的软件系统、独立的通讯协议、兼容多种通用通讯协议、支持实时多任务、拥有多样化编程语言、拥有可定制化指令集等

4. 数字化、智能化、网络化工业自动检测仪表，原位在线成份分析仪器，电磁兼容检测设备，智能电网用智能电表（具有发送和接收信号、自诊断、数据处理功能），具有无线通信功能的低功耗各类智能传感器，可加密传感器，核级监测仪表和传感器

5. 用于辐射、有毒、可燃、易爆、重金属、二噁英等检测分析的仪器仪表，水质、烟气、空气检测仪器；药品、食品、生化检验用高端质谱仪、色谱仪、光谱仪、X 射线仪、核磁共振波谱仪、自动生化检测系统及自动取样系统和样品处理系统

6. 科学研究、智能制造、测试认证用测量精度达到微米以上的多维几何尺寸测量仪器，自动化、智能化、多功能材料力学性能测试仪器，工业 CT、三维超声波探伤仪等无损检测设备，用于纳米观察测量的分辨率高于 3.0 纳米的电子显微镜

7. 城市智能视觉监控、视频分析、视频辅助刑事侦察技术设备

8. 矿井灾害（瓦斯、煤尘、矿井水、火、围岩噪声、振动等）监测仪器仪表和

安全报警系统

9. 综合气象观测仪器装备(地面、高空、海洋气象观测仪器装备,专业气象观测、大气成分观测仪器装备,气象雷达及耗材等)、移动应急气象观测系统、移动应急气象指挥系统、气象计量检定设备、气象观测仪器装备运行监控系统

10. 水文数据采集仪器及设备、水文仪器计量检定设备

11. 地震、地质灾害监测仪器仪表

12. 海洋观测、探测、监测技术系统及仪器设备

13. 数字多功能一体化办公设备(复印、打印、传真、扫描)、数字照相机、数字电影放映机等现代文化办公设备

14. 时速200公里以上动车组轴承,轴重23吨及以上大轴重重载铁路货车轴承,大功率电力/内燃机车轴承,使用寿命240万公里以上的新型城市轨道交通轴承,使用寿命25万公里以上轻量化、低摩擦力矩汽车轴承及单元,耐高温(400℃以上)汽车涡轮、机械增压器轴承,P4、P2级数控机床轴承,2兆瓦(MW)及以上风电机组用各类精密轴承,使用寿命大于5000小时盾构机等大型施工机械轴承,P5级、P4级高速精密冶金轧机轴承,飞机发动机轴承及其他航空轴承,医疗CT机轴承,深井超深井石油钻机轴承,海洋工程轴承,电动汽车驱动电机系统高速轴承(转速≥1.2万转/分钟),工业机器人RV减速机谐波减速机轴承,以及上述轴承的零件

15. 单机容量80万千瓦及以上混流式水力发电设备(水轮机、发电机及调速器、励磁等附属设备),单机容量35万千瓦及以上抽水蓄能、5万千瓦及以上贯流式和10万千瓦及以上冲击式水力发电设备及其关键配套辅机

16. 60万千瓦及以上超临界、超超临界火电机组用发电机保护断路器、泵、阀等关键配套辅机、部件

17. 60万千瓦及以上超临界参数循环流化床锅炉

18. 燃气轮机高温部件(300MW以上重型燃机用转子体锻件、大型高温合金轮盘、缸体、叶片等)及控制系统

19. 60万千瓦及以上发电设备用转子(锻造、焊接)、转轮、叶片、泵、阀、主轴护环等关键铸件、锻件

20. 高强度、高塑性球墨铸铁件;高性能蠕墨铸铁件;高精度、高压、大流量液压铸件;有色合金特种铸造工艺铸件;高强钢锻件;耐高温、耐低温、耐腐蚀、耐磨损等高性能,轻量化新材料铸件、锻件;高精度、低应力机床铸件、锻件;汽车、能源装备、轨道交通装备、航空航天、军工、海洋工程装备关键铸件、锻件

21. 500千伏(kV)及以上超高压、特高压交直流输电设备及关键部件:变压器(出线装置、套管、调压开关),开关设备(灭弧装置、液压操作机构、大型盆

式绝缘子),高强度支柱绝缘子和空心绝缘子,悬式复合绝缘子,绝缘成型件,特高压避雷器、直流避雷器,电控、光控晶闸管,换流阀(平波电抗器、水冷设备),控制和保护设备,直流场成套设备等

22. 高压真空元件及开关设备,智能化中压开关元件及成套设备,使用环保型中压气体的绝缘开关柜,智能型(可通信)低压电器,非晶合金、卷铁芯等节能配电变压器

23. 二代改进型、三代、四代核电设备及关键部件,多用途模块化小型堆设备及关键部件;2.5兆瓦以上风电设备整机及2.0兆瓦以上风电设备控制系统、变流器等关键零部件;各类晶体硅和薄膜太阳能光伏电池生产设备;海洋能(潮汐、海浪、洋流)发电设备

24. 直接利用高炉铁液生产铸铁件的短流程熔化工艺与装备;铝合金集中熔炼短流程铸造工艺与装备;铸造用高纯生铁、铸造用超高纯生铁生产工艺与装备;粘土砂高紧实度造型自动生产线及配套砂处理系统;自硬砂高效成套设备及配套砂处理系统;消失模/V法/实型成套技术与装备;外热送风水冷长炉龄大吨位(10吨/小时以上)冲天炉;外热风冲天炉余热利用技术与装备;大型压铸机(合模力3500吨以上);自动化智能制芯中心;壳型、精密组芯造型、硅溶胶熔模、压铸、半固态、挤压、差压、调压等特种铸造技术与装备;应用于铸造生产的3D打印和砂型切削快速成型技术与装备;自动浇注机;铸件在线检测技术与装备;铸件高效自动化清理成套设备;铸造专用机器人的制造与应用

25. 铸造用树脂砂、粘土砂等干(热)法再生回用技术应用;环保树脂、无机粘结剂造型和制芯技术的应用

26. 高速精密压力机(180~2500kN,2000~750次/分钟)、黑色金属液压挤压机(150毫米/秒以上)、轻合金液压挤压机(10毫米/秒以下)、高速精密剪切机(2000kN以上,70~80次/分钟,断面斜度1.5°以下)、内高压成形机(10000kN以上)、大型折弯机(60000kN以上)、数字化钣金加工中心(柔性制造中心/柔性制造系统)、高速强力旋压机(径向旋压力/每轮:1000kN,轴向旋压力/每轮:800kN,主轴转矩:240kN·m,主轴最高转速:95转/分钟)、数控多工位冲压机(替换为伺服多工位压力机)、大公称压力冷/温锻压力机(有效公称力行程25mm以上,公称力10000kN以上)、4工位以上自动温/热锻造压力机(公称力16000kN以上);伺服多工位压力机(12000~30000kN)、大型伺服压力机(8000~25000kN)、级进模压力机(6000~16000kN)、复合驱动热成型压力机(公称力≥12000kN,对称连杆增力机构,行程次数14~18次/分钟,滑块行程1100mm,滑块调节量500mm,下行最大速度1000mm/s,回程最大速度1000mm/s,连杆增力系数≥6)、高速复合传动压力机智能化冲压线(公称力≥

30600kN,复合油缸驱动对称连杆增力机构,单机连续行程次数≥12 次/分钟,生产线节拍 6~8 件/分钟)、新一代飞机蒙皮综合拉形智能化成套装备研发与制造〔最大拉伸力≥15MN,板料厚度≤10mm,钳口最大开口度≤80mm,钳口极限负载系数(单位宽度最大拉伸力)≥63kN/mm,主缸拉伸位置同步精度±0.5mm,延伸量控制精度≤0.2%〕;航空航天大型及超大型钣金零件充液成形工艺及装备(大涵道比发动机进气道整体唇口制造技术):(设备公称力 200MN,拉深吨位 16000T,压边吨位 4000T,滑块行程 3000mm,工作台面尺寸 5000mm×5000mm,液室压力 10MPa,液室容积 6000L,排水量 4300L);径向锻造机(精锻机)和旋锻机(630~22000kN);脉动挤压机(振动挤压机)(630~22000kN),高速镦锻机(100 件/分钟,锻件重量 1.6kg 以上)

27. 乙烯裂解三机,40 万吨级(聚丙烯等)挤压造粒机组,50 万吨级合成气、氨、氧压缩机等关键设备

28. 大型风力发电密封件(使用寿命 7 年以上,工作温度-45~100℃);核电站主泵机械密封(适用压力≥17 兆帕,工作温度 26.7~73.9℃);盾构机主轴承密封(使用寿命 5000 小时);轿车动力总成系统以及传动系统旋转密封;石油钻井、测井设备密封(适用压力≥105 兆帕);液压支架密封件;高 PV 值旋转动密封件;超大直径(≥2 米)机械密封;航天用密封件(工作温度-54~275℃,线速度≥150 米/秒);高压液压元件密封件(适用压力≥31.5 兆帕);高精密液压铸件(流道尺寸精度≤0.25 毫米,疲劳性能测试≥200 万次)

29. 高性能无石棉密封材料(耐热温度 500℃,抗拉强度≥20 兆帕);高性能碳石墨密封材料〔耐热温度 350℃,抗压强度≥270 兆帕);高性能无压烧结碳化硅材料(弯曲强度≥200 兆帕,热导率≥130 瓦/米·开尔文(W/m·K)〕

30. 智能焊接设备,激光焊接和切割、电子束焊接等高能束流焊割设备,搅拌摩擦、复合热源等焊接设备,数字化、大容量逆变焊接电源

31. 大型模具(下底板半周长度冲压模>2500 毫米,下底板半周长度型腔模>1400 毫米)、精密模具(冲压模精度≤0.02 毫米,型腔模精度≤0.05 毫米)、多工位自动深拉伸模具、多工位自动精冲模具

32. 大型(装炉量 1 吨以上)多功能可控气氛热处理设备、程控化学热处理设备、程控多功能真空热处理设备及装炉量 500 公斤以上真空热处理设备、全纤维炉衬热处理加热炉

33. 合金钢、不锈钢、耐候钢高强度紧固件、钛合金、铝合金紧固件和精密紧固件;航空、航天、高铁、发动机等用弹簧;高精度传动联结件,大型轧机联结轴;新型粉末冶金零件:高密度(≥7.0 克/立方厘米)、高精度、形状复杂结构件;高速列车、飞机摩擦装置;含油轴承;动车组用齿轮变速箱,船用可变桨齿

轮传动系统、2.0 兆瓦以上风电用变速箱、冶金矿山机械用变速箱；汽车动力总成、工程机械、大型农机用链条；重大装备和重点工程配套基础零部件

34. 海水淡化设备

35. 机器人及集成系统：特种服务机器人、医疗康复机器人、公共服务机器人、个人服务机器人、人机协作机器人、双臂机器人、弧焊机器人、重载 AGV、专用检测与装配机器人集成系统等。机器人用关键零部件：高精密减速器、高性能伺服电机和驱动器、全自主编程等高性能控制器、传感器、末端执行器等。机器人共性技术：检验检测与评定认证、智能机器人操作系统、智能机器人云服务平台

36. 500 万吨/年及以上矿井、薄煤层综合采掘设备，1000 万吨级/年及以上大型露天矿关键装备

37. 18MW 及以上集成式压缩机组、直径 1200 毫米及以上的天然气输气管线配套压缩机、燃气轮机、阀门等关键设备；单线 260 万吨/年及以上天然气液化配套的压缩机及驱动机械、低温设备等；大型输油管线配套的 3000 立方米/小时及以上输油泵等关键设备

38. 单张纸多色胶印机（幅宽≥750 毫米，印刷速度：单面多色≥16000 张/小时，双面多色≥13000 张/小时）；商业卷筒纸胶印机（幅宽≥787 毫米，印刷速度≥7 米/秒，套印精度≤0.1 毫米）；报纸卷筒纸胶印机（印刷速度：单纸路单幅机≥75000 张/小时，双纸路双幅机≥15 万张/小时，套印精度≤0.1 毫米）；多色宽幅柔性版印刷机（印刷宽度≥1300 毫米，印刷速度≥400 米/分钟）；机组式柔性版印刷机（印刷速度≥250 米/分钟）；环保多色卷筒料凹版印刷机（印刷速度≥300 米/分钟，套印精度≤0.1 毫米）；喷墨数字印刷机（出版用：印刷速度≥150 米/分钟，分辨率≥600dpi；包装用：印刷速度≥30 米/分，分辨率≥1000dpi；可变数据用：印刷速度≥100 米/分钟，分辨率≥300dpi）；CTP 直接制版机（成像速度≥35 张/小时，版材幅宽≥750 毫米，重复精度 0.01 毫米，分辨率≥3000dpi）；无轴数控平压平烫印机（烫印速度≥1 万张/小时，加工精度 0.05 毫米）

39. 100 马力以上、配备有动力换挡变速箱或无级变速箱、总线控制系统、安全驾驶室、动力输出轴有 2 个以上转速、液压输出点不少于 3 组的两轮或四轮驱动的轮式拖拉机、履带式拖拉机。配套动力 50 马力以上的中耕型拖拉机、果园用拖拉机、高地隙拖拉机（最低离地高度 40 厘米以上）

40. 100 马力以上拖拉机配套农机具：保护性耕作所需要的深松机、联合整地机和整地播种联合作业机等，常规农业作业所需要的单体幅宽≥40 厘米的铧式犁、圆盘耙、谷物条播机、中耕作物精密播种机、中耕机、免耕播种机、大

型喷雾(喷粉)机等

41. 100 马力以上拖拉机关键零部件:动力换挡变速箱,液压机械无级变速箱、一体式泵马达、轮式拖拉机用带轮边制动和限滑式差速锁的前驱动桥,ABS 制动系统,电动拖拉机电池、电机及其控制系统,离合器,液压泵、液压油缸、各种阀及液压输出阀等封闭式液压系统,闭心变量、负载传感的电控液压提升器,电控系统,液压转向机构等

42. 农作物移栽机械:乘坐式盘土机动高速水稻插秧机(每分钟插次 350 次以上,每穴 3~5 株,适应行距 20~30 厘米,株距可调,适应株距 12~22 厘米);盘土式机动水稻摆秧机(乘坐式或手扶式,适应行距为 20~30 厘米,株距可调,适应株距为 12~22 厘米)等

43. 农业收获机械:自走式谷物联合收割机(喂入量 6 千克/秒以上);自走式半喂入水稻联合收割机(4 行以上,配套发动机 44 千瓦以上);自走式玉米联合收割机(3~6 行,摘穗型,带有剥皮装置,以及茎秆粉碎还田装置或茎秆切碎收集装置);穗茎兼收玉米收获机(摘穗剥皮、茎秆切碎回收),自走式玉米籽粒联合收获机(4 行以上,籽粒直收型);自走式大麦、草苜蓿、玉米、高粱等青贮饲料收获机(配套动力 147 千瓦以上,茎干切碎长度 10~60 毫米,"具有金属探测、石块探测安全装置及籽粒破碎功能");棉花采摘机(3 行以上,自走式或拖拉机背负式,摘花装置为机械式或气力式,适应棉珠高度 35~160 厘米,装有籽棉集装箱和自动卸棉装置);马铃薯收获机(自走式或拖拉机牵引式,2 行以上,行距可调,带有去土装置和收集装置,最大挖掘深度 35 厘米),甘蔗收获机(自走式或拖拉机背负式,配套功率 58 千瓦以上,宿根破碎率≤18%,损失率≤7%);残膜回收与茎秆粉碎联合作业机;牧草收获机械(自走式牧草收割机、悬挂式割草压扁机、指盘式牧草搂草机、牧草捡拾压捆机等);自走式薯类收获机械;杂交构树联合收获机械

44. 节水灌溉设备:各种大中型喷灌机、各种类型微滴灌设备等;抗洪排涝设备(排水量 1500 立方米/小时以上,扬程 5~20 米,功率 1500 千瓦以上,效率 60%以上,可移动)

45. 沼气发生设备:沼气发酵及储气一体化(储气容积 300~2000 立方米系列产品)、沼液抽渣设备(抽吸量 1 立方米/分钟以上)等

46. 大型施工机械:30 吨以上液压挖掘机、6 米及以上全断面掘进机、320 马力及以上履带推土机、6 吨及以上装载机、600 吨及以上架桥设备(含架桥机、运梁车、提梁机)、400 吨及以上履带起重机、100 吨及以上全地面起重机、25 吨及以上集装箱正面吊、1000 吨/米及以上塔式起重机、钻孔 100 毫米以上凿岩台车、1 米宽及以上铣刨机、75 吨及以上矿用车、220 马力及以上平地机、

18吨及以上振动液压式压路机、9米及以上摊铺机、1米及以上铣刨机、20吨及以上集装箱叉车、8吨及以上内燃叉车、3吨及以上电瓶叉车、40米及以上砼泵车、8立方米及以上砼搅拌车、90立方米/时及以上砼搅拌站、400千瓦及以上砼冷热再生设备、2000毫米及以上旋挖钻机、400毫米及以上地下连续墙开挖设备；关键零部件：动力换挡变速箱、湿式驱动桥、回转支承、液力变矩器、为电动叉车配套的电机、电控、压力25兆帕以上液压马达、泵、控制阀

47. 智能物流与仓储装备、信息系统，智能物料搬运装备，智能港口装卸设备，农产品智能物流装备等

48. 非道路移动机械用高可靠性、低排放、低能耗的内燃机：寿命指标（重型8000~12000小时，中型5000~7000小时，轻型3000~4000小时）、排放指标（符合欧ⅢB、欧Ⅳ、欧Ⅴ、国三、国四排放指标要求）；影响非道路移动机械用内燃机动力性、经济性、环保性的燃油系统、增压系统、排气后处理系统（均包括电子控制系统）

49. 制冷空调设备及关键零部件：热泵、复合热源（空气源与太阳能）热泵热水机、二级能效及以上制冷空调压缩机、微通道和降膜换热技术与设备、电子膨胀阀和两相流喷射器及其关键零部件；使用环保制冷剂（ODP为0、GWP值较低）的制冷空调压缩机

50. 12000米及以上深井钻机、极地钻机、高位移性深井沙漠钻机、沼泽难进入区域用钻机、海洋钻机、车装钻机、特种钻井工艺用钻机等钻机成套设备

51. 危险废物（含医疗废物）集中处理设备

52. 大型高效二板注塑机（合模力1000吨以上）、全电动塑料注射成型机（注射量1000克以下）、节能型塑料橡胶注射成型机（能耗0.4千瓦时/千克以下）、高速节能塑料挤出机组（生产能力30~3000公斤/小时，能耗0.35千瓦时/千克以下）、微孔发泡塑料注射成型机（合模力60~1000吨，注射量30~5000克，能耗0.4千瓦时/千克以下）、大型双螺杆挤出造粒机组（生产能力30~60万吨/年）、大型对位芳纶反应挤出机组（生产能力1.4万吨/年以上）、碳纤维预浸胶机组（生产能力60万米/年以上；幅宽1.2米以上）、纤维增强复合材料在线混炼注塑成型设备（合模力200~6800吨，注射量600~85000克）

53. 纳滤膜和反渗透膜纯水装备

54. 安全饮水设备：组合式一体化净水器（处理量100~2500吨/小时）

55. 大气污染治理装备：燃煤发电机组脱硫、脱硝、除尘等超低排放成套技术装备；钢铁炉窑烟气细颗粒物预荷电袋式除尘技术装备；焦炉烟气SDA脱硫+SCR脱硝技术装备；电解铝烟气氧化铝脱氟除尘技术装备；钢铁烧结烟气干法脱硫除尘成套装备；袋式除尘器；电袋复合除尘技术装备（颗粒物排放浓度<

10毫克/立方米）；催化裂化再生烟气除尘脱硫技术装备；VOCs吸附回收装置；VOCs焚烧装置；炉窑、料场的无组织排放控制技术装备；饮食业油烟净化设备

56. 污水防治技术设备：城镇污水处理成套装备（除磷脱氮）；污泥水解厌氧消化技术装备；污泥干燥焚烧技术装备（减渣量90%以上）；浸没式膜生物反应器（COD去除率90%以上）；陶瓷真空过滤机（真空度：0.09~0.098兆帕，孔隙：0.2~20微米）；超生耦合法和生物膜法处理高浓度有机废水技术装备；油污水、化学品洗舱水处置技术装备

57. 固体废物防治技术设备：生活垃圾清洁焚烧技术装备（助燃煤量20%以下）；厨余垃圾集中无害化处理技术装备（利用率95%以上）；垃圾填埋渗滤液和臭气处理技术装备（处理量50吨/天以上）；生活垃圾自动化分选技术装备（分选率80%以上）；建筑垃圾处理和再利用工艺技术装备（处理量100吨/小时以上）；工业危险废弃物处置处理技术装备（处理率90%以上）；油田钻井废弃物处理处置技术与成套装备（减容50%以上，处理率70%以上）；医疗废物清洁焚烧、高温蒸煮无害化处理技术装备（处理量150千克/小时以上，燃烧效率70%以上）以及医疗废物微波、化学消毒处理技术装备；畜禽粪污集中处理技术装备（处理量20吨/天以上）

58. 土壤修复技术装备：破碎筛分一体机、气味抑制设备、直接热解吸设备、间接热解吸设备、土壤淋洗设备、土壤改良机、直推式钻探与采样设备

59. 撬毛台车、天井钻机钻、多功能破碎清塞机、双系统制动静液压四驱地下矿用多功能服务车、矿用便携式气体检测仪、井下近矿体帷幕注浆技术、井下电机车远程操控技术、膏体及高浓度尾矿充填技术与装备、切割井钻机

60. 热泵（地源、水源、空气源等）技术开发与装备制造

61. 智能配电网核心设备电力电子变压器技术开发与生产

62. 噪声与振动污染控制设备：声屏障、消声器、阻尼弹簧隔振器

63. 增材制造装备和专用材料

十五、城市轨道交通装备

1. 城市轨道交通减震、降噪技术应用

2. 自动售检票系统（AFC），车门、站台屏蔽门、车钩系统、风挡系统，火灾报警和自动灭火系统

3. 以无线通信为基础的信号系统〔含自动列车监控系统（ATS）、列车自动保护装置（ATP）、自动列车运行装置（ATO）〕

4. 轨道车辆交流牵引传动系统、制动系统及核心元器件（含IGCT、IGBT、SiC元器件），网络控制系统，永磁牵引电机，直流高速开关、真空断路器

(GIS)、新型智能开关器件

5. 车体、转向架、齿轮箱及车内装饰材料轻量化应用

6. 城轨列车再生制动吸收装置、能量回馈、能量储存系统

7. 轨道交通用检测试验仪器和监控系统

8. 全自动运行系统(FAO),基于车车通信的列车自主运行系统(TACS),智能运维系统

9. 城市轨道交通牵引供电系统(基于25kV交流牵引供电制式的城轨线路)

10. 磁悬浮列车,胶轮轨道交通技术装备

十六、汽车

1. 汽车关键零部件:汽油机增压器、电涡流缓速器、液力缓速器、随动前照灯系统、LED前照灯、数字化仪表、电控系统执行机构用电磁阀、低地板大型客车专用车桥、空气悬架、吸能式转向系统、大中型客车变频空调、高强度钢车轮、商用车盘式制动器、商用车轮胎爆胎应急防护装置、转向轴式电动助力转向系统(C-EPS)、转向齿条式电动助力转向系统(R-EPS)、怠速启停系统、高效高可靠性机电耦合系统;双离合器变速器(DCT)、电控机械变速器(AMT)、7挡及以上自动变速器(7挡及以上AT)、无级自动变速器(CVT);高效柴油发动机颗粒捕捉器;电控高压共轨喷射系统及其喷油器;高效增压系统(最高综合效率≥55%);废气再循环系统;电制动、电动转向及其关键零部件

2. 轻量化材料应用:高强度钢(符合GB/T 20564《汽车用高强度冷连轧钢板及钢带》标准或GB/T 34566《汽车用热冲压钢板及钢带》标准)、铝合金、镁合金、复合塑料、粉末冶金、高强度复合纤维等;先进成形技术应用:3D打印成型、激光拼焊板的扩大应用、内高压成形、超高强度钢板(强度≥980MPa、强塑积20~50GPa·%)热成形、柔性滚压成形等;环保材料应用:水性涂料、无铅焊料等

3. 新能源汽车关键零部件:高安全性能量型动力电池单体(能量密度≥300Wh/kg,循环寿命≥1800次);电池正极材料(比容量≥180mAh/g,循环寿命2000次不低于初始放电容量的80%),电池负极材料(比容量≥500mAh/g,循环寿命2000次不低于初始放电容量的80%),电池隔膜(厚度≤12μm,孔隙率35%~60%,拉伸强度MD≥800kgf/cm^2,TD≥800kgf/cm^2);电池管理系统,电机控制器,电动汽车电控集成;电动汽车驱动电机系统(高效区:85%工作区效率≥80%),车用DC/DC(输入电压100V~400V),大功率电子器件(IGBT,电压等级≥750V,电流≥300A);插电式混合动力机电耦合驱动系统;燃料电池发动机(质量比功率≥350W/kg)、燃料电池堆(体积比功率≥3kW/L)、膜电

极(铂用量≤0.3g/kW)、质子交换膜(质子电导率≥0.08S/cm)、双极板(金属双极板厚度≤1.2mm,其他双极板厚度≤1.6mm)、低铂催化剂、碳纸(电阻率≤3MΩ·cm)、空气压缩机、氢气循环泵、氢气引射器、增湿器、燃料电池控制系统、升压DC/DC、70MPa氢瓶、车载氢气浓度传感器;电动汽车用热泵空调;电机驱动控制专用32位及以上芯片(不少于2个硬件内核,主频不低于180MHz,具备硬件加密等功能,芯片设计符合功能安全ASIL C以上要求);一体化电驱动总成(功率密度≥2.5kW/kg);高速减速器(最高输入转速≥12000rpm,噪声<75dB)

4. 车载充电机(满载输出工况下效率≥95%)、双向车载充电机、非车载充电设备(输出电压250~950V,电压范围内效率≥88%);高功率密度、高转换效率、高适用性无线充电、移动充电技术及装备,快速充电及换电设施

5. 汽车电子控制系统:发动机控制系统(ECU)、变速箱控制系统(TCU)、制动防抱死系统(ABS)、牵引力控制(ASR)、电子稳定控制(ESC)、网络总线控制、车载故障诊断仪(OBD)、电控智能悬架、电子驻车系统、电子油门、车道保持辅助系统(LKA)、自动紧急制动系统(AEBS)、电控制动系统(EBS)、载货汽车用轴荷自动测量系统等

6. 智能汽车、新能源汽车及关键零部件、高效车用内燃机研发能力建设

7. 智能汽车关键零部件及技术:传感器、车载芯片、中央处理器、车载操作系统和信息控制系统、车网通信系统设备、视觉识别系统、高精度定位装置、线控底盘系统、智能车用安全玻璃;新型智能终端模块、多核异构智能计算平台技术、全天候复杂交通场景高精度定位和地图技术、传感器融合感知技术、车用无线通信关键技术、基础云控平台技术;新型安全隔离架构技术、软硬件协同攻击识别技术、终端芯片安全加密和应用软件安全防护技术、无线通信安全加密技术、安全通讯及认证授权技术、数据加密技术;测试评价体系架构研发,虚拟仿真、实车道路测试等技术和验证工具,整车级和系统级测试评价方法,测试基础数据库建设

十七、船舶

1. 散货船、油船、集装箱船适应绿色、环保、安全要求的优化升级,以及满足国际造船新规范、新标准的船型开发建造

2. 10万立方米以上液化天然气运输船、1.5万立方米以上液化石油气船、万箱以上集装箱船、5000车位及以上汽车运输船、豪华客滚船、IMO Ⅱ型以上化学品船、大中型豪华邮轮、2000车位以上汽车滚装船、3000米车道以上的货物滚装船、LNG加注船、牲畜运输船、甲醇(乙烷)运输船、油电混合动力船、电池驱动船及多用途船、极地邮轮、极地运输船舶、极地多用途船、极地物探船等

高技术、高附加值船舶

3. 大型远洋捕捞加工渔船、1 万立方米以上耙吸式挖泥船、火车渡轮、科学考察船、破冰船、海洋调查船、甲板运输船、海洋监管船等特种船舶及其专用设备

4. 小水线面双体船、水翼船、地效应船、气垫船、穿浪船等高性能船舶

5. 120 米及以上水深自升式钻井平台、1500 米及以上深钻井船、1500 米及以上水深半潜式钻井平台等主流海洋移动钻井平台(船舶);15 万吨及以上浮式生产储卸装置(FPSO)、1500 米水深半潜式生产平台、立柱式生产平台(SPAR)、张力腿平台(TLP)、LNG-FPSO、边际油田型浮式生产储油装置等浮式生产系统;万马力水级深水三用工作船、1500 米水深大型起重铺管船、1500 米水深工程勘察船、高性能物探船、5 万吨及以上半潜运输船、海上风车安装船、浮式储存及再气化装置(FSRU)、深水动力定位原油输送装置、超深水海工作业船、深远海大型养殖装备、起重能力 1 万吨以上的重吊船、天然气水合物钻采船装备、海底金属矿产资源勘探开发装备、岛礁重载建设平台、海上油田设施拆解装置等海洋工程作业船和辅助船

6. 动力定位系统、FPSO 单点系泊系统、大型海洋平台电站集成系统、主动力及传动系统、钻井平台升降系统、水下油气生产系统等通用和专用海洋工程配套设备

7. 游艇开发制造及配套产业

8. 智能环保型船用中低速柴油机及其关键零部件、大型甲板机械、船用锅炉、油水分离机、海水淡化装置、压载水处理系统、船舶使用岸电技术及设备、液化天然气船用双燃料发动机、吊舱推进器、直翼舵桨推进装置、大型高效喷水推进装置、大功率中高压发电机、船舶通讯导航及自动化系统、综合电力推进系统及关键设备、船舶尾气处理装置、余热回收系统、双金属气阀、大型船用垃圾焚烧炉、生活污水处理系统、货油系统等关键船用配套设备

9. 海底采矿机器人、海底挖沟机等海底矿产资源开发装备及深海采矿系统、深海立管相关配套系统和设备,水下潜器、机器人及探测观测设备

10. 精度管理控制、数字化造船、单元组装、预舾装和模块化、先进涂装、高效焊接技术应用、超高压水除锈装置、激光焊接机器人、智能化分段流水线、船舶小组立焊接生产线、船舶中组立焊接工作站、船舶分段智能涂装机器人、船舶管子加工生产线、船舶船体小构件自由边打磨生产线

11. 高技术高附加值船舶、海洋工程装备的修理与改装以及爬壁机器人、高压智能清洗机器人等绿色环保修船技术应用

12. 智能船舶、无人船艇开发和相关智能系统及设备开发,船舶全寿命安

全运行监管技术装备开发

13. 安全节能环保内河、江海联运及沿海船舶开发制造

14."胀断连杆"生产制造

15. 纯电动和天然气船舶;替代燃料、混合动力、纯电动、燃料电池等机动车船技术;混合动力、插电式混合动力专用发动机,优化动力总成系统匹配

十八、航空航天

1. 干线、支线、通用飞机及零部件开发制造

2. 航空发动机开发制造

3. 机载设备、任务设备、空管设备和地面保障设备系统开发制造

4. 直升机总体、旋翼系统、传动系统开发制造

5. 航空航天用新型材料开发生产

6. 航空航天用燃气轮机制造

7. 卫星、运载火箭及零部件制造

8. 航空、航天技术应用及系统软硬件产品、终端产品开发生产

9. 航空器地面模拟训练系统、试验系统开发制造

10. 航空器地面维修、维护、检测设备开发制造

11. 卫星地面和应用系统建设及设备制造

12. 航空器专用应急救援装备开发与应用

13. 航空器、设备及零件维修

14. 先进卫星载荷研制及生产

15. 无人机总体、材料、通信、控制系统等开发制造

16. 民用飞机、直升机的设计

17. 航空航天用太阳能电池开发生产

十九、轻工

1. 单条化学木浆30万吨/年及以上、化学机械木浆10万吨/年及以上、化学竹浆10万吨/年及以上的林纸一体化生产线及相应配套的纸及纸板生产线(新闻纸、铜版纸除外)建设;采用清洁生产工艺、以非木纤维为原料、单条10万吨/年及以上的纸浆生产线建设;先进制浆、造纸设备开发与制造;无元素氯(ECF)和全无氯(TCF)化学纸浆漂白工艺开发及应用

2. 非金属制品精密模具设计、制造

3. 生物可降解塑料及其系列产品开发、生产与应用,农用塑料节水器材和长寿命(三年及以上)功能性农用薄膜的开发、生产

4. 新型塑料建材(高气密性节能塑料窗、大口径排水排污管道、抗冲击改性聚氯乙烯管、地源热泵系统用聚乙烯管、非开挖用塑料管材、复合塑料管材、

塑料检查井)；防渗土工膜；塑木复合材料和分子量≥200 万的超高分子量聚乙烯管材及板材生产

5. 动态塑化和塑料拉伸流变塑化的技术应用及装备制造；应用电磁感应加热和伺服驱动系统的塑料加工装备

6. 应用于工业、医学、电子、航空航天等领域的特种陶瓷生产及技术、装备开发；陶瓷清洁生产及综合利用技术开发

7. 高效节能缝制机械(采用嵌入式数字控制、无油或微油润滑等先进技术)及关键零部件开发制造

8. 用于制笔、钟表等行业的多工位组合机床研发与制造

9. 高新、数字、智能印刷技术及高清晰度制版系统开发与应用

10. 少数民族特需用品制造

11. 真空镀铝、喷镀氧化硅、聚乙烯醇(PVA)涂布型薄膜、功能性聚酯(PET)薄膜、定向聚苯乙烯(OPS)薄膜及纸塑基多层共挤或复合等新型包装材料

12. 二色及二色以上金属板印刷、配套光固化(UV)、薄板覆膜和高速食品饮料罐加工及配套设备制造

13. 锂二硫化铁、锂亚硫酰氯等新型锂原电池；锂离子电池、氢镍电池、新型结构(双极性、铅布水平、卷绕式、管式等)密封铅蓄电池、铅碳电池、超级电池、燃料电池、锂/氟化碳电池等新型电池和超级电容器

14. 锂离子电池用三元和多元、磷酸铁锂等正极材料、中间相炭微球和硅碳等负极材料、单层与三层复合锂离子电池隔膜、氟代碳酸乙烯酯(FEC)等电解质与添加剂；废旧电池资源化和绿色循环生产工艺及其装备制造

15. 铅蓄电池自动化、智能化生产线；锂离子电池自动化、智能化生产成套制造装备；碱性锌锰电池 600 只/分钟以上自动化、智能化生产成套制造装备

16. 制革及毛皮加工清洁生产、皮革后整饰新技术开发及关键设备制造、含铬皮革固体废弃物综合利用；皮革及毛皮加工废液的循环利用，三价铬污泥综合利用；无灰膨胀(助)剂、无氨脱灰(助)剂、无盐浸酸(助)剂、高吸收铬鞣(助)剂、天然植物鞣剂、水性涂饰(助)剂等高档皮革用功能性化工产品开发、生产与应用

17. 高效节能电光源(高、低气压放电灯和固态照明产品)技术开发、产品生产及固汞生产工艺应用；废旧灯管回收再利用

18. 符合国家 1 级能效或 2 级能效家用电器开发与生产

19. 多效、节能、节水、环保型表面活性剂、助剂和洗涤剂的开发与生产

20. 采用新型制冷剂替代氢氯氟烃-22(HCFC-22 或 R22)的空调器开发、

制造，采用新型发泡剂替代氢氯氟烃-141b（HCFC-141b）的家用电器生产，采用新型发泡剂替代氢氯氟烃-141b（HCFC-141b）的硬质聚氨酯泡沫的生产与应用

21. 节能环保型玻璃窑炉（含全电熔、电助熔、全氧燃烧技术、NOx 产生浓度≤1200mg/m^3 的低氮燃烧技术）的设计、应用；玻璃熔窑 DCS 节能自动控制技术

22. 轻量化玻璃瓶罐（轻量化度≤1.0）工艺技术和关键装备的开发与生产

23. 水性油墨、紫外光固化油墨、植物油油墨等节能环保型油墨生产

24. 天然食品添加剂、天然香料新技术开发与生产

25. 先进的食品生产设备研发与制造；食品质量与安全监测（检测）仪器、设备的研发与生产

26. 热带果汁、浆果果汁、谷物饮料、本草饮料、茶浓缩液、茶粉、植物蛋白饮料等高附加价值植物饮料的开发生产与加工原料基地建设；果渣、茶渣等的综合开发与利用

27. 营养健康型大米、小麦粉（食品专用米、发芽糙米、留胚米、食品专用粉、全麦粉及营养强化产品等）及制品的开发生产；传统主食工业化生产；杂粮加工专用设备开发与生产；粮油加工副产物（稻壳、米糠、麸皮、胚芽、饼粕等）综合利用关键技术开发应用

28. 菜籽油生产线：采用膨化、负压蒸发、热能自平衡利用、低消耗蒸汽真空系统等技术，油菜籽主产区日处理油菜籽 400 吨及以上、吨料溶剂消耗 1.5 公斤以下（其中西部地区日处理油菜籽 200 吨及以上、吨料溶剂消耗 2 公斤以下）；花生油生产线：花生主产区日处理花生 200 吨及以上，吨料溶剂消耗 2 公斤以下；棉籽油生产线：棉籽产区日处理棉籽 300 吨及以上，吨料溶剂消耗 2 公斤以下；米糠油生产线：采用分散快速膨化，集中制油、精炼技术；玉米胚芽油生产线；油茶籽、核桃等木本油料和胡麻、芝麻、葵花籽、牡丹籽等小品种油料加工生产线以及利用超临界二氧化碳萃取工艺技术生产植物油

29. 采用发酵法工艺生产小品种氨基酸（赖氨酸、谷氨酸、苏氨酸除外），以糖蜜为原料年产 8000 吨及以上酵母制品及酵母衍生制品，新型酶制剂和复合型酶制剂、多元糖醇及生物法化工多元醇、功能性发酵制品（功能性糖类、功能性红曲、发酵法抗氧化和复合功能配料、活性肽、微生态制剂）等开发、生产、应用。酵素生产工艺技术开发及工业化、规范化生产

30. 畜禽骨、血、羽毛及内脏等副产物综合利用与无害化处理

31. 搪瓷静电粉、搪瓷预磨粉的技术研发和生产

32. 冷凝式燃气热水器、使用聚能燃烧技术的燃气灶具等高效节能环保型燃气具的开发与制造

二十、纺织

1. 差别化、功能性聚酯（PET）的连续共聚改性〔阳离子染料可染聚酯（CDP、ECDP）、碱溶性聚酯（COPET）、高收缩聚酯（HSPET）、阻燃聚酯、低熔点聚酯、非结晶聚酯、生物可降解聚酯、采用绿色催化剂生产的聚酯等〕；阻燃、抗静电、抗紫外、抗菌、相变储能、光致变色、原液着色等差别化、功能性化学纤维的高效柔性化制备技术；智能化、超仿真等功能性化学纤维生产；原创性开发高速纺丝加工用绿色高效环保油剂

2. 聚对苯二甲酸丙二醇酯（PTT）、聚萘二甲酸乙二醇酯（PEN）、聚对苯二甲酸丁二醇酯（PBT）、聚丁二酸丁二酯（PBS）、聚对苯二甲酸环己烷二甲醇酯（PCT）、生物基聚酰胺、生物基呋喃环等新型聚酯和纤维的开发、生产与应用

3. 采用绿色、环保工艺与装备生产新溶剂法纤维素纤维（Lyocell）、细菌纤维素纤维、以竹、麻等新型可再生资源为原料的再生纤维素纤维、聚乳酸纤维（PLA）、海藻纤维、壳聚糖纤维、聚羟基脂肪酸酯纤维（PHA）、动植物蛋白纤维

4. 高性能纤维及制品的开发、生产、应用〔碳纤维（CF）（拉伸强度≥4200MPa，弹性模量≥230GPa）、芳纶（AF）、芳砜纶（PSA）、超高分子量聚乙烯纤维（UHMWPE）（纺丝生产装置单线能力≥300 吨/年，断裂强度≥40cN/dtex，初始模量≥1800cN/dtex）、聚苯硫醚纤维（PPS）、聚酰亚胺纤维（PI）、聚四氟乙烯纤维（PTFE）、聚苯并双噁唑纤维（PBO）、聚芳噁二唑纤维（POD）、玄武岩纤维（BF）、碳化硅纤维（SiCF）、聚醚醚酮纤维（PEEK）、高强型玻璃纤维（HT-AR）、聚 2，5-二羟基-1，4-苯撑吡啶并二咪唑纤维（PIPD）等〕

5. 符合环保要求的特种动物纤维、麻纤维、桑柞茧丝、彩色棉花、彩色桑茧丝类天然纤维的加工技术与产品

6. 建立智能化纺纱工厂，采用智能化、连续化纺纱成套装备（清梳联、粗细联、细络联及数控单机及喷气涡流纺、高速转杯纺等短流程先进纺纱设备），生产高品质纱线；采用高速数控无梭织机、自动穿经机、全成形电脑横机、高速电脑横机、高速经编机等新型数控装备，生产高支、高密、提花等高档机织、针织纺织品

7. 采用数字化智能化印染技术装备、染整清洁生产技术（酶处理、高效短流程前处理、针织物连续平幅前处理、低温前处理及染色、低盐或无盐染色、低尿素印花、小浴比气流或气液染色、数码喷墨印花、泡沫整理等）、功能性整理技术、新型染色加工技术、复合面料加工技术，生产高档纺织面料；智能化筒子纱染色技术装备开发与应用

8. 采用非织造、机织、针织、编织等工艺及多种工艺复合、长效整理等新技术,生产功能性产业用纺织品

9. 智能化、高效率、低能耗纺织机械,关键专用基础件、计量、检测仪器及试验装备开发与制造

10. 高档地毯、抽纱、刺绣产品生产

11. 数字化、网络化、智能化服装生产技术和装备开发、应用

12. 纺织行业生物脱胶、无聚乙烯醇(PVA)浆料上浆、少水无水节能印染加工、"三废"高效治理与资源回收再利用技术的推广与应用

13. 废旧纺织品回收再利用技术、设备的研发和应用,利用聚酯回收材料生产涤纶工业丝、差别化和功能性涤纶长丝、非织造材料等高附加值产品

二十一、建筑

1. 建筑隔震减震结构体系及产品研发与推广

2. 智能建筑产品与设备的生产制造与集成技术研究

3. 集中供热系统计量与调控技术、产品的研发与推广

4. 高强、高性能结构材料与体系的应用

5. 太阳能热利用及光伏发电应用一体化建筑

6. 先进适用的建筑成套技术、产品和住宅部品研发与推广

7. 钢结构住宅集成体系及技术研发与推广

8. 节能建筑、绿色建筑、装配式建筑技术、产品的研发与推广

9. 工厂化全装修技术推广

10. 移动式应急生活供水系统开发与应用

11. 建筑信息模型(BIM)相关技术开发与应用

12. 既有房屋建筑抗震加固技术研发与工程应用

13. 装配式钢结构绿色建筑技术体系的研发及推广

二十二、城镇基础设施

1. 城市高精度导航、高精度遥感影像和三维数据生产及关键技术开发

2. 依托基础地理信息资源的城市立体管理信息系统

3. 城市公共交通建设

4. 城市道路及智能交通体系建设

5. 城市交通管制系统技术开发及设备制造

6. 城市及市域轨道交通新线建设(含轻轨、有轨电车)

7. 城镇安全饮水工程、供水水源及净水厂工程

8. 城镇地下管道共同沟建设,地下管网地理信息系统

9. 城镇供排水管网工程、管网排查、检测及修复与改造工程、非开挖施工

与修复技术,供水管网听漏检漏设备、相关技术开发和设备生产

10. 城市燃气工程

11. 城镇集中供热建设和改造工程

12. 城市雨水收集利用工程

13. 城镇园林绿化及生态小区建设

14. 既有停车设施改造;停车楼、地下停车场、机械式立体停车库等集约化的停车设施建设;停车场配建电动车充电设施

15. 城市建设管理信息化技术应用

16. 城市生态系统关键技术应用

17. 城市节水技术开发与应用

18. 城市照明智能化、绿色照明产品及系统技术开发与应用

19. 再生水利用技术与工程

20. 城市供水、排水、燃气塑料管道应用工程

21. 城市应急与后备水源建设工程

22. 沿海城镇海水供水管网及海水淡化工程

23. 城市积涝监测预警技术开发与应用,城市排水防涝工程

24. 海绵城市建设关键技术产品开发与应用

25. 合流制溢流污染、初期雨水等快速净化装备、分散净化设施

26. 基于大数据、物联网、GIS 等为基础的城市信息模型(CIM)相关技术开发与应用

二十三、铁路

1. 铁路新线建设

2. 既有铁路改扩建及铁路专用线建设

3. 客运专线、高速铁路系统技术开发与建设

4. 铁路行车及客运、货运安全保障系统技术与装备,铁路列车运行控制与车辆控制系统开发建设

5. 铁路运输信息系统开发与建设

6. 7200 千瓦及以上交流传动电力机车、6000 马力及以上交流传动内燃机车、时速 200 公里以上动车组、海拔 3000 米以上高原机车、高原动车组、大型专用货车、机车车辆特种救援设备

7. 干线轨道车辆交流牵引传动系统、制动系统及核心元器件(含 IGCT、IGBT 元器件)

8. 时速 200 公里及以上铁路接触网、道岔、扣配件、牵引供电设备

9. 电气化铁路牵引供电功率因数补偿技术应用

10. 大型养路机械、铁路工程建设机械装备、线桥隧检测设备
11. 行车调度指挥自动化技术开发
12. 混凝土结构物修补和提高耐久性技术、材料开发
13. 铁路旅客列车集便器及污物地面接收、处理工程
14. 铁路 GSM-R 通信信号系统
15. LTE-R 等铁路宽带通信系统开发与建设
16. 数字铁路与智能运输开发与建设
17. 时速在 300 公里及以上高速铁路或客运专线减震降噪技术应用
18. 城际、市域(郊)铁路

二十四、公路及道路运输(含城市客运)

1. 国家高速公路网项目建设
2. 国省干线改造升级
3. 汽车客货运站、城市公交站
4. 高速公路不停车收费系统相关技术开发与应用
5. 公路智能运输、快速客货运输、公路甩挂运输系统开发与建设
6. 公路管理服务、应急保障系统开发与建设
7. 公路工程新材料开发与生产
8. 公路集装箱和厢式运输
9. 特大跨径桥梁修筑和养护维修技术应用
10. 长大隧道修筑和维护技术应用
11. 农村客货运输网络开发与建设
12. 农村公路建设
13. 城际快速系统开发与建设
14. 出租汽车服务调度信息系统开发与建设
15. 高速公路车辆应急疏散通道建设
16. 低噪音路面技术开发
17. 高速公路快速修筑与维护技术和材料开发与应用
18. 城市公交
19. 运营车辆安全监控记录系统开发与应用
20. 公路主干线交通安全和治安管控装备及技术开发和应用

二十五、水运

1. 深水泊位(沿海万吨级、内河千吨级及以上)建设

2. 沿海深水航道和内河高等级航道及通航建筑物建设,西部地区、贫困地区内河航道建设

3. 沿海陆岛交通运输码头建设
4. 大型港口装卸自动化工程
5. 海运电子数据交换系统应用
6. 水上交通安全监管和救助系统建设
7. 内河船型标准化
8. 老港区技术改造工程
9. 船舶污染物港口接收处置设施建设及设备制造,港口危险化学品、油品应急设施建设及设备制造
10. 内河自卸式集装箱船运输系统
11. 水上高速客运
12. 港口龙门吊油改电节油改造工程
13. 水上滚装多式联运
14. 水运行业信息系统建设
15. 国际邮轮运输及邮轮母港建设

二十六、航空运输

1. 机场及配套设施建设与运营
2. 公共航空运输
3. 通用航空
4. 空中交通管制和通信导航监视系统建设
5. 航空计算机管理及其网络系统开发与建设
6. 航空油料加油服务及设施建设
7. 海上空中监督巡逻和搜救服务及设施建设,小型航空器应急起降场地建设

二十七、综合交通运输

1. 综合交通枢纽建设与改造
2. 综合交通枢纽便捷换乘及行李捷运系统建设
3. 综合交通枢纽运营管理信息系统建设与应用
4. 综合交通枢纽诱导系统建设
5. 综合交通枢纽一体化服务设施建设
6. 综合交通枢纽防灾救灾及应急疏散系统
7. 综合交通枢纽便捷货运换装系统建设
8. 旅客联程运输设施设备、票务一体化、联运产品的研发推广应用

二十八、信息产业

1. 2.5GB/s 及以上光同步传输系统建设

2. 155MB/s 及以上数字微波同步传输设备制造及系统建设

3. 卫星通信系统、地球站设备制造及建设

4. 网管监控、时钟同步、计费等通信支撑网建设

5. 窄带物联网(NB-IoT)、宽带物联网(eMTC)等物联网(传感网)、智能网等新业务网设备制造与建设

6. 物联网(传感网)等新业务网设备制造与建设

7. 宽带网络设备制造与建设

8. 数字蜂窝移动通信网建设

9. IP 业务网络建设

10. 基于 IPv6 的下一代互联网技术研发及服务,网络设备、芯片、系统以及相关测试设备的研发和生产

11. 卫星数字电视广播系统建设

12. 增值电信业务平台建设

13. 32 波及以上光纤波分复用传输系统设备制造

14. 10GB/s 及以上数字同步系列光纤通信系统设备制造

15. 支撑通信网的路由器、交换机、基站等设备

16. 同温层通信系统设备制造

17. 数字移动通信、移动自组网、接入网系统、数字集群通信系统及路由器、网关等网络设备制造

18. 大中型电子计算机、百万亿次高性能计算机、便携式微型计算机、每秒一万亿次及以上高档服务器、大型模拟仿真系统、大型工业控制机及控制器制造

19. 集成电路设计,线宽 0.8 微米以下集成电路制造,及球栅阵列封装(BGA)、插针网格阵列封装(PGA)、芯片规模封装(CSP)、多芯片封装(MCM)、栅格阵列封装(LGA)、系统级封装(SIP)、倒装封装(FC)、晶圆级封装(WLP)、传感器封装(MEMS)等先进封装与测试

20. 集成电路装备制造

21. 新型电子元器件(片式元器件、频率元器件、混合集成电路、电力电子器件、光电子器件、敏感元器件及传感器、新型机电元件、高密度印刷电路板和柔性电路板等)制造

22. 半导体、光电子器件、新型电子元器件(片式元器件、电力电子器件、光电子器件、敏感元器件及传感器、新型机电元件、高频微波印制电路板、高速通信电路板、柔性电路板、高性能覆铜板等)等电子产品用材料

23. 软件开发生产(含民族语言信息化标准研究与推广应用)

24. 数字化系统(软件)开发及应用:智能设备嵌入式软件、集散式控制系统(DCS)、可编程逻辑控制器(PLC)、数据采集与监控(SCADA)、先进控制系统(APC)等工业控制系统;制造执行系统(MES),计算机辅助设计(CAD)、辅助工程(CAE)、工艺规划(CAPP)、产品全生命周期管理(PLM)、工业云平台、工业 APP 等工业软件;能源管理系统(EMS)、建筑信息模型(BIM)系统等专用系统

25. 半导体照明设备,光伏太阳能设备,片式元器件设备,新型动力电池设备,表面贴装设备(含钢网印刷机、自动贴片机、无铅回流焊、光电自动检查仪)等

26. 打印机(含高速条码打印机)和海量存储器等计算机外部设备

27. 薄膜场效应晶体管 LCD(TFT-LCD)、有机发光二极管(OLED)、电子纸显示、激光显示、3D 显示等新型平板显示器件、液晶面板产业用玻璃基板、电子及信息产业用盖板玻璃等关键部件及关键材料

28. 新型(非色散)单模光纤及光纤预制棒制造

29. 高密度数字激光视盘播放机盘片制造

30. 只读光盘和可记录光盘复制生产

31. 音视频编解码设备、音视频广播发射设备、数字电视演播室设备、数字电视系统设备、数字电视广播单频网设备、数字电视接收设备、数字摄录机、数字录放机、数字电视产品

32. 网络安全产品、数据安全产品,网络监察专用设备开发制造

33. 智能移动终端产品及关键零部件的技术开发和制造

34. 多普勒雷达技术及设备制造

35. 医疗电子、健康电子、生物电子、汽车电子、电力电子、金融电子、航空航天仪器仪表电子、图像传感器、传感器电子等产品制造

36. 无线局域网技术开发、设备制造

37. 电子商务和电子政务系统开发与应用服务

38. 卫星导航芯片、系统技术开发与设备制造

39. 应急广播电视系统建设

40. 量子通信设备

41. 薄膜晶体管液晶显示(TFT-LCD)、发光二极管(LED)及有机发光二极管显示(OLED)、电子纸显示、激光显示、3D 显示等新型显示器件生产专用设备

42. 半导体照明衬底、外延、芯片、封装及材料(含高效散热覆铜板、导热胶、导热硅胶片)等

43. 数字音乐、手机媒体、动漫游戏等数字内容产品的开发系统

44. 防伪技术开发与运用

45. 核电仪控系统核心芯片及相关软件

46. 大数据、云计算、信息技术服务及国家允许范围内的区块链信息服务

47. 工业互联网网络、平台、安全硬件设备制造与软件系统开发及集成创新应用,工业互联网设备安全、控制安全、网络安全、平台安全和数据安全相关技术产品研发及应用,工业互联网网络建设与改造,标识解析体系建设与推广,工业云服务平台建设及应用

48. 宽带数字集群设备、采用时分双工(TDD)方式载波聚合的230MHz频段宽带无线数据传输设备等下一代专网通信设备,基于LTE-V2X无线通信技术的车联网直连通信设备等车联网无线通信设备

49. 灾害现场信息空地一体化获取技术研究与集成应用

50. 量子、类脑等新机理计算机系统的研究与制造

51. 先进的各类太阳能光伏电池及高纯晶体硅材料(多晶硅的综合电耗低于65kWh/kg,单晶硅光伏电池的转换效率大于22.5%,多晶硅电池的转化效率大于21.5%,碲化镉电池的转化效率大于17%,铜铟镓硒电池转化效率大于18%)

二十九、现代物流业

1. 煤炭、粮食、棉花、铁矿石、化肥、石油等重要商品现代化物流设施建设

2. 农产品物流配送设施建设,农产品、食品、药品冷链物流,食品、药品物流质量安全控制技术服务

3. 现代供应链创新与应用

4. 多式联运转运设施建设,多式联运快速转运换装设备、标准化运载单元的研发推广应用

5. 标准托盘和600mm×400mm包装基础模数推广应用,环保型、可循环利用型材质托盘的制造和使用

6. 物流信息服务技术、货物跟踪识别定位技术、智能仓储分拣配送技术、物流信息安全技术的研发与应用

7. 应急物流、逆向物流、绿色物流设施建设和运营

8. 物流公共信息平台开发及建设

9. 物流枢纽建设与运营

10. 城市物流所需的公共仓储,车辆停靠、装卸、充电等配套设施建设

三十、金融服务业

1. 农村金融服务体系建设

2. 债券发行、交易服务体系建设

3. 农业保险、责任保险、信用保险、商业健康保险、财产保险

4. 普惠金融产品研发和应用

5. 知识产权、收益权等无形资产贷款质押业务开发

6. 信用卡及网络服务

7. 人民币跨境结算、清算体系建设

8. 金融监管技术开发与应用

9. 创业投资

10. 金融机构的金融科技产品研发、应用和服务输出

11. 绿色金融服务体系建设

12. 开放银行体系安全防护

13. 融资担保服务、融资租赁服务

14. 资产证券化、不动产投资信托基金(REITs)等盘活存量资产的金融工具和金融产品开发应用

三十一、科技服务业

1. 工业设计、气象、生物、新材料、新能源、节能、环保、测绘、海洋等专业科技服务,标准化服务、计量测试、质量认证和检验检测服务、科技普及

2. 在线数据与交易处理、IT 设施管理和数据中心服务,移动互联网服务,因特网会议电视及图像等电信增值服务

3. 行业(企业)管理和信息化解决方案开发、基于网络的软件服务平台、软件开发和测试服务、信息系统集成、咨询、运营维护和数据挖掘等服务业务

4. 数字音乐、手机媒体、网络出版等数字内容服务,地理、国际贸易等领域信息资源开发服务

5. 数字化技术、高拟真技术、高速计算技术等新兴文化科技支撑技术建设及服务

6. 分析、试验、测试以及相关技术咨询与研发服务,智能产品整体方案、人机工程设计、系统仿真等设计服务

7. 在线数据处理和数据安全服务,数据恢复和灾备服务,信息安全防护、网络安全应急支援服务,云计算安全服务,大数据安全服务,信息安全风险评估、认证与咨询服务,信息装备和软件安全评测服务,密码技术产品测试认证服务,信息系统等级保护安全方案设计服务

8. 科技信息交流、文献信息检索、技术咨询、技术孵化、科技成果评估、科技成果转移转化服务和科技鉴证等服务

9. 知识产权代理、转让、登记、鉴定、检索、分析、评估、运营、认证、咨询和

相关投融资服务

10. 国家级工程(技术)研究中心、国家产业创新中心、国家农业高新技术产业示范、国家农业科技园区、国家认定的企业技术中心、国家实验室、国家重点实验室、国家重大科技基础设施、高新技术创业服务中心、绿色技术创新基地平台、新产品开发设计中心、科教基础设施、产业集群综合公共服务平台、中试基地、实验基地建设

11. 信息技术外包、业务流程外包、知识流程外包等技术先进型服务

12. 智能制造系统集成应用体验验证服务

13. 工业服务:现代高端装备的维护与维修、数字化生产线改造与集成、工业服务网络平台、工业电商、智能装备远程运维管理系统、智慧工厂设备监测诊断平台、预测性维护系统、专业维修服务和供应链服务、工业管理服务〔包括设备运维管理咨询、设备运维与管理服务、工业 APP 和设备管理软件(SaaS)〕、数据及数字化服务(PaaS、IaaS、数据分析服务和其他创新数据服务)

14. 网络安全集成、安全维护、安全运营、风险评估、教育培训、咨询、应急响应等安全服务

15. 云计算数据中心的建设、维护、租赁等

16. 信息系统集成和物联网技术服务、运营维护服务、信息处理和存储支持服务、信息技术咨询服务、数字内容服务及其他信息技术服务

三十二、商务服务业

1. 经济、管理、信息、会计、税务、审计、法律、节能、环保等咨询与服务

2. 工程咨询服务(包括规划咨询、项目咨询、评估咨询、全过程工程咨询)

3. 资信调查与评级等信用服务体系建设

4. 资产评估、校准、检测、检验等服务

5. 产权交易服务平台

6. 广告创意、策划、设计、制作、代理、发布等广告服务

7. 会展服务(不含会展场馆建设)

8. 供应链管理服务(指基于现代信息技术对供应链中的物流、商流、信息流和资金流进行设计、规划控制和优化,将单一、分散的订单管理、采购执行、报关退税、物流管理、资金融通、数据管理、贸易商务、结算等进行一体化整合的服务)

三十三、商贸服务业

1. 现代化的农产品、生产资料市场流通设施建设

2. 种子、种苗、种畜禽和鱼苗(种)、化肥、农药、农机具、农膜等农资连锁经营及综合服务

3. 面向农村的日用品、药品、出版物等生活用品连锁经营

4. 农产品拍卖服务

5. 商贸企业的统一配送和分销网络建设

6. 利用信息技术改造提升传统商品交易市场

7. 旧货市场建设

8. 现代化二手车交易服务体系建设

9. 新农村现代流通服务网络工程建设,农资物联网应用与示范项目建设

三十四、旅游业

1. 旅游商品、旅游纪念品、旅游装备设备,以及休闲、登山、滑雪、潜水、探险等各类户外活动用品开发与营销服务

2. 文化旅游、健康旅游、乡村旅游、生态旅游、海洋旅游、森林旅游、草原旅游、工业旅游、体育旅游、红色旅游、民族风情游及其他旅游资源综合开发、基础设施建设及信息等服务

三十五、邮政业

1. 邮政储蓄网络建设

2. 邮政综合业务网建设

3. 邮件处理自动化工程

4. 寄递渠道安全监管、邮件快件时限监测、消费者申诉、满意度调查与公示、邮编及行业资费查询等公共服务和市场监管功能等邮政业公共服务信息平台建设

5. 城乡快递营业网点、门店等快递服务网点和智能快件(信包)箱、快递末端综合服务场所建设

6. 城市、区域内和区域间的快件分拣中心、转运中心、集散中心、处理枢纽等快递处理设施建设

7. 快件跟踪查询、自动分拣、运递调度、快递客服呼叫中心等快递信息系统开发与应用

8. 数据采集、集装容器、智能终端、智能化仓储、自动分拣、机械化装卸、冷链快递、AGV、无人机、无人车和绿色包装等快递技术装备的研发与应用

9. 邮件快件运输与交通运输网络融合及多式联运、运营平台等技术开发与应用

三十六、教育

1. 学前教育

2. 特殊教育

3. 职业教育

4. 互联网+教育,远程教育

三十七、卫生健康

1. 预防保健、卫生应急、卫生监督服务设施建设

2. 计划生育、优生优育、生殖健康咨询与服务

3. “互联网+”医疗健康服务、医疗大数据应用

4. 卫生咨询、医疗知识等医疗信息服务和健康管理服务

5. 医疗卫生服务设施建设

6. 传染病、儿童、精神卫生专科医院和康复医院(中心)、护理院(中心、站)、安宁疗护中心、全科医疗设施建设与服务

7. 心理咨询服务

8. 中医养生保健服务

三十八、文化

1. 公共文化、文化艺术、新闻出版、广播电视电影、网络视听、文化遗产保护利用及设施建设

2. 文化创意设计服务,数字文化创意(含数字文化创意技术装备、数字文化创意软件、数字文化创意内容制作、新型媒体服务、数字文化创意内容应用服务),动漫创作、制作、传播、出版、衍生产品开发

3. 广播影视制作、发行、交易、播映、出版、衍生品开发,网络视听节目技术服务、开发

4. 新闻出版内容监管技术、版权保护技术、出版物的生产技术、出版物发行技术开发与应用,电子纸、阅读器等新闻出版新载体的技术开发、应用和产业化

5. 电影数字化服务和监管技术开发及应用

6. 非物质文化遗产保护与振兴,民族和民间艺术、传统工艺美术保护与发展,国家历史文化名城(镇、村)和文化街区、中国少数民族特色村镇保护,中华老字号的保护与发展,民族文化艺术精品的国际营销与推广

7. 文化信息资源共享工程,智慧博物馆建设,传统媒体和新兴媒体融合发展、智慧广电建设、移动多媒体广播电视、广播电视数字化、有线无线卫星广播电视网智能协同覆盖、全国有线电视网络智能化建设和互联互通平台建设

8. 语言文字技术开发与应用

9. 演艺业

三十九、体育

1. 体育管理活动

2. 体育竞赛表演活动

3. 体育健身休闲活动
4. 体育场地和设施管理
5. 体育经纪与代理、广告与会展、表演与设计服务
6. 体育教育与培训
7. 体育传媒与信息服务
8. 体育旅游、健康与康复、金融与资产管理服务
9. 体育用品及相关产品研发及制造
10. 体育用品及相关产品销售、出租与贸易代理
11. 体育场地设施建设

四十、养老与托育服务

1. 长期照护服务机构(包括养老院、老年养护院、农村养老设施等)
2. 社区养老服务骨干网
3. 养老金融产品服务业
4. 助餐助行
5. 老年教育
6. 康养旅居
7. 养老服务实训教育
8. 康复辅助器具配置服务(租赁)机构
9. 居家适老化建设及改造工程
10. 老年人力资源开发
11. 老年人健康管理和体育健身
12. 智慧健康和养老
13. 儿童早期发展(智力开发、膳食营养、心理健康)
14. 婴幼儿保育教育培训
15. 婴幼儿照护服务机构(中心)
16. 婴幼儿健康管理
17. 家庭养育支援及育儿指导

四十一、家政

1. 社区家政服务
2. 员工制家政服务
3. 家政职业教育和技能培训
4. 家政综合信息服务
5. 家政服务措施(家政服务网点)建设与运营管理
6. 家政服务标准化建设

四十二、其他服务业

1. 保障性住房建设与管理
2. 物业服务
3. 老年人、未成年人活动场所
4. 城乡社区基础服务设施及综合服务网点建设
5. 开发区、产业集聚区配套公共服务平台建设与服务
6. 社区照料服务
7. 再生资源回收利用网络体系建设
8. 婚庆服务业
9. 基层就业和社会保障服务设施建设
10. 农民工留守家属服务设施建设
11. 社会保障一卡通工程
12. 工伤康复中心建设
13. 租赁住房建设、运营和管理
14. 消费者权益保护服务

四十三、环境保护与资源节约综合利用

1. 矿山生态环境恢复工程
2. 海洋环境保护及科学开发、海洋生态修复
3. 微咸水、苦咸水、劣质水、海水的开发利用及海水淡化综合利用工程
4. 消耗臭氧层物质替代品开发与利用
5. 区域性废旧汽车、废旧电器电子产品、废旧船舶、废钢铁、废旧木材、废旧橡胶等资源循环利用基地建设
6. 流出物辐射环境监测技术工程
7. 环境监测体系工程
8. 危险废物(医疗废物)及含重金属废物安全处置技术设备开发制造及处置中心建设及运营;放射性废物、核设施退役工程安全处置技术设备开发制造及处置中心建设
9. 流动污染源(机车、船舶、汽车等)监测与防治技术
10. 城市交通噪声与振动控制技术应用
11. 电网、信息系统电磁辐射控制技术开发与应用
12. 削减和控制二噁英排放的技术开发与应用
13. 持久性有机污染物类产品的替代品开发与应用
14. 废弃持久性有机污染物类产品处置技术开发与应用
15. "三废"综合利用与治理技术、装备和工程

16.“三废”处理用生物菌种和添加剂开发与生产

17. 含汞废物的汞回收处理技术、含汞产品的替代品开发与应用

18. 废水零排放,重复用水技术应用

19. 高效、低能耗污水处理与再生技术开发

20. 城镇垃圾、农村生活垃圾、农村生活污水、污泥及其他固体废弃物减量化、资源化、无害化处理和综合利用工程

21. 废物填埋防渗技术与材料

22. 节能、节水、节材环保及资源综合利用等技术开发、应用及设备制造;为用户提供节能、环保、资源综合利用咨询、设计、评估、检测、审计、认证、诊断、融资、改造、运行管理等服务

23. 高效、节能、环保采矿、选矿技术(药剂);低品位、复杂、难处理矿开发及综合利用技术与设备

24. 共生、伴生矿产资源综合利用技术及有价元素提取

25. 尾矿、废渣等资源综合利用及配套装备制造

26. 再生资源、建筑垃圾资源化回收利用工程和产业化

27. 废旧木材、废旧电器电子产品、废印刷电路板、废旧电池、废旧船舶、废旧农机、废塑料、废旧纺织品及纺织废料和边角料、废(碎)玻璃、废橡胶、废弃油脂等废旧物资等资源循环再利用技术、设备开发及应用

28. 废旧汽车、工程机械、矿山机械、机床产品、农业机械、船舶等废旧机电产品及零部件再利用、再制造,墨盒、有机光导鼓的再制造(再填充),退役民用大型飞机及发动机、零部件拆解、再利用、再制造

29. 综合利用技术设备:4000 马力以上废钢破碎生产线;废塑料复合材料回收处理成套装备(回收率 95%以上);轻烃类石化副产物综合利用技术装备;生物质能技术装备(发电、制油、沼气);硫回收装备(低温克劳斯法)

30. 含持久性有机污染物土壤修复技术的研发与应用

31. 削减和控制重金属排放的技术开发与应用

32. 工业难降解有机废水处理技术

33. 有毒、有机废气、恶臭高效处理技术

34. 餐厨废弃物资源化利用技术开发及设施建设

35. 碳捕集、利用与封存技术装备

36. 冰蓄冷技术及其成套设备制造

37. 电动汽车废旧动力蓄电池回收利用;梯级利用、再生利用等;废旧动力蓄电池回收利用技术装备;自动化拆解技术装备;自动化快速分选成组技术装备;电池剩余寿命及一致性评估技术装备;残余价值评估技术装备;梯次利用

技术装备;正极、负极、隔膜、电解液高效再生利用及无害化处理技术装备

38. 废弃木质材料回收工程

39. 垃圾分类技术、设备、设施

40. 环境污染第三方治理

41. 挥发性有机物减量化、资源化和末端治理及监测技术

42. 废硫酸裂解回收技术

43. 工业副产盐资源化利用

44. 离子型稀土原矿绿色高效浸萃一体化技术

45. 余热回收利用先进工艺技术与设备

四十四、公共安全与应急产品

1. 气象、地震、地质、海洋、水旱灾害、城市及森林火灾灾害监测预警技术开发与应用

2. 生物灾害、动物疫情监测预警技术开发与应用

3. 堤坝、尾矿库安全自动监测报警技术开发与应用

4. 煤炭、矿山等安全生产监测报警技术开发与应用

5. 公共交通工具事故预警技术开发与应用

6. 水、土壤、空气污染物快速监测技术与产品

7. 食品药品安全快速检验技术、仪器设备开发及应用

8. 重大流行病、新发传染病检测试剂和仪器

9. 公共场所体温异常人员快速筛查设备

10. 交通安全、城市公共安全、恐怖袭击安全、网络与信息系统安全、警用安全、特种设备安全、工程施工安全、火灾、重大危险源安全监控监测预警系统、产品技术开发与应用

11. 放射性、毒品等违禁品、核生化恐怖源等危险物品快速探测检测技术与产品

12. 危险化学品安全监测技术开发与应用

13. 应急抢险救援人员防护用品开发与应用

14. 家用应急防护产品

15. 雷电灾害新型防护技术开发与应用

16. 矿山、工程和危险化学品安全生产避险产品及设施

17. 突发事件现场信息快速测绘、存储、传输等技术及产品

18. 生命探测装备

19. 智能化、大型、特种、无人化、高性能消防灭火救援装备

20. 建(构)筑物全地形废墟救援设备

21. 应急通信、应急指挥、应急发电与电力恢复、后勤保障等全地形高机动性多功能应急救援特种车辆及设备

22. 侦检、破拆、救生、照明、排烟、堵漏、输转、洗消、提升、投送等高效救援产品

23. 航空应急救援器材及装备

24. 道路应急抢通装备及设施

25. 公共交通设施除冰雪机械及环保型除雪剂开发与应用

26. 水上(水下及深海)应急救援技术与装备

27. 车载、港口等危险化学品、油品应急设施建设及设备

28. 海上溢油及有毒有害物质泄漏应急处置技术和装备

29. 有毒有害液体快速吸纳处理技术装备、移动式医疗废物快速处理装置、危险废物特性鉴别专用仪器等突发环境灾难应急环保技术装备

30. 航空应急医疗系统,机动医疗救护系统,卫生应急消毒供应装备,生命支持、治疗、监护一体化急救与后送平台

31. 防控突发公共卫生和生物事件疫苗和药品

32. 反恐行动技术装备与侦控技术;反恐综合作战平台技术,反核恐怖机器人,应急防爆车,中型反恐排爆机器人,防爆拖车,爆炸物销毁器等

33. 紧急医疗、交通救援、工程抢险、安全生产、航空救援、网络与信息安全等应急救援社会化服务

34. 应急物流设施及服务

35. 应急咨询、评估、培训、租赁和保险服务

36. 应急物资储备基础设施建设

37. 应急救援基地、公众应急体验基础设施建设

38. 新型防火涂料、防火材料、阻火抑爆装置、建筑耐火构件

39. 森林、草原火灾自动监测报警技术开发与应用

40. 基于北斗导航卫星的安全监测系统

41. 矿山数字化技术开发与应用,安全生产模拟实训技术开发与应用,细粒尾矿模袋法堆坝安全技术

42. 地震灾害信息快速获取技术开发与应用,地震活动断层探测技术开发及应用

43. 煤矿突水水源快速判别技术开发与应用

44. 消防产品质量快速检测设备

45. 农产品及其产地环境的有害元素监测技术开发与应用

46. 生产生活用水快速安全监测设备

47. 特殊工种保护产品

48. 重要基础设施安全、社会公共安全、农林气象、生物灾害防范防护技术开发及应用

49. 煤矿瓦斯、热动力、水害等重大灾害应急救援及危险化学品风险监测、安全防控和应急处置成套技术与装备

50. 大型、多功能型工程抢险装备

51. 防汛抢险专用器材和装备

52. 人工影响天气作业系统

53. 核事故应急处置技术及装备

54. 疫情疫病检疫处置技术及装备

55. 特种设备事故救援技术与装备

56. 水旱灾害应急监测技术装备

57. 洪水干旱灾害风险智能辨识技术装备

58. 防汛抢险自组网集群应急通讯技术装备

59. 抗旱应急找水打井技术装备

60. 台风风险区划图编制技术及应用

61. 重大灾害事故应急救援基地化后勤保障重点技术装备

62. 重大事故灾害智能无人应急救援关键技术装备

63. 高原高寒地区灾害现场安置装备关键技术与装备研究应用

64. 雨雪冰冻灾害高效智能除冰除雪装备

65. 复杂环境轻型模块工程抢险装备

66. 大型高尾矿库溃坝灾害防控关键技术研究及应用示范

67. 防洪抗旱应急设施建设

68. 防汛抗旱新技术新产品开发与应用

69. 热转印标识牌生产开发与应用

四十五、民爆产品

1. 安全环保节能型工业炸药及无雷管感度的散装工业炸药;现场混装生产方式;采用乳胶基质集中制备、远程配送的现场混装生产方式;地下矿山、大型硐室、公路铁路隧道等工程应用现场混装炸药技术;民爆科研、生产、爆破服务"一体化"模式;退役火(炸)药在工业炸药中的应用,特殊用途炸药

2. 工业炸药智能化生产工艺技术及装备,工业炸药无人化车间;生产线在线监测、故障自诊断技术;现场混装生产方式的高精度装药计量技术、在线参数检测技术;现场混装生产方式全流程智能化管控平台;生产、销售(包括仓储)的信息化、可视化智能网络监管平台;废危险物料及不合格品安全、环保回

收再利用的工艺技术及装备

3. 新型起爆器材；数码电子雷管；工业雷管成品防殉爆安全技术和基础雷管集约化生产、远程配送安全包装方式；数码电子雷管的电子引火元件（含电子控制模块和点火元件）集中生产远程配送模式；装药量系列化的工业导爆索

4. 高危生产工序的模块化、自动化、连续化设备，安全环保型的废品（料）销毁处理装备；火工药剂、产品的智能化生产工艺和装备，工业雷管生产线无人化车间；生产过程质量控制点工艺参数、人、机、料、环等数据的自动采集、存储和溯源分析系统；无职业危害、安全环保、信息化程度高的产品性能检测方法；工业导爆索生产过程炸药添加药、收线、盘卷、封尾、包装的自动化装备

5. 起爆具生产工艺自动化；可定期失效的稳定可控的震源药柱产品，含水炸药等在震源药柱中的应用；系列化、通用化的射孔弹产品；可靠、多样、高效、环保的人工影响天气用燃爆器材；退役火（炸）药在工业炸药制品中的应用

6. 工艺流程数据可视、生产数据在线采集、安全参数自动检测的工业炸药制品生产工艺；起爆具制造中，本质安全水平高，连续化、智能化的熔化、混药、浇注、退模等工序的工艺装备；震源药柱自动装药、自动装配的工艺装备；射孔弹自动装药、自动压制的工艺装备

7. 危险工房操作人员总人数不大于 3 人的工业炸药生产线；起爆具生产实现智能化，熔混注工房无固定作业人员，单个退模检验包装工房操作人员总人数不大于 5 人（含）的生产线；震源药柱生产实现连续化、自动化、信息化、柔性化的智能制造，1.1 级单个危险工房操作人员人数不大于 5 人的生产线；射孔弹生产实现自动化、智能化，危险工房操作人员人数不大于 6 人的生产线；人工影响天气用燃爆器材生产实现自动化、智能化，危险工房操作人员人数不大于 5 人的生产线；海上救生烟火信号等烟火信息弹制造实现药剂制备、装药工序的自动化，装配工序的机械化，人机隔离，危险工房操作人员人数不大于 5 人的生产线

四十六、人力资源和人力资本服务业

1. 人力资源与人力资本信息化建设

2. 人力资源服务与人力资本服务产业园和平台建设

3. 人力资源招聘、就业和创业指导，人力资源和社会保障事务代理，人力资源培训、劳务派遣、人力资源测评、人力资源管理咨询、人力资源服务外包、高级人才寻访、人力资源信息软件服务等人力资源服务业

4. 人力资本价值评估、评测和交易，人力资本价值统计、分析和应用，人力资本形成过程中的投资活动

5. 人力资本金融创新平台建设

6. 人力资源与人力资本市场及配套服务设施建设

7. 农村劳动力转移就业服务平台建设

四十七、人工智能

1. 人工智能芯片

2. 工业互联网、公共系统、数字化软件、智能装备系统集成化技术及应用

3. 网络基础设施、大数据基础设施、高效能计算基础设施等智能化基础设施

4. 虚拟现实(VR)、增强现实(AR)、语音语义图像识别、多传感器信息融合等技术的研发与应用

5. 无人自主系统等典型行业应用系统

6. 人工智能标准测试及知识产权服务平台

7. 智能制造关键技术装备,智能制造工厂、园区改造

8. 智能人机交互系统

9. 可穿戴设备、智能机器人、智能家居

10. 智能医疗,医疗影像辅助诊断系统

11. 智能安防,视频图像身份识别系统

12. 智能交通,智能运载工具

13. 智能教育

14. 智慧城市

15. 智能农业

第二类　限制类

一、农林业

1. 天然草场超载放牧

2. 单线 5 万立方米/年以下的普通刨花板、高中密度纤维板生产装置

3. 单线 3 万立方米/年以下的木质刨花板生产装置

4. 1000 吨/年以下的松香生产项目

5. 兽用粉剂/散剂/预混剂生产线项目(持有新兽药证书的品种和自动化密闭式高效率混合生产工艺除外)

6. 转瓶培养生产方式的兽用细胞苗生产线项目(持有新兽药证书的品种和采用新技术的除外)

7. 松脂初加工项目

8. 以优质林木为原料的一次性木制品与木制包装的生产和使用以及木竹

加工综合利用率偏低的木竹加工项目

9. 1万立方米/年以下的胶合板和细木工板生产线

10. 珍稀植物和古树的根雕制造业

11. 以野外资源为原料的珍贵濒危野生动植物加工

12. 不符合生态养殖要求的湖泊、水库投饵网箱养殖

13. 不利于生态环境保护的开荒性农业开发项目

14. 缺水地区、国家生态脆弱区纸浆原料林基地建设

15. 不符合国家规划及产业政策的粮食转化乙醇、食用植物油料转化生物燃料项目

16. 破坏林地、湿地、草地的开发项目

二、煤炭

1. 低于30万吨/年的煤矿(其中山西、内蒙古、陕西低于120万吨/年,宁夏低于60万吨/年),低于90万吨/年的煤与瓦斯突出矿井

2. 采用非机械化开采工艺的煤矿项目

3. 煤炭资源回收率达不到国家规定要求的煤矿项目

4. 未按国家规定程序报批矿区总体规划的煤矿项目

5. 井下回采工作面超过2个的煤矿项目

6. 开采深度超过《煤矿安全规程》规定的煤矿、产品质量达不到《商品煤质量管理暂行办法》要求的煤矿、开采技术和装备列入《煤炭生产技术与装备政策导向(2014年版)》限制目录且无法实施技术改造的煤矿

三、电力

1. 大电网覆盖范围内,发电煤耗高于300克标准煤/千瓦时的湿冷发电机组,发电煤耗高于305克标准煤/千瓦时的空冷发电机组

2. 无下泄生态流量的引水式水力发电

四、石化化工

1. 新建1000万吨/年以下常减压、150万吨/年以下催化裂化、100万吨/年以下连续重整(含芳烃抽提)、150万吨/年以下加氢裂化生产装置

2. 新建80万吨/年以下石脑油裂解制乙烯、13万吨/年以下丙烯腈、100万吨/年以下精对苯二甲酸、20万吨/年以下乙二醇、20万吨/年以下苯乙烯(干气制乙苯工艺除外)、10万吨/年以下己内酰胺、乙烯法醋酸、30万吨/年以下羰基合成法醋酸、天然气制甲醇(CO_2含量20%以上的天然气除外),100万吨/年以下煤制甲醇生产装置,丙酮氰醇法甲基丙烯酸甲酯、粮食法丙酮/丁醇、氯醇法环氧丙烷和皂化法环氧氯丙烷生产装置,300吨/年以下皂素(含水解物)生产装置

3. 新建7万吨/年以下聚丙烯、20万吨/年以下聚乙烯、乙炔法聚氯乙烯、起始规模小于30万吨/年的乙烯氧氯化法聚氯乙烯、10万吨/年以下聚苯乙烯、20万吨/年以下丙烯腈-丁二烯-苯乙烯共聚物(ABS)、3万吨/年以下普通合成胶乳-羧基丁苯胶(含丁苯胶乳)生产装置,新建、改扩建氯丁橡胶类、丁苯热塑性橡胶类、聚氨酯类和聚丙烯酸酯类中溶剂型通用胶粘剂生产装置

4. 新建纯碱(井下循环制碱、天然碱除外)、烧碱(废盐综合利用的离子膜烧碱装置除外)、30万吨/年以下硫磺制酸(单项金属离子≤100ppb的电子级硫酸除外)、20万吨/年以下硫铁矿制酸、常压法及综合法硝酸、电石(以大型先进工艺设备进行等量替换的除外)、单线产能5万吨/年以下氢氧化钾生产装置

5. 新建三聚磷酸钠、六偏磷酸钠、三氯化磷、五硫化二磷、磷酸氢钙、氯酸钠、少钙焙烧工艺重铬酸钠、电解二氧化锰、碳酸钙、无水硫酸钠(盐业联产及副产除外)、碳酸钡、硫酸钡、氢氧化钡、氯化钡、硝酸钡、碳酸锶、白炭黑(气相法除外)、氯化胆碱生产装置

6. 新建黄磷,起始规模小于3万吨/年、单线产能小于1万吨/年氰化钠(折100%),单线产能5000吨/年以下碳酸锂、氢氧化锂,干法氟化铝及单线产能2万吨/年以下无水氟化铝或中低分子比冰晶石生产装置

7. 新建以石油、天然气为原料的氮肥,采用固定层间歇气化技术合成氨,磷铵生产装置,铜洗法氨合成原料气净化工艺

8. 新建高毒、高残留以及对环境影响大的农药原药〔包括氧乐果、水胺硫磷、甲基异柳磷、甲拌磷、特丁磷、杀扑磷、溴甲烷、灭多威、涕灭威、克百威、敌鼠钠、敌鼠酮、杀鼠灵、杀鼠醚、溴敌隆、溴鼠灵、肉毒素、杀虫双、灭线磷、磷化铝,有机氯类、有机锡类杀虫剂,福美类杀菌剂,复硝酚钠(钾)、氯磺隆、胺苯磺隆、甲磺隆等〕生产装置

9. 新建草甘膦、毒死蜱(水相法工艺除外)、三唑磷、百草枯、百菌清、阿维菌素、吡虫啉、乙草胺(甲叉法工艺除外)、氯化苦生产装置

10. 新建硫酸法钛白粉、铅铬黄、1万吨/年以下氧化铁系颜料、溶剂型涂料(鼓励类的涂料品种和生产工艺除外)、含异氰脲酸三缩水甘油酯(TGIC)的粉末涂料生产装置

11. 新建染料、染料中间体、有机颜料、印染助剂生产装置(鼓励类及采用鼓励类技术的除外)

12. 新建氟化氢(HF,企业下游深加工产品配套自用、电子级及湿法磷酸配套除外),新建初始规模小于20万吨/年、单套规模小于10万吨/年的甲基氯硅烷单体生产装置,10万吨/年以下(有机硅配套除外)和10万吨/年及以

上、没有副产四氯化碳配套处置设施的甲烷氯化物生产装置，没有副产三氟甲烷配套处置设施的二氟一氯甲烷生产装置，可接受用途的全氟辛基磺酸及其盐类和全氟辛基磺酰氟（其余为淘汰类）、全氟辛酸（PFOA），六氟化硫（SF6，高纯级除外），特定豁免用途的六溴环十二烷（其余为淘汰类）生产装置

13. 新建斜交轮胎和力车胎（含手推车胎）、锦纶帘线、3万吨/年以下钢丝帘线、再生胶（常压连续脱硫工艺除外）、橡胶塑解剂五氯硫酚、橡胶促进剂二硫化四甲基秋兰姆（TMTD）生产装置

五、信息产业

1. 激光视盘机生产线（VCD系列整机产品）

六、钢铁

1. 钢铁联合企业未同步配套建设干熄焦、装煤、推焦除尘装置的炼焦项目；独立焦化企业未同步配套建设装煤、推焦除尘装置的炼焦项目

2. 180平方米以下烧结机（铁合金烧结机、铸造用生铁烧结机除外）

3. 有效容积400立方米以上1200立方米以下炼钢用生铁高炉；1200立方米及以上但达不到环保、能耗、安全等强制性标准的炼钢用生铁高炉

4. 公称容量30吨以上100吨以下炼钢转炉；公称容量100吨及以上但达不到环保、能耗、安全等强制性标准的炼钢转炉

5. 公称容量30吨以上100吨（合金钢50吨）以下电弧炉；公称容量100吨（合金钢50吨）及以上但达不到环保、能耗、安全等强制性标准的电弧炉

6. 1450毫米以下热轧带钢（不含特殊钢）项目

7. 30万吨/年及以下热镀锌板卷项目

8. 20万吨/年及以下彩色涂层板卷项目

9. 含铬质耐火材料

10. 普通功率和高功率石墨电极压型设备、焙烧设备和生产线

11. 直径600毫米以下或2万吨/年以下的超高功率石墨电极生产线

12. 8万吨/年以下预焙阳极（炭块）、2万吨/年以下普通阴极炭块、4万吨/年以下炭电极生产线

13. 单机120万吨/年以下的球团设备（铁合金、铸造用生铁球团除外）

14. 顶装焦炉炭化室高度<6.0米、捣固焦炉炭化室高度<5.5米，100万吨/年以下焦化项目；热回收焦炉捣固煤饼体积<35立方米，企业生产能力<100万吨/年（铸造焦<60万吨/年）焦化项目；半焦炉单炉生产能力<10万吨/年，企业生产能力<100万吨/年焦化项目

15. 3000千伏安及以上，未采用热装热兑工艺的中低碳锰铁、电炉金属锰和中低微碳铬铁精炼电炉

16. 300 立方米以下锰铁高炉;300 立方米及以上,但焦比高于 1320 千克/吨的锰铁高炉;规模小于 10 万吨/年的锰铁高炉企业

17. 1.25 万千伏安以下的硅钙合金和硅钙钡铝合金矿热电炉;1.25 万千伏安及以上,但硅钙合金电耗高于 11000 千瓦时/吨的矿热电炉

18. 1.65 万千伏安以下硅铝合金矿热电炉;1.65 万千伏安及以上,但硅铝合金电耗高于 9000 千瓦时/吨的矿热电炉

19. 2×2.5 万千伏安以下普通铁合金矿热电炉(中西部具有独立运行的小水电及矿产资源优势的国家确定的重点贫困地区,矿热电炉容量<2×1.25 万千伏安);2×2.5 万千伏安及以上,但变压器未选用有载电动多级调压的三相或三个单相节能型设备,未实现工艺操作机械化和控制自动化,硅铁电耗高于 8500 千瓦时/吨,工业硅电耗高于 12000 千瓦时/吨,电炉锰铁电耗高于 2600 千瓦时/吨,硅锰合金电耗高于 4200 千瓦时/吨,高碳铬铁电耗高于 3200 千瓦时/吨,硅铬合金电耗高于 4800 千瓦时/吨的普通铁合金矿热电炉

20. 间断浸出、间断送液的电解金属锰浸出工艺;1 万吨/年以下电解金属锰单条生产线(一台变压器),电解金属锰生产总规模为 3 万吨/年以下的企业

21. 厂区内无配套炼钢工序的独立热轧生产线

七、有色金属

1. 新建、扩建钨金属储量小于 1 万吨、年开采规模小于 30 万吨矿石量的钨矿开采项目(现有钨矿山的深部和边部资源开采扩建项目除外),钨、钼、锡、锑冶炼项目(符合国家环保节能等法律法规要求的项目除外)以及氧化锑、铅锡焊料生产项目,稀土采选、冶炼分离项目(符合稀土开采、冶炼分离总量控制指标要求的稀土企业集团项目除外)

2. 单系列 10 万吨/年规模以下粗铜冶炼项目(再生铜项目及氧化矿直接浸出项目除外)

3. 电解铝项目(产能置换项目除外)

4. 单系列 5 万吨/年规模以下铅冶炼项目(不新增产能的技改和环保改造项目除外)

5. 单系列 10 万吨/年规模以下锌冶炼项目(直接浸出除外)

6. 镁冶炼项目(综合利用项目和先进节能环保工艺技术改造项目除外)

7. 10 万吨/年以下的独立铝用炭素项目

8. 新建单系列生产能力 5 万吨/年及以下、改扩建单系列生产能力 2 万吨/年及以下、以及资源利用、能源消耗、环境保护等指标达不到行业准入条件要求的再生铅项目

9. 新建、扩建原生汞矿开采项目

八、黄金

1. 日处理金精矿 200 吨(不含)以下的原料自供能力不足 50%(不含)的独立氰化项目(生物氰化提金工艺除外)

2. 日处理矿石 300 吨(不含)以下的无配套采矿系统的独立黄金选矿厂项目

3. 日处理金精矿 200 吨(不含)以下的无配套采矿系统的独立黄金冶炼厂火法冶炼项目

4. 1500 吨/日(不含)以下的无配套采矿系统的独立堆浸场项目

5. 日处理岩金矿石 300 吨(不含)以下的露天采选项目、100 吨(不含)以下的地下采选项目

6. 年处理砂金矿砂 30 万(不含)立方米以下的砂金开采项目

7. 在林区、基本农田、河道中开采砂金项目

九、建材

1. 2000 吨/日(不含)以下新型干法水泥熟料生产线(特种水泥生产线除外),60 万吨/年(不含)以下水泥粉磨站

2. 150 万平方米/年及以下的建筑陶瓷(不包括建筑琉璃制品)生产线

3. 60 万件/年(不含)以下的隧道窑卫生陶瓷生产线

4. 3000 万平方米/年(不含)以下的纸面石膏板生产线(西藏除外)

5. 中碱玻璃纤维池窑法拉丝生产线;单窑规模小于 8 万吨/年(不含)的无碱玻璃纤维粗纱池窑拉丝生产线;中碱、无碱、耐碱玻璃球窑生产线;中碱、无碱玻璃纤维代铂坩埚拉丝生产线

6. 粘土空心砖生产线(陕西、青海、甘肃、新疆、西藏、宁夏除外)

7. 15 万平方米/年(不含)以下的石膏(空心)砌块生产线、单班 5 万立方米/年(不含)以下的混凝土小型空心砌块以及单班 15 万平方米/年(不含)以下的混凝土铺地砖固定式生产线、5 万立方米/年(不含)以下的人造轻集料(陶粒)生产线

8. 15 万立方米/年(不含)以下的加气混凝土生产线

9. 6000 万标砖/年(不含)以下的烧结砖及烧结空心砌块生产线

10. 3 万吨/年以下岩(矿)棉制品生产线和 8000 吨/年以下玻璃棉制品生产线

11. 100 万米/年及以下预应力高强混凝土离心桩生产线

12. 预应力钢筒混凝土管(简称 PCCP 管)生产线(PCCP-L 型:年设计生产能力≤50 千米;PCCP-E 型:年设计生产能力≤30 千米)

十、医药

1. 新建、扩建古龙酸和维生素 C 原粉(包括药用、食品用、饲料用、化妆品用)生产装置,新建药品、食品、饲料、化妆品等用途的维生素 B_1、维生素 B_2、维生素 B_{12}、维生素 E 原料生产装置

2. 新建青霉素工业盐、6-氨基青霉烷酸(6-APA)、化学法生产 7-氨基头孢烷酸(7-ACA)、化学法生产 7-氨基-3-去乙酰氧基头孢烷酸(7-ADCA)、青霉素 V、氨苄青霉素、羟氨苄青霉素、头孢菌素 c 发酵、土霉素、四环素、氯霉素、安乃近、扑热息痛、林可霉素、庆大霉素、双氢链霉素、丁胺卡那霉素、麦迪霉素、柱晶白霉素、环丙氟哌酸、氟哌酸、氟嗪酸、利福平、咖啡因、柯柯豆碱生产装置

3. 新建紫杉醇(配套红豆杉种植除外)、植物提取法黄连素(配套黄连种植除外)生产装置

4. 新建、改扩建药用丁基橡胶塞、二步法生产输液用塑料瓶生产装置

5. 新建及改扩建原料含有尚未规模化种植或养殖的濒危动植物药材的产品生产装置

6. 新建、改扩建充汞式玻璃体温计、血压计生产装置、银汞齐齿科材料,新建 2 亿支/年以下一次性注射器、输血器、输液器生产装置

十一、机械

1. 2 臂及以下凿岩台车制造项目

2. 装岩机(立爪装岩机除外)制造项目

3. 3 立方米及以下小矿车制造项目

4. 直径 2.5 米及以下绞车制造项目

5. 直径 3.5 米及以下矿井提升机制造项目

6. 40 平方米及以下筛分机制造项目

7. 直径 700 毫米及以下旋流器制造项目

8. 800 千瓦及以下采煤机制造项目

9. 斗容 3.5 立方米及以下矿用挖掘机制造项目

10. 矿用搅拌、浓缩、过滤设备(加压式除外)制造项目

11. 仓栅车、栏板车、自卸车和普通厢式车等普通运输类专用汽车和普通运输类挂车企业项目;三轮汽车、低速电动车

12. 单缸柴油机制造项目

13. 配套单缸柴油机的皮带传动小四轮拖拉机,配套单缸柴油机的手扶拖拉机,滑动齿轮换档、排放达不到要求的 50 马力以下轮式拖拉机

14. 30 万千瓦级及以下常规燃煤火力发电设备制造项目(综合利用机组

除外）

15. 6千伏及以上（陆上用）干法交联电力电缆制造项目

16. 非数控金属切削机床制造项目

17. 6300千牛及以下普通机械压力机制造项目

18. 非数控剪板机、折弯机、弯管机制造项目

19. 普通高速钢钻头、铣刀、锯片、丝锥、板牙项目

20. 棕刚玉、绿碳化硅、黑碳化硅等烧结块项目

21. 直径450毫米以下且磨削速度40米/秒以下的各种结合剂砂轮（钢轨打磨砂轮除外）

22. 直径400毫米及以下人造金刚石切割锯片制造项目

23. P0级、直径60毫米以下普通微小型轴承制造项目

24. 220千伏及以下电力变压器（非晶合金、卷铁芯等节能配电变压器除外）

25. 220千伏及以下高、中、低压开关柜制造项目（使用环保型中压气体的绝缘开关柜以及用于爆炸性环境的防爆型开关柜除外）

26. 酸性碳钢焊条制造项目

27. 民用普通电度表制造项目

28. 8.8级以下普通低档标准紧固件制造项目

29. 一般用途固定往复活塞空气压缩机（驱动电动机功率560千瓦及以下、额定排气压力1.25兆帕及以下）制造项目

30. 普通运输集装干箱项目

31. 56英寸及以下单级中开泵制造项目

32. 通用类10兆帕及以下中低压碳钢阀门制造项目

33. 5吨/小时及以下短炉龄冲天炉

34. 有色合金六氯乙烷精炼、镁合金SF_6保护

35. 冲天炉熔化采用冶金焦

36. 无旧砂再生的水玻璃砂造型制芯工艺

37. 盐浴氮碳、硫氮碳共渗炉及盐

38. 电子管高频感应加热设备

39. 亚硝盐缓蚀、防腐剂

40. 铸/锻造用燃油加热炉

41. 锻造用燃煤加热炉

42. 手动燃气锻造炉

43. 蒸汽锤

44. 弧焊变压器

45. 含铅和含镉钎料

46. 全断面掘进机整机组装项目

47. 万吨级以上自由锻造液压机项目

48. 使用淘汰类和限制类设备及工艺生产的铸件、锻件；不采用自动化造型设备的粘土砂型铸造项目、水玻璃熔模精密铸造项目、规模小于 20 万吨/年的离心球墨铸铁管项目、规模小于 3 万吨/年的离心灰铸铁管项目

49. 动圈式和抽头式手工焊条弧焊机

50. Y 系列(IP44)三相异步电动机(机座号 80~355)及其派生系列，Y2 系列(IP54)三相异步电动机(机座号 63~355)

51. 背负式手动压缩式喷雾器

52. 背负式机动喷雾喷粉机

53. 手动插秧机

54. 青铜制品的茶叶加工机械

55. 双盘摩擦压力机

56. 含铅粉末冶金件

57. 出口船舶分段建造项目

十二、轻工

1. 聚氯乙烯普通人造革生产线

2. 年加工生皮能力 20 万标张牛皮以下的生产线，年加工蓝湿皮能力 10 万标张牛皮以下的生产线

3. 以含氢氯氟烃(HCFCs)为制冷剂、发泡剂、灭火剂、溶剂、清洗剂、加工助剂等受控用途的聚氨酯泡沫塑料生产线、连续挤出聚苯乙烯泡沫塑料(XPS)生产线以及冰箱、冰柜、汽车空调器、工业商业用冷藏、制冷设备生产线

4. 聚氯乙烯(PVC)食品保鲜包装膜

5. 普通照明白炽灯

6. 最高转速低于 4000 针/分钟的平缝机(不含厚料平缝机)和最高转速低于 5000 针/分钟的包缝机

7. 电子计价秤(准确度低于最大称量的 1/3000，称量≤15 千克)、电子皮带秤(准确度低于最大称量的 5/1000)、电子吊秤(准确度低于最大称量的 1/1000，称量≤50 吨)、弹簧度盘秤(准确度低于最大称量的 1/400，称量≤8 千克)

8. 电子汽车衡(准确度低于最大称量的 1/3000，称量≤300 吨)、电子静态轨道衡(准确度低于最大称量的 1/3000，称量≤150 吨)、电子动态轨道衡(准

确度低于最大称量的1/500,称量≤150吨)

9. 玻璃保温瓶胆生产线

10. 3万吨/年及以下的玻璃瓶罐生产线

11. 以人工操作方式制备玻璃配合料及秤量

12. 未达到日用玻璃行业清洁生产评价指标体系规定指标的玻璃窑炉

13. 羰基合成法及齐格勒法生产的脂肪醇产品

14. 热法生产三聚磷酸钠生产线

15. 单层喷枪洗衣粉生产工艺及装备、1.6吨/小时以下规模磺化装置

16. 100万吨/年以下北方海盐项目;南方海盐盐场项目;60万吨/年以下矿(井)盐项目

17. 单色金属板胶印机

18. 单条化学木浆30万吨/年以下、化学机械木浆10万吨/年以下、化学竹浆10万吨/年以下的生产线

19. 原糖加工项目及日处理甘蔗5000吨(云南地区3000吨)、日处理甜菜3000吨以下的项目

20. 酒精生产线

21. 糖精等化学合成甜味剂生产线

22. 大豆压榨及浸出项目(黑龙江、吉林、内蒙古大豆主产区除外);东、中部地区单线日处理油菜籽、棉籽200吨及以下,花生100吨及以下的油料加工项目;西部地区单线日处理油菜籽、棉籽、花生等油料100吨及以下的加工项目

23. 年加工玉米45万吨以下、绝干收率在98%以下玉米淀粉(蜡质玉米、高直链玉米等特种玉米年加工规模1万吨以下)

24. 年屠宰生猪15万头及以下、肉牛1万头及以下、肉羊15万只及以下、活禽1000万只及以下的屠宰建设项目(少数民族地区除外)

25. 3000吨/年及以下的西式肉制品加工项目

26. 年产2000吨(折干)及以下酵母制品

27. 冷冻海水鱼糜生产线

28. 铅酸蓄电池生产中铸板、制粉、输粉、灌粉、和膏、涂板、刷板、配酸灌酸、外化成、称板、包板等人工作业工艺

29. 采用外化成工艺生产铅酸蓄电池

30. 年产5万吨以下柠檬酸生产线

31. 10万吨/年及以下赖氨酸、苏氨酸生产线;20万吨/年及以下谷氨酸生产线

十三、纺织

1. 单线产能小于20万吨/年的常规聚酯(PET)连续聚合生产装置

2. 常规聚酯的对苯二甲酸二甲酯(DMT)法生产工艺

3. 半连续纺粘胶长丝生产线

4. 间歇式氨纶聚合生产装置

5. 常规化纤长丝用锭轴长1200毫米及以下的半自动卷绕设备

6. 粘胶板框式过滤机

7. 单线产能≤1000吨/年、幅宽≤2米的常规丙纶纺粘法非织造布生产线

8. 25公斤/小时以下梳棉机

9. 200钳次/分钟以下的棉精梳机

10. 5万转/分钟以下自排杂气流纺设备

11. FA502、FA503细纱机

12. 入纬率小于600米/分钟的剑杆织机,入纬率小于700米/分钟的喷气织机,入纬率小于900米/分钟的喷水织机

13. 采用聚乙烯醇浆料(PVA)上浆工艺及产品(涤棉产品,纯棉的高支高密产品除外)

14. 吨原毛洗毛用水超过20吨的洗毛工艺与设备

15. 双宫丝和柞蚕丝的立式缫丝工艺与设备

16. 绞纱染色工艺

17. 亚氯酸钠漂白设备

18. 普通涤纶载体染色

十四、烟草

1. 烟草制品加工项目

十五、民爆产品

1. 非人机隔离的非连续化、自动化雷管装配生产线

2. 非连续化、自动化炸药生产线

3. 高污染的起爆药生产线

4. 高能耗、高污染、低性能工业粉状炸药生产线

5. 危险等级为1.1级的危险品生产厂房现场操作人员总人数大于5人的炸药生产线

6. 危险等级为1.1级的危险品生产厂房现场操作人员人数大于9人的炸药制品生产线

7. 与雷管近距离接触的作业人员数量(含原材料和半成品作业人员,不含成品运送人员)大于5人的基础雷管装填生产线

十六、其他

1. 用地红线宽度(包括绿化带)超过下列标准的城市主干道路项目:小城市和重点镇40米,中等城市55米,大城市70米(200万人口以上特大城市主干道路确需超过70米的,城市总体规划中应有专项说明)

2. 用地面积超过下列标准的城市游憩集会广场项目:小城市和重点镇1公顷,中等城市2公顷,大城市3公顷,200万人口以上特大城市5公顷

3. 别墅类房地产开发项目

4. 高尔夫球场项目

5. 赛马场项目

6. 4档及以下机械式车用自动变速箱(AT)

7. 排放标准国三及以下的机动车用发动机

8. 不符合《大气污染防治法》、《水污染防治法》、《固体废物污染环境防治法》、《节约能源法》、《安全生产法》、《产品质量法》、《土地管理法》、《职业病防治法》等国家法律法规,不符合国家安全、环保、能耗、质量方面强制性标准,不符合国际环境公约等要求的工艺、技术、产品、装备

第三类　淘汰类

注:条目后括号内年份为淘汰期限,淘汰期限为2020年12月31日是指应于2020年12月31日前淘汰,其余类推;有淘汰计划的条目,根据计划进行淘汰;未标淘汰期限或淘汰计划的条目为国家产业政策已明令淘汰或立即淘汰。

一、落后生产工艺装备

(一)农林业

1. 湿法纤维板生产工艺

2. 滴水法松香生产工艺

3. 农村传统老式炉灶炕

4. 以木材、伐根为主要原料的土法活性炭生产

5. 超过生态承载力的旅游活动和药材等林产品采集

6. 严重缺水地区建设灌溉型造纸原料林基地

7. 种植前溴甲烷土壤熏蒸工艺

(二)煤炭

1. 与大型煤矿井田平面投影重叠的小煤矿

2. 山西、内蒙古、陕西、宁夏30万吨/年以下(不含30万吨/年),河北、辽宁、吉林、黑龙江、江苏、安徽、山东、河南、甘肃、青海、新疆15万吨/年以下(不

含15万吨/年),其他地区9万吨/年及以下(含9万吨/年)的煤矿;长期停产停建的30万吨/年以下(不含30万吨/年)“僵尸企业”煤矿;30万吨/年以下(不含30万吨/年)冲击地压、煤与瓦斯突出等灾害严重煤矿。属于满足林区、边远山区居民生活用煤需要或承担特殊供应任务且符合资源、环保、安全、技术、能耗等标准的煤矿,经省级人民政府批准,可以暂时保留或推迟退出

3. 既无降硫措施又无达标排放用户的高硫煤炭(含硫高于3%)生产矿井,不能就地使用的高灰煤炭(灰分高于40%)生产矿井以及高砷煤炭(动力用煤中砷含量超过80μg/g,炼焦用煤中砷含量超过35μg/g)生产煤矿

4. 6AM、φM-2.5、PA-3型煤用浮选机

5. PB2、PB3、PB4型矿用隔爆高压开关

6. PG-27型真空过滤机

7. X-1型箱式压滤机

8. ZYZ、ZY3型液压支架

9. 不能实现洗煤废水闭路循环的选煤工艺、不能实现粉尘达标排放的干法选煤设备

10. 开采范围与自然保护区、风景名胜区、饮用水水源保护区重叠的煤矿(根据法律法规及国家有关文件要求进行淘汰)

(三)电力

1. 不达标的单机容量30万千瓦级及以下的常规燃煤火电机组(综合利用机组除外)、以发电为主的燃油锅炉及发电机组

(四)石化化工

1. 200万吨/年及以下常减压装置(青海格尔木、新疆泽普装置除外),采用明火高温加热方式生产油品的釜式蒸馏装置,废旧橡胶和塑料土法炼油工艺,焦油间歇法生产沥青,2.5万吨/年及以下的单套粗(轻)苯精制装置,5万吨/年及以下的单套煤焦油加工装置

2. 10万吨/年以下的硫铁矿制酸和硫磺制酸(边远地区除外),平炉氧化法高锰酸钾,隔膜法烧碱生产装置(作为废盐综合利用的可以保留),平炉法和大锅蒸发法硫化碱生产工艺,芒硝法硅酸钠(泡花碱)生产工艺,间歇焦炭法二硫化碳工艺

3. 单台产能5000吨/年以下和不符合准入条件的黄磷生产装置,有钙焙烧铬化合物生产装置,单线产能3000吨/年以下普通级硫酸钡、氢氧化钡、氯化钡、硝酸钡生产装置,产能1万吨/年以下氯酸钠生产装置,单台炉容量小于1.25万千伏安的电石炉及开放式电石炉,高汞催化剂(氯化汞含量6.5%以上)和使用高汞催化剂的乙炔法聚氯乙烯生产装置,使用汞或汞化合物的甲醇

钠、甲醇钾、乙醇钠、乙醇钾、聚氨酯、乙醛、烧碱、生物杀虫剂和局部抗菌剂生产装置,氨钠法及氰熔体氰化钠生产工艺

4. 单线产能1万吨/年以下三聚磷酸钠、0.5万吨/年以下六偏磷酸钠、0.5万吨/年以下三氯化磷、3万吨/年以下饲料磷酸氢钙、5000吨/年以下工艺技术落后和污染严重的氢氟酸、5000吨/年以下湿法氟化铝及敞开式结晶氟盐生产装置

5. 单线产能0.3万吨/年以下氰化钠(100%氰化钠)、1万吨/年以下氢氧化钾、1.5万吨/年以下普通级白炭黑、2万吨/年以下普通级碳酸钙、10万吨/年以下普通级无水硫酸钠(盐业联产及副产除外)、0.3万吨/年以下碳酸锂和氢氧化锂、2万吨/年以下普通级碳酸钡、1.5万吨/年以下普通级碳酸锶生产装置

6. 半水煤气氨水液相脱硫、天然气常压间歇转化工艺制合成氨、一氧化碳常压变化及全中温变换(高温变换)工艺、没有配套硫磺回收装置的湿法脱硫工艺,没有配套建设吹风气余热回收、造气炉渣综合利用装置的固定层间歇式煤气化装置,没有配套工艺冷凝液水解解析装置的尿素生产设施

7. 钠法百草枯生产工艺,敌百虫碱法敌敌畏生产工艺,小包装(1公斤及以下)农药产品手工包(灌)装工艺及设备,雷蒙机法生产农药粉剂,以六氯苯为原料生产五氯酚(钠)装置

8. 用火直接加热的涂料用树脂、四氯化碳溶剂法制取氯化橡胶生产工艺,100吨/年以下皂素(含水解物)生产装置,盐酸酸解法皂素生产工艺及污染物排放不能达标的皂素生产装置,铁粉还原法工艺〔4,4-二氨基二苯乙烯-二磺酸(DSD酸)、2-氨基-4-甲基-5-氯苯磺酸(CLT酸)、1-氨基-8-萘酚-3,6-二磺酸(H酸)三种产品暂缓执行〕

9. 50万条/年及以下的斜交轮胎和以天然棉帘子布为骨架的轮胎、1.5万吨/年及以下的干法造粒炭黑(特种炭黑和半补强炭黑除外)、3亿只/年以下的天然胶乳安全套,橡胶硫化促进剂N-氧联二(1,2-亚乙基)-2-苯并噻唑次磺酰胺(NOBS)和橡胶防老剂D生产装置

10. 氯氟烃(CFCs)、含氢氯氟烃(HCFCs,作为自身下游化工产品的原料且不对外销售的除外),用于清洗的1,1,1-三氯乙烷(甲基氯仿),主产四氯化碳(CTC)、以四氯化碳(CTC)为加工助剂的所有产品,以PFOA为加工助剂的含氟聚合物生产工艺,含滴滴涕的涂料、采用滴滴涕为原料非封闭生产三氯杀螨醇生产装置(根据国家履行国际公约总体计划要求进行淘汰)

(五)钢铁

1. 土法炼焦(含改良焦炉);单炉产能7.5万吨/年以下或无煤气、焦油回

收利用和污水处理达不到焦化行业准入条件的半焦(兰炭)生产装置

2. 炭化室高度小于4.3米焦炉(3.8米及以上捣固焦炉除外);未配套干熄焦装置的钢铁企业焦炉

3. 土烧结矿

4. 热烧结矿

5. 钢铁生产用环形烧结机、90平方米以下烧结机、8平方米以下球团竖炉;铁合金生产用24平方米以下带式锰矿、铬矿烧结机

6. 400立方米及以下炼钢用生铁高炉(河北2020年底前淘汰450立方米及以下炼钢用生铁高炉),200立方米及以下铁合金生产用高炉(其中锰铁高炉为100立方米及以下),200立方米及以下铸造用生铁高炉(其中配套"短流程"铸造工艺的铸造用生铁高炉为100立方米及以下)

7. 用于熔化废钢的工频和中频感应炉(根据法律法规和国家取缔"地条钢"有关要求淘汰)

8. 30吨及以下炼钢转炉(不含铁合金转炉)(河北2020年底前淘汰40吨及以下炼钢转炉,其中生产特殊质量合金钢的转炉除外)

9. 30吨及以下炼钢电弧炉(不含机械铸造,特殊质量合金钢,高温合金、精密合金等特殊合金材料用电弧炉)

10. 化铁炼钢

11. 复二重线材轧机

12. 横列式线材轧机

13. 横列式棒材及型材轧机(不含生产高温合金的轧机)

14. 叠轧薄板轧机

15. 普钢初轧机及开坯用中型轧机

16. 热轧窄带钢轧机

17. 三辊劳特式中板轧机

18. 直径76毫米以下热轧无缝管机组

19. 三辊式型线材轧机(不含特殊钢生产)

20. 环保不达标的冶金炉窑

21. 手工操作的土沥青焦油浸渍装置,矿石原料与固体原料混烧、自然通风、手工操作的土竖窑,以煤直接为燃料、烟尘净化不能达标的倒焰窑

22. 6300千伏安及以下铁合金矿热电炉,3000千伏安以下铁合金半封闭直流电炉、铁合金精炼电炉(钨铁、钒铁等特殊品种的电炉除外)

23. 蒸汽加热混捏、倒焰式焙烧炉、艾奇逊交流石墨化炉、1万千伏安及以下三相桥式整流艾奇逊直流石墨化炉及其并联机组

24. 单机产能 1 万吨及以下的冷轧带肋钢筋生产装备(高延性冷轧带肋钢筋生产装备除外)

25. 生产预应力钢丝的单罐拉丝机生产装备

26. 预应力钢材生产消除应力处理的铅淬火工艺

27. 煅烧石灰土窑

28. 每炉单产 5 吨以下的钛铁熔炼炉、用反射炉焙烧钼精矿的钼铁生产线及用反射炉还原、煅烧红矾钠、铬酐生产金属铬的生产线

29. 燃煤倒焰窑耐火材料及原料制品生产线

30. 钢铁行业用一段式固定煤气发生炉项目(不含粉煤气化炉)

31. 电解金属锰用 6000 千伏安及以下的整流变压器、有效容积 170 立方米及以下的化合槽

32. 企业生产能力<40 万吨/年热回收焦炉;未同步配套建设热能回收装置的焦炉

33. 还原二氧化锰用反射炉(包括硫酸锰厂用反射炉、矿粉厂用反射炉等)

34. 电解金属锰一次压滤用除高压隔膜压滤机以外的板框、箱式压滤机

35. 有效容积 18 立方米及以下轻烧反射窑

36. 有效容积 30 立方米及以下重烧镁砂竖窑

(六)有色金属

1. 采用马弗炉、马槽炉、横罐、小竖罐等进行焙烧、简易冷凝设施进行收尘等落后方式炼锌或生产氧化锌工艺装备

2. 采用铁锅和土灶、蒸馏罐、坩埚炉及简易冷凝收尘设施等落后方式炼汞

3. 采用土坑炉或坩埚炉焙烧、简易冷凝设施收尘等落后方式炼制氧化砷或金属砷工艺装备

4. 铝自焙电解槽及 160kA 以下预焙槽

5. 鼓风炉、电炉、反射炉炼铜工艺及设备

6. 烟气制酸干法净化和热浓酸洗涤技术

7. 采用地坑炉、坩埚炉、赫氏炉等落后方式炼锑

8. 采用烧结锅、烧结盘、简易高炉等落后方式炼铅工艺及设备

9. 利用坩埚炉熔炼再生铝合金、再生铅的工艺及设备

10. 铝用湿法氟化盐项目

11. 1 万吨/年以下的再生铝、再生铅项目

12. 再生有色金属生产中采用直接燃煤的反射炉项目

13. 铜线杆(黑杆)生产工艺

14. 未配套制酸及尾气吸收系统的烧结机炼铅工艺

15. 烧结-鼓风炉炼铅工艺

16. 无烟气治理措施的再生铜焚烧工艺及设备

17. 50吨以下传统固定式反射炉再生铜生产工艺及设备

18. 4吨以下反射炉再生铝生产工艺及设备

19. 离子型稀土矿堆浸和池浸工艺

20. 独居石单一矿种开发项目

21. 稀土氯化物电解制备金属工艺项目

22. 湿法生产电解用氟化稀土生产工艺

23. 2万吨(REO)/年以下混合型稀土矿山开发项目;5000吨(REO)/年以下的氟碳铈矿稀土矿山开发项目;500吨(REO)/年以下的离子型稀土矿山开发项目

24. 2000吨(REO)/年以下的稀土分离项目

25. 1500吨/年以下、电解槽电流小于5000A、电流效率低于85%的轻稀土金属冶炼项目

26. 原生汞矿开采(2032年8月16日)

(七)黄金

1. 混汞提金工艺

2. 小氰化池浸工艺、土法冶炼工艺

3. 无环保措施提取线路板中金、银、钯等贵重金属

4. 日处理能力50吨(不含)以下采选项目

5. 整体矿石汞齐化;露天焚烧汞合金或经过加工的汞合金;在居民区焚烧汞合金;在没有首先去除汞的情况下,对添加了汞的沉积物、矿石或尾矿石进行氰化物浸出

(八)建材

1. 干法中空窑(生产铝酸盐水泥等特种水泥除外),水泥机立窑,立波尔窑、湿法窑

2. 直径3米(不含)以下水泥粉磨设备(生产特种水泥除外)

3. 无覆膜塑编水泥包装袋生产线

4. 平拉工艺平板玻璃生产线(含格法)

5. 100万平方米/年(不含)以下的建筑陶瓷砖、20万件/年(不含)以下卫生陶瓷生产线

6. 建筑卫生陶瓷(不包括建筑琉璃制品)土窑、倒焰窑、多孔窑、煤烧明焰隧道窑、隔焰隧道窑、匣钵装卫生陶瓷隧道窑

7. 建筑陶瓷砖成型用的摩擦压砖机

8. 玻璃纤维陶土坩埚拉丝生产工艺与装备

9. 1000万平方米/年(不含)以下的纸面石膏板生产线

10. 500万平方米/年(不含)以下的改性沥青类防水卷材生产线;500万平方米/年(不含)以下沥青复合胎柔性防水卷材生产线;100万卷/年(不含)以下沥青纸胎油毡生产线

11. 石灰土立窑

12. 砖瓦轮窑(2020年12月31日)以及立窑、无顶轮窑、马蹄窑等土窑

13. 普通挤砖机

14. SJ1580-3000双轴、单轴制砖搅拌机

15. SQP400500-700500双辊破碎机

16. 1000型普通切条机

17. 100吨以下盘转式压砖机

18. 手工制作墙板生产线

19. 简易移动式砼砌块成型机、附着式振动成型台

20. 单班1万立方米/年以下的混凝土砌块固定式成型机、单班10万平方米/年以下的混凝土铺地砖固定式成型机

21. 人工浇筑、非机械成型的石膏(空心)砌块生产工艺

22. 真空加压法和气炼一步法石英玻璃生产工艺装备

23. 生产人造金刚石用6×6兆牛顿六面顶小型压机

24. 手工切割加气混凝土生产线、非蒸压养护加气混凝土生产线

25. 非烧结、非蒸压粉煤灰砖生产线

26. 装饰石材矿山硐室爆破开采技术、吊索式大理石土拉锯、移动式小型圆盘锯

(九)医药

1. 手工胶囊填充工艺

2. 软木塞烫蜡包装药品工艺

3. 不符合GMP要求的安瓿拉丝灌封机

4. 塔式重蒸馏水器

5. 无净化设施的热风干燥箱

6. 环境、职业健康和安全不能达到国家标准的原料药生产装置

7. 铁粉还原法对乙酰氨基酚(扑热息痛)、咖啡因装置

8. 使用氯氟烃(CFCs)作为气雾剂、推进剂、抛射剂或分散剂的医药用品生产工艺(根据国家履行国际公约总体计划要求进行淘汰)

（十）机械

1. 热处理铅浴炉（用于金属丝绳及其制品的有铅液覆盖剂和负压抽风除尘环保设施的在线热处理铅浴生产线除外）

2. 热处理氯化钡盐浴炉（高温氯化钡盐浴炉暂缓淘汰）

3. TQ60、TQ80 塔式起重机

4. QT16、QT20、QT25 井架简易塔式起重机

5. KJ1600/1220 单筒提升绞机

6. 3000 千伏安以下普通棕刚玉冶炼炉

7. 4000 千伏安以下固定式棕刚玉冶炼炉

8. 3000 千伏安以下碳化硅冶炼炉

9. 强制驱动式简易电梯

10. 以氯氟烃（CFCs）作为膨胀剂的烟丝膨胀设备生产线

11. 砂型铸造粘土烘干砂型及型芯

12. 焦炭炉熔化有色金属

13. 砂型铸造油砂制芯

14. 重质砖炉衬台车炉

15. 中频发电机感应加热电源

16. 燃煤火焰反射加热炉

17. 铸/锻件酸洗工艺

18. 位式交流接触器温度控制柜

19. 插入电极式盐浴炉

20. 动圈式和抽头式硅整流弧焊机

21. 磁放大器式弧焊机

22. 无法安装安全保护装置的冲床

23. 无磁轭（≥0.25 吨）铝壳中频感应电炉

24. 无芯工频感应电炉

（十一）船舶

1. 废旧船舶滩涂拆解工艺

2. 船长大于 90 米的海洋钢质船舶以及船长大于 120 米的内河钢质船舶的整体建造工艺

（十二）轻工

1. 单套 10 万吨/年以下的真空制盐装置、20 万吨/年以下的湖盐和 30 万吨/年以下的北方海盐生产设施

2. 利用矿盐卤水、油气田水且采用平锅、滩晒制盐的生产工艺与装置

3. 2万吨/年及以下的南方海盐生产装置

4. 超薄型(厚度低于0.025毫米)塑料购物袋生产

5. 年加工生皮能力5万标张牛皮、年加工蓝湿皮能力3万标张牛皮以下的制革生产线

6. 300吨/年以下的油墨生产总装置(利用高新技术、无污染的除外)

7. 含苯类溶剂型油墨生产

8. 石灰法地池制浆设备(宣纸除外)

9. 5.1万吨/年以下的化学木浆生产线

10. 单条3.4万吨/年以下的非木浆生产线

11. 单条1万吨/年及以下、以废纸为原料的制浆生产线

12. 幅宽在1.76米及以下并且车速为120米/分以下的文化纸生产线

13. 幅宽在2米及以下并且车速为80米/分以下的白板纸、箱板纸及瓦楞纸生产线

14. 以氯氟烃(CFCs)为制冷剂和发泡剂的冰箱、冰柜、汽车空调器、工业商业用冷藏、制冷设备生产线

15. 以氯氟烃(CFCs)为发泡剂的聚氨酯、聚乙烯、聚苯乙烯泡沫塑料生产

16. 以四氯化碳(CTC)为清洗剂的生产工艺

17. 以三氟三氯乙烷(CFC-113)和甲基氯仿(TCA)为清洗剂和溶剂的生产工艺

18. 脂肪酸法制叔胺工艺,发烟硫酸磺化工艺,搅拌釜式乙氧基化工艺

19. 印铁制罐行业中的锡焊工艺

20. 燃煤和燃发生炉煤气的坩埚玻璃窑,直火式、无热风循环的玻璃退火炉

21. 机械定时行列式制瓶机

22. 生产能力150瓶/分钟以下(瓶容在250毫升及以下)的碳酸饮料生产线

23. 日处理原料乳能力(两班)20吨以下浓缩、喷雾干燥等设施;200千克/小时以下的手动及半自动液体乳灌装设备

24. 3万吨/年以下酒精生产线(废糖蜜制酒精除外)

25. 等电离交工艺的谷氨酸生产线,5万吨/年以下味精生产装置

26. 传统钙盐法柠檬酸生产装置

27. 年处理15万吨以下、总干物收率97%以下的湿法玉米淀粉生产线(特种玉米淀粉生产线除外)

28. 桥式劈半锯、敞式生猪烫毛机等生猪屠宰设备

29. 猪、牛、羊、禽手工屠宰工艺

30. 小麦粉增白剂(过氧化苯甲酰、过氧化钙)的添加工艺

31. 元素氯漂白制浆工艺

32. 铅蓄电池生产用开放式熔铅锅、开口式铅粉机

33. 管式铅蓄电池干式灌粉工艺

34. 添加白砒、三氧化二锑、含铅、含氟(全电熔窑除外)、铬矿渣及其他有害原辅材料的玻璃配合料

(十三)纺织

1. 使用时间达到30年的棉纺、毛纺、麻纺设备、机织设备

2. 辊长1000毫米以下的皮辊轧花机,锯片片数在80以下的锯齿轧花机,压力吨位在400吨以下的皮棉打包机(不含160吨、200吨短绒棉花打包机)

3. ZD647、ZD721型自动缫丝机,D101A型自动缫丝机,ZD681型立缫机,DJ561型绢精纺机,K251、K251A型丝织机等丝绸加工设备

4. Z114型小提花机

5. GE186型提花毛圈机

6. Z261型人造毛皮机

7. 未经改造的74型染整设备

8. 蒸汽加热敞开无密闭的印染平洗槽

9. R531型酸性粘胶纺丝机

10. 4万吨/年及以下粘胶常规短纤维生产线

11. 湿法氨纶生产工艺

12. 二甲基甲酰胺(DMF)溶剂法氨纶及腈纶生产工艺

13. 硝酸法腈纶常规纤维生产工艺及装置

14. 常规聚酯(PET)间歇法聚合生产工艺及设备

15. 常规涤纶长丝锭轴长900毫米及以下的半自动卷绕设备

16. 使用年限超过15年的国产和使用年限超过20年的进口印染前处理设备、拉幅和定形设备、圆网和平网印花机、连续染色机

17. 使用年限超过15年的浴比大于1∶10的棉及化纤间歇式染色设备

18. 使用直流电机驱动的印染生产线

19. 印染用铸铁结构的蒸箱和水洗设备,铸铁墙板无底蒸化机,汽蒸预热区短的L型退煮漂履带汽蒸箱

20. 螺杆挤出机直径小于或等于90mm,2000吨/年以下的涤纶再生纺短纤维生产装置

（十四）印刷

1. 全部铅排、铅印工艺

2. 全部铅印机及相关辅机

3. 照像制版机

4. ZD201、ZD301 型系列单字铸字机

5. TH1 型自动铸条机、ZT102 型系列铸条机

6. ZDK101 型字模雕刻机

7. KMD101 型字模刻刀磨床

8. AZP502 型半自动汉文手选铸排机、ZSY101 型半自动汉文铸排机、TZP101 型外文条字铸排机、ZZP101 型汉文自动铸排机

9. QY401、2QY404 型系列电动铅印打样机，QYSH401、2QY401、DY401 型手动式铅印打样机

10. YX01、YX02、YX03 型系列压纸型机，HX01、HX02、HX03、HX04 型系列烘纸型机

11. PZB401 型平铅版铸版机，YZB02、YZB03、YZB04、YZB05、YZB06、YZB07 型系列铅版铸版机

12. JB01 型平铅版浇版机

13. RQ02、RQ03、RQ04 型系列铅泵熔铅炉

14. BB01 型刨版机，YGB02、YGB03、YGB04、YGB05 型圆铅版刮版机，YTB01 型圆铅版镗版机，YJB02 型圆铅版锯版机，YXB04、YXB05、YXB302 型系列圆铅版修版机

15. P401、P402 型系列四开平压印刷机，P801、P802、P803、P804 型系列八开平压印刷机

16. PE802 型双合页印刷机

17. TE102、TE105、TE108 型系列全张自动二回转平台印刷机

18. TY201 型对开单色一回转平台印刷机，TY401 型四开单色一回转平台印刷机

19. TY4201 型四开一回转双色印刷机

20. TT201、TZ201、DT201 型对开手动续纸停回转平台印刷机

21. TT202 型对开自动停回转平台印刷机，TT402、TT403、TT405、DT402 型四开自动停回转平台印刷机，TZ202 型对开半自动停回转平台印刷机，TZ401、TZS401、DT401 型四开半自动停回转平台印刷机

22. TR801 型系列立式平台印刷机

23. LP1101、LP1103 型系列平板纸全张单面轮转印刷机，LP1201 型平板

纸全张双面轮转印刷机,LP4201型平板纸四开双色轮转印刷机

24. LSB201(880mm×1230mm)及LS201、LS204(787mm×1092mm)型系列卷筒纸书刊转轮印刷机

25. LB203、LB205、LB403型卷筒纸报版轮转印刷机,LB2405、LB4405型卷筒纸双层二组报版轮转印刷机,LBS201型卷筒纸书、报二用轮转印刷机

26. K.M.T型自动铸字排版机,PH-5型汉字排字机

27. 球震打样制版机(DIA PRESS清刷机)

28. 1985年前生产的手动照排机、国产制版照相机

29. 离心涂布机

30. J1101系列全张单色胶印机(印刷速度每小时5000张及以下)

31. J2101、PZ1920系列对开单色胶印机(印刷速度每小时4000张及以下),PZ1615系列四开单色胶印机(印刷速度每小时4000张及以下),YPS1920系列双面单色胶印机(印刷速度每小时4000张及以下)

32. W1101型全张自动凹版印刷机、AJ401型卷筒纸单面四色凹版印刷机

33. DJ01型平装胶订联动机,PRD-01、PRD-02型平装胶订联动机,DBT-01型平装有线订、包、烫联动机

34. 溶剂型即涂覆膜机、承印物无法降解和回收的各类覆膜机

35. QZ101、QZ201、QZ301、QZ401型切纸机

36. MD103A型磨刀机

(十五)民爆产品

1. 密闭式包装型乳化炸药基质冷却机

2. 密闭式包装型乳化炸药低温敏化机

3. 小直径手工单头炸药装药机

4. 轴承包覆在药剂中的混药、输送等炸药设备

5. 起爆药干燥工序采用蒸汽烘房干燥的工艺

6. 延期元件(体)制造工序采用手工装药的工艺

7. 雷管装填、装配工序及工序间的传输无可靠防殉爆措施的工艺

8. 导爆管制造工序加药装置无可靠防爆设施的生产线

9. 危险作业场所未实现远程视频监视的工业炸药和工业雷管生产线

10. 危险作业场所未实现远程视频监视的导爆索生产线

11. 采用传统轮碾方式的炸药制药工艺

12. 起爆药生产废水达不到《兵器工业水污染排放标准火工药剂》(GB14470.2)要求排放的生产工艺

13. 乳化器出药温度大于130℃的乳化工艺

14. 小直径含水炸药装药效率低于1200kg/h、小直径粉状炸药装药效率低于800kg/h的装药机

15. 有固定操作人员的场所,噪声超过85分贝以上的炸药设备

16. 全电阻极差大于1.5Ω的电雷管(钢芯脚线长度2m)生产技术

17. 装箱产品下线未实现生产数据在线采集、及时传输的生产线

18. 全电阻极差大于1.0Ω的电雷管(钢芯脚线长度2m)生产工艺

19. 工序间无可靠防传爆措施的导爆索生产线

20. 制索工序无药量在线检测、自动联锁保护装置的导爆索生产线

21. 最大不发火电流小于0.25A的普通型电雷管生产工艺

22. 雷管装填工序未实现人机隔离的生产工艺

23. 雷管卡口、检查工序间需人工传送产品的生产工艺

24. 年产1万吨及以下的低水平工业炸药生产线

(十六)消防

1. 火灾探测器手工插焊电子元器件生产工艺

(十七)采矿

1. 集中铲装作业时人工装卸矿岩

2. 未安装捕尘装置的干式凿岩作业

3. 主要无轨运输巷道及露天采场采用人力或畜力运输矿岩

4. 地下矿山使用非阻燃电缆、风筒和输送带

5. 地下矿山主要井巷使用木支护

6. 地下矿山采用空场法采矿(无底柱采矿法)采场内人工装运作业

7. 地下矿山采用横撑支柱采矿法

8. 露天矿山采用扩壶爆破

9. 露天矿山采用掏底崩落、掏挖开采、不分层的"一面墙"开采

10. 露天矿山使用爆破方式对大块矿岩进行二次破碎

(十八)其他

1. 含有毒有害氰化物电镀工艺(电镀金、银、铜基合金及予镀铜打底工艺除外)

2. 含氰沉锌工艺

3. 实体坝连岛技术

4. 超过生态承载力的旅游活动和药材等林产品采集

5. 不符合国家现行城市生活垃圾、医疗废物和工业废物焚烧相关污染控制标准、工程技术标准以及设备标准的小型焚烧炉

6. 不符合《大气污染防治法》、《水污染防治法》、《固体废物污染环境防治

法》、《节约能源法》、《安全生产法》、《产品质量法》、《土地管理法》、《职业病防治法》等国家法律法规，不符合国家安全、环保、能耗、质量方面强制性标准，不符合国际环境公约等要求的工艺、技术、产品、装备

7. 虚拟货币“挖矿”活动。

二、落后产品

（一）石化化工

1. 改性淀粉、改性纤维、多彩内墙（树脂以硝化纤维素为主，溶剂以二甲苯为主的O/W型涂料）、氯乙烯-偏氯乙烯共聚乳液外墙、焦油型聚氨酯防水、水性聚氯乙烯焦油防水、聚乙烯醇及其缩醛类内外墙（106、107涂料等）、聚醋酸乙烯乳液类（含乙烯/醋酸乙烯酯共聚物乳液）外墙涂料

2. 有害物质含量超标准的内墙、溶剂型木器、玩具、汽车、外墙涂料，含双对氯苯基三氯乙烷、三丁基锡、全氟辛酸及其盐类、全氟辛烷磺酸、红丹等有害物质的涂料

3. 在还原条件下会裂解产生24种有害芳香胺的偶氮染料（非纺织品用的领域暂缓）、九种致癌性染料（用于与人体不直接接触的领域暂缓）

4. 含苯类、苯酚、苯甲醛和二（三）氯甲烷的脱漆剂，立德粉，聚氯乙烯建筑防水接缝材料（焦油型），107胶，瘦肉精，多氯联苯（变压器油）

5. 高毒农药产品：六六六、二溴乙烷、丁酰肼、敌枯双、除草醚、杀虫脒、毒鼠强、氟乙酰胺、氟乙酸钠、二溴氯丙烷、治螟磷（苏化203）、磷胺、甘氟、毒鼠硅、甲胺磷、对硫磷、甲基对硫磷、久效磷、硫环磷（乙基硫环磷）、福美胂、福美甲胂及所有砷制剂、汞制剂、铅制剂、10%草甘膦水剂，甲基硫环磷、磷化钙、磷化锌、苯线磷、地虫硫磷、磷化镁、硫线磷、蝇毒磷、治螟磷、特丁硫磷、三氯杀螨醇

6. 根据国家履行国际公约总体计划要求进行淘汰的产品：氯丹、七氯、溴甲烷、滴滴涕、六氯苯、灭蚁灵、林丹、毒杀芬、艾氏剂、狄氏剂、异狄氏剂、硫丹、氟虫胺、十氯酮、α-六氯环己烷、β-六氯环己烷、多氯联苯、五氯苯、六溴联苯、四溴二苯醚和五溴二苯醚、六溴二苯醚和七溴二苯醚、六溴环十二烷（特定豁免用途为限制类）、全氟辛基磺酸及其盐类和全氟辛基磺酰氟（可接受用途为限制类）

7. 软边结构自行车胎，以棉帘线为骨架材料的普通输送带和以尼龙帘线为骨架材料的普通V带，轮胎、自行车胎、摩托车胎手工刻花硫化模具

（二）铁路

1. G60型、G17型罐车

2. P62型棚车

3. K13 型矿石车

4. U60 型水泥车

5. N16 型、N17 型平车

6. L17 型粮食车

7. C62A 型、C62B 型敞车

8. 轨道平车(载重 40 吨及以下)

(三)钢铁

1. 热轧硅钢片

2. 普通松弛级别的钢丝、钢绞线

3. 热轧钢筋:牌号 HRB335、HPB235

4. 使用工频或中频感应炉熔化废钢生产的钢坯(锭),及以其为原料生产的钢材产品(根据国家法律法规和国家取缔“地条钢”有关要求淘汰)

(四)有色金属

1. 铜线杆(黑杆)

(五)建材

1. 使用非耐碱玻纤或非低碱水泥生产的玻纤增强水泥(GRC)空心条板

2. 陶土坩埚拉丝玻璃纤维和制品及其增强塑料(玻璃钢)制品

3. 25A 空腹钢窗

4. S-2 型混凝土轨枕

5. 一次冲洗最大用水量 8 升以上的坐便器

6. 角闪石石棉(即蓝石棉)

7. 非机械生产的中空玻璃、双层双框各类门窗及单腔结构型的塑料门窗

8. 采用二次加热复合成型工艺生产的聚乙烯丙纶类复合防水卷材、聚乙烯丙纶复合防水卷材(聚乙烯芯材厚度在 0.5mm 以下);棉涤玻纤(高碱)网格复合胎基材料、聚氯乙烯防水卷材(S 型)

9. 石棉绒质离合器面片、合成火车闸瓦,石棉软木湿式离合器面片

(六)医药

1. 铅锡软膏管、单层聚烯烃软膏管(肛肠、腔道给药除外)

2. 安瓿灌装注射用无菌粉末

3. 药用天然胶塞

4. 非易折安瓿

5. 输液用聚氯乙烯(PVC)软袋(不包括腹膜透析液、冲洗液用)

(七)机械

1. T100、T100A 推土机

2. ZP-Ⅱ、ZP-Ⅲ干式喷浆机

3. WP-3挖掘机

4. 0.35立方米以下的气动抓岩机

5. 矿用钢丝绳冲击式钻机

6. БY-40石油钻机

7. 直径1.98米水煤气发生炉

8. CER膜盒系列

9. 热电偶(分度号LL-2、LB-3、EU-2、EA-2、CK)

10. 热电阻(分度号BA、BA2、G)

11. DDZ-I型电动单元组合仪表

12. GGP-01A型皮带秤

13. BLR-31型称重传感器

14. WFT-081辐射感温器

15. WDH-1E、WDH-2E光电温度计,PY5型数字温度计

16. BC系列单波纹管差压计,LCH-511、YCH-211、LCH-311、YCH-311、LCH-211、YCH-511型环称式差压计

17. EWC-01A型长图电子电位差计

18. XQWA型条形自动平衡指示仪

19. ZL3型X-Y记录仪

20. DBU-521,DBU-521C型液位变送器

21. YB系列(机座号63~355mm,额定电压660V及以下)、YBF系列(机座号63~160mm,额定电压380、660V或380/660V)、YBK系列(机座号100~355mm,额定电压380/660V、660/1140V)隔爆型三相异步电动机

22. DZ10系列塑壳断路器、DW10系列框架断路器

23. CJ8系列交流接触器

24. QC10、QC12、QC8系列起动器

25. JR0、JR9、JR14、JR15、JR16-A、B、C、D系列热继电器

26. 以焦炭为燃料的有色金属熔炼炉

27. GGW系列中频无心感应熔炼炉

28. B型、BA型单级单吸悬臂式离心泵系列

29. F型单级单吸耐腐蚀泵系列

30. JD型长轴深井泵

31. KDON-3200/3200型蓄冷器全低压流程空分设备、KDON-1500/1500型蓄冷器(管式)全低压流程空分设备、KDON-1500/1500型管板式全低压流

程空分设备、KDON-6000/6600 型蓄冷器流程空分设备

32. 3W-0.9/7(环状阀)空气压缩机

33. C620、CA630 普通车床

34. C616、C618、C630、C640、C650 普通车床

35. X920 键槽铣床

36. B665、B665A、B665-1 牛头刨床

37. D6165、D6185 电火花成型机床

38. D5540 电脉冲机床

39. J53-400、J53-630、J53-1000 双盘摩擦压力机

40. Q11-1.6×1600 剪板机

41. Q51 汽车起重机

42. TD62 型固定带式输送机

43. 3 吨直流架线式井下矿用电机车

44. A571 单梁起重机

45. 快速断路器:DS3-10、DS3-30、DS3-50(1000、3000、5000A)、DS10-10、DS10-20、DS10-30(1000、2000、3000A)

46. SX 系列箱式电阻炉

47. 单相电度表:DD1、DD5、DD5-2、DD5-6、DD9、DD10、DD12、DD14、DD15、DD17、DD20、DD28

48. SL7-30/10~SL7-1600/10、S7-30/10~S7-1600/10 配电变压器

49. 刀开关:HD6、HD3-100、HD3-200、HD3-400、HD3-600、HD3-1000、HD3-1500

50. GC 型低压锅炉给水泵,DG270-140、DG500-140、DG375-185 锅炉给水泵

51. 热动力式疏水阀:S15H-16、S19-16、S19-16C、S49H-16、S49-16C、S19H-40、S49H-40、S19H-64、S49H-64

52. 固定炉排燃煤锅炉(双层固定炉排锅炉除外)

53. L-10/8、L-10/7 型动力用往复式空气压缩机

54. 8-18 系列、9-27 系列高压离心通风机

55. X52、X62W 320×150 升降台铣床

56. J31-250 机械压力机

57. TD60、TD62、TD72 型固定带式输送机

58. E135 二冲程中速柴油机(包括 2、4、6 缸三种机型),4146 柴油机

59. TY1100 型单缸立式水冷直喷式柴油机

60. 165单缸卧式蒸发水冷、预燃室柴油机

61. 含汞开关和继电器

62. 燃油助力车

63. 低于国二排放的车用发动机

64. 机动车制动用含石棉材料的摩擦片

65. 非定型竖井罐笼，Φ1.2米以下（不含Φ1.2米）用于升降人员的提升绞车，KJ型矿井提升机，JKA型矿井提升机，XKT型矿井提升机，JTK型矿用提升绞车，带式制动矿用提升绞车，TKD型提升机电控装置及使用继电器结构原理的提升机电控装置，专门用于运输人员、油料的无轨胶轮车使用的干式制动器，无稳压装置的中深孔凿岩设备

66. 每小时10蒸吨及以下燃煤锅炉

67. 国三及以下排放标准营运柴油货车，采用稀薄燃烧技术和“油改气”的老旧燃气车辆

（八）船舶

1. 采用整体造船法建造的钢制运输船舶

2. 不符合规范的改装船舶和已到报废期限的船舶

3. 单壳油船

4. 挂桨机船及其发动机

（九）轻工

1. 汞电池（氧化汞原电池及电池组、锌汞电池）

2. 含汞糊式锌锰电池、含汞纸板锌锰电池、含汞圆柱型碱锰电池、含汞扣式碱锰电池

3. 含汞浆层纸、含汞锌粉

4. 开口式普通铅蓄电池、干式荷电铅蓄电池

5. 含镉高于0.002%的铅蓄电池

6. 含砷高于0.1%的铅蓄电池

7. 民用镉镍电池

8. 直排式燃气热水器

9. 螺旋升降式（铸铁）水嘴

10. 用于凹版印刷的苯胺油墨

11. 进水口低于溢流口水面、上导向直落式便器水箱配件

12. 铸铁截止阀

13. 半自动（卧式）工业用洗衣机

14. 开启式四氯乙烯干洗机和普通封闭式四氯乙烯干洗机，分体式石油干

洗机和普通封闭式石油干洗机

15. 烷基酚聚氧乙烯醚(包括壬基酚聚氧乙烯醚、辛基酚聚氧乙烯醚和十二烷基酚聚氧乙烯醚等)的生产和使用

16. 一次性发泡塑料餐具、一次性塑料棉签(2020 年 12 月 31 日);含塑料微珠的日化用品(到 2020 年 12 月 31 日禁止生产,到 2022 年 12 月 31 日禁止销售);厚度低于 0.025 毫米的超薄型塑料袋、厚度低于 0.01 毫米的聚乙烯农用地膜

17. 用于电子显示的冷阴极荧光灯和外置电极荧光灯:(1)长度较短(≤500 毫米)且单支含汞量超过 3.5 毫克;(2)中等长度(>500 毫米且≤1500 毫米)且单支含汞量超过 5 毫克;(3)长度较长(>1500 毫米)且单支含汞量超过 13 毫克(2020 年 12 月 31 日)

18. 化妆品(含汞量超过百万分之一),包括亮肤肥皂和乳霜,不包括以汞为防腐剂且无有效安全替代防腐剂的眼部化妆品(2020 年 12 月 31 日)

19. 生产含汞的气压计、湿度计、压力表、温度计(体温计除外)等非电子测量仪器(无法获得适当无汞替代品、安装在大型设备中或用于高精度测量的非电子测量设备除外)(2020 年 12 月 31 日)

20. 含汞体温计和含汞血压计(2025 年 12 月 31 日)

21. 含汞电池,不包括含汞量低于 2%的扣式锌氧化银电池以及含汞量低于 2%的扣式锌空气电池(2020 年 12 月 31 日)

22. 用于普通照明用途的不超过 30 瓦且单支含汞量超过 5 毫克的紧凑型荧光灯(2020 年 12 月 31 日)

23. 用于普通照明用途的直管型荧光灯:(1)低于 60 瓦且单支含汞量超过 5 毫克的直管型荧光灯(使用三基色荧光粉)。(2)低于 40 瓦(含 40 瓦)且单支含汞量超过 10 毫克的直管型荧光灯(使用卤磷酸盐荧光粉)(2020 年 12 月 31 日)

24. 用于普通照明用途的高压汞灯(2020 年 12 月 31 日)

25. 以一氟二氯乙烷(HCFC-141b)为发泡剂生产冰箱冷柜产品、冷藏集装箱产品、电热水器产品

26. 含二甲苯麝香的日用香精

(十)消防

1. 二氟一氯一溴甲烷灭火剂(简称 1211 灭火剂)

2. 三氟一溴甲烷灭火剂(简称 1301 灭火剂)(原料及必要用途除外)

3. 简易式 1211 灭火器

4. 手提式 1211 灭火器

5. 推车式 1211 灭火器

6. 手提式化学泡沫灭火器

7. 手提式酸碱灭火器

8. 简易式 1301 灭火器(必要用途除外)

9. 手提式 1301 灭火器(必要用途除外)

10. 推车式 1301 灭火器(必要用途除外)

11. 管网式 1211 灭火系统

12. 悬挂式 1211 灭火系统

13. 柜式 1211 灭火系统

14. 管网式 1301 灭火系统(必要用途除外)

15. 悬挂式 1301 灭火系统(必要用途除外)

16. 柜式 1301 灭火系统(必要用途除外)

17. PVC 衬里消防水带

(十一)民爆产品

1. 不满足国内公共安全全生命周期管控标准要求的工业雷管

2. 导火索

3. 铵梯炸药

4. 纸壳雷管

(十二)其他

1. 59、69、72、TF-3 型防毒面具

2. ZH15 隔绝式化学氧自救器,一氧化碳过滤式自救器

3. 不符合《大气污染防治法》、《水污染防治法》、《固体废物污染环境防治法》、《节约能源法》、《安全生产法》、《产品质量法》、《土地管理法》、《职业病防治法》等国家法律法规,不符合国家安全、环保、能耗、质量方面强制性标准,不符合国际环境公约等要求的工艺、技术、产品、装备

互联网信息服务算法推荐管理规定

(2021 年 12 月 31 日国家互联网信息办公室、工业和信息化部、公安部、国家市场监督管理总局令第 9 号公布　自 2022 年 3 月 1 日起施行　国司备字[2022005933])

第一章　总　　则

第一条　为了规范互联网信息服务算法推荐活动,弘扬社会主义核心价

值观,维护国家安全和社会公共利益,保护公民、法人和其他组织的合法权益,促进互联网信息服务健康有序发展,根据《中华人民共和国网络安全法》、《中华人民共和国数据安全法》、《中华人民共和国个人信息保护法》、《互联网信息服务管理办法》等法律、行政法规,制定本规定。

第二条 在中华人民共和国境内应用算法推荐技术提供互联网信息服务(以下简称算法推荐服务),适用本规定。法律、行政法规另有规定的,依照其规定。

前款所称应用算法推荐技术,是指利用生成合成类、个性化推送类、排序精选类、检索过滤类、调度决策类等算法技术向用户提供信息。

第三条 国家网信部门负责统筹协调全国算法推荐服务治理和相关监督管理工作。国务院电信、公安、市场监管等有关部门依据各自职责负责算法推荐服务监督管理工作。

地方网信部门负责统筹协调本行政区域内的算法推荐服务治理和相关监督管理工作。地方电信、公安、市场监管等有关部门依据各自职责负责本行政区域内的算法推荐服务监督管理工作。

第四条 提供算法推荐服务,应当遵守法律法规,尊重社会公德和伦理,遵守商业道德和职业道德,遵循公正公平、公开透明、科学合理和诚实信用的原则。

第五条 鼓励相关行业组织加强行业自律,建立健全行业标准、行业准则和自律管理制度,督促指导算法推荐服务提供者制定完善服务规范、依法提供服务并接受社会监督。

第二章 信息服务规范

第六条 算法推荐服务提供者应当坚持主流价值导向,优化算法推荐服务机制,积极传播正能量,促进算法应用向上向善。

算法推荐服务提供者不得利用算法推荐服务从事危害国家安全和社会公共利益、扰乱经济秩序和社会秩序、侵犯他人合法权益等法律、行政法规禁止的活动,不得利用算法推荐服务传播法律、行政法规禁止的信息,应当采取措施防范和抵制传播不良信息。

第七条 算法推荐服务提供者应当落实算法安全主体责任,建立健全算法机制机理审核、科技伦理审查、用户注册、信息发布审核、数据安全和个人信息保护、反电信网络诈骗、安全评估监测、安全事件应急处置等管理制度和技术措施,制定并公开算法推荐服务相关规则,配备与算法推荐服务规模相适应的专业人员和技术支撑。

第八条 算法推荐服务提供者应当定期审核、评估、验证算法机制机理、模型、数据和应用结果等，不得设置诱导用户沉迷、过度消费等违反法律法规或者违背伦理道德的算法模型。

第九条 算法推荐服务提供者应当加强信息安全管理，建立健全用于识别违法和不良信息的特征库，完善入库标准、规则和程序。发现未作显著标识的算法生成合成信息的，应当作出显著标识后，方可继续传输。

发现违法信息的，应当立即停止传输，采取消除等处置措施，防止信息扩散，保存有关记录，并向网信部门和有关部门报告。发现不良信息的，应当按照网络信息内容生态治理有关规定予以处置。

第十条 算法推荐服务提供者应当加强用户模型和用户标签管理，完善记入用户模型的兴趣点规则和用户标签管理规则，不得将违法和不良信息关键词记入用户兴趣点或者作为用户标签并据以推送信息。

第十一条 算法推荐服务提供者应当加强算法推荐服务版面页面生态管理，建立完善人工干预和用户自主选择机制，在首页首屏、热搜、精选、榜单类、弹窗等重点环节积极呈现符合主流价值导向的信息。

第十二条 鼓励算法推荐服务提供者综合运用内容去重、打散干预等策略，并优化检索、排序、选择、推送、展示等规则的透明度和可解释性，避免对用户产生不良影响，预防和减少争议纠纷。

第十三条 算法推荐服务提供者提供互联网新闻信息服务的，应当依法取得互联网新闻信息服务许可，规范开展互联网新闻信息采编发布服务、转载服务和传播平台服务，不得生成合成虚假新闻信息，不得传播非国家规定范围内的单位发布的新闻信息。

第十四条 算法推荐服务提供者不得利用算法虚假注册账号、非法交易账号、操纵用户账号或者虚假点赞、评论、转发，不得利用算法屏蔽信息、过度推荐、操纵榜单或者检索结果排序、控制热搜或者精选等干预信息呈现，实施影响网络舆论或者规避监督管理行为。

第十五条 算法推荐服务提供者不得利用算法对其他互联网信息服务提供者进行不合理限制，或者妨碍、破坏其合法提供的互联网信息服务正常运行，实施垄断和不正当竞争行为。

第三章 用户权益保护

第十六条 算法推荐服务提供者应当以显著方式告知用户其提供算法推

荐服务的情况，并以适当方式公示算法推荐服务的基本原理、目的意图和主要运行机制等。

第十七条 算法推荐服务提供者应当向用户提供不针对其个人特征的选项，或者向用户提供便捷的关闭算法推荐服务的选项。用户选择关闭算法推荐服务的，算法推荐服务提供者应当立即停止提供相关服务。

算法推荐服务提供者应当向用户提供选择或者删除用于算法推荐服务的针对其个人特征的用户标签的功能。

算法推荐服务提供者应用算法对用户权益造成重大影响的，应当依法予以说明并承担相应责任。

第十八条 算法推荐服务提供者向未成年人提供服务的，应当依法履行未成年人网络保护义务，并通过开发适合未成年人使用的模式、提供适合未成年人特点的服务等方式，便利未成年人获取有益身心健康的信息。

算法推荐服务提供者不得向未成年人推送可能引发未成年人模仿不安全行为和违反社会公德行为、诱导未成年人不良嗜好等可能影响未成年人身心健康的信息，不得利用算法推荐服务诱导未成年人沉迷网络。

第十九条 算法推荐服务提供者向老年人提供服务的，应当保障老年人依法享有的权益，充分考虑老年人出行、就医、消费、办事等需求，按照国家有关规定提供智能化适老服务，依法开展涉电信网络诈骗信息的监测、识别和处置，便利老年人安全使用算法推荐服务。

第二十条 算法推荐服务提供者向劳动者提供工作调度服务的，应当保护劳动者取得劳动报酬、休息休假等合法权益，建立完善平台订单分配、报酬构成及支付、工作时间、奖惩等相关算法。

第二十一条 算法推荐服务提供者向消费者销售商品或者提供服务的，应当保护消费者公平交易的权利，不得根据消费者的偏好、交易习惯等特征，利用算法在交易价格等交易条件上实施不合理的差别待遇等违法行为。

第二十二条 算法推荐服务提供者应当设置便捷有效的用户申诉和公众投诉、举报入口，明确处理流程和反馈时限，及时受理、处理并反馈处理结果。

第四章 监督管理

第二十三条 网信部门会同电信、公安、市场监管等有关部门建立算法分级分类安全管理制度，根据算法推荐服务的舆论属性或者社会动员能力、内容类别、用户规模、算法推荐技术处理的数据重要程度、对用户行为的干预程度等对算法推荐服务提供者实施分级分类管理。

第二十四条 具有舆论属性或者社会动员能力的算法推荐服务提供者应当在提供服务之日起十个工作日内通过互联网信息服务算法备案系统填报服务提供者的名称、服务形式、应用领域、算法类型、算法自评估报告、拟公示内容等信息,履行备案手续。

算法推荐服务提供者的备案信息发生变更的,应当在变更之日起十个工作日内办理变更手续。

算法推荐服务提供者终止服务的,应当在终止服务之日起二十个工作日内办理注销备案手续,并作出妥善安排。

第二十五条 国家和省、自治区、直辖市网信部门收到备案人提交的备案材料后,材料齐全的,应当在三十个工作日内予以备案,发放备案编号并进行公示;材料不齐全的,不予备案,并应当在三十个工作日内通知备案人并说明理由。

第二十六条 完成备案的算法推荐服务提供者应当在其对外提供服务的网站、应用程序等的显著位置标明其备案编号并提供公示信息链接。

第二十七条 具有舆论属性或者社会动员能力的算法推荐服务提供者应当按照国家有关规定开展安全评估。

第二十八条 网信部门会同电信、公安、市场监管等有关部门对算法推荐服务依法开展安全评估和监督检查工作,对发现的问题及时提出整改意见并限期整改。

算法推荐服务提供者应当依法留存网络日志,配合网信部门和电信、公安、市场监管等有关部门开展安全评估和监督检查工作,并提供必要的技术、数据等支持和协助。

第二十九条 参与算法推荐服务安全评估和监督检查的相关机构和人员对在履行职责中知悉的个人隐私、个人信息和商业秘密应当依法予以保密,不得泄露或者非法向他人提供。

第三十条 任何组织和个人发现违反本规定行为的,可以向网信部门和有关部门投诉、举报。收到投诉、举报的部门应当及时依法处理。

第五章 法律责任

第三十一条 算法推荐服务提供者违反本规定第七条、第八条、第九条第一款、第十条、第十四条、第十六条、第十七条、第二十二条、第二十四条、第二十六条规定,法律、行政法规有规定的,依照其规定;法律、行政法规没有规定的,由网信部门和电信、公安、市场监管等有关部门依据职责给予警告、通报批评，责令限期改正；拒不改正或者情节严重的，责令暂停信息更新，并处一万元以上十万元以下罚款。构成违反治安管理行为的，依法给予治安管理处罚；构成犯罪的，依法追究刑事责任。

第三十二条 算法推荐服务提供者违反本规定第六条、第九条第二款、第十一条、第十三条、第十五条、第十八条、第十九条、第二十条、第二十一条、第二十七条、第二十八条第二款规定的，由网信部门和电信、公安、市场监管等有关部门依据职责，按照有关法律、行政法规和部门规章的规定予以处理。

第三十三条 具有舆论属性或者社会动员能力的算法推荐服务提供者通过隐瞒有关情况、提供虚假材料等不正当手段取得备案的，由国家和省、自治区、直辖市网信部门予以撤销备案，给予警告、通报批评；情节严重的，责令暂停信息更新，并处一万元以上十万元以下罚款。

具有舆论属性或者社会动员能力的算法推荐服务提供者终止服务未按照本规定第二十四条第三款要求办理注销备案手续，或者发生严重违法情形受到责令关闭网站、吊销相关业务许可证或者吊销营业执照等行政处罚的，由国家和省、自治区、直辖市网信部门予以注销备案。

第六章　附　　则

第三十四条 本规定由国家互联网信息办公室会同工业和信息化部、公安部、国家市场监督管理总局负责解释。

第三十五条 本规定自 2022 年 3 月 1 日起施行。

财政行政处罚听证实施办法

（2022 年 1 月 14 日财政部令第 109 号公布　自 2022 年 3 月 1 日起施行　国司备字［2022005939］）

第一条 为了规范财政部门行政处罚听证程序，维护公民、法人和其他组织的合法权益，保障和监督财政部门依法实施行政处罚，根据《中华人民共和国行政处罚法》，制定本办法。

第二条 财政部门行政处罚听证，应当遵循合法、公正、公开、及时和便民的原则，保障当事人陈述、申辩和质证的权利。

第三条 听证由拟作出财政行政处罚的财政部门组织，具体工作由其法制工作机构或者财政部门负责人指定的机构负责实施。

第四条 听证人员包括:听证主持人、听证员和记录员。

听证主持人由财政部门负责人指定本部门非本案调查人员担任。

听证员由听证主持人所在机构负责人指定非本案调查人员担任,协助听证主持人工作。

记录员由听证主持人指定非本案调查人员担任,负责听证笔录等具体工作。

财政部各地监管局(以下简称监管局)作出的财政行政处罚,其听证主持人由该监管局负责人指定非本案调查人员担任。

第五条 听证参加人包括:当事人及其代理人、案件调查人员、第三人及其代理人、证人、鉴定人、翻译人员等有关人员。

第六条 财政部门拟作出下列行政处罚决定的,应当告知当事人有要求听证的权利,当事人要求听证的,财政部门应当组织听证:

(一)吊销行政许可证件;

(二)暂停会计师事务所执业;

(三)责令资产评估机构停业;

(四)禁止供应商参加政府采购活动、禁止采购代理机构代理政府采购业务;

(五)责令会计人员不得从事会计工作;

(六)暂停注册会计师执行业务;

(七)责令资产评估专业人员停止从业;

(八)较大数额罚款;

(九)没收较大数额违法所得、没收较大价值非法财物;

(十)法律、法规和规章规定的其他事项。

财政部作出罚款、没收违法所得、没收非法财物等行政处罚的,“较大数额”、“较大价值”标准为对公民作出 1 万元以上的处罚,对法人或者其他组织作出 10 万元以上的处罚。

地方财政部门作出罚款、没收违法所得、没收非法财物等行政处罚的,其听证相关数额标准按照各省、自治区、直辖市人大常委会或者人民政府的规定执行。

第七条 财政部门告知当事人有要求举行听证的权利,应当送达《财政行政处罚事项告知书》。《财政行政处罚事项告知书》应当载明行政处罚的内容及事实、理由、依据,当事人依法享有的权利等。

第八条 当事人要求听证的,可以在《财政行政处罚事项告知书》的送达回证上签署意见,也可以向财政部门书面提出。听证申请应当在收到《财政行政处罚事项告知书》之日起 5 日内提出,未在规定期限内提出的,财政部门视为放弃听证权利,并记录在案。

第九条 财政部门应当在收到当事人听证申请之日起 30 日内组织听证,并在举行听证的 7 日前将《财政行政处罚听证通知书》送达听证参加人。《财政行政处罚听证通知书》应当载明听证的时间、地点,听证主持人、听证员、记录员的姓名,当事人的权利及其他有关事项。听证参加人应当在收到《财政行政处罚听证通知书》的 3 日内将送达回证发回财政部门。

第十条 当事人可以亲自参加听证,也可以委托 1 至 2 名代理人参加听证。当事人委托代理人参加听证的,应当在举行听证日前向财政部门提交委托人签名或者盖章的授权委托书及委托代理人的身份证明文件。授权委托书应当载明委托事项及权限。委托代理人代为撤回听证申请或者明确放弃听证权利的,应当有委托人的明确授权。

第十一条 当事人认为听证人员、鉴定人、翻译人员与本案有直接利害关系或其他关系可能影响公正听证的,有权申请回避。

听证人员、鉴定人、翻译人员认为自己与本案有直接利害关系或其他关系可能影响公正听证的,应当主动提出回避。

第十二条 听证主持人的回避,由组织听证的财政部门负责人决定。

听证员的回避,由听证主持人所在机构负责人决定。

记录员、鉴定人、翻译人员的回避,由听证主持人决定。

第十三条 除涉及国家秘密、商业秘密或者个人隐私依法予以保密外,听证应当公开举行。

当事人认为不宜公开进行听证的,应当在收到《财政行政处罚听证通知书》之日起 3 日内书面提出。

公开举行听证的案件,应当先期公告当事人的姓名或名称、案由和听证的时间、地点,并应当允许公众旁听。

第十四条 听证应当按照下列程序进行:

(一)听证开始前由记录员查明听证参加人身份、到场情况,并宣读听证纪律;

(二)听证主持人宣读听证事由、听证会组成人员,告知听证参加人的权利和义务,宣布听证开始;

(三)案件调查人员提出已掌握的事实、证据,拟作出行政处罚的理由、依据以及处罚意见;

(四)当事人或其代理人进行陈述、申辩,并可以提出与案件事实相关的证据;

（五）第三人或其代理人进行陈述，并可以提出与案件事实相关的证据；

（六）当事人或其代理人、第三人或其代理人和案件调查人员就案件的事实，各自出示证据的合法性、真实性、关联性等问题进行相互质证、辩论。经听证主持人允许，双方可以向证人、鉴定人员发问；

（七）辩论终结，听证主持人可以就案件的事实、证据及有关问题，再次征求听证参加人的意见；

（八）当事人或其代理人、第三人或其代理人、案件调查人员作最后陈述；

（九）听证主持人宣布听证结束。

第十五条 听证举行的全过程应当进行录像或者录音，并由记录员制作听证笔录。

听证笔录应当交听证参加人确认无误后签字或者盖章。听证参加人认为有错误的，有权要求补充或者改正。听证参加人拒绝签字或者盖章的，应当在笔录中注明。

听证主持人、听证员和记录员应当对听证笔录进行审阅、签名。

第十六条 听证过程中，听证参加人违反听证纪律或者扰乱听证秩序的，听证主持人应当予以制止；制止无效的，可以责令其退出听证会场。

第十七条 有下列情形之一的，由听证主持人决定延期举行听证：

（一）当事人或其代理人在举行听证日前书面申请延期，且延期理由正当的；

（二）听证参加人违反听证纪律或扰乱听证秩序，听证主持人制止无效的；

（三）可以延期的其他情形。

延期举行听证的，财政部门应当及时向听证参加人送达《财政行政处罚听证延期通知书》，告知延期理由和重新听证的时间。

第十八条 有下列情形之一的，由听证主持人决定中止听证：

（一）听证主持人认为证据有疑问无法听证辩明，可能影响财政部门行政处罚决定的准确和公正的，或者当事人或其代理人提出新的事实、理由和证据，主持人认为需要重新调查核实的；

（二）存在回避情形，且无法即时更换被申请回避人员致使听证无法按期举行的；

（三）申请听证的公民死亡、法人或者其他组织终止，尚未确定权利义务承受人的；

（四）因不可抗力，致使听证无法继续举行的；

（五）可以中止听证的其他情形。

中止举行听证的，财政部门应当及时向听证参加人送达《财政行政处罚听证中止通知书》,告知中止理由。

中止情形消失后,财政部门应当在举行听证的时间确定后重新向听证参加人送达《财政行政处罚听证通知书》。

第十九条 有下列情形之一的,由具体负责实施听证工作的机构负责人决定终止听证:

(一)有权提起听证的公民死亡、丧失行为能力,没有继承人或者继承人放弃听证权利的,以及没有监护人或者监护人放弃听证权利的;

(二)有权提起听证的法人或者其他组织终止,无权利义务承受人或者承受其权利的法人或者组织放弃听证权利的;

(三)当事人书面撤回听证申请,放弃听证权利的;

(四)当事人及其代理人无正当理由拒不出席听证或未经主持人许可中途退出的;

(五)可以终止听证的其他情形。

第二十条 听证结束后,财政部门应当根据听证笔录,依法作出行政处罚决定。

第二十一条 听证主持人、听证员、记录员应当严格按照法律及有关规定履行职责。违反法律及有关规定的,取消其听证主持人、听证员、记录员的资格,并承担相应的责任。

第二十二条 财政部门对依法应当听证的行政处罚事项不组织听证,或者不按照规定组织听证的,不得作出行政处罚决定。

第二十三条 因组织听证所发生的费用由组织听证的财政部门承担。

当事人参加听证所发生的费用,组织听证的财政部门不予承担。

第二十四条 当事人同意并签订确认书的,财政部门可以采用传真、电子邮件等电子方式送达《财政行政处罚事项告知书》、《财政行政处罚听证通知书》、《财政行政处罚听证延期通知书》、《财政行政处罚听证中止通知书》等文书。

第二十五条 经过听证程序的案件,听证期间不计算在行政处罚决定的期限内。

听证期间为当事人提出听证申请之日至听证笔录由听证参加人完成签字或者盖章之日。

第二十六条 本办法中"3 日"、"5 日"、"7 日"的规定是指工作日,不含法定节假日。

第二十七条 本办法自 2022 年 3 月 1 日起施行。《财政机关行政处罚听证实施办法》(财政部令第 23 号)同时废止。

事业单位财务规则

（2022年1月7日财政部令第108号公布　自2022年3月1日起施行　国司备字[2022005938]）

第一章　总　　则

第一条　为了进一步规范事业单位的财务行为，加强事业单位财务管理和监督，提高资金使用效益，保障事业单位健康发展，制定本规则。

第二条　本规则适用于各级各类事业单位（以下简称事业单位）的财务活动。

第三条　事业单位财务管理的基本原则是：执行国家有关法律、法规和财务规章制度；坚持勤俭办一切事业的方针；正确处理事业发展需要和资金供给的关系，社会效益和经济效益的关系，国家、单位和个人三者利益的关系。

第四条　事业单位财务管理的主要任务是：合理编制单位预算，严格预算执行，完整、准确编制单位决算报告和财务报告，真实反映单位预算执行情况、财务状况和运行情况；依法组织收入，努力节约支出；建立健全财务制度，加强经济核算，全面实施绩效管理，提高资金使用效益；加强资产管理，合理配置和有效利用资产，防止资产流失；加强对单位经济活动的财务控制和监督，防范财务风险。

第五条　事业单位的财务活动在单位负责人的领导下，由单位财务部门统一管理。

第六条　事业单位的各项经济业务事项按照国家统一的会计制度进行会计核算。

第二章　单位预算管理

第七条　事业单位预算是指事业单位根据事业发展目标和计划编制的年度财务收支计划。

事业单位预算由收入预算和支出预算组成。

第八条　国家对事业单位实行核定收支、定额或者定项补助、超支不补、结转和结余按规定使用的预算管理办法。

定额或者定项补助根据国家有关政策和财力可能，结合事业单位改革要求、事业特点、事业发展目标和计划、事业单位收支及资产状况等确定。定额或者定项补助可以为零。

非财政补助收入大于支出较多的事业单位,可以实行收入上缴办法。具体办法由财政部门会同有关主管部门制定。

第九条 事业单位参考以前年度预算执行情况,根据预算年度的收入增减因素和措施,以及以前年度结转和结余情况,测算编制收入预算草案;根据事业发展需要与财力可能,测算编制支出预算草案。

事业单位预算应当自求收支平衡,不得编制赤字预算。

第十条 事业单位应当根据国家宏观调控总体要求、年度事业发展目标和计划以及预算编制的规定,提出预算建议数,经主管部门审核汇总报财政部门(一级预算单位直接报财政部门,下同)。事业单位根据财政部门下达的预算控制数编制预算草案,由主管部门审核汇总报财政部门,经法定程序审核批复后执行。

第十一条 事业单位应当严格执行批准的预算。预算执行中,国家对财政补助收入和财政专户管理资金的预算一般不予调剂,确需调剂的,由事业单位报主管部门审核后报财政部门调剂;其他资金确需调剂的,按照国家有关规定办理。

第十二条 事业单位决算是指事业单位预算收支和结余的年度执行结果。

第十三条 事业单位应当按照规定编制年度决算草案,由主管部门审核汇总后报财政部门审批。

第十四条 事业单位应当加强决算审核和分析,保证决算数据的真实、准确,规范决算管理工作。

第十五条 事业单位应当全面加强预算绩效管理,提高资金使用效益。

第三章 收入管理

第十六条 收入是指事业单位为开展业务及其他活动依法取得的非偿还性资金。

第十七条 事业单位收入包括:

(一)财政补助收入,即事业单位从本级财政部门取得的各类财政拨款。

(二)事业收入,即事业单位开展专业业务活动及其辅助活动取得的收入。其中:按照国家有关规定应当上缴国库或者财政专户的资金,不计入事业收入;从财政专户核拨给事业单位的资金和经核准不上缴国库或者财政专户的资金,计入事业收入。

(三)上级补助收入,即事业单位从主管部门和上级单位取得的非财政补助收入。

(四)附属单位上缴收入,即事业单位附属独立核算单位按照有关规定上缴的收入。

(五)经营收入,即事业单位在专业业务活动及其辅助活动之外开展非独立核算经营活动取得的收入。

(六)其他收入,即本条上述规定范围以外的各项收入,包括投资收益、利息收入、捐赠收入、非本级财政补助收入、租金收入等。

第十八条 事业单位应当将各项收入全部纳入单位预算,统一核算,统一管理,未纳入预算的收入不得安排支出。

第十九条 事业单位对按照规定上缴国库或者财政专户的资金,应当按照国库集中收缴的有关规定及时足额上缴,不得隐瞒、滞留、截留、占用、挪用、拖欠或坐支。

第四章 支出管理

第二十条 支出是指事业单位开展业务及其他活动发生的资金耗费和损失。

第二十一条 事业单位支出包括:

(一)事业支出,即事业单位开展专业业务活动及其辅助活动发生的基本支出和项目支出。基本支出,是指事业单位为保障其单位正常运转、完成日常工作任务所发生的支出,包括人员经费和公用经费;项目支出,是指事业单位为完成其特定的工作任务和事业发展目标所发生的支出。

(二)经营支出,即事业单位在专业业务活动及其辅助活动之外开展非独立核算经营活动发生的支出。

(三)对附属单位补助支出,即事业单位用财政补助收入之外的收入对附属单位补助发生的支出。

(四)上缴上级支出,即事业单位按照财政部门和主管部门的规定上缴上级单位的支出。

(五)其他支出,即本条上述规定范围以外的各项支出,包括利息支出、捐赠支出等。

第二十二条 事业单位应当将各项支出全部纳入单位预算,实行项目库管理,建立健全支出管理制度。

第二十三条 事业单位的支出应当厉行节约,严格执行国家有关财务规章制度规定的开支范围及开支标准;国家有关财务规章制度没有统一规定的,由事业单位规定,报主管部门和财政部门备案。事业单位的规定违反法律制度和国家政策的,主管部门和财政部门应当责令改正。

第二十四条 事业单位从财政部门和主管部门取得的有指定项目和用途的专项资金,应当专款专用、单独核算,并按照规定报送专项资金使用情况的报告,接受财政部门或者主管部门的检查、验收。

第二十五条 事业单位应当加强经济核算,可以根据开展业务活动及其他活动的实际需要,实行成本核算。成本核算的具体办法按照国务院财政部门相关规定执行。

第二十六条 事业单位应当严格执行国库集中支付制度和政府采购制度等有关规定。

第二十七条 事业单位应当依法加强各类票据管理,确保票据来源合法、内容真实、使用正确,不得使用虚假票据。

第五章 结转和结余管理

第二十八条 结转和结余是指事业单位年度收入与支出相抵后的余额。

结转资金是指当年预算已执行但未完成,或者因故未执行,下一年度需要按照原用途继续使用的资金。结余资金是指当年预算工作目标已完成,或者因故终止,当年剩余的资金。

经营收支结转和结余应当单独反映。

第二十九条 财政拨款结转和结余的管理,应当按照国家有关规定执行。

第三十条 非财政拨款结转按照规定结转下一年度继续使用。非财政拨款结余可以按照国家有关规定提取职工福利基金,剩余部分用于弥补以后年度单位收支差额;国家另有规定的,从其规定。

第三十一条 事业单位应当加强非财政拨款结余的管理,盘活存量,统筹安排、合理使用,支出不得超出非财政拨款结余规模。

第六章 专用基金管理

第三十二条 专用基金是指事业单位按照规定提取或者设置的有专门用途的资金。

专用基金管理应当遵循先提后用、专款专用的原则,支出不得超出基金规模。

第三十三条 专用基金包括职工福利基金和其他专用基金。

职工福利基金是指按照非财政拨款结余的一定比例提取以及按照其他规定提取转入，用于单位职工的集体福利设施、集体福利待遇等的资金。

其他专用基金是指除职工福利基金外，按照有关规定提取或者设置的专用资金。

第三十四条 事业单位应当将专用基金纳入预算管理，结合实际需要按照规定提取，保持合理规模，提高使用效益。专用基金余额较多的，应当降低提取比例或者暂停提取；确需调整用途的，由主管部门会同本级财政部门确定。

第三十五条 各项基金的提取比例和管理办法，国家有统一规定的，按照统一规定执行；没有统一规定的，由主管部门会同本级财政部门确定。

第七章 资产管理

第三十六条 资产是指事业单位依法直接支配的各类经济资源。

第三十七条 事业单位的资产包括流动资产、固定资产、在建工程、无形资产、对外投资、公共基础设施、政府储备物资、文物文化资产、保障性住房等。

第三十八条 事业单位应当建立健全单位资产管理制度，明确资产使用人和管理人的岗位责任，按照国家规定设置国有资产台账，加强和规范资产配置、使用和处置管理，维护资产安全完整，提高资产使用效率。涉及资产评估的，按照国家有关规定执行。

事业单位应当汇总编制本单位行政事业性国有资产管理情况报告。

事业单位应当定期或者不定期对资产进行盘点、对账。出现资产盘盈盘亏的，应当按照财务、会计和资产管理制度有关规定处理，做到账实相符和账账相符。

事业单位对需要办理权属登记的资产应当依法及时办理。

第三十九条 事业单位应当根据依法履行职能和事业发展的需要，结合资产存量、资产配置标准、绩效目标和财政承受能力配置资产。优先通过调剂方式配置资产。不能调剂的，可以采用购置、建设、租用等方式。

第四十条 流动资产是指可以在一年以内变现或者耗用的资产，包括现金、各种存款、应收及预付款项、存货等。

前款所称存货是指事业单位在开展业务活动及其他活动中为耗用或出售而储存的资产，包括材料、燃料、包装物和低值易耗品以及未达到固定资产标准的用具、装具、动植物等。

事业单位货币性资产损失核销,应当经主管部门审核同意后报本级财政部门审批。

第四十一条 固定资产是指使用期限超过一年,单位价值在 1000 元以上,并在使用过程中基本保持原有物质形态的资产。单位价值虽未达到规定标准,但是耐用时间在一年以上的大批同类物资,作为固定资产管理。

行业事业单位的固定资产明细目录由国务院主管部门制定,报国务院财政部门备案。

第四十二条 在建工程是指已经发生必要支出,但尚未达到交付使用状态的建设工程。

在建工程达到交付使用状态时,应当按照规定办理工程竣工财务决算和资产交付使用,期限最长不得超过 1 年。

第四十三条 无形资产是指不具有实物形态而能为使用者提供某种权利的资产,包括专利权、商标权、著作权、土地使用权、非专利技术以及其他财产权利。

事业单位转让无形资产取得的收入、取得无形资产发生的支出,应当按照国家有关规定处理。

第四十四条 对外投资是指事业单位依法利用货币资金、实物、无形资产等方式向其他单位的投资。

事业单位应当严格控制对外投资。利用国有资产对外投资应当有利于事业发展和实现国有资产保值增值,符合国家有关规定,经可行性研究和集体决策,按照规定的权限和程序进行。事业单位不得使用财政拨款及其结余进行对外投资,不得从事股票、期货、基金、企业债券等投资,国家另有规定的除外。

事业单位应当明确对外投资形成的股权及其相关权益管理责任,按照国家有关规定将对外投资形成的股权纳入经营性国有资产集中统一监管体系。

第四十五条 公共基础设施、政府储备物资、文物文化资产、保障性住房等资产管理的具体办法,由国务院财政部门会同有关部门制定。

第四十六条 事业单位资产处置应当遵循公开、公平、公正和竞争、择优的原则,严格履行相关审批程序。

事业单位出租、出借资产应当严格履行相关审批程序。

第四十七条 事业单位应当在确保安全使用的前提下,推进本单位大型设备等国有资产共享共用工作,可以对提供方给予合理补偿。

第八章 负债管理

第四十八条 负债是指事业单位所承担的能以货币计量,需要以资产或者劳务偿还的债务。

第四十九条 事业单位的负债包括借入款项、应付款项、暂存款项、应缴款项等。

应缴款项包括事业单位按照国家有关规定收取的应当上缴国库或者财政专户的资金、应缴税费,以及其他应当上缴的款项。

第五十条 事业单位应当对不同性质的负债分类管理,及时清理并按照规定办理结算,保证各项负债在规定期限内偿还。

第五十一条 事业单位应当建立健全财务风险预警和控制机制,规范和加强借入款项管理,如实反映依法举借债务情况,严格执行审批程序,不得违反规定融资或者提供担保。

第九章 事业单位清算

第五十二条 事业单位发生划转、改制、撤销、合并、分立时,应当进行清算。

第五十三条 事业单位清算,应当在主管部门和财政部门的监督指导下,对单位的财产、债权、债务等进行全面清理,编制财产目录和债权、债务清单,提出财产作价依据和债权、债务处理办法,做好资产和负债的移交、接收、划转和管理工作,并妥善处理各项遗留问题。

第五十四条 事业单位清算结束后,经主管部门审核并报财政部门批准,其资产和负债分别按照下列办法处理:

(一)因隶属关系改变,成建制划转的事业单位,全部资产和负债无偿移交,并相应划转经费指标。

(二)转为企业的事业单位,全部资产扣除负债后,转作国家资本金。

(三)撤销的事业单位,全部资产和负债由主管部门和财政部门核准处理。

(四)合并的事业单位,全部资产和负债移交接收单位或者新组建单位,合并后多余的资产由主管部门和财政部门核准处理。

(五)分立的事业单位,全部资产和负债按照有关规定移交分立后的事业单位,并相应划转经费指标。

第十章 财务报告和决算报告

第五十五条 事业单位应当按国家有关规定向主管部门和财政部门以及其他有关的报告使用者提供财务报告、决算报告。

事业单位财务会计和预算会计要素的确认、计量、记录、报告应当遵循政府会计准则制度的规定。

第五十六条 财务报告主要以权责发生制为基础编制，综合反映事业单位特定日期财务状况和一定时期运行情况等信息。

第五十七条 财务报告由财务报表和财务分析两部分组成。财务报表主要包括资产负债表、收入费用表等会计报表和报表附注。财务分析的内容主要包括财务状况分析、运行情况分析和财务管理情况等。

第五十八条 决算报告主要以收付实现制为基础编制，综合反映事业单位年度预算收支执行结果等信息。

第五十九条 决算报告由决算报表和决算分析两部分组成。决算报表主要包括收入支出表、财政拨款收入支出表等。决算分析的内容主要包括收支预算执行分析、资金使用效益分析和机构人员情况等。

第十一章　财务监督

第六十条 事业单位财务监督主要包括对预算管理、收入管理、支出管理、结转和结余管理、专用基金管理、资产管理、负债管理等的监督。

第六十一条 事业单位财务监督应当实行事前监督、事中监督、事后监督相结合，日常监督与专项监督相结合。

第六十二条 事业单位应当建立健全内部控制制度、经济责任制度、财务信息披露制度等监督制度，依法公开财务信息。

第六十三条 事业单位应当遵守财经纪律和财务制度，依法接受主管部门和财政、审计部门的监督。

第六十四条 各级事业单位、主管部门和财政部门及其工作人员存在违反本规则规定的行为，以及其他滥用职权、玩忽职守、徇私舞弊等违法违规行为的，依法追究相应责任。

第十二章　附　　则

第六十五条 事业单位基本建设投资的财务管理，应当执行本规则，但国家基本建设投资财务管理制度另有规定的，从其规定。

第六十六条 参照公务员法管理的事业单位财务制度的适用，由国务院财政部门另行规定。

第六十七条 接受国家经常性资助的社会力量举办的公益服务性组织和

社会团体，依照本规则执行；其他社会力量举办的公益服务性组织和社会团体，可以参照本规则执行。

第六十八条 下列事业单位或者事业单位特定项目，执行企业财务制度，不执行本规则：

（一）纳入企业财务管理体系的事业单位和事业单位附属独立核算的生产经营单位；

（二）事业单位经营的接受外单位要求投资回报的项目；

（三）经主管部门和财政部门批准的具备条件的其他事业单位。

第六十九条 行业特点突出，需要制定行业事业单位财务管理制度的，由国务院财政部门会同有关主管部门根据本规则制定。

第七十条 省、自治区、直辖市人民政府财政部门可以根据本规则结合本地区实际情况制定事业单位具体财务管理办法。

第七十一条 本规则自 2022 年 3 月 1 日起施行。《事业单位财务规则》（财政部令第 68 号）同时废止。

人力资源社会保障部关于修改部分规章的决定

（2022 年 1 月 7 日人力资源社会保障部令第 47 号公布 自公布之日起施行 国司备字［2022005937］）

为贯彻实施《中华人民共和国行政处罚法》，按照《国务院办公厅关于开展涉及行政处罚内容的行政法规、规章和行政规范性文件清理工作的通知》（国办函〔2021〕39 号）、《国务院办公厅关于开展清理行政法规和规章中不合理罚款规定工作的通知》（国办函〔2021〕55 号）、《国务院关于进一步贯彻实施〈中华人民共和国行政处罚法〉的通知》（国发〔2021〕26 号）要求，人力资源社会保障部对相关部门规章进行了清理，决定对 3 件规章的部分条款予以修改：

一、将《劳动行政处罚听证程序规定》第三条修改为"劳动行政部门作出下列行政处罚决定，应当告知当事人有要求听证的权利，当事人要求听证的，劳动行政部门应当组织听证：

（一）较大数额罚款；

（二）没收较大数额违法所得、没收较大价值非法财物；

（三）降低资质等级、吊销许可证件；

（四）责令停产停业、责令关闭、限制从业；

（五）其他较重的行政处罚；

（六）法律、法规、规章规定的其他情形。

当事人不承担组织听证的费用。”

二、将《劳动行政处罚听证程序规定》第十一条中的“三日内”均修改为“5个工作日内”。

三、将《劳动行政处罚听证程序规定》第十二条第一款中的“七日”修改为“7个工作日”。

四、将《劳动行政处罚听证程序规定》第十二条第三款修改为“除涉及国家秘密、商业秘密或者个人隐私依法予以保密外，听证应当公开进行。对于公开举行的听证，劳动行政部门可以先期公布听证案由、听证时间及地点”。

五、在《劳动行政处罚听证程序规定》第十四条中增加一款，作为第二款“当事人及其代理人无正当理由拒不出席听证或者未经许可中途退出听证的，视为放弃听证权利，劳动行政部门终止听证”。

六、将《劳动行政处罚听证程序规定》第十五条修改为“听证应当制作笔录。笔录由听证记录员制作。听证笔录在听证结束后，应当立即交当事人或者其代理人核对无误后签字或者盖章。当事人或者其代理人拒绝签字或者盖章的，由听证主持人在笔录中注明”。

七、将《劳动行政处罚听证程序规定》第十七条修改为“听证结束后，听证主持人应当根据听证确定的事实和证据，依据法律、法规和规章，向劳动行政部门负责人提出对听证案件处理的书面建议。劳动行政部门应当根据听证笔录，依据《中华人民共和国行政处罚法》第五十七条的规定作出决定”。

八、将《关于实施〈劳动保障监察条例〉若干规定》第二十五条修改为“劳动保障行政部门应当在收到回避申请之日起3个工作日内依法审查，并由劳动保障行政部门负责人作出回避决定。决定作出前，不停止实施劳动保障监察。回避决定应当告知申请人”。

九、删去《就业服务与就业管理规定》第七十五条中的“并可处以一千元以下的罚款”。

本决定自公布之日起施行。

相关规章根据本决定作相应的修改，重新公布。

劳动行政处罚听证程序规定

（1996 年 9 月 27 日劳动部令第 2 号公布　根据 2022 年 1 月 7 日《人力资源社会保障部关于修改部分规章的决定》修正）

第一条　为规范劳动行政处罚听证程序，根据《中华人民共和国行政处罚法》，制定本规定。

第二条　本规定适用于依法享有行政处罚权的县级以上劳动行政部门和依法申请听证的行政处罚当事人。

县级以上劳动行政部门的法制工作机构或承担法制工作的机构负责本部门的听证工作。

劳动行政部门的法制工作机构与劳动行政执法机构为同一机构的，应遵循听证与案件调查取证职责分离的原则。

第三条　劳动行政部门作出下列行政处罚决定，应当告知当事人有要求听证的权利，当事人要求听证的，劳动行政部门应当组织听证：

（一）较大数额罚款；

（二）没收较大数额违法所得、没收较大价值非法财物；

（三）降低资质等级、吊销许可证件；

（四）责令停产停业、责令关闭、限制从业；

（五）其他较重的行政处罚；

（六）法律、法规、规章规定的其他情形。

当事人不承担组织听证的费用。

第四条　听证由听证主持人、听证记录员、案件调查取证人员、当事人及其委托代理人、与案件的处理结果有直接利害关系的第三人参加。

第五条　劳动行政部门应当从本部门的下列人员中指定一名听证主持人、一名听证记录员：

（一）法制工作机构的公务员；

（二）未设法制机构的，承担法制工作的其他机构的公务员；

（三）法制机构与行政执法机构为同一机构的，该机构其他非参与本案调查的公务员。

第六条　听证主持人享有下列权利：

（一）决定举行听证的时间和地点；

（二）就案件的事实或者与之相关的法律进行询问、发问；

（三）维护听证秩序，对违反听证秩序的人员进行警告或者批评；

（四）中止或者终止听证；

（五）就听证案件的处理向劳动行政部门的负责人提出书面建议。

第七条 听证主持人承担下列义务：

（一）将与听证有关的通知及有关材料依法及时送达当事人及其他有关人员；

（二）根据听证认定的证据，依法独立、客观、公正地作出判断并写出书面报告；

（三）保守与案件相关的国家秘密、商业秘密和个人隐私。

听证记录员负责制作听证笔录，并承担前款第（三）项的义务。

第八条 听证案件的当事人依法享有下列权利：

（一）申请回避权。依法申请听证主持人、听证记录员回避；

（二）委托代理权。当事人可以亲自参加听证，也可以委托一至二人代理参加听证；

（三）质证权。对本案的证据向调查人员及其证人进行质询；

（四）申辩权。就本案的事实与法律问题进行申辩；

（五）最后陈述权。听证结束前有权就本案的事实、法律及处理进行最后陈述。

第九条 听证案件的当事人依法承担下列义务：

（一）按时参加听证；

（二）如实回答听证主持人的询问；

（三）遵守听证秩序。

第十条 与案件的处理结果有直接利害关系的第三人享有与当事人相同的权利并承担相同的义务。

第十一条 劳动行政部门告知当事人有要求举行听证的权利，可以用书面形式告知，也可以用口头形式告知。以口头形式告知应当制作笔录，并经当事人签名。在告知当事人有权要求听证的同时，必须告知当事人要求举行听证的期限，即应在告知后5个工作日内提出。

当事人要求听证的，应当在接受劳动行政部门告知后5个工作日内以书面或者口头形式提出。经口头形式提出的，劳动行政部门应制作笔录，并经当事人签名。逾期不提出者，视为放弃听证权。

第十二条 劳动行政部门负责听证的机构接到当事人要求听证的申请后，应当立即确定听证主持人和听证记录员。由听证主持人在举行听证的7个工作日前送达听证通知书。听证通知书应载明听证主持人和听证记录员姓名、听证时间、听证地点、调查取证人员认定的违法事实、证据及行政处罚建议等内容。

劳动行政部门的有关机构或人员接到当事人要求听证的申请后，应当立即告知本部门负责听证的机构。

除涉及国家秘密、商业秘密或者个人隐私依法予以保密外，听证应当公开进行。对于公开举行的听证，劳动行政部门可以先期公布听证案由、听证时间及地点。

第十三条 听证主持人有下列情况之一的，应当自行回避，当事人也有权申请其回避：

（一）参与本案的调查取证人员；

（二）本案当事人的近亲属或者与当事人有其他利害关系的人员；

（三）与案件的处理结果有利害关系，可能影响听证公正进行的人员。

听证记录员的回避适用前款的规定。

听证主持人和听证记录员的回避，由劳动行政部门负责人决定。

第十四条 听证应当按照下列程序进行：

（一）由听证主持人宣布听证会开始，宣布听证纪律、告知当事人听证中的权利和义务；

（二）由案件调查取证人员宣布案件的事实、证据、适用的法律、法规和规章，以及拟作出的行政处罚决定的理由；

（三）听证主持人询问当事人、案件调查取证人员、证人和其他有关人员并要求出示有关证据材料；

（四）由当事人或者其代理人从事实和法律上进行答辩，并对证据材料进行质证；

（五）当事人或者其代理人和本案调查取证人员就本案相关的事实和法律问题进行辩论；

（六）辩论结束后，当事人作最后陈述；

（七）听证主持人宣布听证会结束。

当事人及其代理人无正当理由拒不出席听证或者未经许可中途退出听证的，视为放弃听证权利，劳动行政部门终止听证。

第十五条 听证应当制作笔录。笔录由听证记录员制作。听证笔录在听证结束后，应当立即交当事人或者其代理人核对无误后签字或者盖章。当事人或者其代理人拒绝签字或者盖章的，由听证主持人在笔录中注明。

第十六条 所有与认定案件主要事实有关的证据都必须在听证中出示，并通过质证和辩论进行认定。劳动行政部门不得以未经听证认定的证据作为行政处罚的依据。

第十七条 听证结束后,听证主持人应当根据听证确定的事实和证据,依据法律、法规和规章,向劳动行政部门负责人提出对听证案件处理的书面建议。劳动行政部门应当根据听证笔录,依据《中华人民共和国行政处罚法》第五十七条的规定作出决定。

第十八条 本规定自1996年10月1日起施行。

关于实施《劳动保障监察条例》若干规定

(2004年12月31日劳动保障部令第25号公布 根据2022年1月7日《人力资源社会保障部关于修改部分规章的决定》修正)

第一章 总 则

第一条 为了实施《劳动保障监察条例》,规范劳动保障监察行为,制定本规定。

第二条 劳动保障行政部门及所属劳动保障监察机构对企业和个体工商户(以下称用人单位)遵守劳动保障法律、法规和规章(以下简称劳动保障法律)的情况进行监察,适用本规定;对职业介绍机构、职业技能培训机构和职业技能考核鉴定机构进行劳动保障监察,依照本规定执行;对国家机关、事业单位、社会团体执行劳动保障法律情况进行劳动保障监察,根据劳动保障行政部门的职责,依照本规定执行。

第三条 劳动保障监察遵循公正、公开、高效、便民的原则。

实施劳动保障行政处罚坚持以事实为依据,以法律为准绳,坚持教育与处罚相结合,接受社会监督。

第四条 劳动保障监察实行回避制度。

第五条 县级以上劳动保障行政部门设立的劳动保障监察行政机构和劳动保障行政部门依法委托实施劳动保障监察的组织(以下统称劳动保障监察机构)具体负责劳动保障监察管理工作。

第二章 一般规定

第六条 劳动保障行政部门对用人单位及其劳动场所的日常巡视检查,应当制定年度计划和中长期规划,确定重点检查范围,并按照现场检查的规定进行。

第七条 劳动保障行政部门对用人单位按照要求报送的有关遵守劳动保障法律情况的书面材料应进行审查,并对审查中发现的问题及时予以纠正和查处。

第八条 劳动保障行政部门可以针对劳动保障法律实施中存在的重点问题集中组织专项检查活动,必要时,可以联合有关部门或组织共同进行。

第九条 劳动保障行政部门应当设立举报、投诉信箱,公开举报、投诉电话,依法查处举报和投诉反映的违反劳动保障法律的行为。

第三章 受理与立案

第十条 任何组织或个人对违反劳动保障法律的行为,有权向劳动保障行政部门举报。

第十一条 劳动保障行政部门对举报人反映的违反劳动保障法律的行为应当依法予以查处,并为举报人保密;对举报属实,为查处重大违反劳动保障法律的行为提供主要线索和证据的举报人,给予奖励。

第十二条 劳动者对用人单位违反劳动保障法律、侵犯其合法权益的行为,有权向劳动保障行政部门投诉。对因同一事由引起的集体投诉,投诉人可推荐代表投诉。

第十三条 投诉应当由投诉人向劳动保障行政部门递交投诉文书。书写投诉文书确有困难的,可以口头投诉,由劳动保障监察机构进行笔录,并由投诉人签字。

第十四条 投诉文书应当载明下列事项:

(一)投诉人的姓名、性别、年龄、职业、工作单位、住所和联系方式,被投诉用人单位的名称、住所、法定代表人或者主要负责人的姓名、职务;

(二)劳动保障合法权益受到侵害的事实和投诉请求事项。

第十五条 有下列情形之一的投诉,劳动保障行政部门应当告知投诉人依照劳动争议处理或者诉讼程序办理:

(一)应当通过劳动争议处理程序解决的;

(二)已经按照劳动争议处理程序申请调解、仲裁的;

(三)已经提起劳动争议诉讼的。

第十六条 下列因用人单位违反劳动保障法律行为对劳动者造成损害,劳动者与用人单位就赔偿发生争议的,依照国家有关劳动争议处理的规定处理:

（一）因用人单位制定的劳动规章制度违反法律、法规规定，对劳动者造成损害的；

（二）因用人单位违反对女职工和未成年工的保护规定，对女职工和未成年工造成损害的；

（三）因用人单位原因订立无效合同，对劳动者造成损害的；

（四）因用人单位违法解除劳动合同或者故意拖延不订立劳动合同，对劳动者造成损害的；

（五）法律、法规和规章规定的其他因用人单位违反劳动保障法律的行为，对劳动者造成损害的。

第十七条 劳动者或者用人单位与社会保险经办机构发生的社会保险行政争议，按照《社会保险行政争议处理办法》处理。

第十八条 对符合下列条件的投诉，劳动保障行政部门应当在接到投诉之日起5个工作日内依法受理，并于受理之日立案查处：

（一）违反劳动保障法律的行为发生在两年内的；

（二）有明确的被投诉用人单位，且投诉人的合法权益受到侵害是被投诉用人单位违反劳动保障法律的行为所造成的；

（三）属于劳动保障监察职权范围并由受理投诉的劳动保障行政部门管辖。

对不符合第一款第（一）项规定的投诉，劳动保障行政部门应当在接到投诉之日起5个工作日内决定不予受理，并书面通知投诉人。

对不符合第一款第（二）项规定的投诉，劳动保障监察机构应当告知投诉人补正投诉材料。

对不符合第一款第（三）项规定的投诉，即对不属于劳动保障监察职权范围的投诉，劳动保障监察机构应当告诉投诉人；对属于劳动保障监察职权范围但不属于受理投诉的劳动保障行政部门管辖的投诉，应当告知投诉人向有关劳动保障行政部门提出。

第十九条 劳动保障行政部门通过日常巡视检查、书面审查、举报等发现用人单位有违反劳动保障法律的行为，需要进行调查处理的，应当及时立案查处。

立案应当填写立案审批表，报劳动保障监察机构负责人审查批准。劳动保障监察机构负责人批准之日即为立案之日。

第四章　调查与检查

第二十条 劳动保障监察员进行调查、检查不得少于两人。

劳动保障监察机构应指定其中 1 名为主办劳动保障监察员。

第二十一条 劳动保障监察员对用人单位遵守劳动保障法律情况进行监察时,应当遵循以下规定:

(一)进入用人单位时,应佩戴劳动保障监察执法标志,出示劳动保障监察证件,并说明身份;

(二)就调查事项制作笔录,应由劳动保障监察员和被调查人(或其委托代理人)签名或盖章。被调查人拒不签名、盖章的,应注明拒签情况。

第二十二条 劳动保障监察员进行调查、检查时,承担下列义务:

(一)依法履行职责,秉公执法;

(二)保守在履行职责过程中获知的商业秘密;

(三)为举报人保密。

第二十三条 劳动保障监察员在实施劳动保障监察时,有下列情形之一的,应当回避:

(一)本人是用人单位法定代表人或主要负责人的近亲属的;

(二)本人或其近亲属与承办查处的案件事项有直接利害关系的;

(三)因其他原因可能影响案件公正处理的。

第二十四条 当事人认为劳动保障监察员符合本规定第二十三条规定应当回避的,有权向劳动保障行政部门申请,要求其回避。当事人申请劳动保障监察员回避,应当采用书面形式。

第二十五条 劳动保障行政部门应当在收到回避申请之日起 3 个工作日内依法审查,并由劳动保障行政部门负责人作出回避决定。决定作出前,不停止实施劳动保障监察。回避决定应当告知申请人。

第二十六条 劳动保障行政部门实施劳动保障监察,有权采取下列措施:

(一)进入用人单位的劳动场所进行检查;

(二)就调查、检查事项询问有关人员;

(三)要求用人单位提供与调查、检查事项相关的文件资料,必要时可以发出调查询问书;

(四)采取记录、录音、录像、照像和复制等方式收集有关的情况和资料;

(五)对事实确凿、可以当场处理的违反劳动保障法律、法规或规章的行为当场予以纠正;

(六)可以委托注册会计师事务所对用人单位工资支付、缴纳社会保险费的情况进行审计;

(七)法律、法规规定可以由劳动保障行政部门采取的其他调查、检查措施。

第二十七条 劳动保障行政部门调查、检查时，有下列情形之一的可以采取证据登记保存措施：

（一）当事人可能对证据采取伪造、变造、毁灭行为的；

（二）当事人采取措施不当可能导致证据灭失的；

（三）不采取证据登记保存措施以后难以取得的；

（四）其他可能导致证据灭失的情形的。

第二十八条 采取证据登记保存措施应当按照下列程序进行：

（一）劳动保障监察机构根据本规定第二十七条的规定，提出证据登记保存申请，报劳动保障行政部门负责人批准；

（二）劳动保障监察员将证据登记保存通知书及证据登记清单交付当事人，由当事人签收。当事人拒不签名或者盖章的，由劳动保障监察员注明情况；

（三）采取证据登记保存措施后，劳动保障行政部门应当在 7 日内及时作出处理决定，期限届满后应当解除证据登记保存措施。

在证据登记保存期内，当事人或者有关人员不得销毁或者转移证据；劳动保障监察机构及劳动保障监察员可以随时调取证据。

第二十九条 劳动保障行政部门在实施劳动保障监察中涉及异地调查取证的，可以委托当地劳动保障行政部门协助调查。受委托方的协助调查应在双方商定的时间内完成。

第三十条 劳动保障行政部门对违反劳动保障法律的行为的调查，应当自立案之日起 60 个工作日内完成；情况复杂的，经劳动保障行政部门负责人批准，可以延长 30 个工作日。

第五章 案件处理

第三十一条 对用人单位存在的违反劳动保障法律的行为事实确凿并有法定处罚（处理）依据的，可以当场作出限期整改指令或依法当场作出行政处罚决定。

当场作出限期整改指令或行政处罚决定的，劳动保障监察员应当填写预定格式、编有号码的限期整改指令书或行政处罚决定书，当场交付当事人。

第三十二条 当场处以警告或罚款处罚的，应当按照下列程序进行：

（一）口头告知当事人违法行为的基本事实、拟作出的行政处罚、依据及其依法享有的权利；

（二）听取当事人的陈述和申辩；

(三)填写预定格式的处罚决定书;

(四)当场处罚决定书应当由劳动保障监察员签名或者盖章;

(五)将处罚决定书当场交付当事人,由当事人签收。

劳动保障监察员应当在两日内将当场限期整改指令和行政处罚决定书存档联交所属劳动保障行政部门存档。

第三十三条 对不能当场作出处理的违法案件,劳动保障监察员经调查取证,应当提出初步处理建议,并填写案件处理报批表。

案件处理报批表应写明被处理单位名称、案由、违反劳动保障法律行为事实、被处理单位的陈述、处理依据、建议处理意见。

第三十四条 对违反劳动保障法律的行为作出行政处罚或者行政处理决定前,应当告知用人单位,听取其陈述和申辩;法律、法规规定应当依法听证的,应当告知用人单位有权依法要求举行听证;用人单位要求听证的,劳动保障行政部门应当组织听证。

第三十五条 劳动保障行政部门对违反劳动保障法律的行为,根据调查、检查的结果,作出以下处理:

(一)对依法应当受到行政处罚的,依法作出行政处罚决定;

(二)对应当改正未改正的,依法责令改正或者作出相应的行政处理决定;

(三)对情节轻微,且已改正的,撤销立案。

经调查、检查,劳动保障行政部门认定违法事实不能成立的,也应当撤销立案。

发现违法案件不属于劳动保障监察事项的,应当及时移送有部门处理;涉嫌犯罪的,应当依法移送司法机关。

第三十六条 劳动保障监察行政处罚(处理)决定书应载明下列事项:

(一)被处罚(处理)单位名称、法定代表人、单位地址;

(二)劳动保障行政部门认定的违法事实和主要证据;

(三)劳动保障行政处罚(处理)的种类和依据;

(四)处罚(处理)决定的履行方式和期限;

(五)不服行政处罚(处理)决定,申请行政复议或者提起行政诉讼的途径和期限;

(六)作出处罚(处理)决定的行政机关名称和作出处罚(处理)决定的日期。

劳动保障行政处罚(处理)决定书应当加盖劳动保障行政部门印章。

第三十七条 劳动保障行政部门立案调查完成,应在15个工作日内作出行政处罚(行政处理或者责令改正)或者撤销立案决定;特殊情况,经劳动保障行政部门负责人批准可以延长。

第三十八条 劳动保障监察限期整改指令书、劳动保障行政处理决定书、劳动保障行政处罚决定书应当在宣告后当场交付当事人;当事人不在场的,劳动保障行政部门应当在7日内依照《中华人民共和国民事诉讼法》的有关规定,将劳动保障监察限期整改指令书、劳动保障行政处理决定书、劳动保障行政处罚决定书送达当事人。

第三十九条 作出行政处罚、行政处理决定的劳动保障行政部门发现决定不适当的,应当予以纠正并及时告知当事人。

第四十条 劳动保障监察案件结案后应建立档案。档案资料应当至少保存3年。

第四十一条 劳动保障行政处理或处罚决定依法作出后,当事人应当在决定规定的期限内予以履行。

第四十二条 当事人对劳动保障行政处理或行政处罚决定不服申请行政复议或者提起行政诉讼的,行政处理或行政处罚决定不停止执行。法律另有规定的除外。

第四十三条 当事人确有经济困难,需要延期或者分期缴纳罚款的,经当事人申请和劳动保障行政部门批准,可以暂缓或者分期缴纳。

第四十四条 当事人对劳动保障行政部门作出的行政处罚决定、责令支付劳动者工资报酬、赔偿金或者征缴社会保险费等行政处理决定逾期不履行的,劳动保障行政部门可以申请人民法院强制执行,或者依法强制执行。

第四十五条 除依法当场收缴的罚款外,作出罚款决定的劳动保障行政部门及其劳动保障监察员不得自行收缴罚款。当事人应当自收到行政处罚决定书之日起15日内,到指定银行缴纳罚款。

第四十六条 地方各级劳动保障行政部门应当按照劳动保障部有关规定对承办的案件进行统计并填表上报。

地方各级劳动保障行政部门制作的行政处罚决定书,应当在10个工作日内报送上一级劳动保障行政部门备案。

第六章　附　　则

第四十七条 对无营业执照或者已被依法吊销营业执照,有劳动用工行为的,由劳动保障行政部门依照本规定实施劳动保障监察。

第四十八条 本规定自2005年2月1日起施行。原《劳动监察规定》(劳部发〔1993〕167号)、《劳动监察程序规定》(劳部发〔1995〕457号)、《处理举报劳动违法行为规定》(劳动部令第5号,1996年12月17日)同时废止。

就业服务与就业管理规定

（2007年11月5日劳动保障部令第28号公布　根据2014年12月23日《人力资源社会保障部关于修改〈就业服务与就业管理规定〉的决定》第一次修正　根据2015年4月30日《人力资源社会保障部关于修改部分规章的决定》第二次修正　根据2018年12月14日《人力资源社会保障部关于修改部分规章的决定》第三次修正　根据2022年1月7日《人力资源社会保障部关于修改部分规章的决定》第四次修正）

第一章　总　　则

第一条　为了加强就业服务和就业管理，培育和完善统一开放、竞争有序的人力资源市场，为劳动者就业和用人单位招用人员提供服务，根据就业促进法等法律、行政法规，制定本规定。

第二条　劳动者求职与就业，用人单位招用人员，劳动保障行政部门举办的公共就业服务机构和经劳动保障行政部门审批的职业中介机构从事就业服务活动，适用本规定。

本规定所称用人单位，是指在中华人民共和国境内的企业、个体经济组织、民办非企业单位等组织，以及招用与之建立劳动关系的劳动者的国家机关、事业单位、社会团体。

第三条　县级以上劳动保障行政部门依法开展本行政区域内的就业服务和就业管理工作。

第二章　求职与就业

第四条　劳动者依法享有平等就业的权利。劳动者就业，不因民族、种族、性别、宗教信仰等不同而受歧视。

第五条　农村劳动者进城就业享有与城镇劳动者平等的就业权利，不得对农村劳动者进城就业设置歧视性限制。

第六条　劳动者依法享有自主择业的权利。劳动者年满16周岁，有劳动能力且有就业愿望的，可凭本人身份证件，通过公共就业服务机构、职业中介机构介绍或直接联系用人单位等渠道求职。

第七条 劳动者求职时，应当如实向公共就业服务机构或职业中介机构、用人单位提供个人基本情况以及与应聘岗位直接相关的知识技能、工作经历、就业现状等情况，并出示相关证明。

第八条 劳动者应当树立正确的择业观念，提高就业能力和创业能力。

国家鼓励劳动者在就业前接受必要的职业教育或职业培训，鼓励城镇初高中毕业生在就业前参加劳动预备制培训。

国家鼓励劳动者自主创业、自谋职业。各级劳动保障行政部门应当会同有关部门，简化程序，提高效率，为劳动者自主创业、自谋职业提供便利和相应服务。

第三章 招用人员

第九条 用人单位依法享有自主用人的权利。用人单位招用人员，应当向劳动者提供平等的就业机会和公平的就业条件。

第十条 用人单位可以通过下列途径自主招用人员：

（一）委托公共就业服务机构或职业中介机构；

（二）参加职业招聘洽谈会；

（三）委托报纸、广播、电视、互联网站等大众传播媒介发布招聘信息；

（四）利用本企业场所、企业网站等自有途径发布招聘信息；

（五）其他合法途径。

第十一条 用人单位委托公共就业服务机构或职业中介机构招用人员，或者参加招聘洽谈会时，应当提供招用人员简章，并出示营业执照（副本）或者有关部门批准其设立的文件、经办人的身份证件和受用人单位委托的证明。

招用人员简章应当包括用人单位基本情况、招用人数、工作内容、招录条件、劳动报酬、福利待遇、社会保险等内容，以及法律、法规规定的其他内容。

第十二条 用人单位招用人员时，应当依法如实告知劳动者有关工作内容、工作条件、工作地点、职业危害、安全生产状况、劳动报酬以及劳动者要求了解的其他情况。

用人单位应当根据劳动者的要求，及时向其反馈是否录用的情况。

第十三条 用人单位应当对劳动者的个人资料予以保密。公开劳动者的个人资料信息和使用劳动者的技术、智力成果，须经劳动者本人书面同意。

第十四条 用人单位招用人员不得有下列行为：

（一）提供虚假招聘信息，发布虚假招聘广告；

（二）扣押被录用人员的居民身份证和其他证件；

（三）以担保或者其他名义向劳动者收取财物；

（四）招用未满16周岁的未成年人以及国家法律、行政法规规定不得招用的其他人员；

（五）招用无合法身份证件的人员；

（六）以招用人员为名牟取不正当利益或进行其他违法活动。

第十五条 用人单位不得以诋毁其他用人单位信誉、商业贿赂等不正当手段招聘人员。

第十六条 用人单位在招用人员时，除国家规定的不适合妇女从事的工种或者岗位外，不得以性别为由拒绝录用妇女或者提高对妇女的录用标准。

用人单位录用女职工，不得在劳动合同中规定限制女职工结婚、生育的内容。

第十七条 用人单位招用人员，应当依法对少数民族劳动者给予适当照顾。

第十八条 用人单位招用人员，不得歧视残疾人。

第十九条 用人单位招用人员，不得以是传染病病原携带者为由拒绝录用。但是，经医学鉴定传染病病原携带者在治愈前或者排除传染嫌疑前，不得从事法律、行政法规和国务院卫生行政部门规定禁止从事的易使传染病扩散的工作。

用人单位招用人员，除国家法律、行政法规和国务院卫生行政部门规定禁止乙肝病原携带者从事的工作外，不得强行将乙肝病毒血清学指标作为体检标准。

第二十条 用人单位发布的招用人员简章或招聘广告，不得包含歧视性内容。

第二十一条 用人单位招用从事涉及公共安全、人身健康、生命财产安全等特殊工种的劳动者，应当依法招用持相应工种职业资格证书的人员；招用未持相应工种职业资格证书人员的，须组织其在上岗前参加专门培训，使其取得职业资格证书后方可上岗。

第二十二条 用人单位招用台港澳人员后，应当按有关规定到当地劳动保障行政部门备案，并为其办理《台港澳人员就业证》。

第二十三条 用人单位招用外国人，应当在外国人入境前，按有关规定到当地劳动保障行政部门为其申请就业许可，经批准并获得《中华人民共和国外国人就业许可证书》后方可招用。

用人单位招用外国人的岗位必须是有特殊技能要求、国内暂无适当人选的岗位，并且不违反国家有关规定。

第四章　公共就业服务

第二十四条　县级以上劳动保障行政部门统筹管理本行政区域内的公共就业服务工作，根据政府制定的发展计划，建立健全覆盖城乡的公共就业服务体系。

公共就业服务机构根据政府确定的就业工作目标任务，制定就业服务计划，推动落实就业扶持政策，组织实施就业服务项目，为劳动者和用人单位提供就业服务，开展人力资源市场调查分析，并受劳动保障行政部门委托经办促进就业的相关事务。

第二十五条　公共就业服务机构应当免费为劳动者提供以下服务：

（一）就业政策法规咨询；

（二）职业供求信息、市场工资指导价位信息和职业培训信息发布；

（三）职业指导和职业介绍；

（四）对就业困难人员实施就业援助；

（五）办理就业登记、失业登记等事务；

（六）其他公共就业服务。

第二十六条　公共就业服务机构应当积极拓展服务功能，根据用人单位需求提供以下服务：

（一）招聘用人指导服务；

（二）代理招聘服务；

（三）跨地区人员招聘服务；

（四）企业人力资源管理咨询等专业性服务；

（五）劳动保障事务代理服务；

（六）为满足用人单位需求开发的其他就业服务项目。

第二十七条　公共就业服务机构应当加强职业指导工作，配备专（兼）职职业指导工作人员，向劳动者和用人单位提供职业指导服务。

公共就业服务机构应当为职业指导工作提供相应的设施和条件，推动职业指导工作的开展，加强对职业指导工作的宣传。

第二十八条　职业指导工作包括以下内容：

（一）向劳动者和用人单位提供国家有关劳动保障的法律法规和政策、人力资源市场状况咨询；

（二）帮助劳动者了解职业状况，掌握求职方法，确定择业方向，增强择业能力；

（三）向劳动者提出培训建议，为其提供职业培训相关信息；

（四）开展对劳动者个人职业素质和特点的测试，并对其职业能力进行评价；

（五）对妇女、残疾人、少数民族人员及退出现役的军人等就业群体提供专门的职业指导服务；

（六）对大中专学校、职业院校、技工学校学生的职业指导工作提供咨询和服务；

（七）对准备从事个体劳动或开办私营企业的劳动者提供创业咨询服务；

（八）为用人单位提供选择招聘方法、确定用人条件和标准等方面的招聘用人指导；

（九）为职业培训机构确立培训方向和专业设置等提供咨询参考。

第二十九条 公共就业服务机构在劳动保障行政部门的指导下，组织实施劳动力资源调查和就业、失业状况统计工作。

第三十条 公共就业服务机构应当针对特定就业群体的不同需求，制定并组织实施专项计划。

公共就业服务机构应当根据服务对象的特点，在一定时期内为不同类型的劳动者、就业困难对象或用人单位集中组织活动，开展专项服务。

公共就业服务机构受劳动保障行政部门委托，可以组织开展促进就业的专项工作。

第三十一条 县级以上公共就业服务机构建立综合性服务场所，集中为劳动者和用人单位提供一站式就业服务，并承担劳动保障行政部门安排的其他工作。

街道、乡镇、社区公共就业服务机构建立基层服务窗口，开展以就业援助为重点的公共就业服务，实施劳动力资源调查统计，并承担上级劳动保障行政部门安排的其他就业服务工作。

公共就业服务机构使用全国统一标识。

第三十二条 公共就业服务机构应当不断提高服务的质量和效率。

公共就业服务机构应当加强内部管理，完善服务功能，统一服务流程，按照国家制定的服务规范和标准，为劳动者和用人单位提供优质高效的就业服务。

公共就业服务机构应当加强工作人员的政策、业务和服务技能培训，组织职业指导人员、职业信息分析人员、劳动保障协理员等专业人员参加相应职业资格培训。

公共就业服务机构应当公开服务制度，主动接受社会监督。

第三十三条 县级以上劳动保障行政部门和公共就业服务机构应当按照劳动保障信息化建设的统一规划、标准和规范，建立完善人力资源市场信息网络及相关设施。

公共就业服务机构应当逐步实行信息化管理与服务，在城市内实现就业服务、失业保险、就业培训信息共享和公共就业服务全程信息化管理，并逐步实现与劳动工资信息、社会保险信息的互联互通和信息共享。

第三十四条 公共就业服务机构应当建立健全人力资源市场信息服务体系，完善职业供求信息、市场工资指导价位信息、职业培训信息、人力资源市场分析信息的发布制度，为劳动者求职择业、用人单位招用人员以及培训机构开展培训提供支持。

第三十五条 县级以上劳动保障行政部门应当按照信息化建设统一要求，逐步实现全国人力资源市场信息联网。其中，城市应当按照劳动保障数据中心建设的要求，实现网络和数据资源的集中和共享；省、自治区应当建立人力资源市场信息网省级监测中心，对辖区内人力资源市场信息进行监测；劳动保障部设立人力资源市场信息网全国监测中心，对全国人力资源市场信息进行监测和分析。

第三十六条 县级以上劳动保障行政部门应当对公共就业服务机构加强管理，定期对其完成各项任务情况进行绩效考核。

第三十七条 公共就业服务经费纳入同级财政预算。各级劳动保障行政部门和公共就业服务机构应当根据财政预算编制的规定，依法编制公共就业服务年度预算，报经同级财政部门审批后执行。

公共就业服务机构可以按照就业专项资金管理相关规定，依法申请公共就业服务专项扶持经费。

公共就业服务机构接受社会各界提供的捐赠和资助，按照国家有关法律法规管理和使用。

公共就业服务机构为用人单位提供的服务，应当规范管理，严格控制服务收费。确需收费的，具体项目由省级劳动保障行政部门会同相关部门规定。

第三十八条 公共就业服务机构不得从事经营性活动。

公共就业服务机构举办的招聘会，不得向劳动者收取费用。

第三十九条 各级残疾人联合会所属的残疾人就业服务机构是公共就业服务机构的组成部分，负责为残疾劳动者提供相关就业服务，并经劳动保障行政部门委托，承担残疾劳动者的就业登记、失业登记工作。

第五章　就业援助

第四十条　公共就业服务机构应当制定专门的就业援助计划，对就业援助对象实施优先扶持和重点帮助。

本规定所称就业援助对象包括就业困难人员和零就业家庭。就业困难对象是指因身体状况、技能水平、家庭因素、失去土地等原因难以实现就业，以及连续失业一定时间仍未能实现就业的人员。零就业家庭是指法定劳动年龄内的家庭人员均处于失业状况的城市居民家庭。

对援助对象的认定办法，由省级劳动保障行政部门依据当地人民政府规定的就业援助对象范围制定。

第四十一条　就业困难人员和零就业家庭可以向所在地街道、社区公共就业服务机构申请就业援助。经街道、社区公共就业服务机构确认属实的，纳入就业援助范围。

第四十二条　公共就业服务机构应当建立就业困难人员帮扶制度，通过落实各项就业扶持政策、提供就业岗位信息、组织技能培训等有针对性的就业服务和公益性岗位援助，对就业困难人员实施优先扶持和重点帮助。

在公益性岗位上安置的就业困难人员，按照国家规定给予岗位补贴。

第四十三条　公共就业服务机构应当建立零就业家庭即时岗位援助制度，通过拓宽公益性岗位范围，开发各类就业岗位等措施，及时向零就业家庭中的失业人员提供适当的就业岗位，确保零就业家庭至少有一人实现就业。

第四十四条　街道、社区公共就业服务机构应当对辖区内就业援助对象进行登记，建立专门台账，实行就业援助对象动态管理和援助责任制度，提供及时、有效的就业援助。

第六章　职业中介服务

第四十五条　县级以上劳动保障行政部门应当加强对职业中介机构的管理，鼓励其提高服务质量，发挥其在促进就业中的作用。

本规定所称职业中介机构，是指由法人、其他组织和公民个人举办，为用人单位招用人员和劳动者求职提供中介服务以及其他相关服务的经营性组织。

政府部门不得举办或者与他人联合举办经营性的职业中介机构。

第四十六条　从事职业中介活动，应当遵循合法、诚实信用、公平、公开的原则。

禁止任何组织或者个人利用职业中介活动侵害劳动者和用人单位的合法权益。

第四十七条 职业中介实行行政许可制度。设立职业中介机构或其他机构开展职业中介活动,须经劳动保障行政部门批准,并获得职业中介许可证。

未经依法许可和登记的机构,不得从事职业中介活动。

职业中介许可证由劳动保障部统一印制并免费发放。

第四十八条 设立职业中介机构应当具备下列条件:

(一)有明确的机构章程和管理制度;

(二)有开展业务必备的固定场所、办公设施和一定数额的开办资金;

(三)有一定数量具备相应职业资格的专职工作人员;

(四)法律、法规规定的其他条件。

第四十九条 设立职业中介机构,应当向当地县级以上劳动保障行政部门提出申请,提交下列文件:

(一)设立申请书;

(二)机构章程和管理制度草案;

(三)场所使用权证明;

(四)拟任负责人的基本情况、身份证明;

(五)具备相应职业资格的专职工作人员的相关证明;

(六)工商营业执照(副本);

(七)法律、法规规定的其他文件。

第五十条 劳动保障行政部门接到设立职业中介机构的申请后,应当自受理申请之日起 20 日内审理完毕。对符合条件的,应当予以批准;不予批准的,应当说明理由。

劳动保障行政部门对经批准设立的职业中介机构实行年度审验。

职业中介机构的具体设立条件、审批和年度审验程序,由省级劳动保障行政部门统一规定。

第五十一条 职业中介机构变更名称、住所、法定代表人等或者终止的,应当按照设立许可程序办理变更或者注销登记手续。

设立分支机构的,应当在征得原审批机关的书面同意后,由拟设立分支机构所在地县级以上劳动保障行政部门审批。

第五十二条 职业中介机构可以从事下列业务:

(一)为劳动者介绍用人单位;

(二)为用人单位和居民家庭推荐劳动者;

（三）开展职业指导、人力资源管理咨询服务；

（四）收集和发布职业供求信息；

（五）根据国家有关规定从事互联网职业信息服务；

（六）组织职业招聘洽谈会；

（七）经劳动保障行政部门核准的其他服务项目。

第五十三条 职业中介机构应当在服务场所明示营业执照、职业中介许可证、服务项目、收费标准、监督机关名称和监督电话等，并接受劳动保障行政部门及其他有关部门的监督检查。

第五十四条 职业中介机构应当建立服务台账，记录服务对象、服务过程、服务结果和收费情况等，并接受劳动保障行政部门的监督检查。

第五十五条 职业中介机构提供职业中介服务不成功的，应当退还向劳动者收取的中介服务费。

第五十六条 职业中介机构租用场地举办大规模职业招聘洽谈会，应当制定相应的组织实施办法和安全保卫工作方案，并向批准其设立的机关报告。

职业中介机构应当对入场招聘用人单位的主体资格真实性和招用人员简章真实性进行核实。

第五十七条 职业中介机构为特定对象提供公益性就业服务的，可以按照规定给予补贴。可以给予补贴的公益性就业服务的范围、对象、服务效果和补贴办法，由省级劳动保障行政部门会同有关部门制定。

第五十八条 禁止职业中介机构有下列行为：

（一）提供虚假就业信息；

（二）发布的就业信息中包含歧视性内容；

（三）伪造、涂改、转让职业中介许可证；

（四）为无合法证照的用人单位提供职业中介服务；

（五）介绍未满16周岁的未成年人就业；

（六）为无合法身份证件的劳动者提供职业中介服务；

（七）介绍劳动者从事法律、法规禁止从事的职业；

（八）扣押劳动者的居民身份证和其他证件，或者向劳动者收取押金；

（九）以暴力、胁迫、欺诈等方式进行职业中介活动；

（十）超出核准的业务范围经营；

（十一）其他违反法律、法规规定的行为。

第五十九条 县级以上劳动保障行政部门应当依法对经审批设立的职业中介机构开展职业中介活动进行监督指导，定期组织对其服务信用和服务质量进行评估，并将评估结果向社会公布。

县级以上劳动保障行政部门应当指导职业中介机构开展工作人员培训，提高服务质量。

县级以上劳动保障行政部门对在诚信服务、优质服务和公益性服务等方面表现突出的职业中介机构和个人，报经同级人民政府批准后，给予表彰和奖励。

第六十条 设立外商投资职业中介机构以及职业中介机构从事境外就业中介服务的，按照有关规定执行。

第七章 就业与失业管理

第六十一条 劳动保障行政部门应当建立健全就业登记制度和失业登记制度，完善就业管理和失业管理。

公共就业服务机构负责就业登记与失业登记工作，建立专门台账，及时、准确地记录劳动者就业与失业变动情况，并做好相应统计工作。

就业登记和失业登记在各省、自治区、直辖市范围内实行统一的就业失业登记证（以下简称登记证），向劳动者免费发放，并注明可享受的相应扶持政策。

就业登记、失业登记的具体程序和登记证的样式，由省级劳动保障行政部门规定。

第六十二条 劳动者被用人单位招用的，由用人单位为劳动者办理就业登记。用人单位招用劳动者和与劳动者终止或者解除劳动关系，应当到当地公共就业服务机构备案，为劳动者办理就业登记手续。用人单位招用人员后，应当于录用之日起30日内办理登记手续；用人单位与职工终止或者解除劳动关系后，应当于15日内办理登记手续。

劳动者从事个体经营或灵活就业的，由本人在街道、乡镇公共就业服务机构办理就业登记。

就业登记的内容主要包括劳动者个人信息、就业类型、就业时间、就业单位以及订立、终止或者解除劳动合同情况等。就业登记的具体内容和所需材料由省级劳动保障行政部门规定。

公共就业服务机构应当对用人单位办理就业登记及相关手续设立专门服务窗口，简化程序，方便用人单位办理。

第六十三条 在法定劳动年龄内，有劳动能力，有就业要求，处于无业状态的城镇常住人员，可以到常住地的公共就业服务机构进行失业登记。

第六十四条 劳动者进行失业登记时，须持本人身份证件；有单位就业经历的，还须持与原单位终止、解除劳动关系或者解聘的证明。

登记失业人员凭登记证享受公共就业服务和就业扶持政策；其中符合条件的，按规定申领失业保险金。

登记失业人员应当定期向公共就业服务机构报告就业失业状况，积极求职，参加公共就业服务机构安排的就业培训。

第六十五条 失业登记的范围包括下列失业人员：

（一）年满16周岁，从各类学校毕业、肄业的；

（二）从企业、机关、事业单位等各类用人单位失业的；

（三）个体工商户业主或私营企业业主停业、破产停止经营的；

（四）承包土地被征用，符合当地规定条件的；

（五）军人退出现役且未纳入国家统一安置的；

（六）刑满释放、假释、监外执行的；

（七）各地确定的其他失业人员。

第六十六条 登记失业人员出现下列情形之一的，由公共就业服务机构注销其失业登记：

（一）被用人单位录用的；

（二）从事个体经营或创办企业，并领取工商营业执照的；

（三）已从事有稳定收入的劳动，并且月收入不低于当地最低工资标准的；

（四）已享受基本养老保险待遇的；

（五）完全丧失劳动能力的；

（六）入学、服兵役、移居境外的；

（七）被判刑收监执行的；

（八）终止就业要求或拒绝接受公共就业服务的；

（九）连续6个月未与公共就业服务机构联系的；

（十）已进行就业登记的其他人员或各地规定的其他情形。

第八章 罚 则

第六十七条 用人单位违反本规定第十四条第（二）、（三）项规定的，按照劳动合同法第八十四条的规定予以处罚；用人单位违反第十四条第（四）项规定的，按照国家禁止使用童工和其他有关法律、法规的规定予以处罚。用人单位违反第十四条第（一）、（五）、（六）项规定的，由劳动保障行政部门责令改正，并可处以一千元以下的罚款；对当事人造成损害的，应当承担赔偿责任。

第六十八条 用人单位违反本规定第十九条第二款规定，在国家法律、行政法规和国务院卫生行政部门规定禁止乙肝病原携带者从事的工作岗位以外招用人员时，将乙肝病毒血清学指标作为体检标准的，由劳动保障行政部门责令改正，并可处以一千元以下的罚款；对当事人造成损害的，应当承担赔偿责任。

第六十九条 违反本规定第三十八条规定，公共就业服务机构从事经营性职业中介活动向劳动者收取费用的，由劳动保障行政部门责令限期改正，将违法收取的费用退还劳动者，并对直接负责的主管人员和其他直接责任人员依法给予处分。

第七十条 违反本规定第四十七条规定，未经许可和登记，擅自从事职业中介活动的，由劳动保障行政部门或者其他主管部门按照就业促进法第六十四条规定予以处罚。

第七十一条 职业中介机构违反本规定第五十三条规定，未明示职业中介许可证、监督电话的，由劳动保障行政部门责令改正，并可处以一千元以下的罚款；未明示收费标准的，提请价格主管部门依据国家有关规定处罚；未明示营业执照的，提请工商行政管理部门依据国家有关规定处罚。

第七十二条 职业中介机构违反本规定第五十四条规定，未建立服务台账，或虽建立服务台账但未记录服务对象、服务过程、服务结果和收费情况的，由劳动保障行政部门责令改正，并可处以一千元以下的罚款。

第七十三条 职业中介机构违反本规定第五十五条规定，在职业中介服务不成功后未向劳动者退还所收取的中介服务费的，由劳动保障行政部门责令改正，并可处以一千元以下的罚款。

第七十四条 职业中介机构违反本规定第五十八条第（一）、（三）、（四）、（八）项规定的，按照就业促进法第六十五条、第六十六条规定予以处罚。违反本规定第五十八条第（五）项规定的，按照国家禁止使用童工的规定予以处罚。违反本规定第五十八条其他各项规定的，由劳动保障行政部门责令改正，没有违法所得的，可处以一万元以下的罚款；有违法所得的，可处以不超过违法所得三倍的罚款，但最高不得超过三万元；情节严重的，提请工商部门依法吊销营业执照；对当事人造成损害的，应当承担赔偿责任。

第七十五条 用人单位违反本规定第六十二条规定，未及时为劳动者办理就业登记手续的，由劳动保障行政部门责令改正。

第九章 附 则

第七十六条 本规定自2008年1月1日起施行。劳动部1994年10月27

日颁布的《职业指导办法》、劳动保障部2000年12月8日颁布的《劳动力市场管理规定》同时废止。

政府采购框架协议采购方式管理暂行办法

（2022年1月14日财政部令第110号公布　自2022年3月1日起施行　国司备字[2022005940]）

第一章　总　　则

第一条　为了规范多频次、小额度采购活动，提高政府采购项目绩效，根据《中华人民共和国政府采购法》、《中华人民共和国政府采购法实施条例》等法律法规规定，制定本办法。

第二条　本办法所称框架协议采购，是指集中采购机构或者主管预算单位对技术、服务等标准明确、统一，需要多次重复采购的货物和服务，通过公开征集程序，确定第一阶段入围供应商并订立框架协议，采购人或者服务对象按照框架协议约定规则，在入围供应商范围内确定第二阶段成交供应商并订立采购合同的采购方式。

前款所称主管预算单位是指负有编制部门预算职责，向本级财政部门申报预算的国家机关、事业单位和团体组织。

第三条　符合下列情形之一的，可以采用框架协议采购方式采购：

（一）集中采购目录以内品目，以及与之配套的必要耗材、配件等，属于小额零星采购的；

（二）集中采购目录以外，采购限额标准以上，本部门、本系统行政管理所需的法律、评估、会计、审计等鉴证咨询服务，属于小额零星采购的；

（三）集中采购目录以外，采购限额标准以上，为本部门、本系统以外的服务对象提供服务的政府购买服务项目，需要确定2家以上供应商由服务对象自主选择的；

（四）国务院财政部门规定的其他情形。

前款所称采购限额标准以上，是指同一品目或者同一类别的货物、服务年度采购预算达到采购限额标准以上。

属于本条第一款第二项情形，主管预算单位能够归集需求形成单一项目进行采购，通过签订时间、地点、数量不确定的采购合同满足需求的，不得采用框架协议采购方式。

第四条 框架协议采购包括封闭式框架协议采购和开放式框架协议采购。

封闭式框架协议采购是框架协议采购的主要形式。除法律、行政法规或者本办法另有规定外,框架协议采购应当采用封闭式框架协议采购。

第五条 集中采购目录以内品目以及与之配套的必要耗材、配件等,采用框架协议采购的,由集中采购机构负责征集程序和订立框架协议。

集中采购目录以外品目采用框架协议采购的,由主管预算单位负责征集程序和订立框架协议。其他预算单位确有需要的,经其主管预算单位批准,可以采用框架协议采购方式采购。其他预算单位采用框架协议采购方式采购的,应当遵守本办法关于主管预算单位的规定。

主管预算单位可以委托采购代理机构代理框架协议采购,采购代理机构应当在委托的范围内依法开展采购活动。

集中采购机构、主管预算单位及其委托的采购代理机构,本办法统称征集人。

第六条 框架协议采购遵循竞争择优、讲求绩效的原则,应当有明确的采购标的和定价机制,不得采用供应商符合资格条件即入围的方法。

第七条 框架协议采购应当实行电子化采购。

第八条 集中采购机构采用框架协议采购的,应当拟定采购方案,报本级财政部门审核后实施。主管预算单位采用框架协议采购的,应当在采购活动开始前将采购方案报本级财政部门备案。

第二章 一般规定

第九条 封闭式框架协议采购是指符合本办法第三条规定情形,通过公开竞争订立框架协议后,除经过框架协议约定的补充征集程序外,不得增加协议供应商的框架协议采购。

封闭式框架协议的公开征集程序,按照政府采购公开招标的规定执行,本办法另有规定的,从其规定。

第十条 开放式框架协议采购是指符合本条第二款规定情形,明确采购需求和付费标准等框架协议条件,愿意接受协议条件的供应商可以随时申请加入的框架协议采购。开放式框架协议的公开征集程序,按照本办法规定执行。

符合下列情形之一的,可以采用开放式框架协议采购:

(一)本办法第三条第一款第一项规定的情形,因执行政府采购政策不宜淘汰供应商的，或者受基础设施、行政许可、知识产权等限制，供应商数量在3家以下且不宜淘汰供应商的；

（二）本办法第三条第一款第三项规定的情形，能够确定统一付费标准，因地域等服务便利性要求，需要接纳所有愿意接受协议条件的供应商加入框架协议，以供服务对象自主选择的。

第十一条 集中采购机构或者主管预算单位应当确定框架协议采购需求。框架协议采购需求在框架协议有效期内不得变动。

确定框架协议采购需求应当开展需求调查，听取采购人、供应商和专家等意见。面向采购人和供应商开展需求调查时，应当选择具有代表性的调查对象，调查对象一般各不少于3个。

第十二条 框架协议采购需求应当符合以下规定：

（一）满足采购人和服务对象实际需要，符合市场供应状况和市场公允标准，在确保功能、性能和必要采购要求的情况下促进竞争；

（二）符合预算标准、资产配置标准等有关规定，厉行节约，不得超标准采购；

（三）按照《政府采购品目分类目录》，将采购标的细化到底级品目，并细分不同等次、规格或者标准的采购需求，合理设置采购包；

（四）货物项目应当明确货物的技术和商务要求，包括功能、性能、材料、结构、外观、安全、包装、交货期限、交货的地域范围、售后服务等；

（五）服务项目应当明确服务内容、服务标准、技术保障、服务人员组成、服务交付或者实施的地域范围，以及所涉及的货物的质量标准、服务工作量的计量方式等。

第十三条 集中采购机构或者主管预算单位应当在征集公告和征集文件中确定框架协议采购的最高限制单价。征集文件中可以明确量价关系折扣，即达到一定采购数量，价格应当按照征集文件中明确的折扣降低。在开放式框架协议中，付费标准即为最高限制单价。

最高限制单价是供应商第一阶段响应报价的最高限价。入围供应商第一阶段响应报价（有量价关系折扣的，包括量价关系折扣，以下统称协议价格）是采购人或者服务对象确定第二阶段成交供应商的最高限价。

确定最高限制单价时，有政府定价的，执行政府定价；没有政府定价的，应当通过需求调查，并根据需求标准科学确定，属于本办法第十条第二款第一项规定情形的采购项目，需要订立开放式框架协议的，与供应商协商确定。

货物项目单价按照台（套）等计量单位确定，其中包含售后服务等相关服务费用。服务项目单价按照单位采购标的价格或者人工单价等确定。服务项目所涉及的货物的费用,能够折算入服务项目单价的应当折入,需要按实结算的应当明确结算规则。

第十四条 框架协议应当包括以下内容:

(一)集中采购机构或者主管预算单位以及入围供应商的名称、地址和联系方式;

(二)采购项目名称、编号;

(三)采购需求以及最高限制单价;

(四)封闭式框架协议第一阶段的入围产品详细技术规格或者服务内容、服务标准,协议价格;

(五)入围产品升级换代规则;

(六)确定第二阶段成交供应商的方式;

(七)适用框架协议的采购人或者服务对象范围,以及履行合同的地域范围;

(八)资金支付方式、时间和条件;

(九)采购合同文本,包括根据需要约定适用的简式合同或者具有合同性质的凭单、订单;

(十)框架协议期限;

(十一)入围供应商清退和补充规则;

(十二)协议方的权利和义务;

(十三)需要约定的其他事项。

第十五条 集中采购机构或者主管预算单位应当根据工作需要和采购标的市场供应及价格变化情况,科学合理确定框架协议期限。货物项目框架协议有效期一般不超过 1 年,服务项目框架协议有效期一般不超过 2 年。

第十六条 集中采购机构或者主管预算单位应当根据框架协议约定,组织落实框架协议的履行,并履行下列职责:

(一)为第二阶段合同授予提供工作便利;

(二)对第二阶段最高限价和需求标准执行情况进行管理;

(三)对第二阶段确定成交供应商情况进行管理;

(四)根据框架协议约定,在质量不降低、价格不提高的前提下,对入围供应商因产品升级换代、用新产品替代原入围产品的情形进行审核;

(五)建立用户反馈和评价机制,接受采购人和服务对象对入围供应商履行框架协议和采购合同情况的反馈与评价,并将用户反馈和评价情况向采购人和服务对象公开,作为第二阶段直接选定成交供应商的参考;

(六)公开封闭式框架协议的第二阶段成交结果;

（七）办理入围供应商清退和补充相关事宜。

第十七条 采购人或者服务对象采购框架协议约定的货物、服务，应当将第二阶段的采购合同授予入围供应商，但是本办法第三十七条另有规定的除外。

同一框架协议采购应当使用统一的采购合同文本，采购人、服务对象和供应商不得擅自改变框架协议约定的合同实质性条款。

第十八条 货物项目框架协议的入围供应商应当为入围产品生产厂家或者生产厂家唯一授权供应商。入围供应商可以委托一家或者多家代理商，按照框架协议约定接受采购人合同授予，并履行采购合同。入围供应商应当在框架协议中提供委托协议和委托的代理商名单。

第十九条 入围供应商有下列情形之一，尚未签订框架协议的，取消其入围资格；已经签订框架协议的，解除与其签订的框架协议：

（一）恶意串通谋取入围或者合同成交的；

（二）提供虚假材料谋取入围或者合同成交的；

（三）无正当理由拒不接受合同授予的；

（四）不履行合同义务或者履行合同义务不符合约定，经采购人请求履行后仍不履行或者仍未按约定履行的；

（五）框架协议有效期内，因违法行为被禁止或限制参加政府采购活动的；

（六）框架协议约定的其他情形。

被取消入围资格或者被解除框架协议的供应商不得参加同一封闭式框架协议补充征集，或者重新申请加入同一开放式框架协议。

第二十条 封闭式框架协议入围供应商无正当理由，不得主动放弃入围资格或者退出框架协议。

开放式框架协议入围供应商可以随时申请退出框架协议。集中采购机构或者主管预算单位应当在收到退出申请 2 个工作日内，发布入围供应商退出公告。

第二十一条 征集人应当建立真实完整的框架协议采购档案，妥善保存每项采购活动的采购文件资料。除征集人和采购人另有约定外，合同授予的采购文件资料由采购人负责保存。

采购档案可以采用电子形式保存，电子档案和纸质档案具有同等效力。

第三章 封闭式框架协议采购

第一节 封闭式框架协议的订立

第二十二条 征集人应当发布征集公告。征集公告应当包括以下主要内容：

（一）征集人的名称、地址、联系人和联系方式；

（二）采购项目名称、编号，采购需求以及最高限制单价，适用框架协议的采购人或者服务对象范围，能预估采购数量的，还应当明确预估采购数量；

（三）供应商的资格条件；

（四）框架协议的期限；

（五）获取征集文件的时间、地点和方式；

（六）响应文件的提交方式、提交截止时间和地点，开启方式、时间和地点；

（七）公告期限；

（八）省级以上财政部门规定的其他事项。

第二十三条 征集人应当编制征集文件。征集文件应当包括以下主要内容：

（一）参加征集活动的邀请；

（二）供应商应当提交的资格材料；

（三）资格审查方法和标准；

（四）采购需求以及最高限制单价；

（五）政府采购政策要求以及政策执行措施；

（六）框架协议的期限；

（七）报价要求；

（八）确定第一阶段入围供应商的评审方法、评审标准、确定入围供应商的淘汰率或者入围供应商数量上限和响应文件无效情形；

（九）响应文件的编制要求，提交方式、提交截止时间和地点，开启方式、时间和地点，以及响应文件有效期；

（十）拟签订的框架协议文本和采购合同文本；

（十一）确定第二阶段成交供应商的方式；

（十二）采购资金的支付方式、时间和条件；

（十三）入围产品升级换代规则；

（十四）用户反馈和评价机制；

（十五）入围供应商的清退和补充规则；

（十六）供应商信用信息查询渠道及截止时点、信用信息查询记录和证据留存的具体方式、信用信息的使用规则等；

（十七）采购代理机构代理费用的收取标准和方式；

（十八）省级以上财政部门规定的其他事项。

第二十四条 供应商应当按照征集文件要求编制响应文件，对响应文件的真实性和合法性承担法律责任。

供应商响应的货物和服务的技术、商务等条件不得低于采购需求，货物原则上应当是市场上已有销售的规格型号，不得是专供政府采购的产品。对货物项目每个采购包只能用一个产品进行响应，征集文件有要求的，应当同时对产品的选配件、耗材进行报价。服务项目包含货物的，响应文件中应当列明货物清单及质量标准。

第二十五条　确定第一阶段入围供应商的评审方法包括价格优先法和质量优先法。

价格优先法是指对满足采购需求且响应报价不超过最高限制单价的货物、服务，按照响应报价从低到高排序，根据征集文件规定的淘汰率或者入围供应商数量上限，确定入围供应商的评审方法。

质量优先法是指对满足采购需求且响应报价不超过最高限制单价的货物、服务进行质量综合评分，按照质量评分从高到低排序，根据征集文件规定的淘汰率或者入围供应商数量上限，确定入围供应商的评审方法。货物项目质量因素包括采购标的的技术水平、产品配置、售后服务等，服务项目质量因素包括服务内容、服务水平、供应商的履约能力、服务经验等。质量因素中的可量化指标应当划分等次，作为评分项；质量因素中的其他指标可以作为实质性要求，不得作为评分项。

有政府定价、政府指导价的项目，以及对质量有特别要求的检测、实验等仪器设备，可以采用质量优先法，其他项目应当采用价格优先法。

第二十六条　对耗材使用量大的复印、打印、实验、医疗等仪器设备进行框架协议采购的，应当要求供应商同时对 3 年以上约定期限内的专用耗材进行报价。评审时应当考虑约定期限的专用耗材使用成本，修正仪器设备的响应报价或者质量评分。

征集人应当在征集文件、框架协议和采购合同中规定，入围供应商在约定期限内，应当以不高于其报价的价格向适用框架协议的采购人供应专用耗材。

第二十七条　确定第一阶段入围供应商时，提交响应文件和符合资格条件、实质性要求的供应商应当均不少于 2 家，淘汰比例一般不得低于 20%，且至少淘汰一家供应商。

采用质量优先法的检测、实验等仪器设备采购，淘汰比例不得低于 40%，且至少淘汰一家供应商。

第二十八条　入围结果公告应当包括以下主要内容：

（一）采购项目名称、编号；

（二）征集人的名称、地址、联系人和联系方式；

（三）入围供应商名称、地址及排序；

（四）最高入围价格或者最低入围分值；

（五）入围产品名称、规格型号或者主要服务内容及服务标准，入围单价；

（六）评审小组成员名单；

（七）采购代理服务收费标准及金额；

（八）公告期限；

（九）省级以上财政部门规定的其他事项。

第二十九条 集中采购机构或者主管预算单位应当在入围通知书发出之日起 30 日内和入围供应商签订框架协议，并在框架协议签订后 7 个工作日内，将框架协议副本报本级财政部门备案。

框架协议不得对征集文件确定的事项以及入围供应商的响应文件作实质性修改。

第三十条 征集人应当在框架协议签订后 3 个工作日内通过电子化采购系统将入围信息告知适用框架协议的所有采购人或者服务对象。

入围信息应当包括所有入围供应商的名称、地址、联系方式、入围产品信息和协议价格等内容。入围产品信息应当详细列明技术规格或者服务内容、服务标准等能反映产品质量特点的内容。

征集人应当确保征集文件和入围信息在整个框架协议有效期内随时可供公众查阅。

第三十一条 除剩余入围供应商不足入围供应商总数 70%且影响框架协议执行的情形外，框架协议有效期内，征集人不得补充征集供应商。

征集人补充征集供应商的，补充征集规则应当在框架协议中约定，补充征集的条件、程序、评审方法和淘汰比例应当与初次征集相同。补充征集应当遵守原框架协议的有效期。补充征集期间，原框架协议继续履行。

第二节 采购合同的授予

第三十二条 确定第二阶段成交供应商的方式包括直接选定、二次竞价和顺序轮候。

直接选定方式是确定第二阶段成交供应商的主要方式。除征集人根据采购项目特点和提高绩效等要求，在征集文件中载明采用二次竞价或者顺序轮候方式外，确定第二阶段成交供应商应当由采购人或者服务对象依据入围产品价格、质量以及服务便利性、用户评价等因素，从第一阶段入围供应商中直接选定。

第三十三条 二次竞价方式是指以框架协议约定的入围产品、采购合同文本等为依据,以协议价格为最高限价,采购人明确第二阶段竞价需求,从入围供应商中选择所有符合竞价需求的供应商参与二次竞价,确定报价最低的为成交供应商的方式。

进行二次竞价应当给予供应商必要的响应时间。

二次竞价一般适用于采用价格优先法的采购项目。

第三十四条 顺序轮候方式是指根据征集文件中确定的轮候顺序规则,对所有入围供应商依次授予采购合同的方式。

每个入围供应商在一个顺序轮候期内,只有一次获得合同授予的机会。合同授予顺序确定后,应当书面告知所有入围供应商。除清退入围供应商和补充征集外,框架协议有效期内不得调整合同授予顺序。

顺序轮候一般适用于服务项目。

第三十五条 以二次竞价或者顺序轮候方式确定成交供应商的,征集人应当在确定成交供应商后 2 个工作日内逐笔发布成交结果公告。

成交结果单笔公告可以在省级以上财政部门指定的媒体上发布,也可以在开展框架协议采购的电子化采购系统发布,发布成交结果公告的渠道应当在征集文件或者框架协议中告知供应商。单笔公告应当包括以下主要内容:

(一)采购人的名称、地址和联系方式;

(二)框架协议采购项目名称、编号;

(三)成交供应商名称、地址和成交金额;

(四)成交标的名称、规格型号或者主要服务内容及服务标准、数量、单价;

(五)公告期限。

征集人应当在框架协议有效期满后 10 个工作日内发布成交结果汇总公告。汇总公告应当包括前款第一项、第二项内容和所有成交供应商的名称、地址及其成交合同总数和总金额。

第三十六条 框架协议采购应当订立固定价格合同。

根据实际采购数量和协议价格确定合同总价的,合同中应当列明实际采购数量或者计量方式,包括服务项目用于计算合同价的工日数、服务工作量等详细工作量清单。采购人应当要求供应商提供能证明其按照合同约定数量或者工作量清单履约的相关记录或者凭证,作为验收资料一并存档。

第三十七条 采购人证明能够以更低价格向非入围供应商采购相同货物,且入围供应商不同意将价格降至非入围供应商以下的,可以将合同授予非入围供应商。

采购项目适用前款规定的,征集人应当在征集文件中载明并在框架协议中约定。

采购人将合同授予非入围供应商的，应当在确定成交供应商后1个工作日内，将成交结果抄送征集人，由征集人按照单笔公告要求发布成交结果公告。采购人应当将相关证明材料和采购合同一并存档备查。

第四章　开放式框架协议采购

第三十八条　订立开放式框架协议的，征集人应当发布征集公告，邀请供应商加入框架协议。征集公告应当包括以下主要内容：

（一）本办法第二十二条第一项至四项和第二十三条第二项至三项、第十三项至十六项内容；

（二）订立开放式框架协议的邀请；

（三）供应商提交加入框架协议申请的方式、地点，以及对申请文件的要求；

（四）履行合同的地域范围、协议方的权利和义务、入围供应商的清退机制等框架协议内容；

（五）采购合同文本；

（六）付费标准，费用结算及支付方式；

（七）省级以上财政部门规定的其他事项。

第三十九条　征集公告发布后至框架协议期满前，供应商可以按照征集公告要求，随时提交加入框架协议的申请。征集人应当在收到供应商申请后7个工作日内完成审核，并将审核结果书面通知申请供应商。

第四十条　征集人应当在审核通过后2个工作日内，发布入围结果公告，公告入围供应商名称、地址、联系方式及付费标准，并动态更新入围供应商信息。

征集人应当确保征集公告和入围结果公告在整个框架协议有效期内随时可供公众查阅。

第四十一条　征集人可以根据采购项目特点，在征集公告中申明是否与供应商另行签订书面框架协议。申明不再签订书面框架协议的，发布入围结果公告，视为签订框架协议。

第四十二条　第二阶段成交供应商由采购人或者服务对象从第一阶段入围供应商中直接选定。

供应商履行合同后，依据框架协议约定的凭单、订单以及结算方式，与采购人进行费用结算。

第五章　法律责任

第四十三条　主管预算单位、采购人、采购代理机构违反本办法规定的，由财政部门责令限期改正；情节严重的，给予警告，对直接负责的主管人员和其他责任人员，由其行政主管部门或者有关机关依法给予处分，并予以通报。

第四十四条　违反本办法规定，经责令改正后仍然影响或者可能影响入围结果或者成交结果的，依照政府采购法等有关法律、行政法规处理。

第四十五条　供应商有本办法第十九条第一款第一项至三项情形之一，以及无正当理由放弃封闭式框架协议入围资格或者退出封闭式框架协议的，依照政府采购法等有关法律、行政法规追究法律责任。

第四十六条　政府采购当事人违反本办法规定，给他人造成损失的，依法承担民事责任。

第四十七条　财政部门及其工作人员在履行监督管理职责中存在滥用职权、玩忽职守、徇私舞弊等违法违纪行为的，依法追究相应责任。

第六章　附　　则

第四十八条　除本办法第三十五条规定外，本办法规定的公告信息，应当在省级以上财政部门指定的媒体上发布。

第四十九条　本办法规定按日计算期间的，开始当天不计入，从次日开始计算。期限的最后一日是国家法定节假日的，顺延到节假日后的次日为期限的最后一日。

第五十条　本办法所称的“以上”、“以下”、“内”、“以内”、“不少于”、“不超过”，包括本数；所称的“不足”、“低于”，不包括本数。

第五十一条　各省、自治区、直辖市财政部门可以根据本办法制定具体实施办法。

第五十二条　本办法自 2022 年 3 月 1 日起施行。

社会保险基金行政监督办法

（2022年2月9日人力资源社会保障部令第48号公布　自2022年3月18日起施行　国司备字[2022005935]）

第一章　总　　则

第一条　为了保障社会保险基金安全，规范和加强社会保险基金行政监督，根据《中华人民共和国社会保险法》和有关法律法规，制定本办法。

第二条　本办法所称社会保险基金行政监督，是指人力资源社会保障行政部门对基本养老保险基金、工伤保险基金、失业保险基金等人力资源社会保障部门管理的社会保险基金收支、管理情况进行的监督。

第三条　社会保险基金行政监督应当遵循合法、客观、公正、效率的原则。

第四条　人力资源社会保障部主管全国社会保险基金行政监督工作。县级以上地方各级人力资源社会保障行政部门负责本行政区域内的社会保险基金行政监督工作。

人力资源社会保障行政部门对下级人力资源社会保障行政部门管辖范围内的重大监督事项，可以直接进行监督。

第五条　人力资源社会保障行政部门应当加强社会保险基金行政监督队伍建设，保证工作所需经费，保障监督工作独立性。

第六条　社会保险基金行政监督工作人员应当忠于职守、清正廉洁、秉公执法、保守秘密。

社会保险基金行政监督工作人员依法履行监督职责受法律保护，失职追责、尽职免责。

社会保险基金行政监督工作人员应当具备与履行职责相适应的专业能力，依规取得行政执法证件，并定期参加培训。

第七条　人力资源社会保障行政部门负责社会保险基金监督的机构具体实施社会保险基金行政监督工作。人力资源社会保障部门负责社会保险政策、经办、信息化综合管理等机构，依据职责协同做好社会保险基金行政监督工作。

第八条　人力资源社会保障行政部门应当加强与公安、民政、司法行政、财政、卫生健康、人民银行、审计、税务、医疗保障等部门的协同配合，加强信息共享、分析，加大协同查处力度，共同维护社会保险基金安全。

第九条 人力资源社会保障行政部门应当畅通社会监督渠道,鼓励和支持社会各方参与社会保险基金监督。

任何组织或者个人有权对涉及社会保险基金的违法违规行为进行举报。

第二章 监督职责

第十条 人力资源社会保障行政部门依法履行下列社会保险基金行政监督职责:

(一)检查社会保险基金收支、管理情况;

(二)受理有关社会保险基金违法违规行为的举报;

(三)依法查处社会保险基金违法违规问题;

(四)宣传社会保险基金监督法律、法规、规章和政策;

(五)法律、法规规定的其他事项。

第十一条 人力资源社会保障行政部门对社会保险经办机构的下列事项实施监督:

(一)执行社会保险基金收支、管理的有关法律、法规、规章和政策的情况;

(二)社会保险基金预算执行及决算情况;

(三)社会保险基金收入户、支出户等银行账户开立、使用和管理情况;

(四)社会保险待遇审核和基金支付情况;

(五)社会保险服务协议订立、变更、履行、解除或者终止情况;

(六)社会保险基金收支、管理内部控制情况;

(七)法律、法规规定的其他事项。

第十二条 人力资源社会保障行政部门对社会保险服务机构的下列事项实施监督:

(一)遵守社会保险相关法律、法规、规章和政策的情况;

(二)社会保险基金管理使用情况;

(三)社会保险基金管理使用内部控制情况;

(四)社会保险服务协议履行情况;

(五)法律、法规规定的其他事项。

第十三条 人力资源社会保障行政部门对与社会保险基金收支、管理直接相关单位的下列事项实施监督:

(一)提前退休审批情况;

(二)工伤认定(职业伤害确认)情况;

(三)劳动能力鉴定情况;

（四）法律、法规规定的其他事项。

第三章 监督权限

第十四条 人力资源社会保障行政部门有权要求被监督单位提供与监督事项有关的资料，包括但不限于与社会保险基金收支、管理相关的文件、财务资料、业务资料、审计报告、会议纪要等。

被监督单位应当全面、完整提供实施监督所需资料，说明情况，并对所提供资料真实性、完整性作出书面承诺。

第十五条 人力资源社会保障行政部门有权查阅、记录、复制被监督单位与社会保险基金有关的会计凭证、会计账簿、财务会计报告、业务档案，以及其他与社会保险基金收支、管理有关的数据、资料，有权查询被监督单位社会保险信息系统的用户管理、权限控制、数据管理等情况。

第十六条 人力资源社会保障行政部门有权询问与监督事项有关的单位和个人，要求其对与监督事项有关的问题作出说明、提供有关佐证。

第十七条 人力资源社会保障行政部门应当充分利用信息化技术手段查找问题，加强社会保险基金监管信息系统应用。

第十八条 信息化综合管理机构应当根据监督工作需要，向社会保险基金行政监督工作人员开放社会保险经办系统等信息系统的查询权限，提供有关信息数据。

第十九条 人力资源社会保障行政部门有权对隐匿、伪造、变造或者故意销毁会计凭证、会计账簿、财务会计报告以及其他与社会保险基金收支、管理有关资料的行为予以制止并责令改正；有权对可能被转移、隐匿或者灭失的资料予以封存。

第二十条 人力资源社会保障行政部门有权对隐匿、转移、侵占、挪用社会保险基金的行为予以制止并责令改正。

第四章 监督实施

第二十一条 社会保险基金行政监督的检查方式包括现场检查和非现场检查。人力资源社会保障行政部门应当制定年度检查计划，明确检查范围和重点。

被监督单位应当配合人力资源社会保障行政部门的工作，并提供必要的工作条件。

第二十二条 人力资源社会保障行政部门实施现场检查,依照下列程序进行:

(一)根据年度检查计划和工作需要确定检查项目及检查内容,制定检查方案,并在实施检查3个工作日前通知被监督单位;提前通知可能影响检查结果的,可以现场下达检查通知;

(二)检查被监督单位社会保险基金相关凭证账簿,查阅与监督事项有关的文件、资料、档案、数据,向被监督单位和有关个人调查取证,听取被监督单位有关社会保险基金收支、管理使用情况的汇报;

(三)根据检查结果,形成检查报告,并送被监督单位征求意见。被监督单位如有异议,应当在接到检查报告10个工作日内提出书面意见。逾期未提出书面意见的,视同无异议。

第二十三条 人力资源社会保障行政部门实施非现场检查,依照下列程序进行:

(一)根据检查计划及工作需要,确定非现场检查目的及检查内容,通知被监督单位按照规定的范围、格式及时限报送数据、资料;或者从信息系统提取社会保险基金管理使用相关数据;

(二)审核被监督单位报送和提取的数据、资料,数据、资料不符合要求的,被监督单位应当补报或者重新报送;

(三)比对分析数据、资料,对发现的疑点问题要求被监督单位核查说明;对存在的重大问题,实施现场核实;评估社会保险基金收支、管理状况及存在的问题,形成检查报告。

对报送和提取的数据、资料,人力资源社会保障行政部门应当做好存储和使用管理,保证数据安全。

第二十四条 人力资源社会保障行政部门对监督发现的问题,采取以下处理措施:

(一)对社会保险基金收支、管理存在问题的,依法提出整改意见,采取约谈、函询、通报等手段督促整改;

(二)对依法应当由有关主管机关处理的,向有关主管机关提出处理建议。

人力资源社会保障行政部门有权对被监督单位的整改情况进行检查。

第二十五条 人力资源社会保障行政部门对通过社会保险基金行政监督检查发现、上级部门交办、举报、媒体曝光、社会保险经办机构移送等渠道获取的违法违规线索,应当查处,进行调查并依法作出行政处理、处罚决定。

人力资源社会保障行政部门作出行政处理、处罚决定前,应当听取当事人陈述、申辩;作出行政处理、处罚决定,应当告知当事人依法享有申请行政复议或者提起行政诉讼的权利。

第二十六条 社会保险基金行政监督的检查和查处应当由两名及以上工作人员共同进行,出示行政执法证件。

社会保险基金行政监督工作人员不得利用职务便利牟取不正当利益,不得从事影响客观履行基金监督职责的工作。

社会保险基金行政监督工作人员与被监督单位、个人或者事项存在利害关系的,应当回避。

第二十七条 人力资源社会保障行政部门可以聘请会计师事务所等第三方机构对社会保险基金的收支、管理情况进行审计,聘请专业人员协助开展检查。

被聘请机构和人员不得复制涉及参保个人的明细数据,不得未经授权复制统计数据和财务数据,不得将工作中获取、知悉的被监督单位资料或者相关信息用于社会保险基金监督管理以外的其他用途,不得泄露相关个人信息和商业秘密。

第二十八条 人力资源社会保障行政部门应当建立社会保险基金要情报告制度。

地方人力资源社会保障行政部门应当依规、按时、完整、准确向上级人力资源社会保障行政部门报告社会保险基金要情。

社会保险经办机构应当及时向本级人力资源社会保障行政部门报告社会保险基金要情。

本办法所称社会保险基金要情是指贪污挪用、欺诈骗取等侵害社会保险基金的情况。

第五章 法律责任

第二十九条 社会保险经办机构及其工作人员有下列行为之一的,由人力资源社会保障行政部门责令改正;对直接负责的主管人员和其他直接责任人员依法给予处分;法律法规另有规定的,从其规定:

(一)未履行社会保险法定职责的;

(二)未将社会保险基金存入财政专户的;

(三)克扣或者拒不按时支付社会保险待遇的;

(四)丢失或者篡改缴费记录、享受社会保险待遇记录等社会保险数据、个人权益记录的;

(五)违反社会保险经办内部控制制度的;

(六)其他违反社会保险法律、法规的行为。

第三十条 社会保险经办机构及其工作人员隐匿、转移、侵占、挪用社会保险基金的，按照《中华人民共和国社会保险法》第九十一条的规定处理。

第三十一条 社会保险服务机构有下列行为之一，以欺诈、伪造证明材料或者其他手段骗取社会保险基金支出的，按照《中华人民共和国社会保险法》第八十七条的规定处理：

(一)工伤保险协议医疗机构、工伤康复协议机构、工伤保险辅助器具配置协议机构、工伤预防项目实施单位等通过提供虚假证明材料及相关报销票据等手段，骗取工伤保险基金支出的；

(二)培训机构通过提供虚假培训材料等手段，骗取失业保险培训补贴的；

(三)其他以欺诈、伪造证明材料等手段骗取社会保险基金支出的行为。

第三十二条 用人单位、个人有下列行为之一，以欺诈、伪造证明材料或者其他手段骗取社会保险待遇的，按照《中华人民共和国社会保险法》第八十八条的规定处理：

(一)通过虚构个人信息、劳动关系，使用伪造、变造或者盗用他人可用于证明身份的证件，提供虚假证明材料等手段虚构社会保险参保条件、违规补缴，骗取社会保险待遇的；

(二)通过虚假待遇资格认证等方式，骗取社会保险待遇的；

(三)通过伪造或者变造个人档案、劳动能力鉴定结论等手段违规办理退休，违规增加视同缴费年限，骗取基本养老保险待遇的；

(四)通过谎报工伤事故、伪造或者变造证明材料等进行工伤认定或者劳动能力鉴定，或者提供虚假工伤认定结论、劳动能力鉴定结论，骗取工伤保险待遇的；

(五)通过伪造或者变造就医资料、票据等，或者冒用工伤人员身份就医、配置辅助器具，骗取工伤保险待遇的；

(六)其他以欺诈、伪造证明材料等手段骗取社会保险待遇的。

第三十三条 人力资源社会保障行政部门工作人员弄虚作假将不符合条件的人员认定为工伤职工或者批准提前退休，给社会保险基金造成损失的，依法给予处分。

从事劳动能力鉴定的组织或者个人提供虚假鉴定意见、诊断证明，给社会保险基金造成损失的，按照《工伤保险条例》第六十一条的规定处理。

第三十四条 被监督单位有下列行为之一的，由人力资源社会保障行政部门责令改正；拒不改正的，可以通报批评，给予警告；依法对直接负责的主管人员和其他责任人员给予处分：

（一）拒绝、阻挠社会保险基金行政监督工作人员进行监督的；

（二）拒绝、拖延提供与监督事项有关资料的；

（三）隐匿、伪造、变造或者故意销毁会计凭证、会计账簿、财务会计报告以及其他与社会保险基金收支、管理有关资料的。

第三十五条　报复陷害社会保险基金行政监督工作人员的，依法给予处分。

第三十六条　人力资源社会保障行政部门、社会保险经办机构违反本办法第二十八条的规定，对发现的社会保险基金要情隐瞒不报、谎报或者拖延不报的，按照有关规定追究相关人员责任。

第三十七条　人力资源社会保障行政部门负责人、社会保险基金行政监督工作人员违反本办法规定或者有其他滥用职权、徇私舞弊、玩忽职守行为的，依法给予处分。

第三十八条　人力资源社会保障行政部门、社会保险经办机构、会计师事务所等被聘请的第三方机构及其工作人员泄露、篡改、毁损、非法向他人提供个人信息、商业秘密的，对直接负责的主管人员和其他直接责任人员依法给予处分；违反其他法律、行政法规的，由有关主管部门依法处理。

第三十九条　违反本办法规定，构成违反治安管理行为的，依法给予治安管理处罚；构成犯罪的，依法追究刑事责任。

第六章　附　　则

第四十条　本办法所称的社会保险服务机构，包括工伤保险协议医疗机构、工伤康复协议机构、工伤保险辅助器具配置协议机构、工伤预防项目实施单位、享受失业保险培训补贴的培训机构、承办社会保险经办业务的商业保险机构等。

对乡镇（街道）事务所（中心、站）等承担社会保险经办服务工作的机构的监督，参照对社会保险经办机构监督相关规定执行。

第四十一条　基本养老保险基金委托投资运营监管另行规定。

第四十二条　本办法自 2022 年 3 月 18 日起施行。原劳动和社会保障部《社会保险基金行政监督办法》（劳动和社会保障部令第 12 号）同时废止。

民用航空器维修培训机构合格审定规则

（2022年2月11日交通运输部令2022年第9号公布　自2022年5月1日起施行　国司备字[2022005949]）

第一章　总　　则

第147.1条　目的和依据

为了规范民用航空器维修培训机构合格证的颁发和管理，保障民用航空器的持续适航和飞行安全，根据《中华人民共和国民用航空法》《中华人民共和国行政许可法》等法律、行政法规，制定本规则。

第147.2条　适用范围

本规则适用于为取得民用航空器维修人员执照（以下简称航空器维修人员执照）或者其机型签署提供培训的机构（以下简称维修培训机构）的合格审定及监督管理。

第147.3条　管理机构

中国民用航空局（以下简称民航局）统一负责维修培训机构合格证管理，并负责国外维修培训机构的合格审定与监督管理。

中国民用航空地区管理局（以下简称民航地区管理局）负责主要办公地点在本辖区内的国内维修培训机构合格证的合格审定和监督管理。

第二章　维修培训机构合格证的申请、颁发和管理

第147.4条　培训类别

按本规则申请的维修培训机构合格证包括如下类别：

（1）航空器维修人员执照培训；

（2）机型维修培训；

（3）发动机型号培训。

航空器维修人员执照培训包括涡轮飞机（TA）、涡轮旋翼机（TR）、活塞飞机（PA）、活塞旋翼机（PR）等类别，应当在合格证上注明具体执照类别。机型维修培训和发动机型号培训应当在合格证上注明具体的制造厂家、型号和系列限定。机型维修培训应当在合格证上注明是否包含发动机型号培训。

第 147.5 条　申请条件

维修培训机构合格证申请人应当具备下列条件：

(1)申请人为依法设立的法人；

(2)符合本规则第三章、第四章规定的设施设备、人员、教学大纲及维修培训机构管理手册(以下简称管理手册)等要求；

(3)如适用,国外维修培训机构应当持有本国民航当局颁发的维修培训机构合格证书。

第 147.6 条　申请材料

申请维修培训机构合格证,申请人应当按照民航局规定的格式和方法提交下列材料,并对材料的真实性负责：

(1)申请书。

(2)管理手册。同时申请多个培训类别的维修培训机构,其管理手册可以结合为一本,但应当符合本规则第 147.20 条和第 147.28 条所有适用要求的内容。

(3)所申请培训类别具体项目的教学大纲。

(4)国外维修培训机构应当提交本国民航当局颁发的维修培训机构合格证书(如适用)和中国用户的培训意向书。

国内维修培训机构应当使用中文提交申请材料。国外维修培训机构的申请材料可以使用中文或者英文。

第 147.7 条　受理、审查和批准

局方收到申请人的申请材料后,应当在 5 个工作日内作出是否受理的答复,并以书面形式通知申请人。申请人未能提交齐全的材料或者申请书格式不符合要求,需要申请人补正申请材料的,局方应当当场或者在该 5 个工作日内一次性告知申请人需要补正的全部内容。

局方在受理申请后,以书面或者会面的形式与申请人协商确定对申请人进行现场审查的日期。

对于符合要求的申请,局方应当在受理申请之日起 20 个工作日内向申请人颁发维修培训机构合格证,依法进行检验的时间不计入前述期限。20 个工作日内不能颁发的,经本行政机关负责人批准,可以延长 10 个工作日,并应当将延长期限的理由告知申请人。

第 147.8 条　维修培训机构合格证

维修培训机构合格证应当载明单位名称、地址、培训类别及具体培训项目。

维修培训机构合格证自颁发之日起 3 年内有效。维修培训机构可以申请延续有效期,但是应当在有效期届满前至少 6 个月向局方提出延续维修培训机构合格证有效期的书面申请,并提交申请书等民航局规定的申请材料。申请的受理、审查、批准程序与初次申请相同。每次延续的有效期限最长为 3 年。超过有效期后的再次申请视为初次申请。

维修培训机构合格证不得转让、转借、出租或者涂改。

维修培训机构合格证应当明显展示在维修培训机构的主要办公地点。

第 147.9 条　变更申请和办理

维修培训机构在单位名称、地址、培训类别或者具体培训项目发生变化时,应当至少提前 60 日向局方提出变更维修培训机构合格证的书面申请。申请的受理、审查、批准程序与初次申请相同。

维修培训机构在管理手册或者教学大纲中涉及的培训设施设备、组织机构、人员和管理流程等发生较大变化时,应当提前通知局方,由局方确定是否变更其维修培训机构合格证以及管理手册或者教学大纲。

除非结合延续维修培训机构合格证有效期一并申请,维修培训机构合格证的上述变更不改变其原有的有效期。

第 147.10 条　维修培训机构的权利

航空器维修人员执照培训机构在获得维修培训机构合格证后,可以在许可的培训地点从事许可类别的航空器维修人员执照培训,并在完成培训后向局方申请对培训学员的航空器维修基础知识考试和实作评估。

机型维修、发动机型号培训机构在获得维修培训机构合格证后,可以在许可的培训地点从事许可类别的机型维修、发动机型号培训,并在完成培训后向考核通过的学员颁发培训合格证书。管理手册中包含异地培训管理程序时,维修培训机构可以在许可的地点以外开展限定范围内的机型维修、发动机型号培训。

第 147.11 条　维修培训机构的义务

维修培训机构应当保持本单位持续符合本规则的要求并按照管理手册规范管理,及时发现并改正其存在的缺陷和不足。

维修培训机构应当对所开展的维修培训满足教学大纲负责。在参加培训人员不能满足教学大纲要求时,航空器维修人员执照培训机构不得向其颁发准考证书;机型维修、发动机型号培训机构不得向其颁发培训合格证书。

维修培训机构应当按照局方要求如实报告年度报告和培训质量调查等信息,并保证其与培训相关的设施设备、组织机构及人员配合局方开展审查、监督和调查。

第 147.12 条　认可情形

在下列情形下，民航局可以对维修培训机构及其培训项目进行认可：

(1)根据民航局与香港民航处、澳门民航局签订的合作安排，认可香港民航处、澳门民航局对维修培训机构的批准；

(2)根据民航局与其他国家或者地区签订的协议，认可其他国家或者地区民航当局对本国或者本地区维修培训机构的批准。

本规则第 147.10 条和第 147.11 条关于维修培训机构的权利和义务规定同样适用于按照前款规定认可的维修培训机构。

第三章　航空器维修人员执照培训机构的要求

第 147.13 条　设施设备

维修培训机构应当具备与其培训能力和培训规模相适应的设施设备，并符合下列要求：

(1)具备足够的不受气象环境因素影响的理论培训教室，并有适当的照明、通风、噪音和温度控制，以保证教学活动正常进行；理论培训教室所在的建筑应当设置易于辨别的紧急通道，并确保此信息传达至所有教员和学员。

(2)理论培训教室应当配备满足教学所需的演示设备，并保证所有学员都能清晰识别所演示的内容。

(3)具备足够的不受气象环境因素影响的维修实作培训场地，具有足够的工具设备和器材，并配备了适当的安全防护设施。培训中使用的消耗器材可以采用非航空器材替代，但应当确保达到同样的培训效果。

(4)具备与培训执照类别对应的真实航空器及其维修手册。航空器可以使用非适航状态的报废航空器，但其停放条件和状态应当能够按照维修手册开展航空器及其发动机维修实践，包括采用部分模拟设备开展相关的维修实践；维修手册可以使用非现行有效的版本，但应当保持其完整可用并注明仅供培训使用。

(5)具备培训教员、培训组织和培训质量管理人员合适的办公设施设备，并具有妥善保存培训教材、资料、人员档案和培训记录的存储设施，其中人员档案和培训记录的保存应当保证非经授权不可接近。

(6)具备足够的基础知识考试和实作评估设施。培训设施可以用于基础知识考试和实作评估，但应当能够满足防止考试作弊的要求，并且实作评估必须使用真实的航空器材。

第 147.14 条　人员

维修培训机构应当具备与培训执照类别和培训规模相适应的管理人员和教员,并符合下列要求:

(1)任命责任经理、质量经理各一名。责任经理应当由维修培训机构的法定代表人或者其授权的人员担任;质量经理不能由责任经理兼任。上述人员应当熟悉民用航空器维修培训机构管理法规并具有维修管理工作经验。

(2)具有足够的与培训执照类别相适应的理论培训教员。理论培训教员应当具有理工类大专(含)以上学历,具备丰富的对应专业知识并通过教学法培训。

(3)具有足够的与培训执照类别相适应的实作培训教员。实作培训教员应当持有对应类别的航空器维修人员执照,具备丰富的对应专业知识并通过教学法培训,并至少具有对应类别航空器 5 年(含)以上的维修经验。

(4)具有足够的负责培训组织和培训质量管理的人员,其中培训质量管理人员与培训教员、培训组织管理人员不能兼任。

第 147.15 条　教学大纲

维修培训机构应当针对所培训执照类别编制完整的教学大纲,并符合下列要求:

(1)包括该类别航空器维修人员执照所有适用的培训模块,并且明确每个理论培训模块所配备的书面培训教材。培训教材中的知识点和培训要素至少应当覆盖《民用航空器维修人员执照管理规则》的相关要求。

(2)明确理论培训模块各知识点对应的培训课件、设备和学时要求。

(3)明确维修实作模块各培训项目对应的培训场地、设备、文件资料和学时要求以及实作评估规范。

第 147.16 条　培训实施规范

维修培训机构应当根据所具备的条件和能力确定招收学员计划,按计划招收学员,并对每一名学员做好入学登记并向局方报备。

维修培训机构可以对参加理论培训的学员适当分班,每班不能超过 24 个学员,并按照分班制定教学计划。

理论培训应当按计划教学,并建立考勤和请销假制度。迟到、早退、旷课或者请假累计超过教学时间 30%的学员不得安排参加航空器维修人员执照考试。

维修培训机构可以对参加维修实作培训的学员适当分组,每组不能超过 8 个学员,并按照分组制定教学计划。

维修实作培训应当按计划教学,并建立每个维修实作项目的教员对学员的评价制度。评价应当至少包括基本技能、工作规范、安全意识和团队协作等方面，对超过10%的项目评价不合格的学员不得安排参加实作评估。

每次培训完成后，维修培训机构应当建立每个班组全部学员的完整培训记录，包括登记、考勤、评价记录，并及时交由专门的档案存放设施保存。

第147.17条　培训质量管理

维修培训机构应当建立相对独立的培训质量控制体系，并至少包括如下方面的管理控制：

(1)教学大纲自我审核机制，包括对应培训教材、课件、资料的批准，并对培训设施、场地、设备完好性开展至少以年度为单位的定期审核。

(2)培训教员资格评估和授权机制，以确保培训教员符合培训资质和能力，包括必要的上岗前考核和定期复训要求。培训教员资格授权应当具体到理论培训模块和实作项目。

(3)偏离培训计划的批准机制，包括培训设施设备因故不能正常使用需适当调整培训计划的机制，以确保符合教学大纲的要求。

(4)班组培训实施和培训记录审核机制，以确保落实培训实施规范的要求，并对违反培训实施规范的情况采取必要的纠正和处理措施。

维修培训机构在完成每次培训后，培训质量管理人员应当逐一审核学员是否符合参加基础知识考试或者实作评估的要求，并对审核通过的学员颁发带有本人近期照片的准考证书。

第147.18条　基础知识考试和实作评估

维修培训机构应当对获得准考证书的学员统一向局方申请航空器维修人员执照基础知识考试和实作评估。

维修培训机构应当提供符合局方基础知识考试要求的设施设备，按照与局方商定的计划组织学员有序参加基础知识考试。

维修培训机构实作评估规范应当符合下列要求：

(1)明确实作评估使用的航空器、设备、器材和文件资料，并应当使用真实航空器及器材；

(2)明确实作评估教员安排计划，并符合交叉评估的要求；

(3)制定适合实作评估的项目清单，并应当涵盖航空器日常或者航线维修的所有情况；

(4)制定实作评估记录表格，并明确清晰的评价标准。

实作评估应当在局方的监督下，按照与局方商定的计划组织开展。实作评估完成后，应当现场向局方提交填写完整的评估记录表格副本。

第 147. 19 条　档案和记录

维修培训机构应当建立每名培训教员的档案。培训教员档案应当至少包括下列内容：

(1)身份信息；

(2)航空器维修人员执照号码(如有)；

(3)工作和教学经历；

(4)培训记录和证书复印件；

(5)培训资格授权记录；

(6)实施培训记录；

(7)参加实作评估记录。

维修培训机构应当建立每名学员的培训记录,并与本规则第 147. 16 条要求的班组记录分开保存。学员培训记录应当至少包括下列内容：

(1)身份信息；

(2)学习和工作经历；

(3)培训起止日期和执照类别；

(4)理论培训模块、教员；

(5)实作培训项目、教员、教员评价(如适用)；

(6)参加基础知识考试时间、成绩和实作评估记录。

前两款规定的档案和培训记录应当由专门的档案存放设施或者系统妥善保存,其中教员档案应当保存至其离职后至少 3 年,培训班组记录和学员培训记录应当保存至其完成培训后 3 年。

第 147. 20 条　管理手册

维修培训机构的管理手册应当至少包括下列内容：

(1)责任经理声明；

(2)手册的编写、修改、分发管理；

(3)培训设施设备；

(4)组织机构和人员；

(5)培训能力和规模；

(6)教学大纲、教材和课件管理；

(7)培训实施规范；

(8)培训质量控制；

(9)基础知识考试和实作评估的申请和实施；

(10)档案和记录管理。

为具体落实本章规定的管理要求,维修培训机构应当制定必要的工作程序或者管理制度，并将工作程序或者管理制度文件清单作为管理手册的附录。

第四章　机型维修、发动机型号培训机构的要求

第147.21条　设施设备

维修培训机构应当具备与其培训能力和培训规模相适应的设施设备，并符合下列要求：

(1)具备足够的不受气象环境因素影响的培训教室，并有适当的照明、通风、噪音和温度控制，以保证培训活动正常进行；培训教室所在的建筑应当设置易于辨别的紧急通道，并确保此信息传达至所有教员和学员。

(2)培训教室应当配备满足教学所需的演示设备，并保证所有学员都能清晰识别所演示的内容。

(3)具备能够代表培训机型、发动机型号的真实航空器或者仿真、模拟设备，并配备了对应的维修手册。航空器可以使用非适航状态的报废航空器；维修手册可以使用非现行有效的版本，但应当保持其完整可用并注明仅供培训使用。

(4)具备培训教员、培训组织和培训质量管理人员合适的办公设施设备，并具有妥善保存培训教材、资料、人员档案和培训记录的存储设施，其中人员档案和培训记录的保存应当保证非经授权不可接近。

(5)具备足够的考试设施。培训设施可以用于考试，但应当能够满足防止考试作弊的要求。

第147.22条　人员

维修培训机构应当具备与其培训规模相适应的管理人员和教员，并符合下列要求：

(1)任命责任经理、质量经理各一名。责任经理应当由维修培训机构的法定代表人或者其授权的人员担任；质量经理不能由责任经理兼职。上述人员应当熟悉民用航空器维修培训机构管理法规并具有维修管理工作经验。

(2)具有足够的培训教员。培训教员应当持有具有相应机型签署的航空器维修人员执照。培训教员可以聘用所属或者合作维修单位的维修人员，但应当通过书面协议明确并纳入维修培训机构的管理。

(3)具有足够的负责培训组织和培训质量管理的人员，其中培训质量管理人员与培训教员、培训组织管理人员不能兼任。

第 147.23 条　教学大纲

维修培训机构应当参照对应航空器评审报告中明确的制造厂家建议培训规范，对每一机型、发动机型号的培训编制完整的教学大纲，并符合下列要求：

(1)明确培训课程的进入条件，包括持有的航空器维修人员执照类别和维修经验要求。

(2)明确培训所需设备和参考文件要求。

(3)明确培训模块、知识点和学时要求，以及对应的培训课件。除经局方特别同意外，知识点和学时要求不能低于制造厂家建议培训规范的要求。

(4)明确培训考核方式和标准。

第 147.24 条　培训实施规范

维修培训机构应当根据所具备的条件和能力确定招收学员计划，按计划招收学员，并对每一名学员做好入学登记。

维修培训机构可以对参加课堂培训的学员适当分班，每班不能超过 24 个学员，并按照分班制定教学计划。

培训应当按计划开展课堂教学，并建立考勤和请销假制度。迟到、早退、旷课或者请假累计超过教学时间 30%的学员不得安排参加培训考核。

维修培训机构可以对参加实物或者仿真、模拟设备培训的学员适当分组，每组不能超过 8 个学员，并按照分组制定教学计划。

每次培训完成后，维修培训机构应当建立每个班组全部学员的完整培训记录，包括登记、考勤记录，并及时交由专门的档案存放设施保存。

第 147.25 条　培训质量管理

维修培训机构应当建立相对独立的培训质量控制体系，并至少包括如下方面的管理控制：

(1)教学大纲自我审核机制，包括对应培训课件的批准，并对培训设施设备完好性开展至少以年度为单位的定期审核。

(2)培训教员资格评估和授权机制，以确保培训教员符合培训资质和能力，包括必要的上岗前考核和定期复训要求。

(3)偏离培训计划的批准机制，包括培训设施设备因故不能正常使用需适当调整培训计划的机制，以确保符合教学大纲的要求。

(4)班组培训实施和培训记录审核机制，以确保落实培训实施规范的要求，并对违反培训实施规范的情况采取必要的纠正和处理措施。

维修培训机构在完成每次培训后，培训质量管理人员应当逐一审核学员是否符合参加考核的要求，并允许审核通过的学员参加考核。

第 147.26 条　培训考核和培训合格证书

维修培训机构应当建立每一对应所培训机型、发动机型号考核的题库，并符合每学时不少于 1 道题的题量要求。

维修培训机构应当通过随机抽题的方式对每名符合参加考核要求的学员进行考核，随机抽题应当涵盖所有培训模块，并且对应学时比例。

培训考核应当在培训质量管理人员的监督下进行，并有效防止作弊行为。

培训考核完成后，应当向考核通过的学员颁发由责任经理签发的培训合格证书。培训合格证书应当至少符合下列要求：

(1)清晰标注维修培训机构名称和标志；

(2)学员姓名和具体参加并考核通过的机型、发动机型号培训课程，如机型维修培训课程已经包含了发动机部分，则必须注明；

(3)维修培训机构责任经理姓名、职务和颁发日期；

(4)责任经理签名。

对于考核未通过或者发现考试作弊行为的学员不得颁发培训合格证书。

第 147.27 条　档案和记录

维修培训机构应当建立每名培训教员的档案。培训教员档案应当至少包括下列内容：

(1)身份信息；

(2)航空器维修人员执照号码；

(3)工作和教学经历；

(4)培训记录和证书复印件；

(5)培训资格授权记录；

(6)实施培训记录。

维修培训机构应当建立每名学员的培训记录，并与本规则第 147.24 条要求的班组记录分开保存。学员培训记录应当至少包括下列内容：

(1)身份信息；

(2)工作经历；

(3)培训起止日期和机型、发动机课程；

(4)培训教员；

(5)考核时间和成绩；

(6)培训合格证书复印件。

前两款规定的档案和培训记录应当由专门的档案存放设施或者系统妥善保存，其中教员档案应当保存至其离职后至少 3 年，培训班组记录和学员培训记录应当保存至其完成培训后 3 年。

第 147.28 条　管理手册

维修培训机构的管理手册应当至少包括下列内容：

(1)责任经理声明；

(2)手册的编写、修改、分发管理；

(3)培训设施设备；

(4)组织机构和人员；

(5)培训能力和规模；

(6)教学大纲和课件管理；

(7)培训实施规范；

(8)培训质量控制；

(9)考核和培训合格证书；

(10)档案和记录管理。

为具体落实本章规定的管理要求，维修培训机构应当制定必要的工作程序或者管理制度，并将工作程序或者管理制度文件清单作为管理手册的附录。

第五章　监 督 管 理

第 147.29 条　年度报告

维修培训机构应当在每年 2 月 1 日前按照民航局规定的格式向局方报告上一年度培训实施情况，机型维修培训机构和发动机型号培训机构还应当将上一年度颁发的培训合格证书复印件一并报送局方。

第 147.30 条　监督检查

局方对维修培训机构的监督检查可以采取下列方式：

(1)对维修培训质量管理进行抽查；

(2)因培训学员涉及不安全事件进行相关调查；

(3)根据其他维修培训质量信息开展检查或者调查。

第 147.31 条　信用管理

维修培训机构合格证申请人或者维修培训机构违反本规则，有下列情形之一，并造成严重后果的，依法作为严重失信行为记入民航行业信用记录：

(1)在申请维修培训机构合格证过程中提供虚假材料、故意隐瞒有关情况，或者以欺骗、贿赂等其他不正当手段获得或者试图获得维修培训机构合格证的；

(2)在培训过程中伪造或者协助伪造培训记录的；

(3)明知培训学员不符合条件，仍违规组织参加考试或者颁发培训合格证书的；

(4)在局方开展检查或者调查工作时，提供虚假材料、虚假证言证词的。

第六章　法律责任

第 147.32 条　提供虚假材料的处罚

申请人隐瞒有关情况或者提供虚假材料申请维修培训机构合格证的，局方不予受理或者不予许可，并给予警告；自该行为发现之日起 1 年内申请人不得再次申请维修培训机构合格证。

第 147.33 条　欺骗、贿赂取得许可的处罚

申请人以欺骗、贿赂等不正当手段取得维修培训机构合格证的，由局方撤销相应的维修培训许可，处警告或者 1 万元以下的罚款；情节严重的，处 1 万元以上 3 万元以下的罚款；申请人在 3 年内不得再次申请维修培训机构合格证。

第 147.34 条　不能保持本单位持续符合本规则要求的处罚

维修培训机构违反本规则第 147.11 条第一款规定，不能保持本机构持续符合本规则要求的，由局方处警告或者 1 万元以下的罚款；情节严重的，处以 1 万元以上 3 万元以下的罚款。

维修培训机构因不满足本规则要求，不再具备安全生产条件时，局方应当撤销其维修培训机构合格证或者相关培训项目。

第 147.35 条　不如实报告信息的处罚

维修培训机构违反本规则第 147.11 条第三款规定，不如实向局方报告本规则所要求信息的，由局方处警告或者 1 万元以下的罚款；情节严重的，处 1 万元以上 3 万元以下的罚款。

第七章　附　　则

第 147.36 条　术语和定义

本规则所用的术语和定义如下：

局方：包括民航局和民航地区管理局。除非特别注明，对于国内维修培训机构而言，一般指所在地的民航地区管理局；对于国外维修培训机构而言，一般指民航局。

责任经理：是指维修培训机构中对符合本规则的要求负责，并有权为符合本规则的要求支配维修培训机构人员、财产和设备的人员。

质量经理：是指维修培训机构中由责任经理授权对维修培训质量控制负

责的人员。质量经理应当直接向责任经理报告并负责。

国内维修培训机构:是指设立在中国境内的维修培训机构。国内维修培训机构所在地区亦按上述原则划分。

国外维修培训机构:是指设立在中国境外的维修培训机构。

第 147.37 条　生效和废止

本规则自 2022 年 5 月 1 日起施行。原民航总局于 2005 年 9 月 27 日公布的《民用航空器维修培训机构合格审定规定》(民航总局令第 154 号)同时废止。除另有规定外,在本规则修订版施行之前已经持有按本规则颁发的维修培训机构合格证的单位应当于 2022 年 12 月 31 日之前完全符合本次修订版的要求。

民用航空器维修单位合格审定规则

(2022 年 2 月 11 日交通运输部令 2022 年第 8 号公布　自 2022 年 7 月 1 日起施行　国司备字[2022005948])

第一章　总　　则

第 145.1 条　目的和依据

为了规范民用航空器维修许可证的颁发和管理,保障民用航空器持续适航和飞行安全,根据《中华人民共和国民用航空法》《中华人民共和国行政许可法》和《中华人民共和国民用航空器适航管理条例》等法律、行政法规,制定本规则。

第 145.2 条　适用范围

本规则适用于为取得民用航空器维修许可证的单位(以下简称维修单位)的合格审定及监督管理。

前款所称维修单位,包括独立的维修单位和航空器运营人的维修单位;独立的维修单位包括国内维修单位和国外维修单位。

第 145.3 条　管理机构

中国民用航空局(以下简称民航局)统一负责维修许可证管理,并负责国外维修单位的合格审定和监督管理。

中国民用航空地区管理局(以下简称民航地区管理局)受民航局委托,负责主要办公地点和维修设施在本辖区内的航空器运营人的维修单位、国内维修单位的合格审定和监督管理。

第二章　维修许可证的申请、颁发和管理

第 145.4 条　申请条件

维修许可证申请人应当具备下列条件：

(a)申请人为依法设立的法人单位，具备进行所申请项目维修工作的维修设施、技术人员、质量管理系统等基本条件；

(b)国外维修单位申请人申请的项目应当适用于具有中国登记的民用航空器或者其部件。

第 145.5 条　申请材料

申请维修许可证，申请人应当按照民航局规定的格式和方法提交下列材料，并对材料的真实性负责：

(a)申请书；

(b)按本规则第 145.27 条编写的培训大纲和第 145.28 条编写的维修管理手册；

(c)对本规则的符合性说明，包括有关支持资料；

(d)国外维修单位申请人初次申请的还应当提交中国用户的送修意向书。

国内维修单位应当使用中文提交申请资料。国外维修单位的申请材料可以使用中文或者英文。

第 145.6 条　受理和审查

局方收到申请人的申请材料后，应当在 5 个工作日内作出是否受理的答复，并以书面形式通知申请人。申请人未能提交齐全的材料或者申请书格式不符合要求，需要申请人补正申请材料的，局方应当当场或者在该 5 个工作日内一次性告知申请人需要补正的全部内容。

局方在受理申请后，以书面或者会面的形式与申请人协商确定对申请人进行现场审查的日期。

第 145.7 条　批准

对于符合要求并交纳了规定审查费用的申请，局方应当在受理申请之日起 20 个工作日内向申请人颁发维修许可证，依法进行检验的时间不计入前述期限。20 个工作日内不能颁发的，经本行政机关负责人批准，可以延长 10 个工作日，并应当将延长期限的理由告知申请人。

第 145.8 条　认可情形

在下列情形下，民航局可以对维修单位及其维修能力进行认可：

(a)根据民航局与香港民航处、澳门民航局签订的合作安排，认可香港民

航处、澳门民航局批准的维修单位；

(b)根据民航局与其他国家或者地区签订的协议，认可其他国家或者地区民航当局批准的维修单位。

第145.9条　维修许可证

维修许可证由《维修许可证》页和《许可维修项目》页构成。《维修许可证》页应当载明单位名称、地址及维修项目类别；《许可维修项目》页标明具体维修项目及维修工作类别。

维修许可证不得转让、转借、出租或者涂改。

维修许可证应当明显展示在维修单位的主要办公地点。

第145.10条　维修许可证的有效性

维修许可证自颁发之日起3年内有效。维修单位可以申请延续有效期，但是应当在有效期届满前至少6个月向局方提出延续维修许可证有效期的书面申请，并提交申请书等民航局规定的申请材料。申请的受理、审查、批准程序与初次申请相同。每次延续的有效期限最长为3年。超过有效期后的再次申请视为初次申请。

维修单位不再具备安全生产条件的，局方撤销其维修许可。

有下列情况之一的，局方应当办理维修许可证的注销手续：

(a)维修许可依法被撤销，或者维修许可证依法被吊销的；

(b)维修单位依法终止的；

(c)法律、行政法规规定的应当注销行政许可的其他情形。

第145.11条　变更申请和办理

维修单位在名称、地址、维修类别发生变化时，应当至少提前60日向局方提出变更维修许可证的书面申请。申请的受理、审查、批准程序与初次申请相同。

维修单位在厂房设施、人员、组织机构、维修能力和管理要求等情况发生较大变化时，应当提前通知局方，并按照局方要求及时修改本规则第145.28条要求的维修单位手册。

第145.12条　维修单位的权利

维修单位在获得维修许可证后具有下列权利：

(a)在维修许可证限定的维修范围内按照维修合同或者协议，进行民用航空器或者其部件的维修工作；

(b)在维修许可证限定的地点以外进行应急情况支援和简单的售后服务工作。除上述情况外，在维修许可证限定的地点以外一次性或者短期从事批准范围内的维修工作项目时，应当在其维修单位手册中说明其确保符合本规

则第四章要求的程序,并在获得局方的批准后方可进行;

(c)维修单位可以授权维修放行人员对按照相应技术文件的要求完成的某项完整维修工作签发维修放行证明文件。

第145.13条　维修单位的义务

维修单位应当保持本单位持续符合本规则的要求并按照管理手册规范管理,及时发现并改正其存在的缺陷和不足。

维修单位应当对民用航空器或者其部件所进行的维修工作满足相应技术文件的要求负责。在送修人提出的维修要求不能保证满足相应技术文件的要求时,维修单位应当告知送修人实际情况,并不得签发维修放行证明文件。

维修单位使用本规则第145.14条所述的不具有维修许可证的外委单位的,应当对外委的维修工作满足相应技术文件的要求承担全部责任。

维修单位应当如实向局方报告以下信息:

(a)按年度报告本单位按照本规则对民用航空器或者其部件实施维修的情况;

(b)本规则第145.32条规定的缺陷和不适航状况报告;

(c)局方要求的与维修质量和民用航空器事件调查有关的其他信息。

维修单位应当配合局方审查、监督和调查。

第145.14条　外委

除主要维修工作、最终测试及放行工作外,维修单位可以对维修许可证限定范围内维修工作中个别专业性较强的工作环节或者子部件修理等部分维修工作选择符合局方要求的外委维修单位进行维修。

维修单位选择外委维修的,应当建立质量系统控制下的评估制度。

第145.15条　等效安全情况

维修规模较小或者在其他特殊情况下,维修单位在保证所维修的民用航空器或者其部件具有同等安全性的前提下,可以就本规则的某些条款向局方提出如下等效的符合性方法:

(a)规模较小的维修单位或者仅从事特种作业或者航线维修工作的维修单位,其责任经理、质量经理和生产经理可以由一人兼任;其维修管理手册和工作程序手册可以合并为一册。

(b)对于有多个维修地点的维修单位,如果能表明建立了有效的统一管理和手册体系,可以颁发一个维修许可证并注明每一地点的维修能力。

(c)航空器运营人的维修单位基地或者分基地以外的航线维修可以不限定地点,通过外站管理体系,由其自行管理。

(d)局方认为可以接受的其他等效的符合性方法。

第三章　维修类别

第145.16条　维修工作类别

本规则所指的维修工作分为如下类别：

(a)检测，指不分解民用航空器部件，而根据相应技术文件的要求，通过离位的试验和功能测试来确定航空器部件的可用性。

(b)修理，指根据相应技术文件的要求，通过各种手段使偏离可用状态的民用航空器或者其部件恢复到可用状态。

(c)改装，指根据相应技术文件的要求对民用航空器或者其部件实施的各类设计更改。此处所指的改装不包括对改装方案中涉及设计更改方面内容的批准。

(d)翻修，指根据相应技术文件的要求，通过对民用航空器或者其部件进行分解、清洗、检查、必要的修理或者换件、重新组装和测试来恢复民用航空器或者其部件的使用寿命或者适航性状态。

(e)航线维修，指根据相应技术文件的要求对航线运行中的民用航空器进行的例行检查和故障、缺陷的处理。下列一般勤务工作不视为航线维修：

(1)民用航空器进出港指挥、停放、推、拖、挡轮档、拿取和堵放各种堵盖；

(2)为民用航空器提供电源、气源、加(放)水、加(放)油料、充气、充氧；

(3)必要的清洁和除冰、雪、霜；

(4)其他必要的勤务工作。

(f)定期检修，指根据相应技术文件的要求，在民用航空器或者其部件使用达到一定时限时进行的检查和修理。定期检修适用于机体和发动机项目，不包括翻修。

(g)其他维修工作类别。

第145.17条　维修项目类别

本规则所指的维修项目分为下列类别：

(a)机体；

(b)发动机；

(c)螺旋桨；

(d)除发动机或者螺旋桨以外的民用航空器部件。

机体、发动机和螺旋桨项目可以包括民用航空器部件的离位或者不离位维修，但当民用航空器部件离位的维修工作不以恢复安装为目的时，应当按照除发动机或者螺旋桨以外的民用航空器部件项目申请。

局方根据具体情况对以上维修项目类别进行具体明确。

第四章　维修单位的基本条件和管理要求

第 145.18 条　厂房设施

维修单位应当具备符合下列要求的工作环境以及厂房、办公、培训和存储设施：

(a)厂房设施应当满足为进行维修许可证限定范围内维修工作的需要，并保证维修工作免受各种气象环境因素的影响。厂房设施应当符合下列规定：

(1)除航线维修以外，从事机体维修项目的维修单位，其机库应当足以容纳所批准的维修项目。租用机库的，应当向局方提供有效的租赁证明。对于其它维修项目，应当有足够大的车间，以便正常实施维修工作。机库或者车间内应当具备与从事的维修工作相适应的吊挂设备和接近设备。

(2)机库和车间能够保证维修工作有效地避免当地一年内可以预期的雨、雪、冰、雹、风及尘土等气象情况的影响。对于某些机体项目的维修工作，机库不是必需的，但应当同样保证维修工作免受各种气象环境因素的影响。

(b)维修工作环境应当适合维修工作的需要并符合下列规定：

(1)机库和车间应当采取适当的温湿度控制，保证维修工作的质量和维修人员的工作效能。在工作区域内，应当采取有效的防尘措施。

(2)机库和车间应当具有满足维修工作要求的水、电和气源。照明应当能保证每项检查及维修工作有效进行。

(3)噪声应当控制在不影响维修人员执行相应维修工作的水平。不能控制噪声的，应当为维修人员提供必要的保护措施。

(4)工作环境应当满足维修任务的要求。因气温、湿度、雨、雪、冰、雹、风、光和灰尘等因素影响而不能进行维修工作的，应当在工作环境恢复正常后开始工作。

(5)有静电、辐射、尘埃等特殊工作环境要求和易对维修人员造成人身伤害的维修工作，应当配备符合其要求的控制、保护和急救设施。2 米以上的高空作业应当配备相应的保护装置。

(c)办公设施应当符合下列规定：

(1)能够有效地完成维修工作和实施规范管理。

(2)各类管理人员可以在同一办公室工作，但应当具有足够的空间和必要的隔离。

(3)具备维修人员可以有效查阅有关资料及填写维修记录的条件。从事航线维修的，还应当为连续值勤的维修人员提供适当的休息场所，休息场所至维修场所的距离不得导致维修人员疲劳。

(d)培训设施应当满足其培训要求。租用培训设施的,应当向局方提供有效的租赁证明。

(e)具备存储工具设备、器材、技术文件及维修记录的相应设施。存储设施应当满足各类存储物品的下列相应存储要求:

(1)工具设备的存储应当保证工具设备存储的安全,防止意外损伤,特殊工具的存储应当满足工具制造厂家的要求。

(2)器材存储设施应当保证存储器材的安全,可用件与不可用件应当隔离存放。存储环境应当满足清洁、通风及温湿度的要求。特定器材的存储应当满足其制造厂家的要求。

(3)技术文件的存储设施应当保证能够安全存放所有技术文件主本。内部分发的技术文件的存储设施应当保证使用人员容易取用并与参考资料适当隔离。

(4)维修记录的存储设施应当能够防范水、火、丢失、非法修改等不安全因素。

第 145.19 条　工具设备

维修单位应当根据维修许可证限定的维修范围和有关技术文件确定其维修工作所必需的工具设备,并按下列规定对其进行有效的保管和控制,保证其处于良好可用状态:

(a)维修单位应当具备足够的工具设备,以保证其部分工具设备失效后能够在短期内恢复相关的维修工作。

(b)维修单位可以使用与有关技术文件要求或者推荐的工具设备具有同样功能的替代工具设备,但使用前应当向局方证实其等效性并获得批准或者认可。

(c)维修单位可以租用或者借用某些使用频率较低或者投资较大的特殊设备,但应当向局方提供有效的合同或者协议。

(d)维修单位应当制作专用工具设备标识及清单,并建立保管制度,避免工具设备的非正常失效和遗失,保证维修工作需要的工具设备处于可用状态。

(e)维修单位应当建立检测工具或者测试设备的校验制度,不得使用不合格的计量器具。

工具设备的校验应当有详细的记录,并作为维修记录的一部分进行管理;工具设备的校验工作可以外委,但其管理和控制责任不得外委。维修单位应当建立以下管理制度,以防止维修人员使用超校验期的工具设备进行维修工作:

(1)待校验工具设备的回收制度；

(2)在工具设备明显的位置粘贴校验标签并明确要求维修人员在使用工具前核实工具设备是否在校验期内的制度；

(3)超校验期的工具设备的隔离制度，或者对无法隔离的工具设备悬挂牢靠的提示标志的制度。

(f)对于维修单位使用的个人工具，其管理也应当符合本条前述各款的规定。

(g)维修中使用自动测试设备的，应当控制其测试软件的有效性。

第 145.20 条　器材

维修单位应当按下列规定具备其维修工作所必需的器材，对其进行有效的保管和控制，保证其合格有效：

(a)维修器材应当符合有关技术文件的规定。通过协议使用其他单位器材的，应当具有有效的正式合同或者协议。

(b)维修单位使用的器材应当具有有效的合格证件，并建立入库检验制度，不合格的或者未经批准的器材不得使用。除经民航局特殊批准的情况外，器材的有效合格证件可以采用下列形式：

(1)标准件和原材料应当有合格证或者合格证明；

(2)非标准件和非原材料的全新器材应当有原制造厂颁发的适航批准标签或者批准放行证书；

(3)使用过的器材，应当具有局方按本规则批准的维修单位签发的《批准放行证书/适航批准标签》。

(c)使用非航空器制造厂家批准供应商提供的器材应当告知相应的航空器运营人，并通过航空器运营人获得局方的批准或者认可。

(d)对于航空器运营人的维修单位，允许其按照符合局方规定的工作程序生产少量自制件用于其自身维修工作，但仅限于其故障、失效或者缺陷不直接造成《民用航空产品和零部件合格审定规定》第 21.5 条第(二)款所列任一情况的航空器部件任一后果的情况。非航空器运营人的维修单位生产上述自制件的，应当在使用前告知相应的航空器运营人，并通过航空器运营人获得局方批准。自制件不得销售。

(e)维修单位应当建立在质量系统控制下的器材供应商评估和入库检验制度，以防止来源不明或者不合格的器材在维修工作中使用；对库存的器材应当建立有效的标识、保管和发放制度，以防止器材混放和损坏，保证器材完好，使用正确。

(f)对于具有库存寿命的器材，应当建立有效措施防止维修工作中使用超库存寿命的器材。

(g)对于化学用品及有防静电要求的器材,应当根据原制造厂家的要求采取有效的安全防护措施。

(h)维修单位应当建立不可用器材的隔离制度及报废器材的销毁制度,防止在维修工作中使用不可用的或者报废的器材。

第 145.21 条　人员

维修单位应当具备足够的符合下列要求的维修、放行、管理和支援人员:

(a)维修单位应当至少任命责任经理、质量经理和生产经理各一名。责任经理应当由维修单位的法定代表人或者由其授权的人员担任;质量经理不能由生产经理兼任。上述人员应当熟悉民用航空器维修管理法规并具有维修管理工作经验。

(b)维修、放行、管理和支援人员应当身体健康并适应其所承担的工作。

(c)应当任命符合以下条件的责任经理、质量经理和生产经理:

(1)熟悉民用航空器维修管理法规;

(2)具有维修管理工作经验;

(3)国内维修单位的上述人员持有民航局颁发的民用航空器维修人员执照;

(4)国外维修单位的上述人员持有所在国或者地区主管民航当局颁发的民用航空器维修人员执照或者符合本国或者本地区民航当局规定的资格要求。

(d)应当使用符合以下条件的人员作为直接从事民用航空器或者民用航空器部件维修的人员:

(1)经过有关民航法规、国家标准或者行业标准、专业知识、基本技能、工作程序和维修人为因素知识的培训;

(2)独立从事维修工作的维修人员应当获得本单位的具体工作项目授权;

(3)对于从事无损探伤等工作的人员,应当具备相应的资质水平。

(e)应当使用满足下列要求的人员作为维修放行人员:

(1)除本规则第 145.15 条(c)款的情况外,维修放行人员应当是本单位雇用的人员。

(2)国内维修单位的维修放行人员应当持有民航局颁发的民用航空器维修人员执照,并且其维修技术英语等级与维修中使用的技术文件相匹配。对于复杂航空器维修放行的人员还应当具有与其航空器型号对应的有效机型签署。

(3)维修放行人员应当具有所从事放行工作对应民用航空器或者其部件

丰富的维修经验,其中航空器维修放行人员应当至少具有两年相关维修经历。

(4)国外维修单位的维修放行人员应当符合本国或者本地区民航当局规定的资格要求,并且维修放行人员应当持有本国或者本地区民航当局颁发的符合国际民航组织标准和建议措施规定的航空器维修人员执照,具有英语的听、说、读、写能力。

(5)获得本单位对具体维修放行项目的授权。

(f)应当使用满足下列要求的从事与民用航空器或者其部件维修工作有关的管理和支援人员:

(1)经过有关民航法规、国家标准或者行业标准、专业知识、工作程序和维修人为因素知识的培训;

(2)国内维修单位从事与民用航空器或者其部件维修工作直接有关的质量、工程和生产控制管理的人员应当持有民航局颁发的民用航空器维修人员执照,并且其维修技术英语等级与维修中使用的技术文件相匹配;国外维修单位的相应人员应当符合本国或者本地区民航当局规定的资格要求。

第 145.22 条　技术文件

(a)维修单位在实施航空器维修时,应当具备下列技术文件:

(1)与航空器维修有关的涉及民航管理的规章、民航局颁发的咨询通告、管理文件及其他形式的文件,包括上述文件所引用的有关国家标准;

(2)维修工作所必需的航空器或者其部件制造厂家规定的有关技术文件,包括与航空器或者其部件维修有关的各类手册、文件、服务通告、服务信函以及上述资料中所引用的有关国际组织和行业标准;

(3)送修人按照维修合同中的维修项目提供的有关技术文件,包括航空器运营人的维修方案、手册和工作单卡等。

(b)维修单位应当按照下列方式对本条(a)款规定的技术文件建立有效的控制,保证相关技术文件的有效和方便使用:

(1)建立一套集中保管的技术文件主本和有效的资料管理程序,保证控制分发的技术文件与主本一致。使用计算机系统保存技术文件的,应当建立有效的备份系统。

(2)技术文件主本应当通过定期获得文件目录索引或者直接向文件发布单位核对的方法确定其有效性。使用由送修人控制其有效性的技术文件的,使用前应当获得送修人提供的有效性声明。

(3)非现行有效的技术文件及其他非控制性的技术文件应当与现行有效的文件有明确的区分标识并避免混放。

(4)确保维修人员在维修过程中能及时、方便地获得需要的技术文件,提供必要的阅读设备。

第 145.23 条　质量系统

(a)维修单位应当建立一个由责任经理负责的质量系统,质量系统应当符合下列规定:

(1)由责任经理发布明确的质量管理政策,并根据此管理政策明确各部门和人员的职责。各部门和人员的职责应当避免重叠和交叉。

(2)根据各类人员的职责明确其资格要求并建立人员岗位资格评估制度,对于满足资格要求的人员应当以书面的形式进行授权。各类维修人员的授权可以由质量经理或者其授权的人员签署;维修放行人员的授权应当由责任经理或者由其授权的质量经理签署。

(3)在质量部门应当保存一份完整的对各类维修人员授权的记录,在相关的工作现场应可获取相关授权信息。

(4)建立必要的工作程序,明确各部门和人员的职责。工作程序应当涵盖本规则的适用要求,制定和修改工作程序应当由责任经理或者由其授权的质量经理批准。

(b)维修单位应当建立符合下列规定的质量管理制度:

(1)质量部门应当独立于生产控制系统之外并且由质量经理负责,其主要责任是监督质量管理政策的落实。

(2)质量经理应当直接对责任经理负责。质量部门的人员应当独立行使质量管理职能,在职责上不得与生产控制系统交叉。质量部门人员对维修工作的质量具有否决权。

(3)当质量经理认为某种情况直接影响航空器或者其部件的适航性时,可以直接向局方报告。

第 145.24 条　安全管理体系

维修单位应当以质量系统为基础,建立满足下列要求的安全管理体系:

(a)建立事件和危害报告系统,并对报告的信息进行必要的整理和分析,识别出潜在或者已经发生的风险;

(b)建立风险管理系统,包括风险分析评估、风险控制和风险监控,并作为安全、质量管理政策和措施的基本依据;

(c)建立有计划地评估本单位安全、质量管理有效性的内部审核系统,验证并进行自我完善;

(d)建立安全、质量监督和保证体系,对安全和质量水平实施有效的监控和测量,监督相应的责任部门和人员对存在的各种隐患进行有效的评估并及时采取有效的改正措施,降低安全风险,预防安全、质量问题的发生;

(e)建立高效的调查与差错管理机制,对维修过程中或者已经放行维修工作出现的安全、质量问题及时开展调查,如实反映情况,分析根本原因,并提出预防措施建议。

维修单位可以以质量系统为基础另行建立安全管理体系,也可以在质量系统的基础上建立安全管理体系。

第 145.25 条　工程技术系统

维修单位应当建立一个落实其工程管理责任的工程技术系统,包括制定下列维修工作实施文件:

(a)根据有关技术文件及送修人的要求制定符合下列规定的维修工作单卡:

(1)工作单卡可以由本单位制定或者由送修人提供,但应当具有设定并记录工作顺序和步骤的功能。在有关技术文件修改时,应当评估工作单卡是否需要修订并记录,需要修订的,应当及时进行修订。

(2)工作单卡中涉及参考资料的,应当标明文件号和名称。工作内容的规定应当具体、清晰;要求填写实测值的,应当给出计量单位;要求使用有关器材或者专用工具设备的,应当标出件号或者识别号。

(3)国内维修单位的工作单卡应当至少使用中文,在国外/地区送修客户提出要求的情况下,实施国外/地区注册的民用航空器以及其上安装的或者即将安装的部件的维修,工作单卡可以采用英文,但维修单位必须确保本单位的维修人员能够正确理解工作单卡的内容;国外维修单位应当确保本单位维修人员能够正确理解工作单卡的内容。

(4)工作单卡的修改应当按照规定的程序进行,修改后应当经授权人员签名或者盖章并标注日期。

(b)根据有关技术文件制定符合下列要求的维修工作实施依据文件:

(1)维修工作实施依据文件是指载明某一具体维修工作实施方法和要求的技术文件。维修单位在已核准其适用性并且保证维修人员能够正确理解的情况下,维修工作实施依据文件可以直接使用有关技术文件中的内容。

(2)当由于语言、使用替代的工具设备或者器材等原因,使有关的技术文件无法直接使用时,维修单位应当制定本单位的维修工作实施依据文件。在有关的技术文件修改时,应当评估本单位的维修工作实施依据文件是否需要修订并记录,需要修订的,应当及时进行修订。

(3)维修单位制定的维修工作实施依据文件应当使用所有维修人员能正确理解的文字。国内维修单位制定的维修工作实施依据文件应当至少使用中文。

第 145.26 条　生产控制系统

维修单位应当建立一个由各有关生产部门及维修车间共同组成的生产控制系统。生产控制系统应当符合下列规定：

(a)生产控制系统在实施每项维修工作前应当确认具备维修工作所需要的厂房设施、工具设备、器材、合格的维修人员、技术文件。

(b)生产控制系统安排的维修工作计划应当与本单位维修工时资源相适应。维修工时资源应当根据本单位的人员素质、倒班制度等确定。

(c)当某些维修工作步骤同时进行可能会对施工安全性和维修质量造成不良影响时，生产控制系统应当合理安排工作顺序以避免其发生。当因休息或者交接班等需要中断正在进行的维修工作时，生产控制系统应当控制工作步骤及记录的完整性，以保证维修工作的连续性。

(d)生产控制系统应当对每项具体的维修工作建立维修工时管理制度，记录实际维修工时，并与标准工时进行对比，以控制维修工作的完整性。维修工时管理应当以人·小时为单位。标准工时的确定应当依据工作内容、人员素质、工具设备的状况和工作条件等有关因素。在保证维修工作完整性的前提下，初始标准工时可以参考航空器或者其部件制造厂家推荐的数据或者同类维修单位的经验，并通过统计分析不断调整标准工时。

第 145.27 条　培训管理系统

维修单位应当建立培训管理系统，并根据本规则第 145.21 条的要求制定本单位各类人员的培训大纲，建立各类人员的技术档案，并满足下列要求：

(a)培训大纲中应当至少明确各类培训对象的培训内容、培训目标、学时要求、培训形式、考试制度及培训机构、培训管理职责等内容，培训大纲及其任何修订应当符合局方要求。

(b)维修单位的各类人员在独立从事每个维修项目或者维修管理、支援工作前应当至少经过培训大纲中规定的项目培训并合格，并且经过下列要求的更新培训或者再培训：

(1)对有关的民航法规、国家标准或者行业标准、专业知识、工作程序和维修人为因素知识发生的修订或者变化进行更新培训；

(2)当连续中断某项工作超过两年以上，应当在恢复工作前重新经过培训大纲规定的项目培训；

(3)当在民用航空器维修或者维修管理中应用新技术或者设备时，涉及的人员在使用前应当经过相应的培训。

(c)维修单位应当根据本条(b)款规定的培训要求制定各类人员的年度培训计划。培训计划可以根据需要进行调整。

(d)维修单位应当建立并妥善保存本单位各类人员的技术档案和培训记录。

(e)维修单位应当及时修订人员技术档案及培训记录,以保证其有效性。

(f)人员技术档案及培训记录应当妥善保存,防止非授权人员接近和修改。人员技术档案应当在其离开本单位后至少保存2年。

第145.28条　维修单位手册

(a)维修单位应当制定完整的手册以阐述满足本规则要求的方法。维修单位手册由维修管理手册和工作程序手册组成。维修管理手册应当载明维修单位实施所有经批准的维修工作的总体要求和基本依据;工作程序手册应当根据维修管理手册载明部门或者车间的具体工作程序并应当获得局方认可。局方可以提出修订要求。

(b)维修管理手册和工作程序手册应当按照下列格式和要求编写、修订和分发:

(1)维修管理手册和工作程序手册可以采用一本完整手册,或者多本分册的形式。采用多本分册形式的,应当在维修管理手册中有参照说明,不得在管理上出现空缺内容。

(2)国内维修单位的手册应当至少使用中文,国外维修单位的手册可以使用中文或者英文。

(3)维修管理手册应当采用活页的形式。维修管理手册应当包括有封面、目录、修订记录和有效页清单;手册每页中应当至少含有公司名称、手册名称、章节号、颁发或者修订日期、页码等。

(4)工作程序手册的形式可以由维修单位自行制定,但应当便于存放、查找、修订及管理。

(5)维修单位应当集中保存一套完整、有效的维修单位手册作为主手册,局方的签署页应当为原件;维修管理手册应当至少分发至责任经理、质量经理和生产经理;工作程序手册可以根据各部门和系统的具体工作职责全部或者部分分发至有关部门或者系统,必要时应当给某一部门或者系统分发多份。维修单位应当对手册进行及时修订并分发。

(c)维修管理手册应当至少包括下列内容:

(1)责任经理声明:责任经理签署的,确认维修管理手册和工作程序手册符合本规则的要求,并保证在任何时候都符合本规则的要求的声明。

(2)修订和分发控制:维修管理手册和工作程序手册的修订和分发程序。

(3)维修基本条件说明:包括维修许可证批准地点的厂房设施的说明;总的人员数量及与经批准的维修工作有关的维修人员、维修放行人员数量。

(4)组织机构:组织机构图及其说明,应当能够表明各部门和系统之间的关系。

(5)主要管理人员:责任经理、质量经理、生产经理名单、资历及其职责的说明。

(6)职责分配:各部门和人员的职责说明。

(7)维修能力说明:进行维修许可证批准范围内维修工作的具体维修能力的说明。

(8)各项管理要求。

(9)质量安全管理体系。

(10)授权的维修放行人员的名单以及签字或者印章样件。

(11)外委单位及外委项目清单。

(12)使用表格、标牌的样件。

(d)工作程序手册应当至少包括下列适用的项目:

(1)依据;

(2)适用范围;

(3)人员岗位资格;

(4)需要的工具和器材;

(5)工作或者操作程序;

(6)工作标准;

(7)工作记录要求;

(8)使用的表格、标牌样件。

第 145.29 条　维修工作准则

维修单位实施维修工作,应当遵循下列维修工作准则:

(a)遵循符合相应技术文件的维修工作实施依据文件进行。

(b)维修工作超出相应技术文件要求,维修单位应当报告航空器运营人,并通过航空器运营人向局方申请批准其修理方案。

(c)工具设备符合相应技术文件的要求并处于良好可用状态。其计量工具精度应当符合技术文件的要求。复杂的设备,应当进行必要的维护并有操作说明。

(d)维修中使用符合民航局规定的合格器材并处于良好可用状态;使用经本单位维修的以恢复安装为目的的可用件应当具有本单位的可用件挂签;外委修理的可用件应当按照外委厂家的证件要求提供相应的维修放行证明;维修现场存放的民用航空器部件应当具有明确的标识,可用件与不可用件应当隔离存放并且在运输过程中妥善保护。

(e)各类人员所从事的工作内容与其授权的工作范围相符,未经授权人员应当在具有相应工作授权人员的指导下工作。

(f)充分考虑维修人为因素对维修工作的影响,避免对维修人员提出正常能力范围以外的要求。除非经与工会和劳动者协商,一般情况下,直接从事航空器或者其部件维修工作的维修人员的工作时间不应当超过每天 8 小时,每周的工作时间累计最多不应当超过 40 小时,特殊情况下可以适当延长工作时间,但每天最多不得延长超过 3 小时,每月的加班时间累计不得超过 36 小时;维修单位还应当保证各类人员在工作时不受毒品、酒精、药物等神经性刺激因素的干扰。

(g)逐一及时记录维修工作的完成状态,以保证维修工作的连续性和完整性。

(h)采取下列措施防止外来物遗留在航空器或者其部件上:

(1)维修工作中涉及的装配工作及打开口盖区域,在装配工作完成后或者关闭口盖前应当检查是否有外来物遗留在航空器或者其部件上;

(2)航线维修中每次放行前应当清点确认现场使用的工具没有遗留在航空器上。

第 145.30 条　维修记录

维修单位的维修记录应当符合下列规定:

(a)维修工作应当保证记录完整。维修记录至少应当包括填写完整的工作单卡、发现缺陷及采取措施记录、换件记录及合格证件、执行的适航指令和服务通告清单、保留工作、测试记录、维修放行证明等。

(b)维修记录应当按照下列规定记录:

(1)同一工作的记录应当使用统一的单卡或者表格,除国外送修客户提出要求和某些自动生成的测试记录可以使用英文外,国内维修单位的维修记录应当至少使用中文;国外维修单位的维修记录(除工作单卡外)应当至少使用英文。

(2)维修记录的填写应当清晰、整洁、准确,测试数据应当填写实测值,任何更改应当经授权人员签署。

(3)维修记录可以使用书面或者计算机系统记录的形式。使用书面形式的,使用的纸张应当保证其在传递和保存期间不致损坏;使用计算机系统记录的,应当保证信息能有效传递并建立与人员授权匹配的操作权限控制系统。

(c)维修记录完成后应当按照下列规定保存:

(1)建立避免水、火毁坏或者丢失等管理制度,使用计算机系统保存维修记录应当建立有效的备份系统及安全保护措施,防止未经授权的人员更改;

(2)航线维修工作的记录应当至少保存30天,其他维修记录应当至少保存两年。

(d)维修单位终止运行时,其在运行终止前两年以内的维修记录应当返还给相应的送修人。

第145.31条　维修放行证明

维修单位完成民用航空器或者其部件的维修工作后,应当由授权的放行人员按照民航局下列形式要求签发维修放行证明:

(a)航线维修或者结合航线维修完成的其他非定期检修工作,可以在完成后由授权的维修放行人员在飞行记录本上签署放行。定期检修工作及结合完成的其他维修工作,维修放行表格可以由维修单位自定,但是应当采用相对固定的格式并至少包括下列内容:

(1)维修单位名称、地址及维修许可证号;

(2)送修单位名称、地址及送修合同号;

(3)航空器制造厂家、型号、国籍登记号及按飞行小时、起落次数等记录的本次定期检修前使用时间;

(4)本次维修工作的名称、发现重大缺陷和采取的措施,并列出更换件记录和保留项目以及结合本次维修工作完成的适航指令、服务通告和其他附加工作;

(5)所完成的民用航空器维修工作及结合本次维修完成的其他工作符合涉及民航管理的规章要求的符合性声明;

(6)批准维修放行人员的姓名、执照号、放行日期及签名。

(b)民用航空器部件的维修放行证明采用由授权的维修放行人员签署《批准放行证书/适航批准标签》的形式。但是当任何部件的维修是为本单位另一项完整的维修工作需要时,其维修放行证明可以采用本单位内部合格证件的形式。维修单位签发维修放行证明应当遵守下列规定:

(1)只能对本单位维修的民用航空器或者其部件签发维修放行证明;

(2)维修放行证明不得任意更改或者挪作他用;

(3)维修单位可以根据具体情况对维修放行证明进行调整以保证填写内容的完整性,但是不得对其原有的内容进行任何删改。

经批准的维修单位应当至少向送修人提供维修放行证明并附有有关实施维修工作的说明。国内维修单位提供的维修放行证明以及有关实施维修工作的说明应当至少使用中文,但是在国外送修客户提出要求的情况下,维修放行证明以及有关的说明可以使用英文;国外维修单位为中国登记注册的民用航空器及其部件提供的维修放行证明和有关实施维修工作的说明应当至少使用英文。

维修放行证明的复印件应当与维修记录一同保存。

第 145.32 条　缺陷和不适航状况的报告

维修单位应当将维修过程中发现或者出现的下列影响安全运行和民用航空器或者其部件适航性的重大缺陷和不适航状况以及其他重要情况在发现或者事件发生后的 72 小时之内向局方报告：

(a)航空器、发动机、螺旋桨或者直升机旋翼系统结构的较大的裂纹、永久变形、燃蚀或者严重腐蚀；

(b)发动机系统、起落架系统和操纵系统的可能影响系统功能的任何缺陷；

(c)任何应急系统没有通过试验或者测试；

(d)维修差错造成的航空器或者其部件的重大缺陷或者故障。

缺陷和不适航状况的报告应当按照民航局规定的格式报告，并如实填写要求填报的内容。在规定的期限内不能完成全部信息填报的，应当先用传真、电报、电话及电子邮件等形式报告，并在随后按照民航局规定的格式提出正式书面报告。

缺陷和不适航状况应当同时通知送修人。当维修单位认为是设计或者是制造缺陷时，还应当将有关情况通知航空器或者其部件的制造厂家。

第五章　监 督 管 理

第 145.33 条　年度报告

维修单位应当按年度向民航局报告本单位的下列情况：

(a)在厂房设施、人员、组织机构、维修能力和管理要求等方面发生的较大变化情况；

(b)除航线维修外，按照本规则对民用航空器或者其部件实施维修并签署维修放行证明的情况。

第 145.34 条　监督检查

局方结合下列工作监督维修单位对本规则要求的符合性情况：

(a)按照本规则第 145.11 条第一款申请维修许可证变更的审查；

(b)按照本规则第 145.11 条第二款对维修单位手册修改的审查；

(c)涉及维修质量和民用航空器事件的调查；

(d)其他计划和非计划监督检查。

第 145.35 条　信用管理

维修许可证申请人或者维修单位有下列行为之一的，依法作为严重失信行为记入民航行业信用记录：

(a)拒绝接受或者拒不配合局方依法开展的监督检查的；

(b)拒不执行局方依法作出的改正或者限期改正要求的；

(c)在维修许可证的申请、变更、延续等工作过程中，有欺骗、伪造、非法更改或者故意提交虚假材料等行为的；

(d)在明知超出批准的维修项目或者工作范围及不符合本规则第 145.13 条第二款的规定，仍违规组织签署维修放行，造成严重后果的。

第六章　法律责任

第 145.36 条　未取得证件的处罚

违反本规则规定，未取得相应的维修许可证或者超出许可维修范围，擅自从事维修活动，民航局可以责令其停止维修活动或者吊销其维修许可证，处 1 万元以下的罚款；情节严重的，处 1 万元以上 3 万元以下的罚款。

第 145.37 条　提供虚假材料的处罚

申请人隐瞒有关情况或者提供虚假材料申请维修许可证的，局方不予受理或者不予许可，并给予警告；自该行为发现之日起 1 年内申请人不得再次申请维修许可证。

第 145.38 条　欺骗、贿赂取得许可的处罚

申请人以欺骗、贿赂等不正当手段取得维修许可证的，由局方撤销相应的维修许可，处警告或者 1 万元以下的罚款；情节严重的，处 1 万元以上 3 万元以下的罚款；申请人在 3 年内不得再次申请维修许可证。

第 145.39 条　不能保持本单位持续符合本规则要求的处罚

维修单位违反本规则第 145.13 条规定，不能保持本单位持续符合本规则要求的，由局方处警告或者 1 万元以下的罚款；情节严重的，处 1 万元以上 3 万元以下的罚款；因此造成事故且维修单位负有责任的，依法暂扣或者吊销其维修许可证或者相关维修项目。

第 145.40 条　维修工作不满足相应技术文件要求

维修单位违反本规则第 145.13 条，对民用航空器或者其部件所进行的维修工作不满足相应技术文件要求的，由局方处警告或者 1 万元以下的罚款；情节严重的，处 1 万元以上 3 万元以下的罚款；因此造成事故且维修单位负有责任的，依法暂扣或者吊销其维修许可证或者相关维修项目。但是法律、行政法规有规定的,从其规定。

第 145.41 条　不如实报告信息的处罚

维修单位违反本规则第 145.13 条第四款规定,不如实向局方报告本规则所要求信息的,由局方处警告或者 1 万元以下的罚款;情节严重的,处 1 万元以上 3 万元以下的罚款。

第七章　附　　则

第 145.42 条　术语和定义

本规则所用的术语和定义如下:

局方:包括民航局和民航地区管理局。除非特别注明,对于国内维修单位而言,一般指主要办公地点所在地的民航地区管理局;对于国外维修单位而言,一般指民航局。

民用航空器:是指除用于执行军事、海关、警察飞行任务以外的航空器。

民用航空器部件:是指除民用航空器机体以外的任何装于或者准备装于民用航空器的部件,包括发动机、螺旋桨和设备。

维修:是指对航空器或者航空器部件所进行的任何检查、测试、修理、排故、换件或者翻修工作。对于已经获得适航审定部门批准的设计更改的实施,也视为维修工作。

独立的维修单位:是指独立于航空器运营人的维修单位。

航空器运营人的维修单位:是指航空器运营人自己建立,或者与他人联合组建但由航空器运营人控股或者实际管理,指定为本运营人的航空器或者其部件提供维修服务的维修单位。航空器运营人的维修单位在为其他航空器运营人提供维修服务时视为独立的维修单位。

国内维修单位:是指管理和维修设施在中国境内的维修单位。

国外维修单位:是指管理和维修设施在外国的维修单位。

责任经理:是指维修单位中能对本单位满足本规则的要求负责,并有权为满足本规则的要求支配本单位的人员、财产和设备的人员。

质量经理:是指维修单位中由责任经理授权对维修工作质量进行管理和监督并直接向责任经理负责的人员。

生产经理:是指维修单位中对维修工作的整体计划和实施负责的人员。

维修放行人员:是指维修单位中确定航空器或者其部件满足相应技术文件的要求,并签署批准维修放行的人员。

维修人为因素:是指航空器维修工作过程中,应当考虑人的行为能力和局限性对航空器或者其部件的维修的有效性和安全性的影响，以及考虑人与其他因素的协调关系的基本原则。

自制件：是指不是依据航空器或者其部件的制造厂家公开发布的持续适航性文件中给定的设计数据、材料或者加工方法制造的航空器部件。

维修人员的工作时间：也称为维修人员的值勤时间，是指维修人员在接受维修单位安排的工作任务后，从为了完成该次任务而到指定地点报到时刻开始（不包括从居住地或者驻地到报到地点所用的时间），到工作任务完成或者解除时刻为止的连续时间段。

第 145.43 条　生效与废止

本规则自 2022 年 7 月 1 日起施行。原民航总局于 2005 年 9 月 27 日公布的《民用航空器维修单位合格审定规定》（民航总局令第 152 号）同时废止。除另有规定外，在本规则修订版施行之前已经持有按本规则颁发的现行有效维修单位许可证的维修单位应当于 2022 年 12 月 31 日之前完全符合本次修订版的要求。

交通运输部关于修改《运输机场运行安全管理规定》的决定

（2022 年 2 月 11 日交通运输部令第 2022 年第 7 号公布　自 2022 年 4 月 1 日起施行　国司备字［2022005947］）

交通运输部决定对《运输机场运行安全管理规定》（民航总局令第 191 号公布，交通运输部令 2018 年第 33 号修改）作如下修改：

一、将第二百二十六条第一款修改为："未经民航地区管理局按照《民用机场管理条例》批准，不得在机场内进行不停航施工。"

二、将第二百五十七条中的"民用航空油料供应企业适航批准书"修改为"民用机场航空燃油供应安全运营许可证"。

三、删去第二百八十七条中的"快报制度和月报制度"。

四、删去第二百九十条至第二百九十二条、第二百九十五条、第三百零一条、第三百一十四条、第三百一十五条。

五、将第三百零二条改为第二百九十七条，修改为："机场管理机构、航空运输企业及其他运行保障单位未按照本规定第二章的要求组织员工安全生产培训的，由民航局或者民航地区管理局责令限期改正，并处以 10 万元以下的罚款;逾期未改正的,责令停产停业整顿,并处10万元以上20万元以下的罚款,对其直接负责的主管人员和其他直接责任人员处以2万元以上5万元以下的罚款。”

六、将第三百一十二条改为第三百零七条,修改为:“违反本规定第二百二十六条的要求,未经民航地区管理局批准,擅自实施不停航施工的,由民航地区管理局责令改正,处以10万元以上50万元以下的罚款。”

七、将第三百一十三条改为第三百零八条,修改为:“违反本规定第二百五十七条的要求,航空油料供应单位未取得航空油料供应的相关资质证书和许可证书,擅自在机场内从事航空油料供应的,由民航地区管理局责令改正,处以20万元以上100万元以下的罚款;有违法所得的,没收违法所得。”

本决定自2022年4月1日起施行。

《运输机场运行安全管理规定》根据本决定作相应修改并对条文序号作相应调整,重新公布。

运输机场运行安全管理规定

(2007年12月17日中国民用航空总局发布　根据2018年11月16日交通运输部《关于修改〈民用机场运行安全管理规定〉的决定》第一次修正　根据2022年4月1日交通运输部《关于修改〈运输机场运行安全管理规定〉的决定》第二次修正)

第一章　总　　则

第一条　为了保障运输机场安全、正常运行,依据《中华人民共和国民用航空法》及其他有关法律法规,制定本规定。

第二条　本规定适用于运输机场(包括军民合用运输机场民用部分,以下简称机场)的运行安全管理。运输机场航空安全保卫管理的要求按照其他有关法律法规和涉及民航管理的规章的规定执行。

第三条　中国民用航空局(以下简称民航局)对全国机场的运行安全实施统一的监督管理。

中国民用航空地区管理局(以下简称民航地区管理局)对辖区内机场的运行安全实施监督管理。

机场管理机构对机场的运行安全实施统一管理,负责机场安全、正常运行的组织和协调,并承担相应的责任。

航空运输企业及其他驻场单位按照各自的职责，共同维护机场的运行安全，并承担相应的责任。

第四条 机场管理机构与航空运输企业及其他驻场单位应当签订有关机场运行安全的协议，明确各自的权利、责任、义务。

第五条 机场管理机构、航空运输企业及其他驻场单位应当依据国家有关法律法规、涉及民航管理的规章和标准的要求，对各自的有关机场运行安全的设施设备及时进行维护，保持设施设备的持续适用。

第六条 在机场范围内的任何单位和个人，应当遵守有关机场管理的各项法律法规、涉及民航管理的规章以及机场管理机构为保障飞行安全和机场正常运行所制定的并经民用航空主管部门批准的各项管理规定。

第七条 机场管理机构应当组织成立机场安全管理委员会。机场安全管理委员会由机场管理机构、航空运输企业或其代理人及其他驻场单位负责安全工作的领导组成，负责人由机场管理机构负责安全工作的领导担任。机场安全管理委员会主要职责是：

（一）依据国家法律法规、涉及民航管理的规章，对机场运行安全工作进行指导；

（二）研究分析机场运行安全形势，评估机场运行安全状况；

（三）协调解决机场运行中的安全问题；

（四）对机场运行安全隐患和问题，提出整改措施，并督促有关单位落实。

机场安全管理委员会应当定期召开会议。

机场管理机构、航空运输企业或其代理人及其他驻场单位应当落实机场安全管理委员会提出的有关安全的整改意见和建议。

第八条 机场管理机构不得滥用本规定赋予的管理权限损害航空运输企业或其代理人及其他驻场单位的合法权益。

第二章　机场安全管理

第一节　机场安全管理体系

第九条 机场管理机构应当建立机场安全管理体系。

机场安全管理体系主要包括机场安全管理的政策、目标、组织机构及职责、安全教育与培训、文件管理、安全信息管理、风险管理、不安全事件调查、应急响应、机场安全监督与审核等。

第十条 机场安全管理体系应当包含在机场使用手册中。

机场管理机构应当根据机场运行的实际情况,适时组织评估机场安全管理体系的符合性和有效性,适时调整完善。

第二节　机场安全管理制度

第十一条　机场管理机构应当至少每月召开一次安全生产例会,分析、研究安全生产中的问题,部署安全生产工作;每季度、每半年、每年要分别召开安全生产分析会,对前一阶段的工作进行总结,对以后的工作进行部署;机场运行中出现不利于安全运行的因素或者已经出现安全生产事故时,应当及时召开安全生产会议,制定切实可行的安全措施。

第十二条　机场管理机构应当每年对机场的运行安全状况组织一次评估,内容包括机场管理机构和驻场运行保障单位履行职责情况以及机场设施设备的状况。对评估中发现的安全隐患,薄弱环节,相关单位应当制定整改计划,明确整改的部门和人员,机场管理机构负责跟踪督促落实整改计划。

机场管理机构可以组织具有机场运行管理经验的人员进行评估,也可以委托专业机构进行评估。承担评估工作的人员应当熟知相关规章标准,并具有机场运行管理的经验。

评估后由评估人员编写评估报告,评估人员应当在报告上签字。评估报告内容应当向驻场单位反馈,并及时报机场所在地民航地区管理局备案。该报告应当至少保存五年。

第十三条　机场管理机构应当严格按照民航局或民航地区管理局批准的机场开放使用范围为航空器提供安全保障。

国家已明令禁止使用的设备及未经民航局审定合格的民用机场专用设备,不得在机场中使用。

第十四条　机场管理机构应当建立并及时更新和补充机场资料库,供员工查阅和使用。资料库应当包括国家有关法律法规、涉及民航管理的规章、标准及其他规范性文件;国际民用航空公约及相关附件、手册;机场建设和改(扩)建的设计图纸和文件资料;与机场运行安全相关的所有规定、标准、手册等文件;机场设施设备的技术资料以及运行和维护记录等。

第十五条　机场管理机构应当制定各项工作的记录,详细记录各项检查和维护情况。记录应当包括电子文件和纸质文件。纸质记录需保存两年以上,电子记录应当保存十年。

第十六条　机场管理机构应当依据《运输机场使用许可规定》的有关要求,就机场、跑道、滑行道、机坪关闭或临时关闭部分跑道、滑行道、机坪(以下简称机场关闭)制定具体管理规定,管理规定应当明确可能导致机场关闭的各种因素、导致机场关闭的因素的现场确认程序及人员、有权决定机场关闭的人员、与空中交通管理部门沟通协调及航行资料的发布程序等内容。临时关闭机场、跑道(或临时关闭部分跑道、滑行道、机坪),应当尽可能减少对航空器正常运行的影响,并应当立即采取积极措施消除相应因素,在最短时间内恢复相应设施的运行。

关闭的跑道、滑行道、机坪或其一部分应当按照《民用机场飞行区技术标准》设置相应的标志标识。

第十七条 新建或扩建的跑道、平行滑行道完工或部分完工但未投入使用前应当及时设置关闭标志、不适用地区标志物和不适用地区灯光标志,并发布航行通告。

第三节 人员资质及培训

第十八条 机场管理机构应当配备足够数量的合格人员从事机场运行保障的所有岗位。

第十九条 机场内所有与运行安全有关岗位的员工均应当持证上岗。与运行安全有关的岗位主要包括:场务维护工、场务机具维修工、运行指挥员、助航灯光电工、航站楼设备电工、航站楼设备机修工、特种车辆操作工、特种车辆维修工、特种车辆电气维修工等。

国家、民航局要求持有从业资格的岗位,该岗位人员应当持有相应的资格证书。

第二十条 机场管理机构应当建立员工培训和考核制度。

培训和考核制度应当包括方针和目标、组织机构、经费安排、方式和程序、内容及学时、上岗转岗在岗的培训要求、学历教育、考核办法以及奖励与处罚等。

培训和考核的内容应当与其岗位相适应,包括必备的安全知识、技术标准,机场运行安全的规章制度、岗位的操作规程和实际操作技能等。

机场管理机构应当建立员工培训和考核记录,并长期保存。

第二十一条 航空运输企业、其他运行保障单位应当对员工进行机场运行安全培训,保证员工具备必要的机场运行安全知识,熟悉机场运行安全相关的规章制度和操作规程,掌握本岗位的操作技能。

第二十二条 机场管理机构、航空运输企业及其他运行保障单位应当每年至少对其在机场控制区工作的员工进行一次复训和考核,复训时间不少于24学时。

第二十三条 在机场控制区工作的员工,一年内违章三次(含)的,应当重新进行培训和考核,培训时间不少于 40 学时;一年内违章五次(含)或者连续两年每年违章三次(含)的,机场管理机构应当收回违章人员的控制区证件。机场管理机构半年内不得受理该违章人员提出的控制区证件申请。半年后再次申请时,应当按照初始上岗员工的要求进行培训。

第三章　机场使用手册

第一节　机场使用手册的编制、批准

第二十四条　机场管理机构应当依据法律法规、涉及民航管理的规章和标准编制机场使用手册(以下简称“手册”)。手册应当满足机场运行安全管理工作需要,有利于不断提高机场的安全保障能力和运行效率。

编制手册应当广泛征求使用者的意见。

第二十五条　手册应当包括《运输机场使用许可规定》附件 3 所规定的内容。手册应当具有可操作性、实用性,并能保证机场的运行安全。

第二十六条　手册的语言文字应当符合下列要求:

(一)清晰、明确,不产生歧义;

(二)统一、简洁、严谨、规范。

第二十七条　手册的格式应当符合下列要求:

(一)采用便于修改的活页格式;

(二)预留修改记录空白页,应当至少包括修订章节编号、页码范围、生效日期、监察员签字、换页人签字、备注等栏目;

(三)预留机场使用许可证换证记录页,内容至少包括换证日期、许可证编号、有效期、批准文件号、换证原因、备注等栏目;

(四)编排形式便于编写、审查。

手册的具体格式要求见《〈民用机场使用手册〉编制与管理基本要求》。

第二十八条　手册的审查和生效程序按照《运输机场使用许可规定》的规定执行。

第二节　机场使用手册的发放和使用管理

第二十九条　手册是随同机场使用许可证一并生效的机场运行的基本依据。机场管理机构应当严格按照生效的手册运行和管理机场。

第三十条　机场管理机构应当建立手册的动态管理制度,对手册的编制、发布实施、发放范围、发放程序、修改程序、使用保管等做出规定,并指定部门和人员负责手册的动态管理工作,确保手册的有效性和完整性。

第三十一条 机场管理机构应当至少保存一本现行完整的手册,供局方检查。

第三十二条 机场管理机构应当将生效的手册的完整版本(包括电子版本)发放给驻场的航空运输企业或其代理人及其他运行保障单位,发放手册应当做记录。机场使用手册分发单位列表应当至少包括分发单位(部门)、联系人、联系电话等栏目。

第三十三条 机场管理机构、驻场的航空运输企业或其代理人及其他运行保障单位应当根据本单位各部门的工作职责,将手册的相关章节印发给各部门及相关岗位人员。

第三十四条 机场管理机构应当结合机场各部门、岗位的实际分工制定相应部门、岗位的手册实施细则。手册实施细则应当涵盖手册中与该部门、岗位职责相关的内容,并不得与手册相冲突。

驻场的航空运输企业或其代理人及其他运行保障单位应当将机场使用手册的相关部分纳入本单位的运行管理中。

第三十五条 机场管理机构、航空运输企业及其他运行保障单位的人员,应当熟知手册的相关内容,并严格遵守和执行手册的规定。

机场管理机构、航空运输企业及其他运行保障单位应当定期就手册组织对员工的培训和考核。考核不合格的人员,不得从事相应的工作。

第三节 机场使用手册的修改

第三十六条 机场管理机构应当确保手册与机场实际运行情况相符,并符合有关法律法规、涉及民航管理的规章和标准的要求。

手册修改后,机场管理机构应当在其生效前印发至使用手册的相关单位并撤换已失效的部分。

第三十七条 有下列情况之一的,机场管理机构应当修改手册:

(一)民航局、民航地区管理局要求修改的;

(二)机场基础设施等发生变化,与手册内容不相符的;

(三)执行过程中,手册对同一事项的表述容易产生歧义的;

(四)手册规定的内容不能保证机场的设施设备得到有效维护的;

(五)手册规定的内容不能全面反映运行安全管理要求的;

(六)手册不符合有关法律法规、涉及民航管理的规章以及标准等最新规定的。

机场基础设施等发生变化的,应当在机场设施、运行状况变化前完成手册修改并生效;民航局、民航地区管理局要求修改手册的,应当在限定的时间内完成手册的修改;其他原因需要修改手册的,一般应当在 14 日内完成修改并生效。

第三十八条 使用手册的人员发现手册存在第三十七条第一款第(二)项至第(六)项情况时,应当及时按程序告知机场管理机构。机场管理机构组织论证后,确有问题的,应当及时修改手册。

机场管理机构应当至少每年组织相关驻场单位对手册的完整性、适用性、有效性等进行一次评估。发现手册存在问题时,应当及时予以修改。

第四章 飞行区管理

第一节 飞行区设施设备维护要求

第三十九条 机场跑道、滑行道、机坪的几何构型以及平面尺寸应当符合《民用机场飞行区技术标准》的要求。

超载使用跑道、滑行道和机坪的,机场管理机构应当报民航地区管理局批准。

第四十条 机场管理机构应当确保跑道、滑行道和机坪的道面(含道肩,下同)、升降带及跑道端安全地区、围界、巡场路和排水设施等始终处于适用状态。

第四十一条 机场管理机构应当根据跑道、滑行道和机坪道面的破损类型、部位等情况制定道面紧急抢修预案。道面出现破损时,应当及时按照抢修预案进行修补,尽量减少道面破损和修补对机场运行的影响。

道面破损的修补应当符合标准要求。

第四十二条 水泥混凝土道面必须完整、平坦,3 米范围内的高差不得大于 10 毫米;板块接缝错台不得大于 5 毫米;道面接缝封灌完好。沥青混凝土道面必须完整、平坦,3 米范围内的高差不得大于 15 毫米。

水泥混凝土道面出现松散、剥落、断裂、破损等现象,或者沥青混凝土道面出现轮辙、裂缝、坑洞、鼓包、泛油等破损现象时,应当在发现后 24 小时内予以修补或者处理。

跑道、快速出口滑行道表面在雨后不应有积水。

第四十三条 跑道表面摩擦系数低于规定的维护规划值时,应当及时清除道面的橡胶,或采取其他改善措施。

第四十四条 机场管理机构应当每年至少进行一次对飞行区状况的分析

研究,总结维护经验和不足,掌握飞行区潜在的缺陷或隐患,并据此制定维护工作计划和修改相关的管理规定。

机场管理机构应当至少每五年对跑道、滑行道和机坪道面状况进行一次综合评价。当发现跑道、滑行道和机坪道面破损加剧时,应当及时对道面进行综合评价。机场管理机构应当按照评价报告的建议,及时采取防范措施。

第四十五条 道面的嵌缝料应当与道面粘结牢固,保持弹性,能防止雨水渗入。不能满足性能要求时,应当及时修补或者更换。

第四十六条 跑道、滑行道和机坪道面应当进行编号,并在道面一侧设置标记,便于检查记录位置。

第四十七条 与道面边缘相接的土面,不得高于道面边缘,并且不得低于道面边缘 3 厘米。

第四十八条 道面应当保持清洁。道面上有泥浆、污物、砂子、松散颗粒、垃圾、燃油、润滑油及其他污物时,应当立即清除。用化学物清洁道面时,应当符合国家环境保护的有关规定,并不得对道面造成损害。

第四十九条 航空器被道面异物损伤后,航空器营运人应当及时向机场管理机构通报情况。

第五十条 飞行区土面区尽可能植草,固定土面。

飞行区内草高一般不应超过 30 厘米,并且不得遮挡助航灯光和标记牌。植草应当选择不易吸引鸟类和其他野生动物的种类。

割下的草应当尽快清除出飞行区,临时存放在飞行区的草,不得存放在跑道、滑行道的道肩外 15 米范围内。

第五十一条 在升降带平整区内,用三米直尺测量,高差不得大于 5 厘米,并不应有积水和反坡。

在升降带平整区和跑道端安全地区内,除航行所需的助航设备或装置外,不得有突出于土面、对偏出跑道的航空器造成损害的物体和障碍物。

航行所需的助航设备或装置应当为易折件,并满足易折性的有关要求。

升降带平整区和跑道端安全地区内的混凝土、石砌及金属基座、各类井体及井盖等,除非功能需要,应当埋到土面以下 30 厘米深。

第五十二条 升降带平整区和跑道端安全地区的土质密实度不得低于 87%(重型击实法)。对升降带平整区和跑道端安全地区的碾压和密实度测试,每年不得少于两次。

第五十三条 除非经空中交通管理部门特别许可,跑道开放使用期间,跑道中心线两侧 75 米、导航设备的敏感区和临界区以及跑道端安全地区范围内,严禁从事飞行区割草、碾压等维护工作。

第五十四条 飞行区围界应当完好，具备防钻防攀爬功能，能有效防止动物和人员进入飞行区。

飞行区围界破损后应当及时修复。破损部位修复前应当采取有效的安全措施。

第五十五条 巡场路路面应当完整、平坦、通畅、无积水。破损时，应当及时修补。

第五十六条 飞行区内排水系统应当保持完好、畅通。积水、淤塞、漏水、破损时，应当及时疏通和修缮。

强制式排水设施应当保持适用状态；渗水系统应当保持完好、通畅；位于冰冻地区的机场，冰冻期的排水沟内不得有大量积水。

第二节 巡视检查

第五十七条 机场管理机构应当商空中交通管理部门(塔台)依据有关规定，建立跑道、滑行道巡视检查工作制度和协调机制。该制度至少应当包括：

(一)每日巡视检查的次数和时间；

(二)跑道、滑行道巡视检查的通报程序；

(三)巡视检查人员与塔台管制员联系的标准用语；

(四)巡视检查跑道过程中发生紧急情况的处置程序等。

第五十八条 当跑道、滑行道、机坪上有外来物或者其他异常情况时，机场管理机构应当立即对上述区域进行检查。

第五十九条 每日跑道开放使用前，机场管理机构应当对跑道进行一次全面检查。当每条跑道日着陆大于 15 架次时，还应当进行中间检查，并不应少于 3 次。全面检查时，必须对跑道全宽度表面状况进行详细检查。

中间检查时间根据航空器起降时段、频度等情况确定。在航空器起降集中的时段前，应当安排一次中间检查。中间检查的区域应当至少包括跑道边灯以内的区域。

对跑道实施检查时，检查方向应当与航空器起飞或着陆的方向相反。采用驾车方式检查时，除驾驶员外车辆上应当至少有一名专业检查人员，并且车速不得大于 45 公里/小时。

设有能对跑道道面状况进行监控、及时发现跑道上的外来物和道面损坏的监控设施的，中间检查的次数可适当减少。

当跑道道面损坏加剧或者雨后遇连续高温天气时，应当适当增加中间检查的次数。

第六十条 对跑道、滑行道、机坪应当定期清扫。对跑道、滑行道的清扫每月不应少于一次。应当建立机坪每日动态巡查制度，及时清除外来物，对机坪每周至少全面清扫一次。

第六十一条 在跑道、滑行道或其附近区域进行不停航施工，施工车辆、人员需要通过正在对航空器开放使用的道面时，应当增加道面检查次数，确保不因外来物影响飞行安全，并应当制定具体措施，确保施工车辆、人员不影响航空器的正常运行。

第六十二条 每日应当至少对滑行道、机坪、升降带、跑道端安全地区、飞行区围界、巡场路巡视检查一次。

第六十三条 每季度应当对跑道、滑行道和机坪的铺筑面进行一次全面的步行检查。当道面破损处较多或者破损加剧时，应当适当增加步行检查的次数。

第六十四条 雨季来临前，应当对排水系统进行全面检查。暴雨期间，应当随时巡查排水系统。

雨后应当对升降带和跑道端安全地区进行检查，对积水、冲沟应当予以标记，并及时处理。

第六十五条 对铺筑面的每日检查应当至少包括：

（一）道面清洁情况。重点检查可能被航空器发动机吸入的物体，如损坏道面的碎片、嵌缝料老化碎片、石子、金属或塑料物体、鸟类或其他动物尸体、其他外来物等；

（二）道面损坏情况。包括破损的板块、掉边、掉角、拱起、错台等；

（三）雨后道面与相邻土面区的高差；

（四）灯具的损坏情况；

（五）道面标志的清晰程度；

（六）井盖完好情况和密合程度等。

第六十六条 对铺筑面的每季度检查应当至少包括：

（一）嵌缝料的失效情况；

（二）道面损坏位置、数量、类型的调查统计（含潜在的疲劳损坏裂缝、龟裂、细微的裂缝或断裂，并最好在雨后检查）；

（三）道面与相邻土面区的高差；

（四）道面标志的清晰程度；

（五）跑道接地带橡胶沉积情况。

第六十七条 土面区的每日检查应当包括：

（一）草高情况；

（二）标记牌和标志物的完好情况；

（三）是否有危及飞行安全的物体、杂物、障碍物等；

（四）土面区内各种灯、井基座与土面区的高差，土面区沉陷、冲沟、积水等情况；

（五）航空器气流侵蚀情况；

（六）允许存在的障碍物的障碍灯和标志是否有效。

第六十八条　当出现大风及其他不利气候条件时，应当增加对飞行区的巡视检查次数，发现问题应当及时处理。影响运行安全时，应当及时报告空中交通管理部门和其他相关部门，并发布航行通告。

第三节　检查程序及规则

第六十九条　从事飞行区维护、巡视检查的人员，应当熟知维护、巡视检查的程序和规则，并严格执行。

第七十条　检查人员在进入跑道、滑行道之前，应当得到塔台管制员的许可。进入该区域时，应当直接报告塔台管制员。检查人员及车辆应当在塔台管制员限定的时间内退出跑道。退出后，应当直接报告塔台管制员。

巡视检查的车辆应当安装黄色旋转灯标，并在检查期间始终开启。检查人员应当穿反光背心或外套。

未经塔台管制员许可，任何人员、车辆不得进入运行中的跑道、滑行道。

第七十一条　在实施机场低能见度程序运行时，不得对跑道、滑行道进行常规巡视检查。

第七十二条　巡视检查期间，检查人员应当配备有效的无线电对讲机，并在相应的无线电波道上时刻保持守听。下车检查时，检查人员离开车辆的距离不得超过 100 米（随身携带对讲机），检查车辆应当处于运行状态。当塔台管制员要求检查人员撤离时，检查人员及车辆应当立即撤离至管制员指定的位置，并不得进入升降带平整区、跑道端安全地区、导航设备的敏感区和临界区。撤离后，要及时通知塔台。

再次进入跑道之前应当再次申请并获得塔台管制员的许可。

第七十三条　当塔台管制员发现通信联系中断时，应当立即按照紧急情况的处置程序执行。当检查人员发现通信联系中断时，应当立即撤离跑道。

第七十四条　在巡视检查中，发现航空器零件、轮胎碎片、灯具碎片和动物尸体等时，检查人员应当立即通知塔台管制员和机场运行管理部门，做好记录，并将该物体交有关部门。

第七十五条　在巡视检查过程中发现下列情况时，检查人员应当立即通知塔台管制员停止该跑道的使用，并立即报告机场值班领导或相关部门，由相

关人员按程序关闭跑道(或部分关闭跑道)和发布航行通告:

(一)跑道道面断裂,包括整块板或局部,并出现错台或局部松动的;

(二)跑道出现直径(长边)大于12厘米的掉块的;

(三)跑道出现直径(长边)小于12厘米的掉块,但深度大于7厘米,或坡度大于45度角的破损的。

第七十六条 在巡视检查过程中发现下列需要处理但暂时不影响航空器运行安全的情况时,检查人员应当报塔台管制员、机场值班领导或者相关部门,并适当增加该区域的检查频次,视情及时修补:

(一)跑道道面断裂,包括整块板及局部,但不出现错台,板块不松动的;

(二)跑道出现直径(长边)小于12厘米的掉块,但深度小于7厘米且坡度不大于45度角的破损的。

第七十七条 巡视检查完成后,检查人员应当向塔台管制员报告飞行区场地情况,并将检查开始时间、结束时间、检查人员姓名、飞行区场地情况记录在检查日志中。

第四节 跑道摩擦系数测试及维护

第七十八条 机场管理机构应当定期测试跑道摩擦系数。

第七十九条 跑道日航空器着陆架次大于210架次的,测试跑道摩擦系数的频率应当不少于每周一次;跑道日航空器着陆架次为151至210架次的,测试跑道摩擦系数的频率应当不少于每两周一次;跑道日航空器着陆架次为91至150架次的,测试跑道摩擦系数的频率应当不少于每月一次;跑道日航空器着陆架次为31至90架次的,测试跑道摩擦系数的频率应当不少于每三个月一次;跑道日航空器着陆架次为16至30架次的,测试跑道摩擦系数的频率应当不少于每半年一次;跑道日航空器着陆架次为15次以下的,测试跑道摩擦系数的频率应当不少于每年一次。

第八十条 跑道表面摩擦系数不得低于《民用机场飞行区技术标准》中规定的维护规划值。以连续100米长道面的摩擦系数为评价指标,在表面摩擦系数低于维护规划值或者测试曲线显示跑道多处存在表面摩擦系数(累计长度大于100米)低于最小的摩阻值时,机场管理机构应当立即采取措施改善道面摩阻特性。

第八十一条 出现下列情况后,机场管理机构应当立即测试跑道摩擦系数:

(一)遇大雨或者跑道结冰、积雪;

(二)在跑道上施洒除冰液或颗粒;

（三）航空器偏出、冲出跑道。

第八十二条 跑道日航空器着陆15架次以上的机场，应当配备跑道摩擦系数测试设备。

第八十三条 没有配备跑道摩擦系数测试设备的机场，应当依据第七十九条规定的频率检查跑道接地带橡胶沉积情况。当接地带跑道中线两侧被橡胶覆盖80%左右，并且橡胶呈现光泽时，应当及时除胶。在雨天应当进行道面表面径流深度的检查，并作口头评价。检查结束后，将结果报告空中交通管理部门，并记录备查。

第八十四条 当跑道上有积雪或者局部结冰时，如跑道摩擦系数低于0.30，应当关闭跑道。

跑道开放运行期间下雪时，应当根据雪情确定测试跑道摩擦系数的时间间隔，并及时对跑道进行除冰雪作业，保证跑道摩擦系数不低于0.30。

第八十五条 跑道摩擦系数测试应当在跑道中心线两侧3至5米范围内进行。跑道表面摩擦系数应当包括跑道每三分之一段的数值及跑道全长的平均值，并依航空器进近方向依次公布。

测试结果应当及时报告空中交通管理部门。测试原始记录凭证应当予以保存。

第八十六条 没有配备跑道摩擦系数测试设备的机场，当跑道上有积雪时，应当向塔台管制员通报积雪的种类（干雪、湿雪、雪浆和压实的雪）和厚度。航空器能否起降由飞行机组决定。

第五章　目视助航设施管理

第一节　目视助航设施的运行要求

第八十七条 目视助航设施包括风向标、各类道面（含机坪）标志、引导标记牌、助航灯光系统（含机坪照明）。

第八十八条 机场管理机构应当明确目视助航设施的运行维护单位，并确保目视助航设施始终处于适用状态。

第八十九条 机场管理机构应当提供符合在航行资料中公布的并与实际天气情况相适应的目视助航设施服务。

第九十条 各类标志物、标志线应当清晰有效，颜色正确；助航灯光系统和可供夜间使用的引导标记牌的光强、颜色、有效完好率、允许的失效时间，应当符合《民用机场飞行区技术标准》的要求。

第九十一条 机场管理机构应当按照以下频次或情况对机场目视助航设施进行评估，以避免因滑行引导灯光、标志物、标志线、标记牌等指示不清、设置位置不当产生混淆或错误指引，造成航空器误滑或者人员、车辆误入跑道、滑行道的事件：

（一）每三年；

（二）新开航机场或机场启用新跑道、滑行道、机坪、机位前以及运行三个月内；

（三）机场发生航空器误滑、人员、车辆误入跑道、滑行道等事件时；

（四）机场管理机构接到飞行员、管制员、勤务保障作业人员反映滑行引导灯光、标志物、标志线、标记牌等指示不清，容易产生混淆或者影响运行效率时。

评估人员由飞行员、管制员、勤务保障作业人员、机场管理机构人员组成。

对于评估发现的问题，机场管理机构应当及时采取整改措施。

第九十二条 在机场开放运行期间，目视助航设施因故不能满足本规定第八十九条、第九十条的要求时，机场管理机构应当及时向空中交通管理部门说明情况，并在出现问题的当日内采取有效措施，使目视助航设施恢复正常。在恢复正常前，至少应当保持下列设施设备的完好、适用：

（一）引导标志、标记牌

1. 跑道标志（应当符合航空器在本机场进近时的最低天气标准要求）；

2. 滑行道中线和边线标志；

3. 滑行引导标记牌；

4. 跑道等待位置标志和标记牌。

（二）助航灯光

1. 跑道灯光（应当符合航空器在本机场进近时的最低天气标准要求）；

2. 滑行道中线灯（或中线反光标志物）、滑行道边线灯（或边线反光标志物）。

第九十三条 在低能见度运行条件下，机场管理机构应当停止机场供电设施附近的所有施工或维护活动，并通知上级供电单位停止影响机场供电系统的施工或维护活动。

第二节 助航灯光系统的维护

第九十四条 机场管理机构应当定期对助航灯光系统的各类灯具进行检测，保证各类灯具的光强、颜色持续符合《民用机场飞行区技术标准》中规定的要求。

第九十五条 机场管理机构应当做好助航灯光系统的以下供电保障工作：

（一）按照当地供电系统的要求和维护规程，做好变配电设备的维护工作；

（二）做好备用发电机的定期检查、维护和试运行工作，使其持续保持适用状态。每周至少应当进行不少于15分钟的备用发电机加载试验，每月至少应当进行不少于30分钟的备用发电机加载试验。加载试验的主要内容包括：

1. 检查电压、频率表计读数，输出电压、频率应当符合技术要求；

2. 主供电源与备用电源之间的切换设备是否可靠；

3. 发电机试运行过程中是否有喘振或过热情况；

4. 内燃式发动机是否有渗油情况。

（三）每月至少进行一次主供电源与备用电源之间及主、备用电源与备用柴油发电机之间切换的传动试验。电源切换时间应当符合《民用机场飞行区技术标准》的要求。

第九十六条 助航灯光系统的日常运行、维护、检查工作应当严格按照《民用机场助航灯光系统运行维护规程》的要求进行。其他目视助航设施的运行、维护、检查工作可参照该规程的要求进行。主要维护检查项目应当不低于以下要求：

（一）立式进近、跑道、滑行道灯光系统和顺序闪光灯的基本维护：

1. 日维护：更换失效的灯泡和破损的玻璃透镜，确保透镜的干净、清洁，检查各个亮度等级上调光器输出电流是否符合技术标准；

2. 年维护：灯具紧固件的紧固，灯具锈蚀部分的处理，灯具仰角、水平的检查和调整，插接件的连接可靠性检查，并检查每个灯组的支架及基础情况；

3. 不定期维护：在大风和大雪后可能对助航灯光系统正常运行造成影响时，应当对助航灯光系统进行检查，并调整各类灯具的仰角及水平；清除遮蔽灯光的草或积雪。

（二）目视精密进近坡度指示器的基本维护：

除进行本条第（一）项的维护项目外，还应当按照有关规定进行空中校验及经民航局批准的地面校验设备的校验。

（三）嵌入式灯具的基本维护：

除进行本条款第（一）项的维护项目外，还需进行以下维护工作：

1. 月维护：检查灯具上盖的固定螺栓扭矩，并对松动的螺栓予以紧固；

2. 季维护：测试灯具的输出光强并更换不符合光强要求的灯具；

3. 年维护：检查和清洁灯具的棱镜和滤光镜，检查灯具的密闭性能，更换不符合上述要求的灯具。

第九十七条 机场管理机构应当对目视泊位引导系统及时维护，定期校验，保持系统的持续适用。

第六章 机坪运行管理

第一节 机坪检查及机位管理

第九十八条 机坪的物理特性、标志线、标记牌等应当持续符合《民用机场飞行区技术标准》及其他有关标准和规范的要求。

第九十九条 机场管理机构负责机坪的统一管理，机场管理机构应当建立机坪运行的检查制度，并指派相应的部门和人员对机坪运行实施全天动态检查。机场管理机构应当与航空运输企业签订协议，明确航空运输企业专有机坪的管理责任。

第一百条 机坪机位应当由机场管理机构统一管理。

机场管理机构应当合理调配机位，最大限度地利用廊桥和机位资源，方便旅客，方便地勤保障，尽可能减少因机位的临时调整给旅客及生产保障单位带来的影响，公平地为各航空运输企业提供服务。大型机场为各航空运输企业提供的机位应当相对固定，可为航空公司设置专用航站楼或专用候机区域。

第一百零一条 机位调配应当按照下列基本原则确定：

（一）发生紧急情况或执行急救等特殊任务的航空器优先于其他航空器；

（二）正常航班优先于不正常航班；

（三）大型航空器优先于中小型航空器；

（四）国际航班优先于国内航班。

机场管理机构应当根据实际情况制定机位调配细则。

第一百零二条 当机场发生应急救援、航班大面积延误、航班长时间延误、恶劣气象条件、专机保障以及航空器故障等情况时，机场管理机构有权指令航空运输企业或其代理人将航空器移动到指定位置。拒绝按指令移动航空器的，机场管理机构可强行移动该航空器，所发生的费用由航空运输企业或者其代理人承担。

第一百零三条 航空器进入机位前，该机位应当保持：

（一）除负责航空器入位协调的人员外，各类人员、车辆、设备、货物和行李均应当位于划定的机位安全线区域外或机位作业等待区内；

（二）车辆、设备必须制动或固定；有液压装置的保障作业车辆、设备，必须确保其液压装置处于回缩状态；

(三)保障作业车辆在等待时,驾驶员应当随车等候;所有设备必须有人看守;廊桥活动端必须处于廊桥回位点。

第一百零四条 接机人员应当至少在航空器入位前 5 分钟,对机位适用性进行检查。主要检查项目包括:

(一)机位是否清洁;

(二)人员、车辆及设备是否处于机位安全线区域外或机位作业等待区内;

(三)廊桥是否处于廊桥回位点;

(四)是否有其他影响航空器停靠的障碍物。

第一百零五条 在航空器进入机位过程中,任何车辆、人员不得从航空器和接机人员(或目视泊位引导系统)之间穿行。

第一百零六条 在航空器处于安全靠泊状态后,接机人员应当向廊桥操作人员或客梯车驾驶员发出可以对接航空器的指令。廊桥操作人员或客梯车驾驶员接到此指令后,方可操作廊桥或客梯车对接航空器。

航空器安全靠泊状态应当满足下列条件:

(一)发动机关闭;

(二)防撞灯关闭;

(三)轮挡按规范放置;

(四)航空器刹车松开。

第二节 航空器机坪运行管理

第一百零七条 航空器试车应当符合下列要求:

(一)一般情况下,航空器不得在机坪试车;

(二)机场管理机构应当设立试车坪或者指定试车位置。试车坪或者指定试车位置应当设有航空器噪声消减设施,并应当具备安全防护措施;

(三)发动机大功率试车应当在试车坪或机场管理机构指定的位置进行,并且应当在机场管理机构指定的时间段内进行;

(四)发动机怠速运转、不推油门的慢车测试和以电源带动风扇旋转、发动机不输出功率的冷转测试,应当在机场管理机构指定的位置进行;

(五)任何类型的航空器试车,必须有专人负责试车现场的安全监控,并且应当根据试车种类设置醒目的“试车危险区”警示标志。无关人员和车辆不得进入试车危险区。

第一百零八条 航空器维修应当符合下列要求:

(一)除紧急情况外,任何单位不得在跑道、滑行道上实施航空器维修;

(二)在机坪内进行航空器维护、添加润滑油和液压油及其他保障工作时,不得影响机位的正常调配和机坪内其他保障工作的正常运行,并应当采取有效措施防止对机坪造成污染和腐蚀;对机坪造成污染和腐蚀所发生的治理费用由造成污染的单位承担;

(三)维修结束后,维修部门应当及时清理现场;

(四)清洗航空器应当在机场管理机构指定的位置进行。

第一百零九条 航空器除冰、防冰作业应当符合下列要求:

(一)航空器除冰作业应当在机场管理机构指定的地点进行;机场管理机构未指定除冰作业区,在机位上除冰时,机场管理机构应当制定除冰液回收措施,防止除冰液对道面的化学腐蚀或者冻融循环的物理损坏;

(二)在有条件的机场,机场管理机构应当建立专用除冰坪,并设置除冰液回收设施,减少对环境的污染;

(三)负责航空器除冰的航空运输企业、机场或者其他单位应当配备足够的航空器除冰设备,防止因除冰设备或者设施不足,延误航空器正常出港。

第一百一十条 航空器滑出或被推出机位前,送机人员必须确认:

(一)除牵引车外的其他车辆、设备及人员等均已撤离至机位安全区域外;

(二)廊桥已撤至廊桥回位点。

第一百一十一条 当遇到大风天气有可能对廊桥和停场航空器造成影响时,必须对廊桥和航空器进行系留。航空器营运人或者其代理人负责实施航空器的系留,操作廊桥的单位负责廊桥的系留。

第一百一十二条 机组在航空器进入设置目视泊位引导系统的机位时,发现有疑问的引导指示,或进入由人工引导入位的机位时发现地面接机人员未就位,应当立即停止航空器滑行,及时通报空中交通管理部门,并应当保持发动机运转,等待后续处置。空中交通管理部门应当及时通知机场运行部门进行处理。

第一百一十三条 航空器型别、注册号或航班计划变更时,航空器营运人应当立即向空中交通管理部门和机场管理机构通报。

第一百一十四条 航空器在跑道和滑行道区域发生故障时,机组应当及时向空中交通管理部门通报情况。航空器营运人及其代理人应当尽快使航空器脱离跑道、滑行道区域。

第一百一十五条 航空器长时间停放、过夜停放应当取得机场管理机构的同意。

第一百一十六条 航空器保障作业过程中出现任何意外情况,有关人员应当及时通知机场管理机构,航空器保障作业单位和机场管理机构应当及时采取措施予以处理。

第一百一十七条 旅客步行通过机坪上下航空器时，航空器营运人或者其代理人应当安排专人引导。旅客通行路线不得穿越航空器滑行路线，任何车辆不得横穿旅客队伍。

第三节 机坪车辆及设施设备管理

第一百一十八条 因保障作业需要放置于机坪内的特种车辆（含拖把）、集装箱、行李和集装箱托盘等特种设备，应当停泊或放置于指定的白色设备停放区和车辆停放区内。作业人员离开后，车辆、设备应当保持制动状态，并将启动钥匙与车辆、设备分离存放。保障工作结束后，各保障部门应当及时将所用设备放回原区域，并摆放整齐。

第一百一十九条 非保障作业需要、故障或已报废的车辆和设备应当及时清除出机坪。

第一百二十条 任何单位和人员不得损坏、挪用、占用、遮挡机坪基础设施和设备。

第一百二十一条 在廊桥活动端移动范围内应当采用红色线条设置廊桥活动区，禁止任何车辆和设备进入。廊桥活动区内应当标示廊桥回位点。廊桥处在非工作状态时，应当将廊桥停留在廊桥回位点。廊桥操作人员进行靠桥、撤桥作业时，禁止其他人员进入廊桥活动端。

第一百二十二条 机位应当设置白色机位作业等待区、红色机位安全线。车辆和设备与航空器应当保持足够的安全距离。

第一百二十三条 在航空器处于安全停泊状态后、廊桥或客梯车与航空器对接完成前，除电源车外，其他保障车辆、设备不得超越红色机位安全线，实施保障作业。

电源车、气源车和空调车为航空器提供服务时，不得妨碍廊桥的保障作业。

第一百二十四条 提供保障作业的车辆不得影响相邻机位及航空器机位滑行通道的使用。

第一百二十五条 在确认航空器处于安全停泊状态后，接机人员应当在距航空器发动机前端 1.5 米处、机尾和翼尖水平投影处地面设置醒目的反光锥形标志物（高度不小于 50 厘米，重量能防止 5 级风吹移。在预计机场风力超过 5 级时，机场管理机构应当通知航空器维修部门不再在航空器周围摆放反光锥形标志物）。航空器自行滑出的机位，在机头水平投影处地面也应当设置反光锥形标志物。

第一百二十六条 保障车辆对接航空器时的速度不得超过 5 千米/小时。

保障车辆对接航空器前，必须在距航空器 15 米的距离先试刹车，确认刹车良好后方可实施对接。保障车辆、设备对接航空器时，应当与航空器发动机、舱门保持适当的安全距离。

第一百二十七条 车辆在机坪行驶路线、固定停放点之外倒车应当有人指挥，指挥信号和意图应当明确，确保安全。

第一百二十八条 保障车辆对接航空器后，应当处在制动状态，并设置轮挡。

液压升降车辆或设备对接航空器时，应当在液压升降筒或脚架升降到工作位置后，方可开始作业。

第一百二十九条 为航空器提供保障的单位，应当制定相应的作业规程，并严格按照作业规程实施保障作业。

各单位应当将车辆、设备在机坪保障作业的规程报机场管理机构备案。

第一百三十条 保障车辆、设备在为航空器提供地面保障作业时，其他车辆、设备不得进入该机位作业区域。

第一百三十一条 装卸平台车、行李传送带车在行驶中不得载运任何货物、行李和其他物品。

第一百三十二条 所有具有液压作业装置的车辆在行驶过程中均应当使液压作业装置处于收回状态。

第一百三十三条 民用航空器的牵引，应当符合《民用航空器维修地面安全》第 3 部分“民用航空器的牵引”的规定。

第一百三十四条 当航空器正在被推离机位时，在其后方行驶的车辆和人员必须避让航空器，不得妨碍推出航空器。

第一百三十五条 机坪范围内的加油井、消防井、电缆井、供水井及其他各类井的井盖本身及周边至少 20 厘米以内均应当涂刷成红色；

井盖开启时，应当在井旁设置醒目的反光锥型标志物；

车辆设备的停放处应当尽量避开井盖。

第一百三十六条 机位临时处于不适用状态时，应当设置不适用地区标志物，防止航空器、车辆误入该区域。

第一百三十七条 机坪内易被行驶车辆刮碰的建筑物、固定设施等，应当设置防撞警示标志、限高标志。重要的建筑物构件、设施设备应当设置防撞保护装置。

第一百三十八条 所有在机场空侧工作的人员在航空器活动区发现有疑似航空器零件的异物时，应当立即报告机场管理机构，机场管理机构应当立即设法判断零件的可能来源，若初步判断为航空器零件时，机场管理机构应当立即将信息告知空中交通管理部门和各航空器维修部门。

第一百三十九条 夜间使用的机坪(包括除冰坪和隔离机坪)应当定期检测机坪泛光照明的照度等,确保泛光照明设施持续有效。

第四节 机坪作业人员管理

第一百四十条 所有在机坪从事保障作业的人员,均应当接受机场运行安全知识、场内道路交通管理、岗位作业规程等方面的培训,并经考试合格后,方可在机坪从事相应的保障工作。

培训和考核的内容由机场管理机构确定,培训和考核的方式由机场管理机构与驻场单位协商确定。机场管理机构应当建立在空侧从事相关保障作业的所有人员的培训、考核记录档案,相关保障单位也应当建立本单位人员的培训、考核记录档案。

第一百四十一条 所有在机坪从事保障作业的人员,均应当按规定佩带工作证件,穿着工作服,并配有反光标识。

第一百四十二条 未经机场管理机构批准,任何人员不得在机坪内从事与保障作业无关的活动。

第一百四十三条 各保障单位应当按有关规定为员工配备足够的防护用品。

第五节 机坪环境卫生管理

第一百四十四条 机坪应当保持清洁,无道面损坏造成的残渣碎屑、机器零件、纸张以及其他影响飞行安全的杂物。

机场管理机构统一负责机坪日常保洁和卫生监督工作。航空运输企业及其他驻场单位自行使用的机坪,由机场管理机构和航空运输企业、其他驻场单位依据协议分工,确定机坪日常保洁及卫生监督责任。

第一百四十五条 机场管理机构应当在机坪上适当位置设置有盖的废弃物容器。任何人不得随地丢弃废物。

机坪保障作业人员发现垃圾或废弃物应当主动拾起,并放入垃圾桶。

运输或临时存放垃圾或废弃物时,应当加以遮盖,不得泄漏或逸出。

第一百四十六条 易燃液体应当用专用容器盛装,并不得倒入飞行区排水系统内。

第一百四十七条 各类油料、污水、有毒有害物及其它废弃物不得直接排放在机坪上。

发现污染物时应当及时进行清除,对于在地面上形成液态残留物的油料,应当先回收再清洗。

第一百四十八条 在机坪内不得进行垃圾分拣。

第六节 机坪消防管理

第一百四十九条 机场管理机构应当在机坪内适当位置设置醒目的“禁止烟火”标志,并公布火警报警电话号码。

第一百五十条 未经机场管理机构批准,任何人不得在飞行区内动用明火、释放烟雾和粉尘。

第一百五十一条 机坪内禁止吸烟。

第一百五十二条 机场管理机构应当按照《民用航空运输机场消防站消防装备配备标准》、《民用航空运输机场飞行区消防设施运行标准》和《民用航空器维修地面安全》第 10 部分“机坪防火”的规定为机坪配备相应的消防设施设备,并定期检查。

各单位应当按照《民用航空器维修地面安全》第 10 部分“机坪防火”的要求,为在机坪运行的勤务车辆和服务设备上配备灭火器。

任何单位和人员不得损坏、擅自挪动机坪消防设施设备。

第一百五十三条 机坪内的消防通道和消防设施设备应当予以醒目标识。车辆或设备的摆放不得影响消防通道、消防设备以及应急逃生通道的使用。

第一百五十四条 任何人员发现机坪内出现火情或火灾隐患时,均应当立即报告消防部门,并应当在消防部门到达现场前先行采取灭火措施。

机坪内火灾扑灭后,相关单位及人员应当保护好火灾现场,并及时报告公安消防管理部门,由公安消防管理部门进行火灾事故勘查。

第一百五十五条 在飞行区设置特种车辆加油站或在机坪上为特种车辆提供流动加油服务作业的,机场管理机构应当事先取得民航局同意。

第七章 机场净空和电磁环境保护

第一节 净空管理基本要求

第一百五十六条 机场管理机构应当依据《民用机场飞行区技术标准》,按照本机场远期总体规划,制作机场障碍物限制图。机场总体规划调整时,机场障碍物限制图也应当相应调整。

第一百五十七条 机场管理机构应当及时将最新的机场障碍物限制图报

当地政府有关部门备案。

第一百五十八条 机场管理机构应当积极协调和配合当地政府城市规划行政主管部门按照相关法律法规、规章和标准的规定制定发布机场净空保护的具体管理规定，明确政府部门与机场的定期协调机制；在机场净空保护区域内的新建、改（扩）建建筑物或构筑物的审批程序、新增障碍物的处置程序；保持原有障碍物的标识清晰有效的管理办法等内容。

第二节 障碍物的限制

第一百五十九条 在机场净空保护区域内，机场管理机构应当采取措施，防止下列影响飞行安全的行为发生：

（一）修建可能在空中排放大量烟雾、粉尘而影响飞行安全的建筑物（构筑物）或者设施；

（二）修建靶场、爆炸物仓库等影响飞行安全的建筑物或者设施；

（三）设置影响机场目视助航设施使用的或者机组成员视线的灯光、标志、物体；

（四）种植影响飞行安全或者影响机场助航设施使用的植物；

（五）放飞影响飞行安全的鸟类动物、无人驾驶自由气球、系留气球和其他升空物体；

（六）焚烧产生大量烟雾的农作物秸秆、垃圾等物质，或者燃放烟花、焰火；

（七）设置易吸引鸟类及其他动物的露天垃圾场、屠宰场、养殖场等场所；

（八）其他可能影响飞行安全的活动。

第一百六十条 精密进近跑道的无障碍区域内（OFZ 由内进近面、内过渡面和复飞面所组成）不得存在固定物体，轻型、易折的助航设施设备除外。当跑道用于航空器进近时，移动物体不得高出这些限制面。

第一百六十一条 在精密进近跑道和非仪表跑道的保护区域内，新增物体或者现有物体的扩展，不得高出进近面、过渡面、锥形面和内水平面，除非经航行研究认为该物体或扩展的物体能够被一个已有的不能移动的物体所遮蔽。

第一百六十二条 非精密进近跑道的保护区域内，新增物体或者现有物体的扩展不得高出距内边 3000 米以内的进近面、过渡面、锥形面、内水平面，除非经航行研究认为该物体或扩展的物体能够被一个已有的不能移动的物体所遮蔽。

第一百六十三条 高出进近面、过渡面、锥形面和内水平面的现有物体应当被视为障碍物，并应当予以拆除，除非经航行研究认为该物体能够被一个已有的不能移动的物体所遮蔽,或者该物体不影响飞行安全或航空器正常运行的。

第一百六十四条 对于不高出进近面但对目视或非目视助航设施的性能可能产生不良影响的物体,应当消除该物体对这些设施的影响。

第一百六十五条 任何建筑物、构筑物经空中交通管理部门研究认为对航空器活动地区、内水平面或锥形面范围内的航空器的运行有危害时,应当被视为障碍物,并应当尽可能地予以拆除。

第一百六十六条 在机场障碍物限制面范围以外、距机场跑道中心线两侧各 10 公里,跑道端外 20 公里的区域内,高出原地面 30 米且高出机场标高 150 米的物体应当认为是障碍物,除非经专门的航行研究表明它们不会对航空器的运行构成危害。

第一百六十七条 在机场障碍物限制面范围以内或以外地区的障碍物,都应当按照《民用机场飞行区技术标准》的规定予以标志和照明。

第三节 障碍物的日常管理

第一百六十八条 机场管理机构应当建立机场净空保护区定期巡视检查制度。确保任何可能突出障碍物限制面的建筑活动或自然生长植物在影响机场运行之前被发现。

第一百六十九条 巡视检查制度应当包括巡视检查路线、检查周期、检查内容(包括障碍灯是否开启并正常工作)、通报程序和检查记录等。

第一百七十条 机场净空保护区范围内的巡视检查,每周应当不少于一次;机场内无障碍区的巡视检查,每日应当不少于一次。巡视检查内容至少应当包括:

(一)检查有无新增的、超高的建筑物、构筑物和自然生长的植物,并对可能超高的物体进行测量;

(二)检查有无影响净空环境的情况,如树木、烟尘、灯光、风筝和气球等;

(三)检查障碍物标志、标志物和障碍灯的有效性。

第一百七十一条 巡视检查情况应当记录和归档。巡视检查记录至少应当包括检查时间、检查人员、检查区域和检查情况等。

第一百七十二条 巡视检查中发现新的障碍物或净空条件发生变化时,应当及时将新障碍物的位置、高度等情况通报空中交通管理部门、当地城市规划行政主管部门和民航地区管理局,并尽可能迅速予以拆除。拆除前应当立即考虑以某种方式对航空器的运行加以限制,并设置适当的障碍物标志和障碍灯,并积极协调、研究解决办法。

第一百七十三条 机场管理机构应当建立机场净空管理档案。档案至少应当包括以下资料：

（一）障碍物限制图；

（二）巡视检查记录；

（三）障碍物测量资料；

（四）机场净空保护区域内的建筑物或构筑物的新建、迁建、改（扩）建审批资料；

（五）障碍物拆除、迁移和处置的资料。

第四节 电磁环境的管理

第一百七十四条 机场电磁环境保护区域包括设置在机场总体规划区域内的民用航空无线电台（站）电磁环境保护区和机场飞行区电磁环境保护区域。机场电磁环境保护区域由民航地区管理局配合机场所在地的地方无线电管理机构按照国家有关规定或者标准共同划定、调整。

民用航空无线电台（站）电磁环境保护区域，是指按照国家有关规定、标准或者技术规范划定的地域和空间范围。

机场飞行区电磁环境保护区域，是指影响民用航空器运行安全的机场电磁环境区域，即机场管制地带内从地表面向上的空间范围。

第一百七十五条 机场管理机构应当及时将最新的机场电磁环境保护区域报当地政府有关部门备案。

第一百七十六条 民航地区管理局应当积极协调和配合机场所在地的地方无线电管理机构制定机场电磁环境保护区的具体管理规定，并以适当的形式发布。

第一百七十七条 在机场飞行区电磁环境保护区域内设置工业、科技、医疗设施，修建电气化铁路、高压输电线路等设施不得干扰机场飞行区电磁环境。

第一百七十八条 机场管理机构应当建立机场电磁环境保护区巡检制度，发现下列有影响航空电磁环境的行为发生时应当立即报告民航地区管理局：

（一）修建可能影响航空电磁环境的高压输电线、架空金属线、铁路（电气化铁路）、公路、无线电发射设备试验发射场；

（二）存放金属堆积物；

（三）种植高大植物；

（四）掘土、采砂、采石等改变地形地貌的活动；

（五）修建其它可能影响机场电磁环境的建筑物或者设施以及进行可能影响航空电磁环境的活动。

第一百七十九条 机场管理机构发现机场电磁环境保护区域内民用航空无线电台（站）频率受到干扰时，应当立即报告民航地区管理局。

第八章 鸟害及动物侵入防范

第一节 基本要求

第一百八十条 机场管理机构应当采取综合措施，防止鸟类和其它动物对航空器运行安全产生危害，最大限度地避免鸟类和其它动物撞击航空器。

第一百八十一条 机场管理机构应当指定部门和人员负责鸟类和其它动物的危害防范工作，并配置必要的驱鸟设备。

第一百八十二条 机场管理机构应当每年至少对机场鸟类危害进行一次评估。评估内容包括：机场鸟害防范管理机构设置及职责落实情况、机场生态环境调研情况、鸟害防范措施的效果、鸟情信息的收集、分析、利用及报告等。

第一百八十三条 机场管理机构应当根据机场鸟害评估结果和鸟害防范的实际状况，制定并不断完善机场鸟害防范方案。方案至少应当包括：

（一）鸟害防范管理机构及其职责；

（二）生态环境调研制度和治理方案；

（三）鸟情巡视和驱鸟制度；

（四）驱鸟设备的配备和使用管理制度；

（五）重点防治的鸟种；

（六）鸟情信息的收集和分析；

（七）鸟情通报及鸟击报告制度。

第一百八十四条 机场管理机构应当不定期向机场周边居民宣传放养鸽子对飞行安全的危害，并配合当地政府发布限制放养鸽子的规定，积极协调当地政府有关行政主管部门，控制和减少机场附近区域内垃圾场、养殖场、农作物（植物）晾晒场、鱼塘、养鸽户的数量和吸引鸟类的农作物、树木等。

第一百八十五条 机场飞行区、围界、通道口和排水沟出口应当能防止动物侵入机场飞行区。

在机场围界外5米范围内禁止搭建任何建筑和种植树木。

第二节 生态环境调研和环境治理

第一百八十六条 机场管理机构应当持续地开展鸟害防范基础性调研，

全面掌握机场内及其附近地区的生态环境、鸟类种群、数量、位置分布及其活动规律；绘制鸟类活动平面图；掌握机场内及其附近地区与鸟情动态密切相关的生物类群及影响因素的时间、空间分布情况，分析其中的关系；据此制定和不断完善鸟害防范实施方案，确定各阶段应当重点防范的对象，有针对性地实施鸟害防范措施。

第一百八十七条 机场鸟类活动平面图应当至少涵盖机场障碍物限制面的锥形面外边界所包含的范围，并应当包括：垃圾场、饲养场、屠宰场、农作物、灌木林、沟塘及其他吸引鸟类活动的设施或者场地的位置；大鸟和群鸟（含候鸟）的筑巢地、觅食地、飞行路线、飞行高度、出没时间等。

机场鸟类活动平面图应当根据实际情况及时调整和更新。

第一百八十八条 机场管理机构应当根据机场鸟情信息的分析结果，及时对机场围界内对飞行安全危害较大的鸟类巢穴、食物源、水源、栖息地、觅食地进行有效的整治，并应当积极协调配合地方人民政府对机场围界外的上述情况进行整治。

第一百八十九条 机场管理机构应当定期对机场范围内的草坪、树木进行灭虫处理。

第一百九十条 机场管理机构应当在机场围界内定期采取设置鼠夹和洒布药物等措施，灭杀老鼠、兔子等啮齿类动物。

设置的鼠夹和洒布的药物应当记录，并设置醒目的警示标志，防止伤及人员。洒布药物应当使用专用工具；应当指定人员对鼠夹和药物进行管理，及时补充药物和更换鼠夹。

第一百九十一条 机场管理机构应当定期巡视检查并清除机场建筑物角落和周边树上的鸟巢。

第一百九十二条 机场管理机构应当尽可能减少机场范围内的表面水，及时排除水坑、洼地上的积水，定期清理排水沟，避免昆虫和水生物的滋生。

第一百九十三条 飞行区内禁止种植农作物和吸引鸟类的其它植物、进行各类养殖活动、设置露天垃圾场和垃圾分拣场。

第一百九十四条 机场管理机构应当在其机场年度鸟类危害管理方案中明示机场内外的吸引鸟的主要因素，以及为实现生态环境管理目标所采取措施的先后次序及其起始与完成日期。

第三节 巡视驱鸟要求及驱鸟设备管理

第一百九十五条 机场管理机构应当在环境整治的基础上，根据鸟情特点，采取惊吓、设置障碍物、诱杀或捕捉等手段或其组合实施鸟害防范工作。

所采取的驱鸟手段应当符合相关的法律法规和涉及民航管理的规章要求，并确保人身安全，避免污染环境。

第一百九十六条 在机场有飞行活动期间，机场管理机构应当不间断地进行巡视和驱鸟。

第一百九十七条 机场管理机构应当指定专人管理驱鸟枪、弹药、煤气炮、语音驱鸟设备、捕鸟网、视觉仿真装置等，确保设备完好并得到正确使用。

驱鸟枪支的使用和保管应当符合《中华人民共和国枪支管理法》及《民用机场驱鸟枪支管理办法》的规定。

第四节 鸟情信息的收集、分析与利用

第一百九十八条 鸟情巡视人员应当加强观察，记录观察到的鸟种、数量、飞行路线、飞行高度、活动目的及原因分析、采取的措施及效果。

第一百九十九条 鸟情巡视人员应当观察机场虫情、草情、鼠类等动物情况，并做好记录。

第二百条 机场管理机构应当根据鸟情巡视人员记录、鸟击信息、生态调研情况等基础资料建立鸟情信息库，并定期对鸟情信息资料进行分析比较，编制鸟情信息分析报告。该报告应当包括：

（一）可能危害飞行安全的主要鸟种以及出现的区域、时间段、原因、有效防范手段等；

（二）采取的控制措施对减少鸟类的种类与数量的效果，如安装或修理防护栏、修剪树木、清除建筑残余物、施用杀虫剂或驱虫剂、施用灭鼠药、草的高度管理、在机库安装网以及消除积水等；

（三）与前期相比鸟的种群、数量的变化情况，产生变化的相应原因；

（四）生态环境的变化和可能带来的影响；

（五）下一阶段可能危及飞行安全的鸟的种群、数量；

（六）推荐的防治措施和需引起驱鸟员注意的事项；

（七）鸟害防范工作的成效和不足。

第二百零一条 机场管理机构应当根据鸟情信息分析报告和鸟害防范评估报告，每年末对下一年度机场鸟害、虫害、鼠害等进行预测，制定防治措施。

第二百零二条 机场管理机构应当将鸟情信息分析报告和鸟害防范评估报告提供给驻场航空运输企业。

对飞行安全有危害的鸟种及机场防范鸟害的主要措施应当在航行资料上公布。

第五节　鸟情和鸟击报告制度

第二百零三条　当鸟情巡视人员发现鸟情可能危及飞行安全或者发现有规律的鸟群迁徙时,应当立即向空中交通管理部门通报。空中交通管理部门应当视情发布航行通告。

第二百零四条　在机场及附近发生航空器遭鸟撞击的事件时,机场管理机构应当以快报形式,向机场所在地民航地区管理局报告航空器遭鸟撞击的有关情况(包括航空器遭鸟撞击的时间、地点、高度及相关情况),并尽可能搜集和保存鸟撞击航空器的物证材料(如鸟类的尸骸、残羽、照片等)。

机场管理机构应当在鸟击事件发生24小时内,按照中国民航鸟击报告格式将有关情况报中国民航鸟击航空器信息网。

在跑道上发现的被撞死鸟,亦应当按前款要求报中国民航鸟击航空器信息网。

第二百零五条　航空器维修部门、空中交通管理部门、航空运输企业发现航空器遭鸟撞击的情况后,应当及时向机场管理机构通报有关情况。

货物运输部门所载运的动物在机场内逃逸时,应当立即抓捕并及时通知机场管理机构。

第九章　除冰雪管理

第二百零六条　有降雪或者道面结冰情况的机场,机场管理机构应当成立机场除冰雪专门协调机构,负责对除冰雪工作进行指导和协调。该协调机构应当由机场管理机构、航空运输企业、空中交通管理部门等单位负责人组成。

第二百零七条　机场管理机构应当结合本机场的实际情况,制定除冰雪预案,并认真组织实施,最大限度地消除冰雪天气对机场正常运行的影响。

第二百零八条　除冰雪预案应当遵循跑道、滑行道、机坪、车辆服务通道能够同步开放使用的原则,避免因局部原因而影响机场的开放使用。

第二百零九条　除冰雪预案应当包括:

(一)除冰雪专门协调机构的人员组成;

(二)除冰雪作业责任单位、责任人及其相应职责;

(三)除冰雪过程中的信息传递程序和通信方式;

(四)因除冰雪而关闭跑道及其他设施的决定程序;

(五)针对干雪、湿雪、雪浆等以及不同气温的除冰雪作业程序、车辆设备和人员的作业组合方式；

（六）跑道摩擦系数的测试方法和公布程序；

（七）除冰雪车辆、设备及物资储备清单。

第二百一十条 机场管理机构应当在入冬前做好除冰雪的准备工作。准备工作主要包括：

（一）召开除冰雪协调会议，为冬季运行做准备；

（二）对除冰雪人员进行培训；

（三）对除冰雪车辆及设备进行全面维护保养；

（四）按照机场除冰雪预案，对车辆设备、编队作业、协调指挥、通信程序进行模拟演练。演练应当在航班结束后在跑道、滑行道、机坪上实地进行，一般情况下每年入冬前演练次数不少于 3 次；

（五）对除冰液等物资的有效性和储备情况进行全面检查；

（六）确定堆雪场地。

第二百一十一条 目视助航设施上的积雪以及所有影响导航设备电磁信号的冰雪，应当予以清除。

第二百一十二条 除冰雪作业过程中，应当注意保护跑道、滑行道边灯及其他助航设备。雪和冰的临时堆放高度与航空器发动机底端或螺旋桨桨叶的垂直距离不得小于 40 厘米，与机翼的垂直距离不得小于 1 米。

第二百一十三条 降雪时应当及时清除跑道、滑行道、机坪、道肩上的积雪，防止道面产生冻胀和发生冻融破坏。

第二百一十四条 在航空器周边 5 米范围内，不得使用大型除雪设备。

第二百一十五条 机场管理机构应当根据本机场气候条件并参照过去 5 年的冰雪情况配备除冰雪设备。年旅客吞吐量 500 万人次以上的机场，除冰雪设备配备应当能够达到编队除雪，并且一次编队至少能够清除跑道上 40 米宽范围的积雪，具备边下雪边清除跑道积雪的能力，保证机场持续开放运行；年旅客吞吐量在 200 万至 500 万人次的机场，除冰雪设备配备应当能保证雪停后 1 小时内机场可开放运行；年旅客吞吐量 200 万人次以下的机场，除冰雪设备配备应当能保证雪停后 2 小时内机场可开放运行；日航班量少于 2 班的机场，除冰雪设备配备应当能保证雪停后 4 小时内机场可开放运行。

前款不适用偶尔有降雪的机场。偶尔有降雪的机场可参照上款执行。年旅客吞吐量 200 万人次以上、偶尔有降雪的机场应当配备除冰液洒布车。

第二百一十六条 为保证机场尽快开放使用，在滑行道、机坪积雪厚度小于 5 厘米时，可先仅清除标志上的积雪，以使航空器运行，但应当尽快清除全部积雪。

第二百一十七条 偶尔有降雪的机场,应当根据天气预报,在降雪前洒布除冰液。

第二百一十八条 利用航班间隙清除跑道、滑行道上的冰雪时,机场管理机构应当指定一名现场指挥员,负责除冰雪工作的协调,并与空中交通管理部门保持联络。所有除冰雪车辆应当与现场指挥员建立有效的通讯联系。

第二百一十九条 当机场某一区域除冰雪完毕后,机场管理机构应当对该区域进行检查,符合条件后,应当及时将开放的区域报告空中交通管理部门。

第二百二十条 位于经常降雪或降雪量较大地区的机场,机场管理机构应当事先确定冰雪堆放场地。在机坪上堆放冰雪,不得影响航空器、服务车辆的运行,并不得被航空器气流吹起。雪停后,应当及时将机坪上的冰雪全部清除。

第二百二十一条 位于经常降雪或降雪量较大地区、年旅客吞吐量200万人次以上的机场,应当设置航空器集中除冰坪。

除冰坪的设置应当符合《民用机场飞行区技术标准》的规定。

机场管理机构承担航空器除冰作业的,机场管理机构应当会同航空运输企业、空中交通管理部门结合本机场的实际情况,制定航空器除冰预案,配备必要的除冰车辆、设备和物资,并认真组织演练,最大限度地消除天气对航空器正常运行的影响。

第十章 不停航施工管理

第一节 基本要求

第二百二十二条 机场管理机构应当制定机场不停航施工管理规定,对不停航施工进行监督管理,最大限度地减少不停航施工对机场正常运行的影响,避免危及机场运行安全。

第二百二十三条 不停航施工是指在机场不关闭或者部分时段关闭并按照航班计划接收和放行航空器的情况下,在飞行区内实施工程施工。不停航施工不包括在飞行区内进行的日常维护工作。

机场不停航施工工程主要包括:

(一)飞行区土质地带大面积沉陷的处理工程,围界、飞行区排水设施的改造工程等;

(二)跑道、滑行道、机坪的改扩建工程;

(三)扩建或更新改造助航灯光及电缆的工程；

(四)影响民用航空器活动的其他工程。

第二百二十四条 机场管理机构负责机场航站区、停车楼等区域的施工(含装饰装修)的统一协调和管理。

对于航站区、停车楼等区域的施工(含装饰装修)，机场管理机构应当会同建设单位、施工单位、公安消防部门及其他相关单位和部门共同编制施工组织管理方案。

施工组织管理方案应当参照不停航施工管理的要求对影响安全的情况采取必要的措施，并尽可能降低对运行的影响。

第二百二十五条 在机场近期总体规划范围内的工程施工，机场管理机构应当对原有地下管线进行核实，防止施工对机场运行安全造成影响。

第二百二十六条 未经民航地区管理局按照《民用机场管理条例》批准，不得在机场内进行不停航施工。

机场管理机构负责机场不停航施工期间的运行安全，并负责批准工程开工。实施不停航施工，应当服从机场管理机构的统一协调和管理。

机场管理机构应当会同建设单位、施工单位、空中交通管理部门及其他相关单位和部门共同编制施工组织管理方案。

第二百二十七条 施工组织管理方案应当包括：

(一)工程内容、分阶段和分区域的实施方案、建设工期；

(二)施工平面图和分区详图，包括施工区域、施工区与航空器活动区的分隔位置、围栏设置、临时目视助航设施设置、堆料场位置、大型机具停放位置、施工车辆和人员通行路线和进出道口等；

(三)影响航空器起降、滑行和停放的情况和采取的措施；

(四)影响跑道和滑行道标志和灯光的情况和采取的措施；

(五)需要跑道入口内移的，对道面标志、助航灯光的调整说明和调整图；

(六)对跑道端安全区、无障碍物区和其他净空限制面的保护措施，包括对施工设备高度的限制要求；

(七)影响导航设施正常工作的情况和所采取的措施；

(八)对施工人员和车辆进出飞行区出入口的控制措施和对车辆灯光和标识的要求；

(九)防止无关人员和动物进入飞行区的措施；

(十)防止污染道面的措施；

(十一)对沟渠和坑洞的覆盖要求；

(十二)对施工中的飘浮物、灰尘、施工噪音和其他污染的控制措施；

（十三）对无线电通信的要求；

（十四）需要停用供水管线或消防栓，或消防救援通道发生改变或被堵塞时，通知航空器救援和消防人员的程序和补救措施；

（十五）开挖施工时对电缆、输油管道、给排水管线和其他地下设施位置的确定和保护措施；

（十六）施工安全协调会议制度，所有施工安全相关方的代表姓名和联系电话；

（十七）对施工人员和车辆驾驶员的培训要求；

（十八）航行通告的发布程序、内容和要求；

（十九）各相关部门的职责和检查的要求。

第二百二十八条 机场管理机构对机场不停航施工的管理包括：

（一）对施工图设计和招标文件中应当遵守的有关不停航施工安全措施的内容进行审查；

（二）在施工前，召开由相关单位和部门参加的联席会议，落实施工组织管理方案；

（三）与建设单位签定安全责任书。工程建设单位为机场管理机构时，机场管理机构应当与施工单位签订安全责任书；

（四）建立由各相关单位和部门代表组成的协调工作制度，并确保施工组织管理方案中所列各相关单位联系人和电话信息准确无误；

（五）每周或者视情召开施工安全协调会议，协调施工活动。在跑道、滑行道进行的机场不停航施工，应当每日召开一次协调会；

（六）对施工单位的人员培训情况进行抽查；

（七）对施工单位遵守机场管理机构所制定的人员和车辆进出飞行区的管理规定以及车辆灯光、标识颜色是否符合标准的情况进行检查；

（八）经常对施工现场进行检查，及时消除安全隐患。

第二百二十九条 建设单位及施工单位应当：

（一）持有不停航施工组织管理方案的副本，遵守施工组织管理方案，确保所有施工人员熟悉施工组织管理方案中的相关规定和程序；

（二）至少配备两名接受过机场安全培训的施工安全检查员负责现场监督，并采用设置旗帜、路障、临时围栏或配备护卫人员等方式，将施工人员和车辆的活动限制在施工区域内。

第二节 不停航施工的批准程序

第二百三十条 在机场内进行的不停航施工，由机场管理机构负责统一向机场所在地民航地区管理局报批。

第二百三十一条 因机场不停航施工,需要调整航空器起降架次、航班运行时刻、机场飞行程序、起飞着陆最低标准的,机场管理机构应当按照民航局的有关规定办理报批手续。

第二百三十二条 机场管理机构向民航地区管理局申请机场不停航施工时,应当提交下列资料:

(一)工程项目建设的有关批准文件;

(二)机场管理机构与工程建设单位或者施工单位签订的安全保证责任书;

(三)施工组织管理方案及附图;

(四)各类应急预案;

(五)调整航空器起降架次、航班运行时刻、机场飞行程序、起飞着陆最低标准的有关批准文件。

第二百三十三条 民航地区管理局应当自收到不停航施工申请材料之日起 15 日内作出同意与否的决定。符合条件的,应当予以批准;不符合条件的,应当书面通知机场管理机构并说明理由。

第二百三十四条 机场不停航施工经批准后,机场管理机构应当按照有关规定及时向驻场空中交通管理部门提供相关基础资料,并由空中交通管理部门根据有关规定发布航行通告。

涉及机场飞行程序、起飞着陆最低标准等更改的,资料生效后,方可开始施工;不涉及机场飞行程序、起飞着陆最低标准等更改的,通告发布七天后方可开始施工。

第三节 一般规定

第二百三十五条 在跑道有飞行活动期间,禁止在跑道端之外 300 米以内、跑道中心线两侧 75 米以内的区域进行任何施工作业。

第二百三十六条 在跑道端之外 300 米以内、跑道中心线两侧 75 米以内的区域进行的任何施工作业,在航空器起飞、着陆前半小时,施工单位应当完成清理施工现场的工作,包括填平、夯实沟坑,将施工人员、机具、车辆全部撤离施工区域。

第二百三十七条 在跑道端 300 米以外区域进行施工的,施工机具、车辆的高度以及起重机悬臂作业高度不得穿透障碍物限制面。在跑道两侧升降带内进行施工的,施工机具、车辆、堆放物高度以及起重机悬臂作业高度不得穿透内过渡面和复飞面。施工机具、车辆的高度不得超过两米,并尽可能缩小施工区域。

第二百三十八条 在滑行道、机坪道面边以外进行施工的，当有航空器通过时，滑行道中线或机位滑行道中线至物体的最小安全距离范围内，不得存在影响航空器滑行安全的设备、人员或其他堆放物，并不得存在可能吸入发动机的松散物和其他可能危及航空器安全的物体。

第二百三十九条 临时关闭的跑道、滑行道或其一部分，应当按照《民用机场飞行区技术标准》的要求设置关闭标志。已关闭的跑道、滑行道或其一部分上的灯光不得开启。被关闭区域的进口处应当设置不适用地区标志物和不适用地区灯光标志。

第二百四十条 在机坪区域进行施工的，对不适宜于航空器活动的区域，必须设置不适用地区标志物和不适用地区灯光标志。

第二百四十一条 因不停航施工需要跑道入口内移的，应当按照《民用机场飞行区技术标准》设置或修改相应的灯光及标志。

第二百四十二条 施工区域与航空器活动区应当有明确而清晰的分隔，如设立施工临时围栏或其他醒目隔离设施。围栏应当能够承受航空器吹袭。围栏上应当设旗帜标志，夜晚应当予以照明。

第二百四十三条 施工区域内的地下电缆和各种管线应当设置醒目标识。施工作业不得对电缆和管线造成损坏。

第二百四十四条 在施工期间，应当定期实施检查，保持各种临时标志、标志物清晰有效，临时灯光工作正常。航空器活动区附近的临时标志物、标记牌和灯具应当易折，并尽可能接近地面。

第二百四十五条 邻近跑道端安全区和升降带平整区的开挖明沟和施工材料堆放处，必须用红色或桔黄色小旗标示以示警告。在低能见度天气和夜间，还应当加设红色恒定灯光。

第二百四十六条 未经机场消防管理部门批准，不得使用明火，不得使用电、气进行焊接和切割作业。

第二百四十七条 在导航台附近进行施工的，应当事先评估施工活动对导航台的影响。因施工需要关闭导航台或调整仪表进近最低标准的，应当按照民航局的其他有关规定履行批准手续，并在正式实施前发布航行通告。

第二百四十八条 施工期间，应当保护好导航设施临界区、敏感区的场地。航空器运行时，任何车辆、人员不得进入临界区、敏感区。不得使用可能对导航设施或航空器通信产生干扰的电气设备。

第二百四十九条 易飘浮的物体、堆放的材料应当加以遮盖，防止被风或航空器尾流吹散。

第二百五十条 在航班间隙或航班结束后进行施工，在提供航空器使用之前必须对该施工区域进行全面清洁。施工车辆和人员的进出路线穿越航空器开放使用区域，应当对穿越区域进行不间断检查。发现道面污染时，应当及时清洁。

第二百五十一条 因施工使原有排水系统不能正常运行的，应当采取临时排水措施，防止因排水不畅造成飞行区被淹没。

第二百五十二条 因施工而影响机场消防、应急救援通道和集结点正常使用时，应当采取临时措施。

第二百五十三条 进入飞行区从事施工作业的人员，应当经过培训并申办通行证（包括车辆通行证）。人员和车辆进出飞行区出入口时，应当接受检查。飞行区施工临时设置的大门应当符合安全保卫的有关规定。

施工人员和车辆应当严格按照施工组织管理方案中规定的时间和路线进出施工区域。因临时进出施工区域，驾驶员没有经过培训的车辆，应当由持有场内车驾驶证的机场管理机构人员全程引领。

第二百五十四条 进入飞行区的施工车辆顶部应当设置黄色旋转灯标，并应当处于开启状态。

第二百五十五条 施工车辆、机具的停放区域和堆料场的设置不得阻挡机场管制塔台对跑道、滑行道和机坪的观察视线，也不得遮挡任何使用中的助航灯光、标记牌，并不得超过净空限制面。

第二百五十六条 施工单位应当与机场现场指挥机构建立可靠的通讯联系。施工期间应当派施工安全检查员现场值守和检查，并负责守听。安全检查员必须经过无线电通信培训，熟悉通信程序。

第十一章　航空油料供应安全管理

第一节　基 本 要 求

第二百五十七条 在机场内从事航空油料供应的单位，应当按照国家有关规定取得成品油经营许可证书、危险化学品经营许可证、民用机场航空燃油供应安全运营许可证。

第二百五十八条 在机场内从事航空油料供应的单位，应当根据国家、民航局、地方政府有关部门的规定，结合本单位的实际，制定各项安全管理规章制度、操作规程、作业程序、应急预案等。

第二百五十九条 航空油料供应单位的主要负责人和安全生产管理人员

应当具备相应的航空油料供应安全知识和管理能力。

航空油料供应单位应当对员工进行安全生产教育和培训。未经安全生产教育和培训合格的人员,不得上岗作业。

航空油料供应特有工种从业人员应当取得相应的职业技能鉴定资格证书,并持续有效。

第二百六十条 航空油料供应设施设备的采购、设计、制造、安装、使用、检测、维修、改造,应当符合有关规定和标准,满足安全要求,并经验收合格。

航空油料供应特种设备,应当按照国家有关规定,由专业生产单位生产,并经具有专业资质的检测、检验机构检测、检验合格,取得安全使用证或者安全检验合格标志,方可投入使用。

第二百六十一条 航空油料供应单位应当至少每年对本单位的运行安全状况进行评估。对评估中发现的安全隐患、薄弱环节,应当及时整改。

第二节 运行安全管理

第二百六十二条 航空油料供应单位应当对航空油料供应设施、设备进行经常性维护、保养,并定期检测,符合《民用航空油料设备完好标准》的要求,保证正常运转。

维护、保养、检测应当作好记录,并由有关人员签字。

第二百六十三条 航空油料供应单位应当建立油料质量监控体系,制定在接收、中转、储存、发出、加注、检验及掺配等各个环节的质量管理程序、质量要求,并符合《民用航空油料适航管理规定》等规定和标准。

第二百六十四条 航空器加油作业应当符合《飞机加油安全规范》的要求。

运油车、加(抽)油车的性能、状况应当符合民航专用设备相关标准的要求。

第二百六十五条 航空油料供应单位应当配备与业务量相适应的航空油料计量、监测设施设备。计量、监测设备应当按照有关规定定期检验合格。

航空油料的计量应当符合有关规定的要求。

第二百六十六条 航空油料供应单位应当按照《中华人民共和国消防法》等有关法律法规以及公安部《作业场所灭火器材配置及管理规定》和民航有关规章,在航空油料供应场所内和设施上配备相应的消防设施设备。

消防设施设备应当定期检查、维护,保持正常、有效。

第二百六十七条 航空油料供应单位应当明确各级消防安全职责,落实消防安全责任。

第二百六十八条 航空油料供应单位应当在禁火区域设置醒目的“禁止烟火”、火警报警电话等标志。

第二百六十九条 航空油料供应单位应当制定特殊管理制度,在禁火区域内进行动火、用火作业,以及进入含有有害气体和蒸汽混合物的受限空间内进行特殊作业,应当按规定报批,经批准后方可按照规定的程序、操作要求进行作业。未经批准的,不得进行作业。

第二百七十条 航空油料供应单位应当按照有关规定、标准的要求,在航空油料供应场所内和设施上设置相应的防爆、防静电、防雷击设备和采取其他防范措施,并定期检查、维护,保证其完好、有效。

第二百七十一条 航空油料供应场所内的电器火源控制和消除以及防爆安全装置的使用等,应当符合国家和行业有关标准和规范的要求。

第二百七十二条 在航空油料供应场所进行工程施工,应当制定相应的管理规定,加强施工安全管理,保证航空油料供应安全。

第二百七十三条 航空油料供应单位应当制定航空油料供应场所的安全保卫和出入管理规定,并配置相应的安全保卫人员。

任何人员和车辆进出航空油料供应场所,应当遵守安全保卫和出入管理规定。

第二百七十四条 航空油料供应单位应当根据安全生产和防止职业性危害等需要,按照不同工种、不同劳动环境和条件,为员工配备相应的劳动防护用品,并采取防护措施。员工上岗时必须穿(佩)戴和使用有效的劳动防护用品,设施设备必须安装防护装置。

劳动防护用品应当符合《劳动防护用品选用规则》的规定。

第二百七十五条 清洗油料容器的污水、油罐的积水,应当通过污水处理等净化设施进行处理。未经处理的污水、废油不得直接排放。

污水、废油的排放应当符合环境保护有关规定。

第二百七十六条 跑、冒、滴、漏的油品应当及时回收,不得直接冲洗到生产作业单位以外。失效的泡沫液(粉)以及其他含油或有害物质等应当集中处理。民用航空油料储存运输容器的清洗应当符合有关规定的要求。

第三节 应急处置

第二百七十七条 航空油料供应单位应当按照国家和行业的有关规定,结合本单位实际,制定航空油料供应突发事件应急预案。

航空油料供应突发事件应急预案应当纳入机场应急救援预案体系。

第二百七十八条 航空油料供应突发事件主要指:

(一)油品质量导致的飞行事故;
(二)火灾、爆炸事故;
(三)溢油污染事故;
(四)加错油;
(五)加油过程中加油胶管(接头)爆裂;
(六)拉坏航空器(加油车)加油接头或刮碰航空器;
(七)人员伤亡事故;
(八)其他突发事件。

第二百七十九条 应急预案应当包括:
(一)制定应急预案的目的和适用范围;
(二)应急指挥机构及相关部门职责和装备;
(三)生产作业单位基本情况。包括:主要油料设施、设备情况;航空油料的品名及正常储存数量;员工人数和排班情况;占地面积等;
(四)负责参与应急救援的单位负责人名册、联络方式和电话;
(五)应急处置程序、处置方案;
(六)紧急疏散及警戒设置;
(七)社会支援与协助措施等。

第二百八十条 航空油料供应单位应当按照规定,配备必要的应急设备和器材。

航空油料供应单位应当每年至少组织一次应急演练,并对相关人员进行应急培训。在演练中发现的问题要及时整改,并对应急预案进行修订和完善。

第二百八十一条 航空油料供应场所突发紧急事件时,生产作业单位应当立即向上一级单位以及机场管理机构报告,视情及时启动应急预案,并按照应急预案进行处置。

第二百八十二条 应急处置结束后,应当及时清理垃圾、废弃物等,减轻对环境的破坏。

第十二章 机场运行安全信息管理

第一节 基本要求

第二百八十三条 机场管理机构应当向民航地区管理局报告机场运行安全信息。运行安全信息包括机场使用细则资料的变更、安全生产建议、影响运行安全的事件或隐患等与安全生产有关的信息。

第二百八十四条 发生影响机场运行安全的事件或隐患时,各运行保障单位均应当立即报告机场管理机构。

第二百八十五条 机场管理机构应当与航空运输企业及其他驻场单位建立信息共享机制,相互提供必要的生产运营信息,为旅客和货主提供及时准确的信息和服务。

机场管理机构、航空运输企业及其他驻场运行保障单位均有免费提供信息的义务及使用信息的权利。任何单位不得将免费获得的信息用于商业经营。

第二百八十六条 机场管理机构应当建立统一的机场运行信息平台。航空运输企业和空中交通管理部门应当及时、准确地向机场管理机构提供航班计划、航班动态等信息,由机场管理机构根据机场的实际需要加以整理后发布,保证各生产保障单位、旅客和机场其他用户及时获得所需信息。上述信息均应当无偿提供。

第二节 机场运行安全信息报告制度

第二百八十七条 机场管理机构应当建立机场运行安全信息报告制度,包括航行资料报告制度、日常通报制度。

第二百八十八条 航行资料报告制度的要求如下:

当机场飞行区有下列情况之一的,机场管理机构应当及时向驻场空中交通管理部门提供航行资料。对可预见或事先有计划的资料更改,应当按《民用航空航行情报工作规则》中的有关规定提前提供;对不可预见的临时性的资料,应当及时提供。

(一)《机场使用细则》中的机场资料发生变更;

(二)跑道、滑行道、机坪或其部分的关闭、恢复或运行限制发生变化;

(三)跑道、滑行道、机坪的数量、运行限制及物理特性发生变化;

(四)跑道、滑行道、机坪道面标志线、标记牌发生变化;

(五)助航灯光设施、风斗发生变化;

(六)登机桥数量发生变化;

(七)飞行区和障碍物限制面内影响飞行安全的障碍物的增加、排除或变动,障碍灯发生变化;

(八)飞行区内不停航施工的开工和计划完工时间、每日施工开始和结束时间、施工区域的安全标志和灯光的设置发生变化;

(九)救援和消防保障等级发生变化(不含临时的变化);

(十)机场通信、导航、雷达、气象设备发生变化;

（十一）其他情况发生变化需要发布航行通告的。

第二百八十九条 日常通报制度的要求如下：

发现可能影响航空器正常和安全运行的下列情况之一的，机场管理机构应当及时向空中交通管理部门（塔台管制员）通报。

（一）跑道、滑行道或机坪道面破损或者拱起；

（二）跑道、滑行道、机坪有积雪、雪浆或结冰；

（三）跑道摩擦系数低于标准要求的最低值；

（四）因积雪或者结冰而不开放使用的跑道、滑行道、机坪；

（五）跑道、滑行道或机坪上有液体化学物质；

（六）飞行区内有临时性障碍物，包括停放的航空器、施工机具、施工材料、车辆等；

（七）发现疑似航空器掉落的零部件；

（八）发现有航空器提前接地、冲出或偏出跑道的痕迹；

（九）目视助航设施（包括助航灯光、标记牌、风斗、障碍灯等）全部或部分失效或运行不正常；

（十）救援和消防保障水平发生变化；

（十一）净空保护区内发现新的障碍物、升空物体和影响航空安全的其他情况；

（十二）机场通信、导航、雷达、气象等设备发生故障、工作不正常、备份电源失效和其他变动情况；

（十三）有可能影响飞行安全的鸟群活动；

（十四）其他可能影响飞行安全的情况。

第二百九十条 航空运输企业及其他驻场单位在机场内发生不安全事件，或发现机场设施达不到标准时，应当通报机场管理机构并报告民航地区管理局。

第二百九十一条 空中交通管理部门在获知飞行员反映机场设施达不到标准、或者其他不便于航空器运行的情况时，应当及时通知机场管理机构及民航地区管理局。

第十三章 法律责任

第二百九十二条 机场管理机构未按照本规定的要求建立健全设施设备管理制度的，或未按要求进行巡视检查、检测、报告、维护，保持设施设备的持续适用的，或在设施设备出现问题时未采取有效措施及时修复的，由民航局或民航地区管理局处以5000元以上1万元以下的罚款;情节严重的,处以1万元以上3万元以下的罚款。

第二百九十三条 航空运输企业及其他驻场单位未按照本规定的要求,对各自的有关机场运行安全的设施设备及时进行维护,保持设施设备的持续适用的,由民航局或民航地区管理局责令改正,并处以5000元以上1万元以下的罚款;情节严重的,民航局或民航地区管理局应当对责任单位处以1万元以上3万元以下的罚款。

第二百九十四条 航空运输企业及其他各驻场单位未遵守手册及机场管理机构为保障飞行安全和正常运营所制定的并经民用航空主管部门批准的管理规定的,由民航局或民航地区管理局给予警告;情节严重的,处以1万元以上3万元以下的罚款。

第二百九十五条 违反本规定第八条的规定,机场管理机构滥用管理权限损害航空运输企业或其代理人及其他驻场单位合法权益的,由民航局或民航地区管理局责令改正,并给予警告;情节严重的,处以1万元以上3万元以下的罚款。

第二百九十六条 违反本规定第十三条的规定,机场管理机构未按照民航局或民航地区管理局批准的机场开放使用范围为航空器提供安全保障的,由民航局或民航地区管理局责令改正,并给予警告;拒不改正的,处以1万元以上3万元以下的罚款。

第二百九十七条 机场管理机构、航空运输企业及其他运行保障单位未按照本规定第二章的要求组织员工安全生产培训的,由民航局或者民航地区管理局责令限期改正,并处以10万元以下的罚款;逾期未改正的,责令停产停业整顿,并处10万元以上20万元以下的罚款,对其直接负责的主管人员和其他直接责任人员处以2万元以上5万元以下的罚款。

第二百九十八条 机场管理机构未按照本规定第三章的要求管理手册,而导致机场运行安全隐患的,由民航局或民航地区管理局责令改正,并处以5000元以上1万元以下的罚款;情节严重的,处以1万元以上3万元以下的罚款。

第二百九十九条 违反本规定第四章第一节的要求,机场管理机构未履行飞行区设施设备维护职责的,由民航局或民航地区管理局责令改正,并给予警告;情节严重的,处以1万元以上3万元以下的罚款。

第三百条 违反本规定第七十条第三款的规定,未经塔台管制员许可,人员、车辆进入运行中的跑道、滑行道的,由民航局或民航地区管理局给予警告;情节严重的,对责任单位处以3万元的罚款。

第三百零一条　机场管理机构未按照本规定第四章第四节的要求进行跑道摩擦系数测试及维护，而导致机场运行安全隐患的，由民航局或民航地区管理局责令改正，并处以 1 万元以上 3 万元以下的罚款。

第三百零二条　机场管理机构未按照本规定第九十九条的要求指派相应的部门和人员对机坪运行实施全天动态检查的，由民航局或民航地区管理局处以 1 万元以下罚款；情节严重的，处以 1 万元以上 3 万元以下的罚款。

第三百零三条　机场管理机构未按照本规定第七章的要求履行净空和电磁环境保护职责，而导致机场运行安全隐患的，由民航局或民航地区管理局处以 5000 元以上 1 万元以下的罚款；情节严重的，处以 1 万元以上 3 万元以下的罚款。

第三百零四条　机场管理机构未按照本规定第八章的要求采取措施防范动物侵入，而导致机场运行安全隐患的，使机场运行安全受到影响的，由民航局或民航地区管理局责令改正，并给予警告；情节严重的，处以 3 万元以下罚款。

第三百零五条　机场管理机构未按照本规定第九章的要求履行除冰雪管理职责，而导致机场运行安全隐患的，由民航局或民航地区管理局处以 5000 元以上 1 万元以下的罚款；情节严重的，处以 1 万元以上 3 万元以下的罚款。

第三百零六条　机场管理机构未按照本规定的要求制定机场施工管理规定的，以及未按照本规定和机场施工管理规定落实施工管理工作的，民航局或民航地区管理局应当对机场管理机构处以 1 万元以上 3 万元以下的罚款。

第三百零七条　违反本规定第二百二十六条的要求，未经民航地区管理局批准，擅自实施不停航施工的，由民航地区管理局责令改正，处以 10 万元以上 50 万元以下的罚款。

第三百零八条　违反本规定第二百五十七条的要求，航空油料供应单位未取得航空油料供应的相关资质证书和许可证书，擅自在机场内从事航空油料供应的，由民航地区管理局责令改正，处以 20 万元以上 100 万元以下的罚款；有违法所得的，没收违法所得。

第三百零九条　机场管理机构、航空运输企业未按照本规定第十二章的要求履行机场运行安全信息报告和发布义务的，由民航局或民航地区管理局责令改正，并给予警告；拒不改正的，处以 1 万元以上 3 万元以下的罚款。

第十四章　附　　则

第三百一十条　本规定自 2008 年 2 月 1 日起施行。民航总局 2000 年 12 月 18 日颁布的《民用机场不停航施工管理规定》（民航总局令第 97 号）同时废止。

证券基金经营机构董事、监事、高级管理人员及从业人员监督管理办法

（2022年2月18日中国证券监督管理委员会令第195号公布　自2022年4月1日起施行　国司备字[2022006183]）

第一章　总　　则

第一条　为了规范证券公司和公开募集证券投资基金管理公司（以下统称证券基金经营机构）董事、监事、高级管理人员及从业人员的任职管理和执业行为，促进证券基金经营机构合规、稳健运行，保护投资者的合法权益，依据《证券法》《证券投资基金法》《公司法》《证券公司监督管理条例》等法律法规，制定本办法。

第二条　在中华人民共和国境内，证券基金经营机构董事、监事、高级管理人员及从业人员的任职管理和执业行为，适用本办法。

本办法所称高级管理人员是指证券基金经营机构的总经理、副总经理、财务负责人、合规负责人、风控负责人、信息技术负责人、行使经营管理职责并向董事会负责的管理委员会或执行委员会成员，和实际履行上述职务的人员，以及法律法规、中国证券监督管理委员会（以下简称中国证监会）和公司章程规定的其他人员。

本办法所称从业人员是指在证券基金经营机构从事证券基金业务和相关管理工作的人员。

第三条　证券基金经营机构聘任董事、监事、高级管理人员和分支机构负责人，应当依法向中国证监会相关派出机构备案。

证券公司从业人员应当符合从事证券业务的条件，并按照规定在中国证券业协会（以下简称证券业协会）登记；公开募集证券投资基金管理公司（以下简称基金管理公司）从业人员应当符合从事基金业务的条件，并按照规定在中国证券投资基金业协会（以下简称基金业协会）注册，取得基金从业资格。

证券基金经营机构不得聘任不符合任职条件的人员担任董事、监事、高级管理人员和分支机构负责人，不得聘用不符合从业条件的人员从事证券基金业务和相关管理工作，不得违反规定授权不符合任职条件或者从业条件的人员实际履行相关职责。

第四条　证券基金经营机构董事、监事、高级管理人员及从业人员应当遵守法律法规和中国证监会的规定，遵守公司章程和行业规范，恪守诚信，勤勉尽责，廉洁从业，不得损害国家利益、社会公共利益和投资者合法权益。

第五条　中国证监会及其派出机构依法对证券基金经营机构董事、监事、高级管理人员及从业人员实施监督管理。

证券业协会、基金业协会（以下统称行业协会）等自律管理组织依法对证券基金经营机构董事、监事、高级管理人员及从业人员实施自律管理。

第二章　董事、监事和高级管理人员任职管理

第六条　拟任证券基金经营机构董事、监事和高级管理人员的人员，应当符合下列基本条件：

（一）正直诚实，品行良好；

（二）熟悉证券基金法律法规和中国证监会的规定；

（三）具备3年以上与其拟任职务相关的证券、基金、金融、法律、会计、信息技术等工作经历；

（四）具有与拟任职务相适应的管理经历和经营管理能力；

（五）拟任证券基金经营机构高级管理人员的，曾担任证券基金经营机构部门负责人以上职务不少于2年，或者曾担任金融机构部门负责人以上职务不少于4年，或者具有相当职位管理经历；

（六）法律法规、中国证监会规定的其他条件。

拟任证券基金经营机构董事长、高级管理人员以及其他从事业务管理工作的人员，还应当符合证券基金从业人员条件。

拟任证券基金经营机构合规负责人、风控负责人、信息技术负责人的，还应当符合中国证监会规定的其他条件。

第七条　有下列情形之一的，不得担任证券基金经营机构董事、监事和高级管理人员：

（一）存在《公司法》第一百四十六条、《证券法》第一百二十四条第二款、第一百二十五条第二款和第三款，以及《证券投资基金法》第十五条规定的情形；

（二）因犯有危害国家安全、恐怖主义、贪污、贿赂、侵占财产、挪用财产、黑社会性质犯罪或者破坏社会经济秩序罪被判处刑罚，或者因犯罪被剥夺政治权利；

（三）因重大违法违规行为受到金融监管部门的行政处罚或者被中国证监

会采取证券市场禁入措施，执行期满未逾5年；

（四）最近5年被中国证监会撤销基金从业资格或者被基金业协会取消基金从业资格；

（五）担任被接管、撤销、宣告破产或吊销营业执照机构的法定代表人和经营管理的主要负责人，自该公司被接管、撤销、宣告破产或吊销营业执照之日起未逾5年，但能够证明本人对该公司被接管、撤销、宣告破产或吊销营业执照不负有个人责任的除外；

（六）被中国证监会认定为不适当人选或者被行业协会采取不适合从事相关业务的纪律处分，期限尚未届满；

（七）因涉嫌违法犯罪被行政机关立案调查或者被司法机关立案侦查，尚未形成最终处理意见；

（八）中国证监会依法认定的其他情形。

第八条 拟任证券基金经营机构董事长、副董事长、监事会主席、高级管理人员的人员，可以参加行业协会组织的水平评价测试，作为证明其熟悉证券基金法律法规的参考；上述人员不参加行业协会组织的水平评价测试的，应当符合下列条件之一：

（一）具备10年以上与其拟任职务相关的证券、基金、金融、法律、会计、信息技术等境内工作经历，且从未被金融监管部门采取行政处罚或者行政监管措施，拟任高级管理人员的，还应当担任证券基金经营机构部门负责人以上职务不少于5年，或者具有相当职位管理经历；

（二）中国证监会和行业协会规定的其他条件。

第九条 拟任证券基金经营机构独立董事的，不得在拟任职的证券基金经营机构担任董事会外的职务，且不得存在以下情形：

（一）最近3年在拟任职的证券基金经营机构及其关联方任职；

（二）直系亲属和主要社会关系人员在拟任职的证券基金经营机构及其关联方任职；

（三）与拟任职的证券基金经营机构及其关联方的高级管理人员、其他董事、监事以及其他重要岗位人员存在利害关系；

（四）在与拟任职的证券基金经营机构存在业务往来或利益关系的机构任职；

（五）在其他证券基金经营机构担任除独立董事以外的职务；

（六）其他可能妨碍其作出独立、客观判断的情形。

任何人员最多可以在2家证券基金经营机构担任独立董事。法律法规和中国证监会另有规定的，从其规定。

第十条 证券基金经营机构聘任高级管理人员的,应当按照法律法规和公司章程的规定,由公司股东、董事会专门委员会或者总经理进行提名,提名人应当就拟任人符合任职条件作出书面承诺,并对其个人品行、职业操守、从业经历、业务水平、管理能力等发表明确意见,不得隐瞒重要情况或者提供虚假信息。

第十一条 证券基金经营机构聘任董事、监事和高级管理人员前,应当审慎考察并确认其符合相应的任职条件,自作出聘任决定之日起5个工作日内向中国证监会相关派出机构报送下列备案材料:

(一)任职情况备案登记表;

(二)聘任决定文件及相关会议决议;

(三)聘任单位对受聘人的考察意见、提名人的书面承诺和提名意见;

(四)身份、相关工作经历、诚信状况等证明其符合任职条件的文件;

(五)受聘人签署的诚信经营承诺书;

(六)最近3年曾任职单位出具的离任审计报告、离任审查报告、鉴定意见或者聘任单位委托第三方机构对受聘人出具的任职调查报告;

(七)中国证监会要求提交的其他材料。

证券基金经营机构应当在考察意见中对受聘人符合任职条件的情况作出说明。

曾在证券基金经营机构担任董事、监事和高级管理人员的,除补充和更新材料外,可不重复报送本条第一款第(四)项规定的备案材料。

第十二条 证券基金经营机构聘任独立董事的,应当要求拟任人提供关于独立性的声明,并作为备案材料向中国证监会相关派出机构报送。声明应当重点说明拟任人是否存在本办法第九条所列举的情形。

第十三条 中国证监会相关派出机构收到备案材料后,可以通过查询个人档案、征求相关监管机构意见、查询资本市场诚信档案数据库、谈话等方式对受聘人情况进行必要的核查。

第十四条 中国证监会相关派出机构发现受聘人不符合任职条件的,应当要求证券基金经营机构更换有关人员。证券基金经营机构应当立即停止受聘人职务,及时解除对受聘人的聘任决定,并自作出解聘决定之日起5个工作日内向中国证监会相关派出机构报告。

中国证监会相关派出机构发现受聘人的聘任程序不符合公司章程规定的,应当要求证券基金经营机构改正,在履行规定的聘任程序前,受聘人不得实际履行职责。

证券基金经营机构、受聘人的提名人及其他负有考察责任的人员,对未发现受聘人不符合任职条件负有责任的,中国证监会相关派出机构应当依法追究其责任。

第三章　从业人员执业管理

第十五条　证券基金经营机构从业人员应当持续符合下列条件:

(一)品行良好;

(二)具备从事证券基金业务所需的专业能力,掌握证券基金业务相关的专业知识;

(三)最近3年未因犯罪被判处刑罚;

(四)不存在《证券法》第一百二十五条第二款和第三款,以及《证券投资基金法》第十五条规定的情形;

(五)最近5年未被中国证监会撤销基金从业资格或者被基金业协会取消基金从业资格;

(六)未被中国证监会采取证券市场禁入措施,或者执行期已经届满;

(七)法律法规、中国证监会和行业协会规定的其他条件。

第十六条　证券基金经营机构可以要求拟从事证券基金业务的人员参加从业人员专业能力水平评价测试,作为证明其专业能力的参考;不参加从业人员专业能力水平评价测试的,应当符合行业协会规定的条件。

行业协会根据业务类别负责组织从业人员专业能力水平评价测试,并作出境内外相关资质的互认安排。测试方案、大纲、科目和互认安排等由行业协会拟定并报中国证监会备案后组织实施。

第十七条　证券公司应当自证券从业人员从事业务之日起5个工作日内,向证券业协会提交证明其符合条件的材料和登记信息并办理登记。证券业协会应当自登记信息完备之日起5个工作日内办结登记。登记信息不完备或者不符合规定的,证券公司及其从业人员应当按照要求及时补正。

基金管理公司应当向基金业协会提交基金从业人员符合条件的证明材料和注册信息,为其申请执业注册。基金业协会应当对注册信息进行审查,并自受理之日起5个工作日内准予注册或者不予注册。准予注册的,相关人员取得基金从业资格。不予注册的,应当书面说明理由。基金从业人员在取得基金从业资格前不得从事基金业务活动。

第十八条　从业人员的登记信息或者注册信息发生变化的,应当及时通知证券基金经营机构,证券基金经营机构应当在知悉有关情况之日起5个工作日内向行业协会申请变更登记信息或者注册信息。从业人员不符合从业条件或者离职的,原聘用机构应当自上述情形发生之日起5个工作日内向行业协会办理注销登记或者注销注册。

第十九条 行业协会应当将从业人员登记或者注册情况、证券基金业基本从业信息、诚信记录等进行公示。

第二十条 拟任证券基金经营机构分支机构负责人的人员,应当同时符合本办法第六条第一款第(一)项到第(四)项、第七条和第十五条规定的任职条件。

证券基金经营机构聘任分支机构负责人前,应当考察确认其是否符合相应的任职条件,并自作出聘任决定之日起5个工作日内参照本办法第十一条的规定向中国证监会相关派出机构报送备案材料。中国证监会相关派出机构进行核查时发现受聘人不符合任职条件的,应当要求证券基金经营机构更换有关人员。

第二十一条 担任保荐代表人、证券投资顾问、证券分析师、财务顾问主办人、基金经理、投资经理、基金投资顾问,证券经纪人等与证券公司存在委托合同关系的从业人员,以及法律法规和中国证监会规定的其他人员,还应当符合相应的从业条件,并按照规定在行业协会登记或者注册。

第四章 董事、监事、高级管理人员及从业人员执业规范和履职限制

第一节 执业规范

第二十二条 证券基金经营机构董事、监事、高级管理人员及从业人员应当遵守法律法规和中国证监会的有关规定,切实履行公司章程、公司制度和劳动合同等规定的职责,并遵守下列执业行为规范:

(一)具有良好的守法合规意识,自觉抵制违法违规行为,配合中国证监会及其派出机构依法履行监管职责;

(二)诚实守信,廉洁自律,公平竞争,遵守职业道德和行业规范,履行向中国证监会及其派出机构的书面承诺;

(三)恪尽职守、勤勉尽责,切实维护投资者合法权益,公平对待投资者,有效防范并妥善处理利益冲突;

(四)审慎稳健,牢固树立风险意识,独立客观,不受他人非法干预;

(五)中国证监会规定的其他执业行为规范。

第二十三条 证券基金经营机构董事应当按照法律法规、中国证监会和

公司章程的规定出席董事会会议，对所议事项发表明确意见，并对董事会决议依法承担相应责任。

证券基金经营机构独立董事应当依法独立履行董事义务，不受公司股东、实际控制人以及其他与公司存在利害关系的单位或个人的影响，维护公司整体利益和投资者合法权益。

证券基金经营机构独立董事应当制作年度履职报告提交股东（大）会审议，并存档备查。

第二十四条 证券基金经营机构监事应当依法检查公司财务，对董事、高级管理人员履职的合法合规性进行监督，维护公司、股东和投资者的合法权益。

第二十五条 证券基金经营机构高级管理人员应当忠实、勤勉履行职责，有效执行董事会决议和公司制度规定，防范和化解经营风险，确保公司规范经营和独立运作。

第二十六条 证券基金经营机构董事、监事、高级管理人员及从业人员不得从事下列行为：

（一）利用职务之便为本人或者他人牟取不正当利益；

（二）与其履行职责存在利益冲突的活动；

（三）不正当交易或者利益输送；

（四）挪用或者侵占公司、客户资产或者基金财产；

（五）私下接受客户委托从事证券基金投资；

（六）向客户违规承诺收益或者承担损失；

（七）泄露因职务便利获取的未公开信息、利用该信息从事或者明示、暗示他人从事相关的交易活动；

（八）违规向客户提供资金、证券或者违规为客户融资提供中介、担保或者其他便利；

（九）滥用职权、玩忽职守，不按照规定履行职责；

（十）法律法规和中国证监会规定禁止的其他行为。

第二十七条 证券基金经营机构董事、监事、高级管理人员及从业人员应当拒绝执行任何机构、个人侵害本公司利益或者投资者合法权益的指令或者授意，发现有侵害投资者合法权益的违法违规行为的，应当及时向合规负责人或者中国证监会相关派出机构报告。

第二十八条 证券基金经营机构董事、监事、高级管理人员及从业人员不得违反法律法规和中国证监会的规定，从事证券、基金和未上市企业股权投资。

第二十九条 证券基金经营机构董事、监事、高级管理人员及从业人员离任的,应当保守原任职机构商业秘密等非公开信息,不得利用非公开信息为本人或者他人牟取利益。

证券基金经营机构不得聘用从其他证券基金经营机构离任未满6个月的基金经理和投资经理,从事投资、研究、交易等相关业务。

第三十条 证券基金经营机构董事、监事、高级管理人员及从业人员应当加强学习培训,提高职业操守、合规意识和专业能力。

第二节 履职限制

第三十一条 证券基金经营机构董事、监事、高级管理人员及从业人员应当保证有足够的时间和精力履行职责,不得自营或者为他人经营与所任公司同类或者存在利益冲突的业务。

证券基金经营机构的岗位设置和职责权限应当清晰、明确,有效防范各岗位之间可能存在的利益冲突。

第三十二条 证券基金经营机构的高级管理人员、部门负责人和分支机构负责人,不得在证券基金经营机构参股或者控股的公司以外的营利性机构兼职;在证券基金经营机构参股的公司仅可兼任董事、监事,且数量不得超过2家,在证券基金经营机构控股子公司兼职的,不受前述限制。法律法规和中国证监会另有规定的,从其规定。

董事、监事、高级管理人员、部门负责人、分支机构负责人兼职的,应当及时通知证券基金经营机构,证券基金经营机构应当在知悉有关情况之日起5个工作日内向中国证监会相关派出机构报告。

第三十三条 证券基金经营机构从业人员应当以所在机构的名义从事证券基金业务活动,不得同时在其他证券基金经营机构执业。中国证监会另有规定的,从其规定。

第三十四条 证券基金经营机构董事、监事、高级管理人员及从业人员不得授权不符合任职条件或者从业条件的人员代为履行职责。法律法规和中国证监会另有规定的,从其规定。

证券基金经营机构董事长、总经理、合规负责人和分支机构负责人因故不能履行职务的,证券基金经营机构应当按照《公司法》和公司章程的规定,在15个工作日内决定由符合任职条件的人员代为履行职务,相关人员代为履行职务应当谨慎勤勉尽责,且时间不得超过6个月。中国证监会另有规定的,从其规定。

证券基金经营机构应当自按照前款规定作出决定之日起5个工作日内,

向中国证监会相关派出机构报告。决定的人员不符合任职条件的，中国证监会相关派出机构应当要求证券基金经营机构限期另行作出决定，并要求原代为履行职务的人员停止履行职务。

第五章　证券基金经营机构的管理责任

第三十五条　证券基金经营机构应当切实履行董事、监事、高级管理人员及从业人员任职考察、履职监督、内部考核问责的主体责任，建立健全人员任职和执业管理的内部控制机制，强化合规与风险管理，有效管控激励约束、投资行为和利益冲突防范等事项，持续提升人员的道德水准、专业能力、合规风险意识和廉洁从业水平，培育合规、诚信、专业、稳健的行业文化。

第三十六条　证券基金经营机构聘任董事、监事、高级管理人员及从业人员，或者决定代为履行相应职务的人员前，应当向中国证监会相关派出机构和行业协会的信息系统查询其任职管理和执业管理信息。

第三十七条　证券基金经营机构应当对其董事、监事、高级管理人员和分支机构负责人的人员名单在官方网站进行公示，并自发生变化之日起 20 个工作日内进行更新。

第三十八条　自证券基金经营机构作出聘任决定之日起 20 个工作日内，高级管理人员和分支机构负责人无正当理由未实际到任履行相应职责的，证券基金经营机构应当撤销对受聘人的聘任决定，并自作出撤销聘任决定之日起 5 个工作日内向中国证监会相关派出机构报告。

第三十九条　证券基金经营机构董事、监事、高级管理人员和分支机构负责人出现不符合法律法规和中国证监会规定的任职条件的，证券基金经营机构应当立即停止其职权或者免除其职务。

证券基金经营机构董事、监事、高级管理人员及从业人员出现本办法第七条第（七）项规定情形的，应当及时通知证券基金经营机构；相关人员涉嫌重大违法犯罪，或因履职行为被行政机关立案调查或被司法机关立案侦查的，证券基金经营机构应当暂停其职务。

第四十条　证券基金经营机构高级管理人员职责分工发生调整，或者分支机构负责人改任本公司其他分支机构负责人的，应当在 5 个工作日内向中国证监会相关派出机构报告。

证券基金经营机构变更有关人员涉及《经营证券期货业务许可证》内容变更的，应当自作出有关聘任决定之日起 20 个工作日内向中国证监会或其派出机构换领《经营证券期货业务许可证》。

第四十一条　证券基金经营机构免除董事、监事、高级管理人员和分支机构负责人职务的，应当自作出免职决定之日起5个工作日内，向中国证监会相关派出机构备案，并提交下列材料：

（一）记载免职原因的免职决定文件；

（二）相关会议的决议；

（三）中国证监会规定的其他材料。

中国证监会相关派出机构依法对免职备案材料进行审查。免职程序不符合规定的，中国证监会相关派出机构应当要求证券基金经营机构改正。

第四十二条　证券基金经营机构免除任期未届满的独立董事职务的，证券基金经营机构和独立董事本人应当在20个工作日内分别向中国证监会相关派出机构和股东（大）会提交书面说明。

除本人申请，或被中国证监会及其派出机构责令更换，或确有证据证明其不符合任职条件、无法正常履职、未能勤勉尽责等情形外，证券基金经营机构不得免除任期未届满的合规负责人、风控负责人的职务。

第四十三条　证券基金经营机构应当加强对高级管理人员和从业人员的执业培训，确保其掌握与岗位职责相关的法律法规、执业规范，持续具备与岗位相适应的专业素质，并定期对其诚信合规、勤勉尽责、廉洁从业、专业能力等情况进行考核。

第四十四条　证券基金经营机构应当建立长效合理的薪酬管理制度，充分反映合规管理和风险管理要求，避免短期、过度激励等不当激励行为。证券基金经营机构应当对董事长、高级管理人员、主要业务部门负责人、分支机构负责人和核心业务人员建立薪酬递延支付机制，在劳动合同、内部制度中合理确定薪酬递延支付标准、年限和比例等。

证券基金经营机构实施股权激励、员工持股计划等长效激励机制的，应当合理设定授予条件、授予期限和分期授予比例。

证券基金经营机构应当建立健全内部问责机制，明确高级管理人员和从业人员的履职规范和问责措施。证券基金经营机构应当在与其高级管理人员及从业人员的劳动合同、内部制度中明确，相关人员未能勤勉尽责，对证券基金经营机构发生违法违规行为或者经营风险负有责任的，证券基金经营机构可以要求其退还相关行为发生当年奖金，或者停止对其实施长效激励措施。在违法违规行为调查期间或者风险处置期间，涉嫌对证券基金经营机构发生违法违规行为或经营风险负有责任的人员应当配合调查和风险处置工作。

第四十五条　证券基金经营机构应当建立健全董事、监事、高级管理人员、从业人员及其配偶、利害关系人进行证券、基金（货币市场基金除外）和未上市企业股权投资的申报、登记、审查、监控、处置、惩戒等投资行为管理制度和廉洁从业规范,制定有效的事前防范体系、事中管控措施和事后追责机制,防止董事、监事、高级管理人员及从业人员违规从事投资,切实防范内幕交易、市场操纵、利益冲突和利益输送等不当行为,确保投资者合法权益不受侵害。

第四十六条 证券基金经营机构应当定期对高级管理人员和分支机构负责人的履职情况开展内部稽核或外部审计,并保证稽核审计工作的独立性和有效性。

第四十七条 证券基金经营机构董事长、高级管理人员、分支机构负责人离任的,证券基金经营机构应当对其进行审计,并自其离任之日起 2 个月内将离任审计报告向中国证监会相关派出机构报告。其中,法定代表人、经营管理的主要负责人离任的,证券基金经营机构应当聘请符合《证券法》规定的会计师事务所对其进行离任审计。

证券基金经营机构基金经理、投资经理离任的,证券基金经营机构应当对其进行离任审查,并自离任之日起 2 个月内形成离任审查报告,以存档备查。

第四十八条 证券基金经营机构应当按照要求及时向中国证监会相关派出机构报送董事、监事、高级管理人员和分支机构负责人的诚信记录、内部惩戒、激励约束机制执行情况、投资行为管理和廉洁从业制度执行情况等信息,及时向行业协会报送从业人员的前述信息。

证券基金经营机构及其董事、监事、高级管理人员和从业人员应当保证报送的各项材料和信息真实、准确和完整,不得有虚假记载、误导性陈述和重大遗漏。

证券基金经营机构应当妥善保存公司人员管理制度,以及年度考核、执业培训、稽核审计等情况,保存期限不得少于 20 年。

第六章 监督管理与法律责任

第四十九条 中国证监会和行业协会建立证券基金经营机构董事、监事、高级管理人员及从业人员任职管理和执业管理信息系统,中国证监会相关派出机构和行业协会应当督促证券基金经营机构按要求将相关人员的职务任免、从业人员登记或者注册情况、从业经历、日常监管、诚信记录、内部惩戒等信息纳入统一的电子化管理,有关信息应当与证券期货交易场所、证券登记结算机构等相关单位共享。

第五十条 行业协会负责制定有关从业人员管理的自律规则,报中国证监会备案后实施。

行业协会应当按照法律法规和中国证监会的规定或者授权,组织从业人员的业务培训,对从事不同业务类型的从业人员实施差异化自律管理。

第五十一条 证券基金经营机构及其董事、监事、高级管理人员及从业人员违反法律法规、本办法和中国证监会其他规定的,中国证监会及其派出机构可以根据情节轻重依法采取责令改正、监管谈话、出具警示函、责令定期报告、责令处分有关人员、责令更换有关人员或者限制其权利、限制向董事、监事、高级管理人员支付报酬或者提供福利、责令暂停履行职务、责令停止职权、责令解除职务、认定为不适当人选等措施。

证券基金经营机构收到中国证监会及其派出机构责令停止职权或者解除职务的决定后,应当立即停止有关人员职权或者解除其职务,不得将其调整到其他平级或者更高层级职务。

证券基金经营机构董事、监事、高级管理人员及从业人员被暂停履行职务期间,不得擅自离职。

第五十二条 证券基金经营机构及其董事、监事、高级管理人员及从业人员有证据证明存在下列情形之一的,可以从轻、减轻或者免除采取行政监管措施:

(一)对突发事件或者重大风险积极采取补救措施,有效控制损失和不良影响;

(二)对证券基金经营机构作出的涉嫌违法违规决议,在集体决策过程中曾明确发表反对意见,并有书面记录;

(三)主动向中国证监会及其派出机构、公司合规负责人报告公司的违法违规行为且调查属实;

(四)中国证监会认定的其他情形。

第五十三条 证券基金经营机构及其董事、监事、高级管理人员及从业人员违反本办法规定,且构成违反《证券法》《证券投资基金法》《证券公司监督管理条例》等法律法规规定情形的,应当依照有关规定处理。

第五十四条 证券基金经营机构及其董事、监事、高级管理人员及从业人员违反本办法规定且情节严重,或者拒不执行监管决定,《证券法》《证券投资基金法》《证券公司监督管理条例》等法律法规没有规定相应处理措施或者罚则的,给予警告或者通报批评,并处20万元以下罚款。

第七章 附 则

第五十五条 本办法下列用语的含义:

（一）分支机构负责人，是指证券基金经营机构在境内设立的从事业务经营活动的分公司、证券营业部，以及中国证监会规定的下属其他非法人机构的负责人；

（二）部门负责人，是指证券基金经营机构内设的从事证券基金业务和相关管理工作的部门负责人以及实际履行上述职务的人员，被纳入高级管理人员管理的除外；

（三）中国证监会相关派出机构，包括证券公司住所地、分支机构所在地的中国证监会派出机构和基金管理公司经营所在地、分支机构所在地的中国证监会派出机构；

（四）投资经理，是指证券基金经营机构从事自营业务、私募资产管理业务中负责投资的专业人员；

（五）商业秘密，按照《反不正当竞争法》的规定确定。

第五十六条 下列机构的相关人员应当具备本办法第六条第一款第（一）项到第（四）项、第七条和第十五条规定的任职条件，并比照证券基金经营机构及其高级管理人员适用本办法的其他规定：

（一）证券基金经营机构以外的其他公募基金管理人及其董事、监事和高级管理人员，基金托管人及其设立的基金托管部门的总经理、副总经理，以及实际履行上述职务的其他人员；

（二）证券基金经营机构子公司及其高级管理人员，以及从事证券投资咨询、财务顾问等证券服务机构和从事公募基金销售、份额登记、估值、投资顾问、评价等基金服务机构及其相关高级管理人员，以及实际履行上述职务的其他人员；

（三）商业银行以及中国证监会认可的其他金融机构从事证券基金服务业务的，相关机构及其提供证券基金服务部门的相关负责人。

前款规定机构的证券基金从业人员，应当比照证券基金经营机构从业人员适用本办法。

第五十七条 本办法实施前已在证券基金经营机构或者本办法第五十六条规定的机构依法担任董事、监事、高级管理人员，以及担任证券基金经营机构分支机构负责人等职务，但未取得相应的任职资格或者未进行任职备案，且不符合本办法规定任职条件的，应当自本办法实施之日起 1 年内符合相应的任职条件，并按照规定进行备案。

本办法实施前已在证券基金经营机构或者本办法第五十六条规定的机构依法从业，但不符合本办法规定从业条件的，应当自本办法实施之日起 1 年内符合相应的从业条件，并按照规定在行业协会登记或者注册。

逾期不符合相关任职条件和从业条件的上述人员,不得继续担任相应职务或者从事相应业务。

第五十八条 本办法自2022年4月1日起施行。中国证监会发布的《证券业从业人员资格管理办法》(中国证监会令第14号)《证券投资基金行业高级管理人员任职管理办法》(中国证监会令第23号)《证券公司董事、监事和高级管理人员任职资格监管办法》(中国证监会令第88号)《关于实施〈证券投资基金行业高级管理人员任职管理办法〉有关问题的通知》(证监基金字〔2004〕150号)同时废止。

公共交通企业信息公开规定

(2022年2月19日交通运输部令2022年第11号公布 自2022年4月1日起施行 国司备字[2022006040])

第一条 为了加强公共交通企业信息公开工作,提升公共交通企业服务水平,切实维护公民、法人和其他组织获取信息的合法权益,根据《中华人民共和国政府信息公开条例》等法规,制定本规定。

第二条 铁路、公路、水路、民航领域的公共交通企业信息公开及监督管理活动,适用本规定。

前款所称公共交通企业,是指为不特定社会公众提供出行服务并按照固定线路、时间、站点、班次运行的运输经营企业和港站经营企业。

公路、水路领域公共交通企业,包括从事城市公共交通、道路班车客运、道路客运站、水路旅客班轮、港口客运站运营的企业。

第三条 公共交通企业在提供公共服务过程中制作或者获取的、直接关系社会公众出行并以一定形式记录、保存的信息,应当按照本规定进行公开。

第四条 公共交通企业公开信息,应当采取主动公开的方式,坚持便民实用、及时全面的原则,满足社会公众信息需求。

第五条 交通运输部负责指导全国公路、水路领域公共交通企业的信息公开工作。

县级以上地方人民政府交通运输主管部门按照职责实施本行政区域内公路、水路领域公共交通企业的信息公开监督管理工作。

各级铁路、民航监管部门按照职责指导和监督铁路、民航领域公共交通企业的信息公开工作。

第六条 公共交通企业应当建立健全信息公开制度,明确信息发布流程、审核程序等。

第七条 公共交通企业应当主动公开运营服务、安全防范、应急处置、权益维护等信息。

鼓励公共交通企业主动公开有利于推动公共交通服务高质量发展、提升社会公众出行满意度的其他相关信息。

第八条 城市公共交通运营企业应当主动公开以下信息：

（一）运营线路、站点名称、服务时间、运行方向、票价、乘车（船）规则等运营服务信息；

（二）乘客安全须知、禁止携带的物品目录、安全警示标志等安全防范信息；

（三）安全锤、灭火器等应急救援设备设施使用方法，以及安全疏散标识等应急处置信息；

（四）企业服务监督电话、行业监督电话、投诉受理制度等权益维护信息。

城市轨道交通运营企业还应当主动公开运行间隔时间、周边换乘、路线指示标识、服务质量承诺，以及站台紧急停车按钮、车辆紧急解锁按钮使用方法等信息。

城市轮渡运营企业还应当主动公开载客定额、消防救生演示图、救生衣使用方法等信息。

第九条 道路班车客运、道路客运站运营企业应当主动公开以下信息：

（一）企业名称、驾驶员姓名和从业资格证号、票价、里程表、乘车规则等道路班车客运运营服务信息，客车类型等级、运输线路、配客站点、班次、发车时间、票价等道路客运站运营服务信息；

（二）乘客安全须知、禁止及限制携带和托运的物品目录、安全警示标志等安全防范信息；

（三）安全锤、灭火器等应急救援设备设施使用方法，以及安全疏散标识等应急处置信息；

（四）企业服务监督电话、行业监督电话等权益维护信息。

第十条 水路旅客班轮、港口客运站运营企业应当主动公开以下信息：

（一）船舶名称、目的港、始发港、班期、班次、票价、乘船规则等运营服务信息；

（二）载客定额、乘船安全须知、禁止及限制携带和托运的物品目录、安全警示标志、救生衣使用方法等安全防范信息；

（三）灭火器等应急救援设备设施使用方法、安全疏散标识、消防救生演示图等应急处置信息；

（四）企业服务监督电话、行业监督电话等权益维护信息。

第十一条 综合客运枢纽内的公共交通企业应当做好枢纽内导向标识、换乘路径、集疏运路线图等信息的主动公开。

第十二条 公共交通企业对下列信息不予公开：

（一）涉及国家秘密的；

（二）公开后可能危及国家安全、公共安全、经济安全、社会稳定的；

（三）涉及商业秘密、个人隐私等公开会对第三方合法权益造成损害的；

（四）法律、法规禁止公开的其他信息。

公共交通企业内部管理信息可以不予公开。

第十三条 公共交通企业应当及时主动公开相关信息，并根据实际情况动态调整。

因运营线路、站点等信息发生变更影响社会公众出行的，公路、水路领域公共交通企业应当在实施之日 3 日前予以公开；因交通管制、重大公共活动、恶劣天气、突发事件等导致临时变更的，应当及时公开。

第十四条 公共交通企业应当设置信息公开咨询窗口，及时回复社会公众咨询，并针对不同群体优化咨询服务。

设置信息公开咨询窗口可以采取电话、网站、现场咨询等方式，并注重与客户服务热线、移动客户端等进行融合。

第十五条 公共交通企业可以通过文字、标识、图示、视频、音频等方式公开信息。公开方式应当便于社会公众知晓。

第十六条 公共交通企业可以通过以下一种或者几种渠道公开信息：

（一）交通运输场站；

（二）交通运输工具及其服务设施；

（三）网络平台；

（四）其他便于社会公众及时、准确获取信息的渠道。

公共交通企业通过交通运输场站、交通运输工具及其服务设施设置广告的，不得覆盖、遮挡应予公开的信息。

第十七条 城市公共交通运营企业未按照规定公开相关信息的，由城市人民政府交通运输主管部门或者城市人民政府指定的城市公共交通运营主管部门责令限期整改。

道路班车客运、道路客运站、水路旅客班轮、港口客运站运营企业未按照规定公开相关信息的，由县级以上人民政府交通运输主管部门责令限期整改。

铁路、民航领域公共交通企业未按照规定公开相关信息的，分别由铁路、民航监管部门责令限期整改。

第十八条 社会公众对公共交通企业信息公开内容、时限、渠道等事项有异议的,有权向相关交通运输主管部门、铁路、民航监管部门进行申诉。

相关交通运输主管部门、铁路、民航监管部门应当建立专门工作制度,明确处理时限,对社会公众的申诉予以受理登记,及时进行调查处理,并将处理结果告知申诉人。

第十九条 国家铁路局、中国民用航空局可以根据社会公众出行需要细化铁路、民航领域公共交通企业类别、具体公开内容和期限。

第二十条 法律、法规、规章对信息公开内容、公开期限以及信息保存期限等公共交通企业信息公开及监督管理活动另有规定的,从其规定。

第二十一条 从事道路客运站运营的事业单位信息公开依照本规定执行。

第二十二条 本规定自 2022 年 4 月 1 日起施行。

外商投资企业授权登记管理办法

(2022 年 3 月 1 日国家市场监督管理总局令第 51 号公布 自 2022 年 4 月 1 日起施行 国司备字[2022006149])

第一条 为了规范外商投资企业登记管理工作,明确各级市场监督管理部门职责,根据《中华人民共和国外商投资法》《中华人民共和国外商投资法实施条例》等法律法规制定本办法。

第二条 外商投资企业及其分支机构登记管理授权和规范,适用本办法。

外国公司分支机构以及其他依照国家规定应当执行外资产业政策的企业、香港特别行政区和澳门特别行政区投资者在内地、台湾地区投资者在大陆投资设立的企业及其分支机构登记管理授权和规范,参照本办法执行。

第三条 国家市场监督管理总局负责全国的外商投资企业登记管理,并可以根据本办法规定的条件授权地方人民政府市场监督管理部门承担外商投资企业登记管理工作。

被授权的地方人民政府市场监督管理部门(以下简称被授权局)以自己的名义在被授权范围内承担外商投资企业登记管理工作。

未经国家市场监督管理总局授权,不得开展或者变相开展外商投资企业登记管理工作。

第四条 具备下列条件的市场监督管理部门可以申请外商投资企业登记管理授权:

（一）辖区内外商投资达到一定规模，或者已经设立的外商投资企业达 50 户以上；

（二）能够正确执行国家企业登记管理法律法规和外商投资管理政策；

（三）有从事企业登记注册的专职机构和编制，有稳定的工作人员，其数量与能力应当与开展被授权工作的要求相适应；

（四）有较好的办公条件，包括必要的硬件设备、畅通的网络环境和统一数据标准、业务规范、平台数据接口的登记注册系统等，能及时将企业登记注册信息和外商投资信息报告信息上传至国家市场监督管理总局；

（五）有健全的外商投资企业登记管理工作制度。

第五条　申请外商投资企业登记管理授权，应当提交下列文件：

（一）申请局签署的授权申请书，申请书应当列明具备本办法第四条所规定授权条件的情况以及申请授权的范围；

（二）负责外商投资企业登记管理工作的人员名单，名单应当载明职务、参加业务培训情况；

（三）有关外商投资企业登记管理工作制度的文件。

第六条　省级以下市场监督管理部门申请授权的，应当向省级市场监督管理部门提出书面报告。省级市场监督管理部门经审查，认为符合本办法规定条件的，应当出具审查报告，与申请局提交的申请文件一并报国家市场监督管理总局。

第七条　国家市场监督管理总局经审查，对申请局符合本办法规定条件的，应当作出授权决定，授权其承担外商投资企业登记管理工作。

国家市场监督管理总局应当在官网公布并及时更新其授权的市场监督管理部门名单。

第八条　被授权局的登记管辖范围由国家市场监督管理总局根据有关法律法规，结合实际情况确定，并在授权文件中列明。

被授权局负责其登记管辖范围内外商投资企业的设立、变更、注销登记、备案及其监督管理。

第九条　被授权局应当严格按照下列要求开展外商投资企业登记管理工作：

（一）以自己的名义在被授权范围内依法作出具体行政行为；

（二）严格遵守国家法律法规规章，严格执行外商投资准入前国民待遇加负面清单管理制度，强化登记管理秩序，维护国家经济安全；

（三）严格执行授权局的工作部署和要求，认真接受授权局指导和监督；

（四）被授权局执行涉及外商投资企业登记管理的地方性法规、地方政府规章和政策文件，应当事先报告授权局，征求授权局意见。

被授权局为省级以下市场监督管理部门的，应当接受省级被授权局的指导和监督，认真执行其工作部署和工作要求。

被授权局名称等情况发生变化或者不再履行外商投资企业登记管理职能的，应当由省级市场监督管理部门及时向国家市场监督管理总局申请变更或者撤销授权。

第十条 被授权局在外商投资企业登记管理工作中不得存在下列情形：

（一）超越被授权范围开展工作；

（二）转授权给其他行政管理部门；

（三）拒不接受授权局指导或者执行授权局的规定；

（四）在工作中弄虚作假或者存在其他严重失职行为；

（五）其他违反法律法规以及本办法规定的情形。

第十一条 国家市场监督管理总局对被授权局存在第十条所列情形以及不再符合授权条件的，可以作出以下处理：

（一）责令被授权局撤销或者改正其违法或者不适当的行政行为；

（二）直接撤销被授权局违法或者不适当的行政行为；

（三）通报批评；

（四）建议有关机关对直接责任人员按规定给予处分，构成犯罪的，依法追究刑事责任；

（五）撤销部分或者全部授权。

第十二条 上级市场监督管理部门对下级被授权局在外商投资企业登记管理工作中存在第十条所列情形的，可以作出以下处理：

（一）责令被授权局撤销、变更或者改正其不适当的行政行为；

（二）建议国家市场监督管理总局撤销被授权局的不适当行政行为；

（三）在辖区内通报批评；

（四）建议有关机关对直接责任人员给予处分，构成犯罪的，依法追究刑事责任；

（五）建议国家市场监督管理总局撤销部分或者全部授权。

第十三条 本办法自 2022 年 4 月 1 日起施行。2002 年 12 月 10 日原国家工商行政管理总局令第 4 号公布的《外商投资企业授权登记管理办法》同时废止。

中华人民共和国市场主体登记管理条例实施细则

（2022年3月1日国家市场监督管理总局令第52号公布　自公布之日起施行　国司备字[2022006150]）

第一章　总　　则

第一条　根据《中华人民共和国市场主体登记管理条例》（以下简称《条例》）等有关法律法规，制定本实施细则。

第二条　市场主体登记管理应当遵循依法合规、规范统一、公开透明、便捷高效的原则。

第三条　国家市场监督管理总局主管全国市场主体统一登记管理工作，制定市场主体登记管理的制度措施，推进登记全程电子化，规范登记行为，指导地方登记机关依法有序开展登记管理工作。

县级以上地方市场监督管理部门主管本辖区市场主体登记管理工作，加强对辖区内市场主体登记管理工作的统筹指导和监督管理，提升登记管理水平。

县级市场监督管理部门的派出机构可以依法承担个体工商户等市场主体的登记管理职责。

各级登记机关依法履行登记管理职责，执行全国统一的登记管理政策文件和规范要求，使用统一的登记材料、文书格式，以及省级统一的市场主体登记管理系统，优化登记办理流程，推行网上办理等便捷方式，健全数据安全管理制度，提供规范化、标准化登记管理服务。

第四条　省级以上人民政府或者其授权的国有资产监督管理机构履行出资人职责的公司，以及该公司投资设立并持有50%以上股权或者股份的公司的登记管理由省级登记机关负责；股份有限公司的登记管理由地市级以上地方登记机关负责。

除前款规定的情形外，省级市场监督管理部门依法对本辖区登记管辖作出统一规定；上级登记机关在特定情形下，可以依法将部分市场主体登记管理工作交由下级登记机关承担，或者承担下级登记机关的部分登记管理工作。

外商投资企业登记管理由国家市场监督管理总局或者其授权的地方市场

监督管理部门负责。

第五条 国家市场监督管理总局应当加强信息化建设,统一登记管理业务规范、数据标准和平台服务接口,归集全国市场主体登记管理信息。

省级市场监督管理部门主管本辖区登记管理信息化建设,建立统一的市场主体登记管理系统,归集市场主体登记管理信息,规范市场主体登记注册流程,提升政务服务水平,强化部门间信息共享和业务协同,提升市场主体登记管理便利化程度。

第二章 登记事项

第六条 市场主体应当按照类型依法登记下列事项:

(一)公司:名称、类型、经营范围、住所、注册资本、法定代表人姓名、有限责任公司股东或者股份有限公司发起人姓名或者名称。

(二)非公司企业法人:名称、类型、经营范围、住所、出资额、法定代表人姓名、出资人(主管部门)名称。

(三)个人独资企业:名称、类型、经营范围、住所、出资额、投资人姓名及居所。

(四)合伙企业:名称、类型、经营范围、主要经营场所、出资额、执行事务合伙人名称或者姓名,合伙人名称或者姓名、住所、承担责任方式。执行事务合伙人是法人或者其他组织的,登记事项还应当包括其委派的代表姓名。

(五)农民专业合作社(联合社):名称、类型、经营范围、住所、出资额、法定代表人姓名。

(六)分支机构:名称、类型、经营范围、经营场所、负责人姓名。

(七)个体工商户:组成形式、经营范围、经营场所,经营者姓名、住所。个体工商户使用名称的,登记事项还应当包括名称。

(八)法律、行政法规规定的其他事项。

第七条 市场主体应当按照类型依法备案下列事项:

(一)公司:章程、经营期限、有限责任公司股东或者股份有限公司发起人认缴的出资数额、董事、监事、高级管理人员、登记联络员、外商投资公司法律文件送达接受人。

(二)非公司企业法人:章程、经营期限、登记联络员。

(三)个人独资企业:登记联络员。

(四)合伙企业:合伙协议、合伙期限、合伙人认缴或者实际缴付的出资数额、缴付期限和出资方式、登记联络员、外商投资合伙企业法律文件送达接受人。

（五）农民专业合作社（联合社）：章程、成员、登记联络员。

（六）分支机构：登记联络员。

（七）个体工商户：家庭参加经营的家庭成员姓名、登记联络员。

（八）公司、合伙企业等市场主体受益所有人相关信息。

（九）法律、行政法规规定的其他事项。

上述备案事项由登记机关在设立登记时一并进行信息采集。

受益所有人信息管理制度由中国人民银行会同国家市场监督管理总局另行制定。

第八条 市场主体名称由申请人依法自主申报。

第九条 申请人应当依法申请登记下列市场主体类型：

（一）有限责任公司、股份有限公司；

（二）全民所有制企业、集体所有制企业、联营企业；

（三）个人独资企业；

（四）普通合伙（含特殊普通合伙）企业、有限合伙企业；

（五）农民专业合作社、农民专业合作社联合社；

（六）个人经营的个体工商户、家庭经营的个体工商户。

分支机构应当按所属市场主体类型注明分公司或者相应的分支机构。

第十条 申请人应当根据市场主体类型依法向其住所（主要经营场所、经营场所）所在地具有登记管辖权的登记机关办理登记。

第十一条 申请人申请登记市场主体法定代表人、执行事务合伙人（含委派代表），应当符合章程或者协议约定。

合伙协议未约定或者全体合伙人未决定委托执行事务合伙人的，除有限合伙人外，申请人应当将其他合伙人均登记为执行事务合伙人。

第十二条 申请人应当按照国家市场监督管理总局发布的经营范围规范目录，根据市场主体主要行业或者经营特征自主选择一般经营项目和许可经营项目，申请办理经营范围登记。

第十三条 申请人申请登记的市场主体注册资本（出资额）应当符合章程或者协议约定。

市场主体注册资本（出资额）以人民币表示。外商投资企业的注册资本（出资额）可以用可自由兑换的货币表示。

依法以境内公司股权或者债权出资的，应当权属清楚、权能完整，依法可以评估、转让，符合公司章程规定。

第三章　登记规范

第十四条　申请人可以自行或者指定代表人、委托代理人办理市场主体登记、备案事项。

第十五条　申请人应当在申请材料上签名或者盖章。

申请人可以通过全国统一电子营业执照系统等电子签名工具和途径进行电子签名或者电子签章。符合法律规定的可靠电子签名、电子签章与手写签名或者盖章具有同等法律效力。

第十六条　在办理登记、备案事项时，申请人应当配合登记机关通过实名认证系统，采用人脸识别等方式对下列人员进行实名验证：

（一）法定代表人、执行事务合伙人（含委派代表）、负责人；

（二）有限责任公司股东、股份有限公司发起人、公司董事、监事及高级管理人员；

（三）个人独资企业投资人、合伙企业合伙人、农民专业合作社（联合社）成员、个体工商户经营者；

（四）市场主体登记联络员、外商投资企业法律文件送达接受人；

（五）指定的代表人或者委托代理人。

因特殊原因，当事人无法通过实名认证系统核验身份信息的，可以提交经依法公证的自然人身份证明文件，或者由本人持身份证件到现场办理。

第十七条　办理市场主体登记、备案事项，申请人可以到登记机关现场提交申请，也可以通过市场主体登记注册系统提出申请。

申请人对申请材料的真实性、合法性、有效性负责。

办理市场主体登记、备案事项，应当遵守法律法规，诚实守信，不得利用市场主体登记，牟取非法利益，扰乱市场秩序，危害国家安全、社会公共利益。

第十八条　申请材料齐全、符合法定形式的，登记机关予以确认，并当场登记，出具登记通知书，及时制发营业执照。

不予当场登记的，登记机关应当向申请人出具接收申请材料凭证，并在3个工作日内对申请材料进行审查；情形复杂的，经登记机关负责人批准，可以延长3个工作日，并书面告知申请人。

申请材料不齐全或者不符合法定形式的，登记机关应当将申请材料退还申请人，并一次性告知申请人需要补正的材料。申请人补正后，应当重新提交申请材料。

不属于市场主体登记范畴或者不属于本登记机关登记管辖范围的事项，

登记机关应当告知申请人向有关行政机关申请。

第十九条 市场主体登记申请不符合法律、行政法规或者国务院决定规定,或者可能危害国家安全、社会公共利益的,登记机关不予登记,并出具不予登记通知书。

利害关系人就市场主体申请材料的真实性、合法性、有效性或者其他有关实体权利提起诉讼或者仲裁,对登记机关依法登记造成影响的,申请人应当在诉讼或者仲裁终结后,向登记机关申请办理登记。

第二十条 市场主体法定代表人依法受到任职资格限制的,在申请办理其他变更登记时,应当依法及时申请办理法定代表人变更登记。

市场主体因通过登记的住所(主要经营场所、经营场所)无法取得联系被列入经营异常名录的,在申请办理其他变更登记时,应当依法及时申请办理住所(主要经营场所、经营场所)变更登记。

第二十一条 公司或者农民专业合作社(联合社)合并、分立的,可以通过国家企业信用信息公示系统公告,公告期 45 日,应当于公告期届满后申请办理登记。

非公司企业法人合并、分立的,应当经出资人(主管部门)批准,自批准之日起 30 日内申请办理登记。

市场主体设立分支机构的,应当自决定作出之日起 30 日内向分支机构所在地登记机关申请办理登记。

第二十二条 法律、行政法规或者国务院决定规定市场主体申请登记、备案事项前需要审批的,在办理登记、备案时,应当在有效期内提交有关批准文件或者许可证书。有关批准文件或者许可证书未规定有效期限,自批准之日起超过 90 日的,申请人应当报审批机关确认其效力或者另行报批。

市场主体设立后,前款规定批准文件或者许可证书内容有变化、被吊销、撤销或者有效期届满的,应当自批准文件、许可证书重新批准之日或者被吊销、撤销、有效期届满之日起 30 日内申请办理变更登记或者注销登记。

第二十三条 市场主体营业执照应当载明名称、法定代表人(执行事务合伙人、个人独资企业投资人、经营者或者负责人)姓名、类型(组成形式)、注册资本(出资额)、住所(主要经营场所、经营场所)、经营范围、登记机关、成立日期、统一社会信用代码。

电子营业执照与纸质营业执照具有同等法律效力,市场主体可以凭电子营业执照开展经营活动。

市场主体在办理涉及营业执照记载事项变更登记或者申请注销登记时,需要在提交申请时一并缴回纸质营业执照正、副本。对于市场主体营业执照拒不缴回或者无法缴回的,登记机关在完成变更登记或者注销登记后,通过国家企业信用信息公示系统公告营业执照作废。

第二十四条 外国投资者在中国境内设立外商投资企业,其主体资格文件或者自然人身份证明应当经所在国家公证机关公证并经中国驻该国使(领)馆认证。中国与有关国家缔结或者共同参加的国际条约对认证另有规定的除外。

香港特别行政区、澳门特别行政区和台湾地区投资者的主体资格文件或者自然人身份证明应当按照专项规定或者协议,依法提供当地公证机构的公证文件。按照国家有关规定,无需提供公证文件的除外。

第四章 设立登记

第二十五条 申请办理设立登记,应当提交下列材料:

(一)申请书;

(二)申请人主体资格文件或者自然人身份证明;

(三)住所(主要经营场所、经营场所)相关文件;

(四)公司、非公司企业法人、农民专业合作社(联合社)章程或者合伙企业合伙协议。

第二十六条 申请办理公司设立登记,还应当提交法定代表人、董事、监事和高级管理人员的任职文件和自然人身份证明。

除前款规定的材料外,募集设立股份有限公司还应当提交依法设立的验资机构出具的验资证明;公开发行股票的,还应当提交国务院证券监督管理机构的核准或者注册文件。涉及发起人首次出资属于非货币财产的,还应当提交已办理财产权转移手续的证明文件。

第二十七条 申请设立非公司企业法人,还应当提交法定代表人的任职文件和自然人身份证明。

第二十八条 申请设立合伙企业,还应当提交下列材料:

(一)法律、行政法规规定设立特殊的普通合伙企业需要提交合伙人的职业资格文件的,提交相应材料;

(二)全体合伙人决定委托执行事务合伙人的,应当提交全体合伙人的委托书和执行事务合伙人的主体资格文件或者自然人身份证明。执行事务合伙人是法人或者其他组织的,还应当提交其委派代表的委托书和自然人身份证明。

第二十九条 申请设立农民专业合作社(联合社),还应当提交下列材料:

（一）全体设立人签名或者盖章的设立大会纪要；

（二）法定代表人、理事的任职文件和自然人身份证明；

（三）成员名册和出资清单，以及成员主体资格文件或者自然人身份证明。

第三十条 申请办理分支机构设立登记，还应当提交负责人的任职文件和自然人身份证明。

第五章 变更登记

第三十一条 市场主体变更登记事项，应当自作出变更决议、决定或者法定变更事项发生之日起30日内申请办理变更登记。

市场主体登记事项变更涉及分支机构登记事项变更的，应当自市场主体登记事项变更登记之日起30日内申请办理分支机构变更登记。

第三十二条 申请办理变更登记，应当提交申请书，并根据市场主体类型及具体变更事项分别提交下列材料：

（一）公司变更事项涉及章程修改的，应当提交修改后的章程或者章程修正案；需要对修改章程作出决议决定的，还应当提交相关决议决定；

（二）合伙企业应当提交全体合伙人或者合伙协议约定的人员签署的变更决定书；变更事项涉及修改合伙协议的，应当提交由全体合伙人签署或者合伙协议约定的人员签署修改或者补充的合伙协议；

（三）农民专业合作社（联合社）应当提交成员大会或者成员代表大会作出的变更决议；变更事项涉及章程修改的应当提交修改后的章程或者章程修正案。

第三十三条 市场主体更换法定代表人、执行事务合伙人（含委派代表）、负责人的变更登记申请由新任法定代表人、执行事务合伙人（含委派代表）、负责人签署。

第三十四条 市场主体变更名称，可以自主申报名称并在保留期届满前申请变更登记，也可以直接申请变更登记。

第三十五条 市场主体变更住所（主要经营场所、经营场所），应当在迁入新住所（主要经营场所、经营场所）前向迁入地登记机关申请变更登记，并提交新的住所（主要经营场所、经营场所）使用相关文件。

第三十六条 市场主体变更注册资本或者出资额的，应当办理变更登记。

公司增加注册资本，有限责任公司股东认缴新增资本的出资和股份有限公司的股东认购新股的，应当按照设立时缴纳出资和缴纳股款的规定执行。股份有限公司以公开发行新股方式或者上市公司以非公开发行新股方式增加注册资本,还应当提交国务院证券监督管理机构的核准或者注册文件。

公司减少注册资本,可以通过国家企业信用信息公示系统公告,公告期 45 日,应当于公告期届满后申请变更登记。法律、行政法规或者国务院决定对公司注册资本有最低限额规定的,减少后的注册资本应当不少于最低限额。

外商投资企业注册资本(出资额)币种发生变更,应当向登记机关申请变更登记。

第三十七条 公司变更类型,应当按照拟变更公司类型的设立条件,在规定的期限内申请变更登记,并提交有关材料。

非公司企业法人申请改制为公司,应当按照拟变更的公司类型设立条件,在规定期限内申请变更登记,并提交有关材料。

个体工商户申请转变为企业组织形式,应当按照拟变更的企业类型设立条件申请登记。

第三十八条 个体工商户变更经营者,应当在办理注销登记后,由新的经营者重新申请办理登记。双方经营者同时申请办理的,登记机关可以合并办理。

第三十九条 市场主体变更备案事项的,应当按照《条例》第二十九条规定办理备案。

农民专业合作社因成员发生变更,农民成员低于法定比例的,应当自事由发生之日起 6 个月内采取吸收新的农民成员入社等方式使农民成员达到法定比例。农民专业合作社联合社成员退社,成员数低于联合社设立法定条件的,应当自事由发生之日起 6 个月内采取吸收新的成员入社等方式使农民专业合作社联合社成员达到法定条件。

第六章 歇 业

第四十条 因自然灾害、事故灾难、公共卫生事件、社会安全事件等原因造成经营困难的,市场主体可以自主决定在一定时期内歇业。法律、行政法规另有规定的除外。

第四十一条 市场主体决定歇业,应当在歇业前向登记机关办理备案。登记机关通过国家企业信用信息公示系统向社会公示歇业期限、法律文书送达地址等信息。

以法律文书送达地址代替住所(主要经营场所、经营场所)的,应当提交法律文书送达地址确认书。

市场主体延长歇业期限,应当于期限届满前 30 日内按规定办理。

第四十二条　市场主体办理歇业备案后，自主决定开展或者已实际开展经营活动的，应当于30日内在国家企业信用信息公示系统上公示终止歇业。

市场主体恢复营业时，登记、备案事项发生变化的，应当及时办理变更登记或者备案。以法律文书送达地址代替住所（主要经营场所、经营场所）的，应当及时办理住所（主要经营场所、经营场所）变更登记。

市场主体备案的歇业期限届满，或者累计歇业满3年，视为自动恢复经营，决定不再经营的，应当及时办理注销登记。

第四十三条　歇业期间，市场主体以法律文书送达地址代替原登记的住所（主要经营场所、经营场所）的，不改变歇业市场主体的登记管辖。

第七章　注销登记

第四十四条　市场主体因解散、被宣告破产或者其他法定事由需要终止的，应当依法向登记机关申请注销登记。依法需要清算的，应当自清算结束之日起30日内申请注销登记。依法不需要清算的，应当自决定作出之日起30日内申请注销登记。市场主体申请注销后，不得从事与注销无关的生产经营活动。自登记机关予以注销登记之日起，市场主体终止。

第四十五条　市场主体注销登记前依法应当清算的，清算组应当自成立之日起10日内将清算组成员、清算组负责人名单通过国家企业信用信息公示系统公告。清算组可以通过国家企业信用信息公示系统发布债权人公告。

第四十六条　申请办理注销登记，应当提交下列材料：

（一）申请书；

（二）依法作出解散、注销的决议或者决定，或者被行政机关吊销营业执照、责令关闭、撤销的文件；

（三）清算报告、负责清理债权债务的文件或者清理债务完结的证明；

（四）税务部门出具的清税证明。

除前款规定外，人民法院指定清算人、破产管理人进行清算的，应当提交人民法院指定证明；合伙企业分支机构申请注销登记，还应当提交全体合伙人签署的注销分支机构决定书。

个体工商户申请注销登记的，无需提交第二项、第三项材料；因合并、分立而申请市场主体注销登记的，无需提交第三项材料。

第四十七条　申请办理简易注销登记，应当提交申请书和全体投资人承诺书。

第四十八条　有下列情形之一的，市场主体不得申请办理简易注销登记：

（一）在经营异常名录或者市场监督管理严重违法失信名单中的；

（二）存在股权（财产份额）被冻结、出质或者动产抵押，或者对其他市场主体存在投资的；

（三）正在被立案调查或者采取行政强制措施，正在诉讼或者仲裁程序中的；

（四）被吊销营业执照、责令关闭、撤销的；

（五）受到罚款等行政处罚尚未执行完毕的；

（六）不符合《条例》第三十三条规定的其他情形。

第四十九条 申请办理简易注销登记，市场主体应当将承诺书及注销登记申请通过国家企业信用信息公示系统公示，公示期为 20 日。

在公示期内无相关部门、债权人及其他利害关系人提出异议的，市场主体可以于公示期届满之日起 20 日内向登记机关申请注销登记。

第八章 撤销登记

第五十条 对涉嫌提交虚假材料或者采取其他欺诈手段隐瞒重要事实取得市场主体登记的行为，登记机关可以根据当事人申请或者依职权主动进行调查。

第五十一条 受虚假登记影响的自然人、法人和其他组织，可以向登记机关提出撤销市场主体登记申请。涉嫌冒用自然人身份的虚假登记，被冒用人应当配合登记机关通过线上或者线下途径核验身份信息。

涉嫌虚假登记市场主体的登记机关发生变更的，由现登记机关负责处理撤销登记，原登记机关应当协助进行调查。

第五十二条 登记机关收到申请后，应当在 3 个工作日内作出是否受理的决定，并书面通知申请人。

有下列情形之一的，登记机关可以不予受理：

（一）涉嫌冒用自然人身份的虚假登记，被冒用人未能通过身份信息核验的；

（二）涉嫌虚假登记的市场主体已注销的，申请撤销注销登记的除外；

（三）其他依法不予受理的情形。

第五十三条 登记机关受理申请后，应当于 3 个月内完成调查，并及时作出撤销或者不予撤销市场主体登记的决定。情形复杂的，经登记机关负责人批准，可以延长 3 个月。

在调查期间，相关市场主体和人员无法联系或者拒不配合的，登记机关可以将涉嫌虚假登记市场主体的登记时间、登记事项,以及登记机关联系方式等信息通过国家企业信用信息公示系统向社会公示,公示期45日。相关市场主体及其利害关系人在公示期内没有提出异议的,登记机关可以撤销市场主体登记。

第五十四条 有下列情形之一的,经当事人或者其他利害关系人申请,登记机关可以中止调查:

(一)有证据证明与涉嫌虚假登记相关的民事权利存在争议的;

(二)涉嫌虚假登记的市场主体正在诉讼或者仲裁程序中的;

(三)登记机关收到有关部门出具的书面意见,证明涉嫌虚假登记的市场主体或者其法定代表人、负责人存在违法案件尚未结案,或者尚未履行相关法定义务的。

第五十五条 有下列情形之一的,登记机关可以不予撤销市场主体登记:

(一)撤销市场主体登记可能对社会公共利益造成重大损害;

(二)撤销市场主体登记后无法恢复到登记前的状态;

(三)法律、行政法规规定的其他情形。

第五十六条 登记机关作出撤销登记决定后,应当通过国家企业信用信息公示系统向社会公示。

第五十七条 同一登记包含多个登记事项,其中部分登记事项被认定为虚假,撤销虚假的登记事项不影响市场主体存续的,登记机关可以仅撤销虚假的登记事项。

第五十八条 撤销市场主体备案事项的,参照本章规定执行。

第九章 档案管理

第五十九条 登记机关应当负责建立市场主体登记管理档案,对在登记、备案过程中形成的具有保存价值的文件依法分类,有序收集管理,推动档案电子化、影像化,提供市场主体登记管理档案查询服务。

第六十条 申请查询市场主体登记管理档案,应当按照下列要求提交材料:

(一)公安机关、国家安全机关、检察机关、审判机关、纪检监察机关、审计机关等国家机关进行查询,应当出具本部门公函及查询人员的有效证件;

(二)市场主体查询自身登记管理档案,应当出具授权委托书及查询人员的有效证件;

(三)律师查询与承办法律事务有关市场主体登记管理档案,应当出具执业证书、律师事务所证明以及相关承诺书。

除前款规定情形外，省级以上市场监督管理部门可以结合工作实际，依法对档案查询范围以及提交材料作出规定。

第六十一条 登记管理档案查询内容涉及国家秘密、商业秘密、个人信息的，应当按照有关法律法规规定办理。

第六十二条 市场主体发生住所（主要经营场所、经营场所）迁移的，登记机关应当于3个月内将所有登记管理档案移交迁入地登记机关管理。档案迁出、迁入应当记录备案。

第十章 监督管理

第六十三条 市场主体应当于每年1月1日至6月30日，通过国家企业信用信息公示系统报送上一年度年度报告，并向社会公示。

个体工商户可以通过纸质方式报送年度报告，并自主选择年度报告内容是否向社会公示。

歇业的市场主体应当按时公示年度报告。

第六十四条 市场主体应当将营业执照（含电子营业执照）置于住所（主要经营场所、经营场所）的醒目位置。

从事电子商务经营的市场主体应当在其首页显著位置持续公示营业执照信息或者其链接标识。

营业执照记载的信息发生变更时，市场主体应当于15日内完成对应信息的更新公示。市场主体被吊销营业执照的，登记机关应当将吊销情况标注于电子营业执照中。

第六十五条 登记机关应当对登记注册、行政许可、日常监管、行政执法中的相关信息进行归集，根据市场主体的信用风险状况实施分级分类监管，并强化信用风险分类结果的综合应用。

第六十六条 登记机关应当随机抽取检查对象、随机选派执法检查人员，对市场主体的登记备案事项、公示信息情况等进行抽查，并将抽查检查结果通过国家企业信用信息公示系统向社会公示。必要时可以委托会计师事务所、税务师事务所、律师事务所等专业机构开展审计、验资、咨询等相关工作，依法使用其他政府部门作出的检查、核查结果或者专业机构作出的专业结论。

第六十七条 市场主体被撤销设立登记、吊销营业执照、责令关闭，6个月内未办理清算组公告或者未申请注销登记的，登记机关可以在国家企业信用信息公示系统上对其作出特别标注并予以公示。

第十一章 法律责任

第六十八条 未经设立登记从事一般经营活动的，由登记机关责令改正，没收违法所得；拒不改正的，处1万元以上10万元以下的罚款；情节严重的，依法责令关闭停业，并处10万元以上50万元以下的罚款。

第六十九条 未经设立登记从事许可经营活动或者未依法取得许可从事经营活动的，由法律、法规或者国务院决定规定的部门予以查处；法律、法规或者国务院决定没有规定或者规定不明确的，由省、自治区、直辖市人民政府确定的部门予以查处。

第七十条 市场主体未按照法律、行政法规规定的期限公示或者报送年度报告的，由登记机关列入经营异常名录，可以处1万元以下的罚款。

第七十一条 提交虚假材料或者采取其他欺诈手段隐瞒重要事实取得市场主体登记的，由登记机关依法责令改正，没收违法所得，并处5万元以上20万元以下的罚款；情节严重的，处20万元以上100万元以下的罚款，吊销营业执照。

明知或者应当知道申请人提交虚假材料或者采取其他欺诈手段隐瞒重要事实进行市场主体登记，仍接受委托代为办理，或者协助其进行虚假登记的，由登记机关没收违法所得，处10万元以下的罚款。

虚假市场主体登记的直接责任人自市场主体登记被撤销之日起3年内不得再次申请市场主体登记。登记机关应当通过国家企业信用信息公示系统予以公示。

第七十二条 市场主体未按规定办理变更登记的，由登记机关责令改正；拒不改正的，处1万元以上10万元以下的罚款；情节严重的，吊销营业执照。

第七十三条 市场主体未按规定办理备案的，由登记机关责令改正；拒不改正的，处5万元以下的罚款。

依法应当办理受益所有人信息备案的市场主体，未办理备案的，按照前款规定处理。

第七十四条 市场主体未按照本实施细则第四十二条规定公示终止歇业的，由登记机关责令改正；拒不改正的，处3万元以下的罚款。

第七十五条 市场主体未按规定将营业执照置于住所（主要经营场所、经营场所）醒目位置的，由登记机关责令改正；拒不改正的，处3万元以下的罚款。

电子商务经营者未在首页显著位置持续公示营业执照信息或者相关链接

标识的，由登记机关依照《中华人民共和国电子商务法》处罚。

市场主体伪造、涂改、出租、出借、转让营业执照的，由登记机关没收违法所得，处10万元以下的罚款；情节严重的，处10万元以上50万元以下的罚款，吊销营业执照。

第七十六条 利用市场主体登记，牟取非法利益，扰乱市场秩序，危害国家安全、社会公共利益的，法律、行政法规有规定的，依照其规定；法律、行政法规没有规定的，由登记机关处10万元以下的罚款。

第七十七条 违反本实施细则规定，登记机关确定罚款幅度时，应当综合考虑市场主体的类型、规模、违法情节等因素。

情节轻微并及时改正，没有造成危害后果的，依法不予行政处罚。初次违法且危害后果轻微并及时改正的，可以不予行政处罚。当事人有证据足以证明没有主观过错的，不予行政处罚。

第十二章 附 则

第七十八条 本实施细则所指申请人，包括设立登记时的申请人、依法设立后的市场主体。

第七十九条 人民法院办理案件需要登记机关协助执行的，登记机关应当按照人民法院的生效法律文书和协助执行通知书，在法定职责范围内办理协助执行事项。

第八十条 国家市场监督管理总局根据法律、行政法规、国务院决定及本实施细则，制定登记注册前置审批目录、登记材料和文书格式。

第八十一条 法律、行政法规或者国务院决定对登记管理另有规定的，从其规定。

第八十二条 本实施细则自公布之日起施行。1988年11月3日原国家工商行政管理局令第1号公布的《中华人民共和国企业法人登记管理条例施行细则》，2000年1月13日原国家工商行政管理局令第94号公布的《个人独资企业登记管理办法》，2011年9月30日原国家工商行政管理总局令第56号公布的《个体工商户登记管理办法》，2014年2月20日原国家工商行政管理总局令第64号公布的《公司注册资本登记管理规定》，2015年8月27日原国家工商行政管理总局令第76号公布的《企业经营范围登记管理规定》同时废止。

住房和城乡建设部关于修改《房地产开发企业资质管理规定》的决定

（2022 年 3 月 2 日住房和城乡建设部令第 54 号公布　自公布之日起施行　国司备字[2022006177]）

为了贯彻落实《国务院关于深化“证照分离”改革　进一步激发市场主体发展活力的通知》(国发〔2021〕7 号)、《国务院关于进一步贯彻实施〈中华人民共和国行政处罚法〉的通知》(国发〔2021〕26 号)，住房和城乡建设部决定对《房地产开发企业资质管理规定》(建设部令第 77 号，根据住房和城乡建设部令第 24 号、住房和城乡建设部令第 45 号修改)作如下修改：

一、将第四条第一款中的“建设行政主管部门”修改为“住房和城乡建设主管部门”。将第十四条改为第十一条，将“工商行政管理部门”修改为“市场监督管理部门”。其余条款依此修改。

二、将第五条第一款修改为：“房地产开发企业按照企业条件分为一、二两个资质等级。”

第二款第一项中的“持有资格证书的专职会计人员”修改为“专职会计人员”。

第二款第二、三、四项改为第二款第二项，修改为：

“(二)二级资质：

“1. 有职称的建筑、结构、财务、房地产及有关经济类的专业管理人员不少于 5 人，其中专职会计人员不少于 2 人；

“2. 工程技术负责人具有相应专业中级以上职称，财务负责人具有相应专业初级以上职称，配有统计人员；

“3. 具有完善的质量保证体系。”

三、删去第六条、第七条、第八条。

四、将第十条改为第七条，修改为：“申请核定资质等级的房地产开发企业，应当提交下列材料：

“(一)一级资质：

“1. 企业资质等级申报表；

“2. 专业管理、技术人员的职称证件；

“3. 已开发经营项目的有关材料；

“4.《住宅质量保证书》、《住宅使用说明书》执行情况报告，建立质量管理制度、具有质量管理部门及相应质量管理人员等质量保证体系情况说明。

“（二）二级资质：

“1. 企业资质等级申报表；

“2. 专业管理、技术人员的职称证件；

“3. 建立质量管理制度、具有质量管理部门及相应质量管理人员等质量保证体系情况说明。”

五、将第十一条改为第八条，第三款、第四款修改为：“二级资质由省、自治区、直辖市人民政府住房和城乡建设主管部门或者其确定的设区的市级人民政府房地产开发主管部门审批。

“经资质审查合格的企业，由资质审批部门发给相应等级的资质证书。资质证书有效期为3年。”

增加一款，作为第五款：“申请核定资质的房地产开发企业，应当通过相应的政务服务平台提出申请。”

六、将第十七条改为第十四条，修改为：“县级以上人民政府房地产开发主管部门应当开展‘双随机、一公开’监管，依法查处房地产开发企业的违法违规行为。

“县级以上人民政府房地产开发主管部门应当加强对房地产开发企业信用监管，不断提升信用监管水平。”

七、将第十八条改为第十五条，第一款、第二款修改为：“一级资质的房地产开发企业承担房地产项目的建筑规模不受限制。

“二级资质的房地产开发企业可以承担建筑面积25万平方米以下的开发建设项目。”

八、将第二十条改为第十七条，其中的“由原资质审批部门吊销资质证书，并提请工商行政管理部门吊销营业执照”修改为“由原资质审批部门提请市场监督管理部门吊销营业执照，并依法注销资质证书”。

九、将第二十一条改为第十八条，其中的“由原资质审批部门公告资质证书作废，收回证书”修改为“由原资质审批部门按照《中华人民共和国行政许可法》等法律法规规定予以处理”。

十、将第二十二条、第二十三条、第二十四条改为第十九条，修改为：“企业开发经营活动中有违法行为的，按照《中华人民共和国行政处罚法》、《中华人民共和国城市房地产管理法》、《城市房地产开发经营管理条例》、《建设工程质量管理条例》、《建设工程安全生产管理条例》、《民用建筑节能条例》等有关法律法规规定予以处罚。”

此外,对相关条文序号作相应调整。

本决定自公布之日起施行。

房地产开发企业资质管理规定

（2000年3月29日建设部令第77号公布　根据2015年5月4日《住房和城乡建设部关于修改〈房地产开发企业资质管理规定〉等部门规章的决定》第一次修正　根据2018年12月22日《住房和城乡建设部关于修改〈建筑业企业资质管理规定〉等部门规章的决定》第二次修正　根据2022年3月2日《住房和城乡建设部关于修改〈房地产开发企业资质管理规定〉的决定》第三次修正）

第一条　为了加强房地产开发企业资质管理,规范房地产开发企业经营行为,根据《中华人民共和国城市房地产管理法》、《城市房地产开发经营管理条例》,制定本规定。

第二条　本规定所称房地产开发企业是指依法设立、具有企业法人资格的经济实体。

第三条　房地产开发企业应当按照本规定申请核定企业资质等级。

未取得房地产开发资质等级证书(以下简称资质证书)的企业,不得从事房地产开发经营业务。

第四条　国务院住房和城乡建设主管部门负责全国房地产开发企业的资质管理工作;县级以上地方人民政府房地产开发主管部门负责本行政区域内房地产开发企业的资质管理工作。

第五条　房地产开发企业按照企业条件分为一、二两个资质等级。

各资质等级企业的条件如下:

(一)一级资质:

1. 从事房地产开发经营5年以上;

2. 近3年房屋建筑面积累计竣工30万平方米以上,或者累计完成与此相当的房地产开发投资额;

3. 连续5年建筑工程质量合格率达100%;

4. 上一年房屋建筑施工面积15万平方米以上,或者完成与此相当的房地产开发投资额;

5. 有职称的建筑、结构、财务、房地产及有关经济类的专业管理人员不少于40人,其中具有中级以上职称的管理人员不少于20人,专职会计人员不少于4人；

6. 工程技术、财务、统计等业务负责人具有相应专业中级以上职称；

7. 具有完善的质量保证体系，商品住宅销售中实行了《住宅质量保证书》和《住宅使用说明书》制度；

8. 未发生过重大工程质量事故。

（二）二级资质：

1. 有职称的建筑、结构、财务、房地产及有关经济类的专业管理人员不少于5人，其中专职会计人员不少于2人；

2. 工程技术负责人具有相应专业中级以上职称，财务负责人具有相应专业初级以上职称，配有统计人员；

3. 具有完善的质量保证体系。

第六条 临时聘用或者兼职的管理、技术人员不得计入企业管理、技术人员总数。

第七条 申请核定资质等级的房地产开发企业，应当提交下列材料：

（一）一级资质：

1. 企业资质等级申报表；

2. 专业管理、技术人员的职称证件；

3. 已开发经营项目的有关材料；

4.《住宅质量保证书》、《住宅使用说明书》执行情况报告，建立质量管理制度、具有质量管理部门及相应质量管理人员等质量保证体系情况说明。

（二）二级资质：

1. 企业资质等级申报表；

2. 专业管理、技术人员的职称证件；

3. 建立质量管理制度、具有质量管理部门及相应质量管理人员等质量保证体系情况说明。

第八条 房地产开发企业资质等级实行分级审批。

一级资质由省、自治区、直辖市人民政府住房和城乡建设主管部门初审，报国务院住房和城乡建设主管部门审批。

二级资质由省、自治区、直辖市人民政府住房和城乡建设主管部门或者其确定的设区的市级人民政府房地产开发主管部门审批。

经资质审查合格的企业，由资质审批部门发给相应等级的资质证书。资质证书有效期为3年。

申请核定资质的房地产开发企业，应当通过相应的政务服务平台提出申请。

第九条 资质证书由国务院住房和城乡建设主管部门统一制作。资质证书分为正本和副本,资质审批部门可以根据需要核发资质证书副本若干份。

第十条 任何单位和个人不得涂改、出租、出借、转让、出卖资质证书。

企业遗失资质证书,必须在新闻媒体上声明作废后,方可补领。

第十一条 企业发生分立、合并的,应当在向市场监督管理部门办理变更手续后的 30 日内,到原资质审批部门申请办理资质证书注销手续,并重新申请资质等级。

第十二条 企业变更名称、法定代表人和主要管理、技术负责人,应当在变更 30 日内,向原资质审批部门办理变更手续。

第十三条 企业破产、歇业或者因其他原因终止业务时,应当在向市场监督管理部门办理注销营业执照后的 15 日内,到原资质审批部门注销资质证书。

第十四条 县级以上人民政府房地产开发主管部门应当开展"双随机、一公开"监管,依法查处房地产开发企业的违法违规行为。

县级以上人民政府房地产开发主管部门应当加强对房地产开发企业信用监管,不断提升信用监管水平。

第十五条 一级资质的房地产开发企业承担房地产项目的建筑规模不受限制。

二级资质的房地产开发企业可以承担建筑面积 25 万平方米以下的开发建设项目。

各资质等级企业应当在规定的业务范围内从事房地产开发经营业务,不得越级承担任务。

第十六条 企业未取得资质证书从事房地产开发经营的,由县级以上地方人民政府房地产开发主管部门责令限期改正,处 5 万元以上 10 万元以下的罚款;逾期不改正的,由房地产开发主管部门提请市场监督管理部门吊销营业执照。

第十七条 企业超越资质等级从事房地产开发经营的,由县级以上地方人民政府房地产开发主管部门责令限期改正,处 5 万元以上 10 万元以下的罚款;逾期不改正的,由原资质审批部门提请市场监督管理部门吊销营业执照,并依法注销资质证书。

第十八条 企业有下列行为之一的,由原资质审批部门按照《中华人民共和国行政许可法》等法律法规规定予以处理,并可处以 1 万元以上 3 万元以下的罚款:

(一)隐瞒真实情况、弄虚作假骗取资质证书的;

（二）涂改、出租、出借、转让、出卖资质证书的。

第十九条 企业开发经营活动中有违法行为的，按照《中华人民共和国行政处罚法》、《中华人民共和国城市房地产管理法》、《城市房地产开发经营管理条例》、《建设工程质量管理条例》、《建设工程安全生产管理条例》、《民用建筑节能条例》等有关法律法规规定予以处罚。

第二十条 各级住房和城乡建设主管部门工作人员在资质审批和管理中玩忽职守、滥用职权、徇私舞弊的，由其所在单位或者上级主管部门给予行政处分；构成犯罪的，由司法机关依法追究刑事责任。

第二十一条 省、自治区、直辖市人民政府住房和城乡建设主管部门可以根据本规定制定实施细则。

第二十二条 本规定由国务院住房和城乡建设主管部门负责解释。

第二十三条 本规定自发布之日起施行。1993 年 11 月 16 日建设部发布的《房地产开发企业资质管理规定》（建设部令第 28 号）同时废止。

司法解释

最高人民法院关于审理网络消费纠纷案件适用法律若干问题的规定(一)

(2022年2月15日最高人民法院审判委员会第1864次会议通过　2022年3月1日最高人民法院公告公布　自2022年3月15日起施行　法释〔2022〕8号)

为正确审理网络消费纠纷案件,依法保护消费者合法权益,促进网络经济健康持续发展,根据《中华人民共和国民法典》《中华人民共和国消费者权益保护法》《中华人民共和国电子商务法》《中华人民共和国民事诉讼法》等法律规定,结合审判实践,制定本规定。

第一条　电子商务经营者提供的格式条款有以下内容的,人民法院应当依法认定无效:

(一)收货人签收商品即视为认可商品质量符合约定;

(二)电子商务平台经营者依法应承担的责任一概由平台内经营者承担;

(三)电子商务经营者享有单方解释权或者最终解释权;

(四)排除或者限制消费者依法投诉、举报、请求调解、申请仲裁、提起诉讼的权利;

(五)其他排除或者限制消费者权利、减轻或者免除电子商务经营者责任、加重消费者责任等对消费者不公平、不合理的内容。

第二条　电子商务经营者就消费者权益保护法第二十五条第一款规定的四项除外商品做出七日内无理由退货承诺,消费者主张电子商务经营者应当遵守其承诺的,人民法院应予支持。

第三条　消费者因检查商品的必要对商品进行拆封查验且不影响商品完好,电子商务经营者以商品已拆封为由主张不适用消费者权益保护法第二十五条规定的无理由退货制度的,人民法院不予支持,但法律另有规定的除外。

第四条　电子商务平台经营者以标记自营业务方式或者虽未标记自营但实际开展自营业务所销售的商品或者提供的服务损害消费者合法权益,消费者主张电子商务平台经营者承担商品销售者或者服务提供者责任的，人民法院应予支持。

电子商务平台经营者虽非实际开展自营业务，但其所作标识等足以误导消费者使消费者相信系电子商务平台经营者自营，消费者主张电子商务平台经营者承担商品销售者或者服务提供者责任的，人民法院应予支持。

第五条 平台内经营者出售商品或者提供服务过程中，其工作人员引导消费者通过交易平台提供的支付方式以外的方式进行支付，消费者主张平台内经营者承担商品销售者或者服务提供者责任，平台内经营者以未经过交易平台支付为由抗辩的，人民法院不予支持。

第六条 注册网络经营账号开设网络店铺的平台内经营者，通过协议等方式将网络账号及店铺转让给其他经营者，但未依法进行相关经营主体信息变更公示，实际经营者的经营活动给消费者造成损害，消费者主张注册经营者、实际经营者承担赔偿责任的，人民法院应予支持。

第七条 消费者在二手商品网络交易平台购买商品受到损害，人民法院综合销售者出售商品的性质、来源、数量、价格、频率、是否有其他销售渠道、收入等情况，能够认定销售者系从事商业经营活动，消费者主张销售者依据消费者权益保护法承担经营者责任的，人民法院应予支持。

第八条 电子商务经营者在促销活动中提供的奖品、赠品或者消费者换购的商品给消费者造成损害，消费者主张电子商务经营者承担赔偿责任，电子商务经营者以奖品、赠品属于免费提供或者商品属于换购为由主张免责的，人民法院不予支持。

第九条 电子商务经营者与他人签订的以虚构交易、虚构点击量、编造用户评价等方式进行虚假宣传的合同，人民法院应当依法认定无效。

第十条 平台内经营者销售商品或者提供服务损害消费者合法权益，其向消费者承诺的赔偿标准高于相关法定赔偿标准，消费者主张平台内经营者按照承诺赔偿的，人民法院应依法予以支持。

第十一条 平台内经营者开设网络直播间销售商品，其工作人员在网络直播中因虚假宣传等给消费者造成损害，消费者主张平台内经营者承担赔偿责任的，人民法院应予支持。

第十二条 消费者因在网络直播间点击购买商品合法权益受到损害，直播间运营者不能证明已经以足以使消费者辨别的方式标明其并非销售者并标明实际销售者的，消费者主张直播间运营者承担商品销售者责任的，人民法院应予支持。

直播间运营者能够证明已经尽到前款所列标明义务的，人民法院应当综合交易外观、直播间运营者与经营者的约定、与经营者的合作模式、交易过程以及消费者认知等因素予以认定。

第十三条 网络直播营销平台经营者通过网络直播方式开展自营业务销售商品,消费者主张其承担商品销售者责任的,人民法院应予支持。

第十四条 网络直播间销售商品损害消费者合法权益,网络直播营销平台经营者不能提供直播间运营者的真实姓名、名称、地址和有效联系方式的,消费者依据消费者权益保护法第四十四条规定向网络直播营销平台经营者请求赔偿的,人民法院应予支持。网络直播营销平台经营者承担责任后,向直播间运营者追偿的,人民法院应予支持。

第十五条 网络直播营销平台经营者对依法需取得食品经营许可的网络直播间的食品经营资质未尽到法定审核义务,使消费者的合法权益受到损害,消费者依据食品安全法第一百三十一条等规定主张网络直播营销平台经营者与直播间运营者承担连带责任的,人民法院应予支持。

第十六条 网络直播营销平台经营者知道或者应当知道网络直播间销售的商品不符合保障人身、财产安全的要求,或者有其他侵害消费者合法权益行为,未采取必要措施,消费者依据电子商务法第三十八条等规定主张网络直播营销平台经营者与直播间运营者承担连带责任的,人民法院应予支持。

第十七条 直播间运营者知道或者应当知道经营者提供的商品不符合保障人身、财产安全的要求,或者有其他侵害消费者合法权益行为,仍为其推广,给消费者造成损害,消费者依据民法典第一千一百六十八条等规定主张直播间运营者与提供该商品的经营者承担连带责任的,人民法院应予支持。

第十八条 网络餐饮服务平台经营者违反食品安全法第六十二条和第一百三十一条规定,未对入网餐饮服务提供者进行实名登记、审查许可证,或者未履行报告、停止提供网络交易平台服务等义务,使消费者的合法权益受到损害,消费者主张网络餐饮服务平台经营者与入网餐饮服务提供者承担连带责任的,人民法院应予支持。

第十九条 入网餐饮服务提供者所经营食品损害消费者合法权益,消费者主张入网餐饮服务提供者承担经营者责任,入网餐饮服务提供者以订单系委托他人加工制作为由抗辩的,人民法院不予支持。

第二十条 本规定自 2022 年 3 月 15 日起施行。

最高人民法院关于进一步加强涉种子刑事审判工作的指导意见

（2022 年 3 月 2 日　法〔2022〕66 号）

为深入贯彻落实中央关于种业振兴决策部署，依法惩治涉种子犯罪，全面净化种业市场，维护国家种源安全，加快种业振兴，根据有关法律规定，制定本意见。

一、切实提高政治站位，深刻认识进一步加强涉种子刑事审判工作的重要意义。农业现代化，种子是基础。党中央高度重视种业发展，把种源安全提升到关系国家安全的战略高度。种子制假售假和套牌侵权等违法犯罪，严重扰乱种业市场秩序，妨害种业健康发展，危害国家种源安全。各级人民法院要提高思想认识，不断增强工作责任感，提高涉种子刑事审判能力水平，提升案件审判质效。

二、充分发挥刑事审判职能作用，坚持依法从严惩处的基本要求。要依法加大对制假售假、套牌侵权和破坏种质资源等涉种子犯罪的惩处力度，重拳出击，形成震慑，有效维护种子生产经营者、使用者的合法权益，净化种业市场，维护国家种源安全，为种业健康发展提供有力刑事司法保障。

三、准确适用法律，依法严惩种子制假售假犯罪。对销售明知是假的或者失去使用效能的种子，或者生产者、销售者以不合格的种子冒充合格的种子，使生产遭受较大损失的，依照刑法第一百四十七条的规定以生产、销售伪劣种子罪定罪处罚。

对实施生产、销售伪劣种子行为，因无法认定使生产遭受较大损失等原因，不构成生产、销售伪劣种子罪，但是销售金额在五万元以上的，依照刑法第一百四十条的规定以生产、销售伪劣产品罪定罪处罚。同时构成假冒注册商标罪等其他犯罪的，依照处罚较重的规定定罪处罚。

四、立足现有罪名，依法严惩种子套牌侵权相关犯罪。假冒品种权以及未经许可或者超出委托规模生产、繁殖授权品种种子对外销售等种子套牌侵权行为，经常伴随假冒注册商标、侵犯商业秘密等其他犯罪行为。审理此类案件时要把握这一特点，立足刑法现有规定，通过依法适用与种子套牌侵权密切相关的假冒注册商标罪，销售假冒注册商标的商品罪，非法制造、销售非法制造的注册商标标识罪，侵犯商业秘密罪，为境外窃取、刺探、收买、非法提供商业秘密罪等罪名,实现对种子套牌侵权行为的依法惩处。同时,应当将种子套牌侵权行为作为从重处罚情节,加大对此类犯罪的惩处力度。

五、保护种质资源,依法严惩破坏种质资源犯罪。非法采集或者采伐天然种质资源,符合刑法第三百四十四条规定的,以危害国家重点保护植物罪定罪处罚。

在种质资源库、种质资源保护区或者种质资源保护地实施上述行为的,应当酌情从重处罚。

六、贯彻落实宽严相济的刑事政策,确保裁判效果。实施涉种子犯罪,具有下列情形之一的,应当酌情从重处罚:针对稻、小麦、玉米、棉花、大豆等主要农作物种子实施的,曾因涉种子犯罪受过刑事处罚的,二年内曾因涉种子违法行为受过行政处罚的,其他应当酌情从重处罚的情形。

对受雇佣或者受委托参与种子生产、繁殖的,要综合考虑社会危害程度、在共同犯罪中的地位作用、认罪悔罪表现等情节,准确适用刑罚。犯罪情节轻微的,可以依法免予刑事处罚;情节显著轻微危害不大的,不以犯罪论处。

七、依法解决鉴定难问题,准确认定伪劣种子。对是否属于假的、失去使用效能的或者不合格的种子,或者使生产遭受的损失难以确定的,可以依据具有法定资质的种子质量检验机构出具的鉴定意见、检验报告,农业农村、林业和草原主管部门出具的书面意见,农业农村主管部门所属的种子管理机构组织出具的田间现场鉴定书等,结合其他证据作出认定。

八、坚持多措并举,健全完善工作机制。各级人民法院要加强与农业农村主管部门、林业和草原主管部门、公安机关、检察机关等部门的协作配合,推动构建专业咨询和信息互通渠道,建立健全涉种子行政执法与刑事司法衔接长效工作机制,有效解决伪劣种子的认定,涉案物品的保管、移送和处理,案件信息共享等问题。

各级人民法院要延伸审判职能,参与综合治理。对涉种子刑事审判中发现的监管问题、违法犯罪线索,应当及时向有关单位进行通报,必要时应当发送司法建议,形成有效合力,实现源头治理,全面净化种业市场,积极推动种业健康发展。

最高人民法院、最高人民检察院关于办理危害药品安全刑事案件适用法律若干问题的解释

（2022年2月28日最高人民法院审判委员会第1865次会议、2022年2月25日最高人民检察院第十三届检察委员会第九十二次会议通过　2022年3月3日最高人民法院、最高人民检察院公告公布　自2022年3月6日起施行　高检发释字〔2022〕1号）

为依法惩治危害药品安全犯罪，保障人民群众生命健康，维护药品管理秩序，根据《中华人民共和国刑法》《中华人民共和国刑事诉讼法》及《中华人民共和国药品管理法》等有关规定，现就办理此类刑事案件适用法律的若干问题解释如下：

第一条　生产、销售、提供假药，具有下列情形之一的，应当酌情从重处罚：

（一）涉案药品以孕产妇、儿童或者危重病人为主要使用对象的；

（二）涉案药品属于麻醉药品、精神药品、医疗用毒性药品、放射性药品、生物制品，或者以药品类易制毒化学品冒充其他药品的；

（三）涉案药品属于注射剂药品、急救药品的；

（四）涉案药品系用于应对自然灾害、事故灾难、公共卫生事件、社会安全事件等突发事件的；

（五）药品使用单位及其工作人员生产、销售假药的；

（六）其他应当酌情从重处罚的情形。

第二条　生产、销售、提供假药，具有下列情形之一的，应当认定为刑法第一百四十一条规定的"对人体健康造成严重危害"：

（一）造成轻伤或者重伤的；

（二）造成轻度残疾或者中度残疾的；

（三）造成器官组织损伤导致一般功能障碍或者严重功能障碍的；

（四）其他对人体健康造成严重危害的情形。

第三条　生产、销售、提供假药，具有下列情形之一的，应当认定为刑法第一百四十一条规定的"其他严重情节"：

（一）引发较大突发公共卫生事件的；

(二)生产、销售、提供假药的金额二十万元以上不满五十万元的；

(三)生产、销售、提供假药的金额十万元以上不满二十万元，并具有本解释第一条规定情形之一的；

(四)根据生产、销售、提供的时间、数量、假药种类、对人体健康危害程度等，应当认定为情节严重的。

第四条 生产、销售、提供假药，具有下列情形之一的，应当认定为刑法第一百四十一条规定的"其他特别严重情节"：

(一)致人重度残疾以上的；

(二)造成三人以上重伤、中度残疾或者器官组织损伤导致严重功能障碍的；

(三)造成五人以上轻度残疾或者器官组织损伤导致一般功能障碍的；

(四)造成十人以上轻伤的；

(五)引发重大、特别重大突发公共卫生事件的；

(六)生产、销售、提供假药的金额五十万元以上的；

(七)生产、销售、提供假药的金额二十万元以上不满五十万元，并具有本解释第一条规定情形之一的；

(八)根据生产、销售、提供的时间、数量、假药种类、对人体健康危害程度等，应当认定为情节特别严重的。

第五条 生产、销售、提供劣药，具有本解释第一条规定情形之一的，应当酌情从重处罚。

生产、销售、提供劣药，具有本解释第二条规定情形之一的，应当认定为刑法第一百四十二条规定的"对人体健康造成严重危害"。

生产、销售、提供劣药，致人死亡，或者具有本解释第四条第一项至第五项规定情形之一的，应当认定为刑法第一百四十二条规定的"后果特别严重"。

第六条 以生产、销售、提供假药、劣药为目的，合成、精制、提取、储存、加工炮制药品原料，或者在将药品原料、辅料、包装材料制成成品过程中，进行配料、混合、制剂、储存、包装的，应当认定为刑法第一百四十一条、第一百四十二条规定的"生产"。

药品使用单位及其工作人员明知是假药、劣药而有偿提供给他人使用的，应当认定为刑法第一百四十一条、第一百四十二条规定的"销售"；无偿提供给他人使用的，应当认定为刑法第一百四十一条、第一百四十二条规定的"提供"。

第七条 实施妨害药品管理的行为，具有下列情形之一的，应当认定为刑法第一百四十二条之一规定的"足以严重危害人体健康"：

(一)生产、销售国务院药品监督管理部门禁止使用的药品,综合生产、销售的时间、数量、禁止使用原因等情节,认为具有严重危害人体健康的现实危险的;

(二)未取得药品相关批准证明文件生产药品或者明知是上述药品而销售,涉案药品属于本解释第一条第一项至第三项规定情形的;

(三)未取得药品相关批准证明文件生产药品或者明知是上述药品而销售,涉案药品的适应症、功能主治或者成分不明的;

(四)未取得药品相关批准证明文件生产药品或者明知是上述药品而销售,涉案药品没有国家药品标准,且无核准的药品质量标准,但检出化学药成分的;

(五)未取得药品相关批准证明文件进口药品或者明知是上述药品而销售,涉案药品在境外也未合法上市的;

(六)在药物非临床研究或者药物临床试验过程中故意使用虚假试验用药品,或者瞒报与药物临床试验用药品相关的严重不良事件的;

(七)故意损毁原始药物非临床研究数据或者药物临床试验数据,或者编造受试动物信息、受试者信息、主要试验过程记录、研究数据、检测数据等药物非临床研究数据或者药物临床试验数据,影响药品的安全性、有效性和质量可控性的;

(八)编造生产、检验记录,影响药品的安全性、有效性和质量可控性的;

(九)其他足以严重危害人体健康的情形。

对于涉案药品是否在境外合法上市,应当根据境外药品监督管理部门或者权利人的证明等证据,结合犯罪嫌疑人、被告人及其辩护人提供的证据材料综合审查,依法作出认定。

对于"足以严重危害人体健康"难以确定的,根据地市级以上药品监督管理部门出具的认定意见,结合其他证据作出认定。

第八条 实施妨害药品管理的行为,具有本解释第二条规定情形之一的,应当认定为刑法第一百四十二条之一规定的"对人体健康造成严重危害"。

实施妨害药品管理的行为,足以严重危害人体健康,并具有下列情形之一的,应当认定为刑法第一百四十二条之一规定的"有其他严重情节":

(一)生产、销售国务院药品监督管理部门禁止使用的药品,生产、销售的金额五十万元以上的;

(二)未取得药品相关批准证明文件生产、进口药品或者明知是上述药品而销售,生产、销售的金额五十万元以上的;

(三)药品申请注册中提供虚假的证明、数据、资料、样品或者采取其他欺

骗手段,造成严重后果的;

(四)编造生产、检验记录,造成严重后果的;

(五)造成恶劣社会影响或者具有其他严重情节的情形。

实施刑法第一百四十二条之一规定的行为,同时又构成生产、销售、提供假药罪、生产、销售、提供劣药罪或者其他犯罪的,依照处罚较重的规定定罪处罚。

第九条 明知他人实施危害药品安全犯罪,而有下列情形之一的,以共同犯罪论处:

(一)提供资金、贷款、账号、发票、证明、许可证件的;

(二)提供生产、经营场所、设备或者运输、储存、保管、邮寄、销售渠道等便利条件的;

(三)提供生产技术或者原料、辅料、包装材料、标签、说明书的;

(四)提供虚假药物非临床研究报告、药物临床试验报告及相关材料的;

(五)提供广告宣传的;

(六)提供其他帮助的。

第十条 办理生产、销售、提供假药、生产、销售、提供劣药、妨害药品管理等刑事案件,应当结合行为人的从业经历、认知能力、药品质量、进货渠道和价格、销售渠道和价格以及生产、销售方式等事实综合判断认定行为人的主观故意。具有下列情形之一的,可以认定行为人有实施相关犯罪的主观故意,但有证据证明确实不具有故意的除外:

(一)药品价格明显异于市场价格的;

(二)向不具有资质的生产者、销售者购买药品,且不能提供合法有效的来历证明的;

(三)逃避、抗拒监督检查的;

(四)转移、隐匿、销毁涉案药品、进销货记录的;

(五)曾因实施危害药品安全违法犯罪行为受过处罚,又实施同类行为的;

(六)其他足以认定行为人主观故意的情形。

第十一条 以提供给他人生产、销售、提供药品为目的,违反国家规定,生产、销售不符合药用要求的原料、辅料,符合刑法第一百四十条规定的,以生产、销售伪劣产品罪从重处罚;同时构成其他犯罪的,依照处罚较重的规定定罪处罚。

第十二条 广告主、广告经营者、广告发布者违反国家规定,利用广告对药品作虚假宣传,情节严重的,依照刑法第二百二十二条的规定,以虚假广告罪定罪处罚。

第十三条 明知系利用医保骗保购买的药品而非法收购、销售,金额五万元以上的,应当依照刑法第三百一十二条的规定,以掩饰、隐瞒犯罪所得罪定罪处罚;指使、教唆、授意他人利用医保骗保购买药品,进而非法收购、销售,符合刑法第二百六十六条规定的,以诈骗罪定罪处罚。

对于利用医保骗保购买药品的行为人是否追究刑事责任,应当综合骗取医保基金的数额、手段、认罪悔罪态度等案件具体情节,依法妥当决定。利用医保骗保购买药品的行为人是否被追究刑事责任,不影响对非法收购、销售有关药品的行为人定罪处罚。

对于第一款规定的主观明知,应当根据药品标志、收购渠道、价格、规模及药品追溯信息等综合认定。

第十四条 负有药品安全监督管理职责的国家机关工作人员,滥用职权或者玩忽职守,构成药品监管渎职罪,同时构成商检徇私舞弊罪、商检失职罪等其他渎职犯罪的,依照处罚较重的规定定罪处罚。

负有药品安全监督管理职责的国家机关工作人员滥用职权或者玩忽职守,不构成药品监管渎职罪,但构成前款规定的其他渎职犯罪的,依照该其他犯罪定罪处罚。

负有药品安全监督管理职责的国家机关工作人员与他人共谋,利用其职务便利帮助他人实施危害药品安全犯罪行为,同时构成渎职犯罪和危害药品安全犯罪共犯的,依照处罚较重的规定定罪从重处罚。

第十五条 对于犯生产、销售、提供假药罪、生产、销售、提供劣药罪、妨害药品管理罪的,应当结合被告人的犯罪数额、违法所得,综合考虑被告人缴纳罚金的能力,依法判处罚金。罚金一般应当在生产、销售、提供的药品金额二倍以上;共同犯罪的,对各共同犯罪人合计判处的罚金一般应当在生产、销售、提供的药品金额二倍以上。

第十六条 对于犯生产、销售、提供假药罪、生产、销售、提供劣药罪、妨害药品管理罪的,应当依照刑法规定的条件,严格缓刑、免予刑事处罚的适用。对于被判处刑罚的,可以根据犯罪情况和预防再犯罪的需要,依法宣告职业禁止或者禁止令。《中华人民共和国药品管理法》等法律、行政法规另有规定的,从其规定。

对于被不起诉或者免予刑事处罚的行为人,需要给予行政处罚、政务处分或者其他处分的,依法移送有关主管机关处理。

第十七条 单位犯生产、销售、提供假药罪、生产、销售、提供劣药罪、妨害药品管理罪的,对单位判处罚金,并对直接负责的主管人员和其他直接责任人员,依照本解释规定的自然人犯罪的定罪量刑标准处罚。

单位犯罪的，对被告单位及其直接负责的主管人员、其他直接责任人员合计判处的罚金一般应当在生产、销售、提供的药品金额二倍以上。

第十八条 根据民间传统配方私自加工药品或者销售上述药品，数量不大，且未造成他人伤害后果或者延误诊治的，或者不以营利为目的实施带有自救、互助性质的生产、进口、销售药品的行为，不应当认定为犯罪。

对于是否属于民间传统配方难以确定的，根据地市级以上药品监督管理部门或者有关部门出具的认定意见，结合其他证据作出认定。

第十九条 刑法第一百四十一条、第一百四十二条规定的“假药”“劣药”，依照《中华人民共和国药品管理法》的规定认定。

对于《中华人民共和国药品管理法》第九十八条第二款第二项、第四项及第三款第三项至第六项规定的假药、劣药，能够根据现场查获的原料、包装，结合犯罪嫌疑人、被告人供述等证据材料作出判断的，可以由地市级以上药品监督管理部门出具认定意见。对于依据《中华人民共和国药品管理法》第九十八条第二款、第三款的其他规定认定假药、劣药，或者是否属于第九十八条第二款第二项、第三款第六项规定的假药、劣药存在争议的，应当由省级以上药品监督管理部门设置或者确定的药品检验机构进行检验，出具质量检验结论。司法机关根据认定意见、检验结论，结合其他证据作出认定。

第二十条 对于生产、提供药品的金额，以药品的货值金额计算；销售药品的金额，以所得和可得的全部违法收入计算。

第二十一条 本解释自 2022 年 3 月 6 日起施行。本解释公布施行后，《最高人民法院、最高人民检察院关于办理危害药品安全刑事案件适用法律若干问题的解释》（法释〔2014〕14 号）、《最高人民法院、最高人民检察院关于办理药品、医疗器械注册申请材料造假刑事案件适用法律若干问题的解释》（法释〔2017〕15 号）同时废止。

最高人民法院、全国妇联、教育部、公安部、民政部、司法部、卫生健康委关于加强人身安全保护令制度贯彻实施的意见

（2022 年 3 月 5 日 法发〔2022〕10 号）

为进一步做好预防和制止家庭暴力工作，依法保护家庭成员特别是妇女、未成年人、老年人、残疾人的合法权益，维护平等、和睦、文明的家庭关系，促进

家庭和谐、社会稳定,现就加强人身安全保护令制度贯彻实施提出如下意见:

一、坚持以习近平新时代中国特色社会主义思想为指导。深入贯彻习近平法治思想和习近平总书记关于注重家庭家教家风建设的重要论述精神,在家庭中积极培育和践行社会主义核心价值观,涵养优良家风,弘扬家庭美德,最大限度预防和制止家庭暴力。

二、坚持依法、及时、有效保护受害人原则。各部门在临时庇护、法律援助、司法救助等方面要持续加大对家庭暴力受害人的帮扶力度,建立多层次、多样化、立体式的救助体系。要深刻认识家庭暴力的私密性、突发性特点,提高家庭暴力受害人证据意识,指导其依法及时保存、提交证据。

三、坚持尊重受害人真实意愿原则。各部门在接受涉家庭暴力投诉、反映、求助以及受理案件、转介处置等工作中,应当就采取何种安全保护措施、是否申请人身安全保护令、对加害人的处理方式等方面听取受害人意见,加大对受害人的心理疏导。

四、坚持保护当事人隐私原则。各部门在受理案件、协助执行、履行强制报告义务等工作中应当注重保护当事人尤其是未成年人的隐私。受害人已搬离与加害人共同住所的,不得将受害人的行踪或者联系方式告知加害人,不得在相关文书、回执中列明受害人的现住所。人身安全保护令原则上不得公开。

五、推动建立各部门协同的反家暴工作机制。积极推动将家庭暴力防控纳入社会治安综合治理体系,发挥平安建设考评机制作用。完善人民法院、公安机关、民政部门、司法行政部门、教育部门、卫生部门和妇女联合会等单位共同参与的反家暴工作体系。充分利用信息化建设成果,加强各部门间数据的协同共享。探索通过专案专档、分级预警等方式精准跟踪、实时监督。

六、公安机关应当强化依法干预家庭暴力的观念和意识,加大家庭暴力警情处置力度,强化对加害人的告诫,依法依规出具家庭暴力告诫书。注重搜集、固定证据,积极配合人民法院依职权调取证据,提供出警记录、告诫书、询(讯)问笔录等。有条件的地方可以与人民法院、民政部门、妇女联合会等建立家暴警情联动机制和告诫通报机制。

七、民政部门应当加强对居民委员会、村民委员会、社会工作服务机构、救助管理机构、福利机构等的培训和指导。居民委员会、村民委员会、社会工作服务机构、救助管理机构、福利机构及其工作人员在工作中发现无民事行为能力人、限制民事行为能力人遭受或者疑似遭受家庭暴力的,应当及时向公安机关报案。贯彻落实《关于做好家庭暴力受害人庇护救助工作的指导意见》,加强临时庇护场所建设和人员、资金配备,为家庭暴力受害人及时提供转介安置、法律援助、婚姻家庭纠纷调解等救助服务。

八、司法行政部门应当加大对家庭暴力受害人的法律援助力度，畅通法律援助申请渠道，健全服务网络。各地可以根据实际情况依托当地妇女联合会等建立法律援助工作站或者联络点，方便家庭暴力受害人就近寻求法律援助。加强对反家庭暴力法、未成年人保护法、妇女权益保障法、老年人权益保障法等法律法规的宣传。充分发挥人民调解优势作用，扎实做好婚姻家庭纠纷排查化解工作，预防家庭暴力发生。

九、医疗机构在诊疗过程中，发现可能遭受家庭暴力的伤者，要详细做好伤者的信息登记和诊疗记录，将伤者的主诉、伤情和治疗过程，准确、客观、全面地记录于病历资料。建立医警联动机制，在诊疗过程中发现无民事行为能力人或者限制民事行为能力人遭受或者疑似遭受家庭暴力的，应当及时向公安机关报案，并积极配合公安机关做好医疗诊治资料收集工作。

十、学校、幼儿园应当加强对未成年人保护法、预防未成年人犯罪法、反家庭暴力法等法律法规的宣传教育。注重家校、家园协同。在发现未成年人遭受或者疑似遭受家庭暴力的，应当根据《未成年人学校保护规定》，及时向公安、民政、教育等有关部门报告。注重保护未成年人隐私，加强心理疏导、干预力度。

十一、人民法院应当建立人身安全保护令案件受理“绿色通道”，加大依职权调取证据力度，依法及时作出人身安全保护令。各基层人民法院及其派出人民法庭应当在立案大厅或者诉讼服务中心为当事人申请人身安全保护令提供导诉服务。

十二、坚持最有利于未成年人原则。各部门就家庭暴力事实听取未成年人意见或制作询问笔录时，应当充分考虑未成年人身心特点，提供适宜的场所环境，采取未成年人能够理解的问询方式，保护其隐私和安全。必要时，可安排心理咨询师或社会工作者协助开展工作。未成年人作为受害人的人身安全保护令案件中，人民法院可以通知法律援助机构为其提供法律援助。未成年子女作为证人提供证言的，可不出庭作证。

十三、各部门在接受涉家庭暴力投诉、反映、求助或者处理婚姻家庭纠纷过程中，发现当事人遭受家庭暴力或者面临家庭暴力现实危险的，应当主动告知其可以向人民法院申请人身安全保护令。

十四、人民法院在作出人身安全保护令后，应当在 24 小时内向当事人送达，同时送达当地公安派出所、居民委员会、村民委员会，也可以视情况送达当地妇女联合会、学校、未成年人保护组织、残疾人联合会、依法设立的老年人组织等。

十五、人民法院在送达人身安全保护令时，应当注重释明和说服教育，督促被申请人遵守人身安全保护令，告知其违反人身安全保护令的法律后果。被申请人不履行或者违反人身安全保护令的，申请人可以向人民法院申请强制执行。被申请人违反人身安全保护令，尚不构成犯罪的，人民法院应当给予训诫，可以根据情节轻重处以一千元以下罚款、十五日以下拘留。

十六、人民法院在送达人身安全保护令时，可以向当地公安派出所、居民委员会、村民委员会、妇女联合会、学校等一并送达协助执行通知书，协助执行通知书中应当明确载明协助事项。相关单位应当按照协助执行通知书的内容予以协助。

十七、人身安全保护令有效期内，公安机关协助执行的内容可以包括：协助督促被申请人遵守人身安全保护令；在人身安全保护令有效期内，被申请人违反人身安全保护令的，公安机关接警后应当及时出警，制止违法行为；接到报警后救助、保护受害人，并搜集、固定证据；发现被申请人违反人身安全保护令的，将情况通报人民法院等。

十八、人身安全保护令有效期内，居民委员会、村民委员会、妇女联合会、学校等协助执行的内容可以包括：在人身安全保护令有效期内进行定期回访、跟踪记录等，填写回访单或记录单，期满由当事人签字后向人民法院反馈；发现被申请人违反人身安全保护令的，应当对其进行批评教育、填写情况反馈表，帮助受害人及时与人民法院、公安机关联系；对加害人进行法治教育，必要时对加害人、受害人进行心理辅导等。

十九、各部门在接受涉家庭暴力投诉、反映、求助或者处理婚姻家庭纠纷过程中，可以探索引入社会工作和心理疏导机制，缓解受害人以及未成年子女的心理创伤，矫治施暴者认识行为偏差，避免暴力升级，从根本上减少恶性事件发生。

二十、各部门应当充分认识人身安全保护令制度的重要意义，加大学习培训力度，熟悉人身安全保护令申请主体、作出程序以及协助执行的具体内容等，加强人身安全保护令制度普法宣传。

最高人民法院关于适用《中华人民共和国反不正当竞争法》若干问题的解释

（2022年1月29日最高人民法院审判委员会第1862次会议通过　2022年3月16日最高人民法院公告公布　自2022年3月20日起施行　法释〔2022〕9号）

为正确审理因不正当竞争行为引发的民事案件，根据《中华人民共和国民法典》《中华人民共和国反不正当竞争法》《中华人民共和国民事诉讼法》等有关法律规定，结合审判实践，制定本解释。

第一条　经营者扰乱市场竞争秩序，损害其他经营者或者消费者合法权益，且属于违反反不正当竞争法第二章及专利法、商标法、著作权法等规定之外情形的，人民法院可以适用反不正当竞争法第二条予以认定。

第二条　与经营者在生产经营活动中存在可能的争夺交易机会、损害竞争优势等关系的市场主体，人民法院可以认定为反不正当竞争法第二条规定的"其他经营者"。

第三条　特定商业领域普遍遵循和认可的行为规范，人民法院可以认定为反不正当竞争法第二条规定的"商业道德"。

人民法院应当结合案件具体情况，综合考虑行业规则或者商业惯例、经营者的主观状态、交易相对人的选择意愿、对消费者权益、市场竞争秩序、社会公共利益的影响等因素，依法判断经营者是否违反商业道德。

人民法院认定经营者是否违反商业道德时，可以参考行业主管部门、行业协会或者自律组织制定的从业规范、技术规范、自律公约等。

第四条　具有一定的市场知名度并具有区别商品来源的显著特征的标识，人民法院可以认定为反不正当竞争法第六条规定的"有一定影响的"标识。

人民法院认定反不正当竞争法第六条规定的标识是否具有一定的市场知名度，应当综合考虑中国境内相关公众的知悉程度，商品销售的时间、区域、数额和对象，宣传的持续时间、程度和地域范围，标识受保护的情况等因素。

第五条　反不正当竞争法第六条规定的标识有下列情形之一的，人民法院应当认定其不具有区别商品来源的显著特征：

（一）商品的通用名称、图形、型号；

（二）仅直接表示商品的质量、主要原料、功能、用途、重量、数量及其他特点的标识；

（三）仅由商品自身的性质产生的形状，为获得技术效果而需有的商品形状以及使商品具有实质性价值的形状；

（四）其他缺乏显著特征的标识。

前款第一项、第二项、第四项规定的标识经过使用取得显著特征，并具有一定的市场知名度，当事人请求依据反不正当竞争法第六条规定予以保护的，人民法院应予支持。

第六条 因客观描述、说明商品而正当使用下列标识，当事人主张属于反不正当竞争法第六条规定的情形的，人民法院不予支持：

（一）含有本商品的通用名称、图形、型号；

（二）直接表示商品的质量、主要原料、功能、用途、重量、数量以及其他特点；

（三）含有地名。

第七条 反不正当竞争法第六条规定的标识或者其显著识别部分属于商标法第十条第一款规定的不得作为商标使用的标志，当事人请求依据反不正当竞争法第六条规定予以保护的，人民法院不予支持。

第八条 由经营者营业场所的装饰、营业用具的式样、营业人员的服饰等构成的具有独特风格的整体营业形象，人民法院可以认定为反不正当竞争法第六条第一项规定的“装潢”。

第九条 市场主体登记管理部门依法登记的企业名称，以及在中国境内进行商业使用的境外企业名称，人民法院可以认定为反不正当竞争法第六条第二项规定的“企业名称”。

有一定影响的个体工商户、农民专业合作社（联合社）以及法律、行政法规规定的其他市场主体的名称（包括简称、字号等），人民法院可以依照反不正当竞争法第六条第二项予以认定。

第十条 在中国境内将有一定影响的标识用于商品、商品包装或者容器以及商品交易文书上，或者广告宣传、展览以及其他商业活动中，用于识别商品来源的行为，人民法院可以认定为反不正当竞争法第六条规定的“使用”。

第十一条 经营者擅自使用与他人有一定影响的企业名称（包括简称、字号等）、社会组织名称（包括简称等）、姓名（包括笔名、艺名、译名等）、域名主体部分、网站名称、网页等近似的标识，引人误认为是他人商品或者与他人存在特定联系，当事人主张属于反不正当竞争法第六条第二项、第三项规定的情形的，人民法院应予支持。

第十二条 人民法院认定与反不正当竞争法第六条规定的“有一定影响的”标识相同或者近似，可以参照商标相同或者近似的判断原则和方法。

反不正当竞争法第六条规定的“引人误认为是他人商品或者与他人存在特定联系”,包括误认为与他人具有商业联合、许可使用、商业冠名、广告代言等特定联系。

在相同商品上使用相同或者视觉上基本无差别的商品名称、包装、装潢等标识,应当视为足以造成与他人有一定影响的标识相混淆。

第十三条　经营者实施下列混淆行为之一,足以引人误认为是他人商品或者与他人存在特定联系的,人民法院可以依照反不正当竞争法第六条第四项予以认定:

(一)擅自使用反不正当竞争法第六条第一项、第二项、第三项规定以外“有一定影响的”标识;

(二)将他人注册商标、未注册的驰名商标作为企业名称中的字号使用,误导公众。

第十四条　经营者销售带有违反反不正当竞争法第六条规定的标识的商品,引人误认为是他人商品或者与他人存在特定联系,当事人主张构成反不正当竞争法第六条规定的情形的,人民法院应予支持。

销售不知道是前款规定的侵权商品,能证明该商品是自己合法取得并说明提供者,经营者主张不承担赔偿责任的,人民法院应予支持。

第十五条　故意为他人实施混淆行为提供仓储、运输、邮寄、印制、隐匿、经营场所等便利条件,当事人请求依据民法典第一千一百六十九条第一款予以认定的,人民法院应予支持。

第十六条　经营者在商业宣传过程中,提供不真实的商品相关信息,欺骗、误导相关公众的,人民法院应当认定为反不正当竞争法第八条第一款规定的虚假的商业宣传。

第十七条　经营者具有下列行为之一,欺骗、误导相关公众的,人民法院可以认定为反不正当竞争法第八条第一款规定的“引人误解的商业宣传”:

(一)对商品作片面的宣传或者对比;

(二)将科学上未定论的观点、现象等当作定论的事实用于商品宣传;

(三)使用歧义性语言进行商业宣传;

(四)其他足以引人误解的商业宣传行为。

人民法院应当根据日常生活经验、相关公众一般注意力、发生误解的事实和被宣传对象的实际情况等因素,对引人误解的商业宣传行为进行认定。

第十八条　当事人主张经营者违反反不正当竞争法第八条第一款的规定并请求赔偿损失的,应当举证证明其因虚假或者引人误解的商业宣传行为受到损失。

第十九条 当事人主张经营者实施了反不正当竞争法第十一条规定的商业诋毁行为的,应当举证证明其为该商业诋毁行为的特定损害对象。

第二十条 经营者传播他人编造的虚假信息或者误导性信息,损害竞争对手的商业信誉、商品声誉的,人民法院应当依照反不正当竞争法第十一条予以认定。

第二十一条 未经其他经营者和用户同意而直接发生的目标跳转,人民法院应当认定为反不正当竞争法第十二条第二款第一项规定的"强制进行目标跳转"。

仅插入链接,目标跳转由用户触发的,人民法院应当综合考虑插入链接的具体方式、是否具有合理理由以及对用户利益和其他经营者利益的影响等因素,认定该行为是否违反反不正当竞争法第十二条第二款第一项的规定。

第二十二条 经营者事前未明确提示并经用户同意,以误导、欺骗、强迫用户修改、关闭、卸载等方式,恶意干扰或者破坏其他经营者合法提供的网络产品或者服务,人民法院应当依照反不正当竞争法第十二条第二款第二项予以认定。

第二十三条 对于反不正当竞争法第二条、第八条、第十一条、第十二条规定的不正当竞争行为,权利人因被侵权所受到的实际损失、侵权人因侵权所获得的利益难以确定,当事人主张依据反不正当竞争法第十七条第四款确定赔偿数额的,人民法院应予支持。

第二十四条 对于同一侵权人针对同一主体在同一时间和地域范围实施的侵权行为,人民法院已经认定侵害著作权、专利权或者注册商标专用权等并判令承担民事责任,当事人又以该行为构成不正当竞争为由请求同一侵权人承担民事责任的,人民法院不予支持。

第二十五条 依据反不正当竞争法第六条的规定,当事人主张判令被告停止使用或者变更其企业名称的诉讼请求依法应予支持的,人民法院应当判令停止使用该企业名称。

第二十六条 因不正当竞争行为提起的民事诉讼,由侵权行为地或者被告住所地人民法院管辖。

当事人主张仅以网络购买者可以任意选择的收货地作为侵权行为地的,人民法院不予支持。

第二十七条 被诉不正当竞争行为发生在中华人民共和国领域外,但侵权结果发生在中华人民共和国领域内,当事人主张由该侵权结果发生地人民法院管辖的,人民法院应予支持。

第二十八条 反不正当竞争法修改决定施行以后人民法院受理的不正当

竞争民事案件，涉及该决定施行前发生的行为的，适用修改前的反不正当竞争法；涉及该决定施行前发生、持续到该决定施行以后的行为的，适用修改后的反不正当竞争法。

第二十九条 本解释自2022年3月20日起施行。《最高人民法院关于审理不正当竞争民事案件应用法律若干问题的解释》（法释〔2007〕2号）同时废止。

本解释施行以后尚未终审的案件，适用本解释；施行以前已经终审的案件，不适用本解释再审。

最高人民法院关于审理行政赔偿案件若干问题的规定

（2021年12月6日最高人民法院审判委员会第1855次会议通过　2022年3月20日最高人民法院公告公布　自2022年5月1日起施行　法释〔2022〕10号）

为保护公民、法人和其他组织的合法权益，监督行政机关依法履行行政赔偿义务，确保人民法院公正、及时审理行政赔偿案件，实质化解行政赔偿争议，根据《中华人民共和国行政诉讼法》（以下简称行政诉讼法）《中华人民共和国国家赔偿法》（以下简称国家赔偿法）等法律规定，结合行政审判工作实际，制定本规定。

一、受案范围

第一条 国家赔偿法第三条、第四条规定的“其他违法行为”包括以下情形：

（一）不履行法定职责行为；

（二）行政机关及其工作人员在履行行政职责过程中作出的不产生法律效果，但事实上损害公民、法人或者其他组织人身权、财产权等合法权益的行为。

第二条 依据行政诉讼法第一条、第十二条第一款第十二项和国家赔偿法第二条规定，公民、法人或者其他组织认为行政机关及其工作人员违法行使行政职权对其劳动权、相邻权等合法权益造成人身、财产损害的，可以依法提起行政赔偿诉讼。

第三条 赔偿请求人不服赔偿义务机关下列行为的，可以依法提起行政赔偿诉讼：

（一）确定赔偿方式、项目、数额的行政赔偿决定；

（二）不予赔偿决定；

（三）逾期不作出赔偿决定；

（四）其他有关行政赔偿的行为。

第四条 法律规定由行政机关最终裁决的行政行为被确认违法后，赔偿请求人可以单独提起行政赔偿诉讼。

第五条 公民、法人或者其他组织认为国防、外交等国家行为或者行政机关制定发布行政法规、规章或者具有普遍约束力的决定、命令侵犯其合法权益造成损害，向人民法院提起行政赔偿诉讼的，不属于人民法院行政赔偿诉讼的受案范围。

二、诉讼当事人

第六条 公民、法人或者其他组织一并提起行政赔偿诉讼中的当事人地位，按照其在行政诉讼中的地位确定，行政诉讼与行政赔偿诉讼当事人不一致的除外。

第七条 受害的公民死亡，其继承人和其他有扶养关系的人可以提起行政赔偿诉讼，并提供该公民死亡证明、赔偿请求人与死亡公民之间的关系证明。

受害的公民死亡，支付受害公民医疗费、丧葬费等合理费用的人可以依法提起行政赔偿诉讼。

有权提起行政赔偿诉讼的法人或者其他组织分立、合并、终止，承受其权利的法人或者其他组织可以依法提起行政赔偿诉讼。

第八条 两个以上行政机关共同实施侵权行政行为造成损害的，共同侵权行政机关为共同被告。赔偿请求人坚持对其中一个或者几个侵权机关提起行政赔偿诉讼，以被起诉的机关为被告，未被起诉的机关追加为第三人。

第九条 原行政行为造成赔偿请求人损害，复议决定加重损害的，复议机关与原行政行为机关为共同被告。赔偿请求人坚持对作出原行政行为机关或者复议机关提起行政赔偿诉讼，以被起诉的机关为被告，未被起诉的机关追加为第三人。

第十条 行政机关依据行政诉讼法第九十七条的规定申请人民法院强制执行其行政行为，因据以强制执行的行政行为违法而发生行政赔偿诉讼的，申请强制执行的行政机关为被告。

三、证　　据

第十一条　行政赔偿诉讼中,原告应当对行政行为造成的损害提供证据;因被告的原因导致原告无法举证的,由被告承担举证责任。

人民法院对于原告主张的生产和生活所必需物品的合理损失,应当予以支持;对于原告提出的超出生产和生活所必需的其他贵重物品、现金损失,可以结合案件相关证据予以认定。

第十二条　原告主张其被限制人身自由期间受到身体伤害,被告否认相关损害事实或者损害与违法行政行为存在因果关系的,被告应当提供相应的证据证明。

四、起诉与受理

第十三条　行政行为未被确认为违法,公民、法人或者其他组织提起行政赔偿诉讼的,人民法院应当视为提起行政诉讼时一并提起行政赔偿诉讼。

行政行为已被确认为违法,并符合下列条件的,公民、法人或者其他组织可以单独提起行政赔偿诉讼:

(一)原告具有行政赔偿请求资格;

(二)有明确的被告;

(三)有具体的赔偿请求和受损害的事实根据;

(四)赔偿义务机关已先行处理或者超过法定期限不予处理;

(五)属于人民法院行政赔偿诉讼的受案范围和受诉人民法院管辖;

(六)在法律规定的起诉期限内提起诉讼。

第十四条　原告提起行政诉讼时未一并提起行政赔偿诉讼,人民法院审查认为可能存在行政赔偿的,应当告知原告可以一并提起行政赔偿诉讼。

原告在第一审庭审终结前提起行政赔偿诉讼,符合起诉条件的,人民法院应当依法受理;原告在第一审庭审终结后、宣判前提起行政赔偿诉讼的,是否准许由人民法院决定。

原告在第二审程序或者再审程序中提出行政赔偿请求的,人民法院可以组织各方调解;调解不成的,告知其另行起诉。

第十五条　公民、法人或者其他组织应当自知道或者应当知道行政行为侵犯其合法权益之日起两年内,向赔偿义务机关申请行政赔偿。赔偿义务机关在收到赔偿申请之日起两个月内未作出赔偿决定的,公民、法人或者其他组织可以依照行政诉讼法有关规定提起行政赔偿诉讼。

第十六条 公民、法人或者其他组织提起行政诉讼时一并请求行政赔偿的，适用行政诉讼法有关起诉期限的规定。

第十七条 公民、法人或者其他组织仅对行政复议决定中的行政赔偿部分有异议，自复议决定书送达之日起十五日内提起行政赔偿诉讼的，人民法院应当依法受理。

行政机关作出有赔偿内容的行政复议决定时，未告知公民、法人或者其他组织起诉期限的，起诉期限从公民、法人或者其他组织知道或者应当知道起诉期限之日起计算，但从知道或者应当知道行政复议决定内容之日起最长不得超过一年。

第十八条 行政行为被有权机关依照法定程序撤销、变更、确认违法或无效，或者实施行政行为的行政机关工作人员因该行为被生效法律文书或监察机关政务处分确认为渎职、滥用职权的，属于本规定所称的行政行为被确认为违法的情形。

第十九条 公民、法人或者其他组织一并提起行政赔偿诉讼，人民法院经审查认为行政诉讼不符合起诉条件的，对一并提起的行政赔偿诉讼，裁定不予立案；已经立案的，裁定驳回起诉。

第二十条 在涉及行政许可、登记、征收、征用和行政机关对民事争议所作的裁决的行政案件中，原告提起行政赔偿诉讼的同时，有关当事人申请一并解决相关民事争议的，人民法院可以一并审理。

五、审理和判决

第二十一条 两个以上行政机关共同实施违法行政行为，或者行政机关及其工作人员与第三人恶意串通作出的违法行政行为，造成公民、法人或者其他组织人身权、财产权等合法权益实际损害的，应当承担连带赔偿责任。

一方承担连带赔偿责任后，对于超出其应当承担部分，可以向其他连带责任人追偿。

第二十二条 两个以上行政机关分别实施违法行政行为造成同一损害，每个行政机关的违法行为都足以造成全部损害的，各个行政机关承担连带赔偿责任。

两个以上行政机关分别实施违法行政行为造成同一损害的，人民法院应当根据其违法行政行为在损害发生和结果中的作用大小，确定各自承担相应的行政赔偿责任；难以确定责任大小的，平均承担责任。

第二十三条 由于第三人提供虚假材料，导致行政机关作出的行政行为违法，造成公民、法人或者其他组织损害的，人民法院应当根据违法行政行为在损害发生和结果中的作用大小，确定行政机关承担相应的行政赔偿责任；行政机关已经尽到审慎审查义务的，不承担行政赔偿责任。

第二十四条 由于第三人行为造成公民、法人或者其他组织损害的，应当由第三人依法承担侵权赔偿责任；第三人赔偿不足、无力承担赔偿责任或者下落不明，行政机关又未尽保护、监管、救助等法定义务的，人民法院应当根据行政机关未尽法定义务在损害发生和结果中的作用大小，确定其承担相应的行政赔偿责任。

第二十五条 由于不可抗力等客观原因造成公民、法人或者其他组织损害，行政机关不依法履行、拖延履行法定义务导致未能及时止损或者损害扩大的，人民法院应当根据行政机关不依法履行、拖延履行法定义务行为在损害发生和结果中的作用大小，确定其承担相应的行政赔偿责任。

第二十六条 有下列情形之一的，属于国家赔偿法第三十五条规定的“造成严重后果”：

（一）受害人被非法限制人身自由超过六个月；

（二）受害人经鉴定为轻伤以上或者残疾；

（三）受害人经诊断、鉴定为精神障碍或者精神残疾，且与违法行政行为存在关联；

（四）受害人名誉、荣誉、家庭、职业、教育等方面遭受严重损害，且与违法行政行为存在关联。

有下列情形之一的，可以认定为后果特别严重：

（一）受害人被限制人身自由十年以上；

（二）受害人死亡；

（三）受害人经鉴定为重伤或者残疾一至四级，且生活不能自理；

（四）受害人经诊断、鉴定为严重精神障碍或者精神残疾一至二级，生活不能自理，且与违法行政行为存在关联。

第二十七条 违法行政行为造成公民、法人或者其他组织财产损害，不能返还财产或者恢复原状的，按照损害发生时该财产的市场价格计算损失。市场价格无法确定，或者该价格不足以弥补公民、法人或者其他组织损失的，可以采用其他合理方式计算。

违法征收征用土地、房屋，人民法院判决给予被征收人的行政赔偿，不得少于被征收人依法应当获得的安置补偿权益。

第二十八条 下列损失属于国家赔偿法第三十六条第六项规定的“停产

停业期间必要的经常性费用开支”：

（一）必要留守职工的工资；

（二）必须缴纳的税款、社会保险费；

（三）应当缴纳的水电费、保管费、仓储费、承包费；

（四）合理的房屋场地租金、设备租金、设备折旧费；

（五）维系停产停业期间运营所需的其他基本开支。

第二十九条 下列损失属于国家赔偿法第三十六条第八项规定的“直接损失”：

（一）存款利息、贷款利息、现金利息；

（二）机动车停运期间的营运损失；

（三）通过行政补偿程序依法应当获得的奖励、补贴等；

（四）对财产造成的其他实际损失。

第三十条 被告有国家赔偿法第三条规定情形之一，致人精神损害的，人民法院应当判决其在违法行政行为影响的范围内，为受害人消除影响、恢复名誉、赔礼道歉；消除影响、恢复名誉和赔礼道歉的履行方式，可以双方协商，协商不成的，人民法院应当责令被告以适当的方式履行。造成严重后果的，应当判决支付相应的精神损害抚慰金。

第三十一条 人民法院经过审理认为被告对公民、法人或者其他组织造成财产损害的，判决被告限期返还财产、恢复原状；无法返还财产、恢复原状的，判决被告限期支付赔偿金和相应的利息损失。

人民法院审理行政赔偿案件，可以对行政机关赔偿的方式、项目、标准等予以明确，赔偿内容确定的，应当作出具有赔偿金额等给付内容的判决；行政赔偿决定对赔偿数额的确定确有错误的，人民法院判决予以变更。

第三十二条 有下列情形之一的，人民法院判决驳回原告的行政赔偿请求：

（一）原告主张的损害没有事实根据的；

（二）原告主张的损害与违法行政行为没有因果关系的；

（三）原告的损失已经通过行政补偿等其他途径获得充分救济的；

（四）原告请求行政赔偿的理由不能成立的其他情形。

六、其　　他

第三十三条 本规定自 2022 年 5 月 1 日起施行。《最高人民法院关于审理行政赔偿案件若干问题的规定》（法发〔1997〕10 号）同时废止。

本规定实施前本院发布的司法解释与本规定不一致的，以本规定为准。

附：

2022年3月份报国务院备案并予以登记的地方性法规、自治条例、单行条例和地方政府规章目录

地方性法规

法规名称	公布日期	备案登记编号
北京市人民代表大会常务委员会关于修改《北京市区、乡、民族乡、镇人民代表大会代表选举实施细则》的决定	2021年5月27日	国司备字［2022005300］
北京市反食品浪费规定	2021年5月27日	国司备字［2022005301］
北京市户外广告设施、牌匾标识和标语宣传品设置管理条例	2021年5月27日	国司备字［2022005302］
北京市人民代表大会常务委员会关于修改《北京市院前医疗急救服务条例》的决定	2021年5月27日	国司备字［2022005303］
北京市国际交往语言环境建设条例	2021年11月26日	国司备字［2022005305］
北京市人民代表大会常务委员会关于修改《北京市人口与计划生育条例》的决定	2021年11月26日	国司备字［2022005306］
北京市献血条例	2021年11月26日	国司备字［2022005307］
北京市各级人民代表大会常务委员会规范性文件备案审查条例	2021年11月26日	国司备字［2022005308］
北京市单用途预付卡管理条例	2021年11月26日	国司备字［2022005309］
河北省信息化条例	2021年3月31日	国司备字［2022006018］
河北省乡镇和街道综合行政执法条例	2021年3月31日	国司备字［2022006019］

续表

法规名称	公布日期	备案登记编号
河北省长城保护条例	2021 年 3 月 31 日	国司备字［2022006020］
河北省人民代表大会常务委员会关于修改《河北省县乡两级人民代表大会选举实施细则》的决定	2021 年 3 月 31 日	国司备字［2022006021］
河北省人民代表大会常务委员会关于加强矿产开发管控保护生态环境的决定	2021 年 3 月 31 日	国司备字［2022006022］
石家庄市生活垃圾分类管理条例	2021 年 4 月 7 日	国司备字［2022006023］
石家庄市城市市容和环境卫生管理条例(修订)	2021 年 4 月 7 日	国司备字［2022006024］
石家庄市西柏坡红色旅游区保护与管理条例	2021 年 4 月 7 日	国司备字［2022006025］
唐山市防灾减灾救灾条例	2021 年 4 月 6 日	国司备字［2022006016］
唐山市人民代表大会常务委员会关于废止《唐山市矿产资源开采管理条例》和《唐山市粉煤灰综合利用管理条例》的决定	2021 年 4 月 6 日	国司备字［2022006163］
廊坊市养犬管理条例	2021 年 4 月 3 日	国司备字［2022006026］
沧州市大气污染防治若干规定	2021 年 4 月 1 日	国司备字［2022006015］
沧州市人民代表大会常务委员会关于修改《沧州市市容和环境卫生管理条例》的决定	2021 年 4 月 7 日	国司备字［2022006027］
衡水市大气污染防治若干规定	2021 年 4 月 7 日	国司备字［2022006017］
山西省警务辅助人员条例	2021 年 9 月 27 日	国司备字［2022002648］
山西省预算审查监督条例	2021 年 9 月 29 日	国司备字［2022005320］

续表

法规名称	公布日期	备案登记编号
山西省传统村落保护条例	2021年11月25日	国司备字［2022005989］
山西省外来投资促进条例	2021年11月25日	国司备字［2022005990］
关于促进技能山西建设的决定	2021年11月25日	国司备字［2022005991］
山西省人民代表大会常务委员会关于废止《山西省司法鉴定条例》和《山西省市政公用事业特许经营管理条例》的决定	2021年11月25日	国司备字［2022006090］
山西省人民代表大会常务委员会关于修改《山西省规章设定罚款限额规定》等六部地方性法规的决定	2021年7月29日	国司备字［2022006118］
山西省实施《中华人民共和国人民代表大会和地方各级人民代表大会代表法》办法	2021年1月23日	国司备字［2022006120］
山西省人民代表大会常务委员会关于修改《山西省森林公园条例》等五部地方性法规的决定	2021年5月28日	国司备字［2022006121］
山西省合同监督管理条例	2021年5月28日	国司备字［2022006122］
山西省人口与计划生育条例	2021年9月29日	国司备字［2022006123］
山西省统计条例	2021年3月31日	国司备字［2022006124］
太原市旅游条例	2021年10月8日	国司备字［2022005321］
太原市人民代表大会常务委员会关于修改《太原市客运出租汽车服务管理条例》的决定	2021年10月8日	国司备字［2022005322］
太原市晋阳湖生态保护与修复条例	2021年10月8日	国司备字［2022005323］

续表

法规名称	公布日期	备案登记编号
太原市城乡社区治理促进条例	2021 年 4 月 13 日	国司备字［2022006125］
太原市农村自建房管理服务条例	2021 年 1 月 17 日	国司备字［2022006165］
运城市城市建筑垃圾管理条例	2021 年 11 月 29 日	国司备字［2022006006］
运城市机动车停车场管理条例	2021 年 11 月 29 日	国司备字［2022006007］
运城市伍姓湖保护条例	2021 年 11 月 29 日	国司备字［2022006008］
晋中市城市建筑垃圾管理条例	2021 年 12 月 2 日	国司备字［2022006009］
长治市城市绿化条例	2021 年 12 月 7 日	国司备字［2022002450］
长治市农村自建房管理条例	2021 年 10 月 9 日	国司备字［2022005326］
长治市电动车管理条例	2021 年 12 月 7 日	国司备字［2022006010］
长治市人民代表大会常务委员会关于修改《长治市城市绿化条例》的决定	2021 年 12 月 7 日	国司备字［2022006166］
临汾市国家湿地公园保护条例	2021 年 12 月 2 日	国司备字［2022006011］
阳泉市红色文化资源保护传承条例	2021 年 12 月 9 日	国司备字［2022006012］
阳泉市文明行为促进条例	2021 年 4 月 12 日	国司备字［2022006126］
朔州市固体废物污染环境防治条例	2021 年 10 月 11 日	国司备字［2022006119］
内蒙古自治区人民代表大会常务委员会关于废止《内蒙古自治区产品质量监督管理条例》等 10 件地方性法规的决定	2021 年 11 月 16 日	国司备字［2022005327］

续表

法规名称	公布日期	备案登记编号
内蒙古自治区工会劳动法律监督条例	2021年3月30日	国司备字［2022006051］
内蒙古自治区人民代表大会常务委员会关于修改《内蒙古自治区林木种子条例》的决定	2021年11月16日	国司备字［2022006132］
呼和浩特市人民代表大会常务委员会关于修改部分地方性法规的决定	2021年8月24日	国司备字［2022005995］
鄂尔多斯市人民代表大会常务委员会关于修改《鄂尔多斯市环境保护条例》等5部地方性法规的决定	2021年10月19日	国司备字［2022006175］
《宽甸满族自治县风景区管理条例》等三部单行条例修正案	2021年8月31日	国司备字［2022006167］
黑龙江省耕地保护条例	2021年11月1日	国司备字［2022005987］
黑龙江省促进旅游业发展条例	2021年12月24日	国司备字［2022006110］
黑龙江省畜禽屠宰管理条例	2021年12月24日	国司备字［2022006111］
黑龙江省黑土地保护利用条例	2021年12月24日	国司备字［2022006112］
齐齐哈尔市城镇燃气管理条例	2021年12月28日	国司备字［2022006113］
伊春市餐厨废弃物管理条例	2021年12月24日	国司备字［2022006114］
七台河市倭肯河流域水环境保护条例	2021年12月24日	国司备字［2022006115］
鹤岗市城市供热用热管理规定	2021年12月23日	国司备字［2022006116］
上海市实施《中华人民共和国反恐怖主义法》办法	2021年10月28日	国司备字［2022005974］
上海市档案条例	2021年10月28日	国司备字［2022005975］

续表

法规名称	公布日期	备案登记编号
上海市安全生产条例	2021 年 10 月 28 日	国司备字［2022005976］
上海市浦东新区建立高水平知识产权保护制度若干规定	2021 年 10 月 28 日	国司备字［2022005977］
上海市浦东新区城市管理领域非现场执法规定	2021 年 10 月 28 日	国司备字［2022005978］
上海市人民代表大会常务委员会关于修改《上海市优化营商环境条例》的决定	2021 年 10 月 28 日	国司备字［2022005979］
上海市人民代表大会常务委员会关于修改本市部分地方性法规的决定	2021 年 10 月 28 日	国司备字［2022005980］
上海市黄浦江苏州河滨水公共空间条例	2021 年 11 月 25 日	国司备字［2022005981］
上海市数据条例	2021 年 11 月 25 日	国司备字［2022005982］
上海市促进大型科学仪器设施共享规定	2021 年 11 月 25 日	国司备字［2022005983］
上海市浦东新区完善市场化法治化企业破产制度若干规定	2021 年 11 月 25 日	国司备字［2022005984］
上海市人民代表大会常务委员会关于修改《上海市人口与计划生育条例》的决定	2021 年 11 月 25 日	国司备字［2022005985］
上海市人民代表大会常务委员会关于修改《上海市献血条例》等 4 件地方性法规的决定	2021 年 11 月 25 日	国司备字［2022005986］
上海市反间谍安全防范条例	2021 年 12 月 29 日	国司备字［2022006103］
上海市浦东新区促进张江生物医药产业创新高地建设规定	2021 年 12 月 29 日	国司备字［2022006104］
上海市区人民代表大会常务委员会街道工作委员会工作条例	2021 年 12 月 29 日	国司备字［2022006105］
江苏省公共交通治安管理条例	2022 年 1 月 14 日	国司备字［2022005962］

续表

法规名称	公布日期	备案登记编号
江苏省知识产权促进和保护条例	2022年1月14日	国司备字[2022005963]
江苏省教育督导条例	2022年1月14日	国司备字[2022005964]
江苏省人民代表大会议事规则	2022年1月23日	国司备字[2022005965]
江苏省就业促进条例	2022年1月23日	国司备字[2022005966]
南京市雨花台烈士陵园保护条例	2022年1月24日	国司备字[2022005967]
苏州市文明行为促进条例	2022年1月24日	国司备字[2022005968]
苏州市人民代表大会常务委员会关于废止《苏州市土地登记条例》等三件地方性法规的决定	2022年1月24日	国司备字[2022005969]
无锡市人民代表大会常务委员会关于废止《无锡市公共信用信息条例》的决定	2022年1月18日	国司备字[2022005970]
徐州市城乡网格化服务管理条例	2022年1月20日	国司备字[2022005971]
徐州市人民代表大会常务委员会关于修改《徐州市村集体经济组织财务管理条例》等六件地方性法规的决定	2022年1月20日	国司备字[2022005972]
南通市文明行为促进条例	2022年1月25日	国司备字[2022005973]
衢州市工业固体废物管理若干规定	2021年12月31日	国司备字[2022006106]
丽水市扬尘污染防治规定	2021年12月30日	国司备字[2022006117]
厦门市人民代表大会常务委员会关于修改《厦门经济特区养犬管理办法》的决定	2021年12月9日	国司备字[2022006014]

续表

法规名称	公布日期	备案登记编号
厦门经济特区优化营商环境条例	2021 年 12 月 31 日	国司备字［2022006036］
厦门经济特区促进科技创新若干规定	2021 年 12 月 31 日	国司备字［2022006037］
厦门市人民代表大会常务委员会关于修改《厦门经济特区生态文明建设条例》的决定	2021 年 10 月 27 日	国司备字［2022006144］
江西省人力资源市场条例	2021 年 3 月 26 日	国司备字［2022005992］
江西省铁路安全管理条例	2021 年 11 月 19 日	国司备字［2022005996］
江西省水路交通条例	2021 年 11 月 19 日	国司备字［2022005997］
江西省候鸟保护条例	2021 年 11 月 19 日	国司备字［2022005998］
南昌市荣誉市民条例	2021 年 8 月 12 日	国司备字［2022005999］
南昌市中心城区农贸市场管理条例	2021 年 10 月 13 日	国司备字［2022006000］
景德镇市城市地下管线管理条例	2021 年 4 月 13 日	国司备字［2022006082］
宜春市住宅物业管理条例	2021 年 8 月 9 日	国司备字［2022006001］
吉安市殡葬管理条例	2021 年 8 月 16 日	国司备字［2022006002］
新余市颐养之家条例	2021 年 6 月 15 日	国司备字［2022006003］
鹰潭市烟花爆竹销售燃放管理条例	2021 年 4 月 8 日	国司备字［2022006004］
鹰潭市大上清宫遗址保护管理规定	2021 年 11 月 25 日	国司备字［2022006005］

续表

法规名称	公布日期	备案登记编号
山东省人民代表大会常务委员会关于修改《山东省动物防疫条例》等七件地方性法规的决定	2021年12月3日	国司备字[2022006054]
临沂市法治乡村条例	2021年12月3日	国司备字[2022006055]
河南省数字经济促进条例	2021年12月28日	国司备字[2022006091]
河南省绿色建筑条例	2021年12月28日	国司备字[2022006092]
河南省节约用水条例	2021年12月28日	国司备字[2022006093]
河南省乡村振兴促进条例	2021年12月29日	国司备字[2022006094]
河南省土壤污染防治条例	2021年5月28日	国司备字[2022006170]
河南省禁毒条例	2021年9月30日	国司备字[2022006171]
河南省实施《中华人民共和国全国人民代表大会和地方各级人民代表大会选举法》细则	2021年9月30日	国司备字[2022006172]
河南省人民代表大会常务委员会关于废止《河南省农业承包合同管理条例》的决定	2021年5月28日	国司备字[2022006176]
南阳市文明行为促进条例	2021年6月7日	国司备字[2022006173]
焦作市大沙河保护条例	2021年12月29日	国司备字[2022006095]
平顶山市文明行为促进条例	2021年12月28日	国司备字[2022006096]
鹤壁市传统村落保护条例	2021年12月27日	国司备字[2022006098]
驻马店市优化营商环境条例	2021年12月28日	国司备字[2022006097]

续表

法规名称	公布日期	备案登记编号
漯河市黑臭水体防治条例	2021年12月21日	国司备字［2022006099］
新乡市不可移动文物保护条例	2021年12月27日	国司备字［2022006100］
新乡市北部矿山生态保护与修复条例	2021年6月21日	国司备字［2022006174］
湖北省人民代表大会常务委员会关于集中修改、废止涉及优化营商环境省本级地方性法规的决定	2021年7月30日	国司备字［2022005706］
湖北省人民代表大会常务委员会关于修改《湖北省人民代表大会议事规则》的决定	2021年12月29日	国司备字［2022006101］
武汉市人民代表大会常务委员会关于集中修改和废止部分地方性法规的决定	2021年2月25日	国司备字［2022006168］
湖南省人民代表大会常务委员会关于修改《湖南省中小学校幼儿园规划建设条例》的决定	2021年9月29日	国司备字［2022006129］
衡阳市文明行为促进条例	2021年12月21日	国司备字［2022005694］
岳阳市政府投资建设领域反铺张浪费规定	2021年12月21日	国司备字［2022005691］
常德市养犬管理条例	2021年12月9日	国司备字［2022005690］
常德市文明行为促进条例	2021年12月9日	国司备字［2022005693］
益阳市资江保护条例	2021年12月21日	国司备字［2022005688］
郴州市城区养犬管理条例	2021年12月16日	国司备字［2022005689］

续表

法规名称	公布日期	备案登记编号
湘西土家族苗族自治州人民代表大会关于废止《湘西土家族苗族自治州国土资源开发保护条例》《湘西土家族苗族自治州矿产资源管理条例》的决定	2021年4月21日	国司备字［2022006130］
城步苗族自治县人民代表大会关于废止《城步苗族自治县林业管理条例》的决定	2021年4月7日	国司备字［2022006131］
麻阳苗族自治县人民代表大会关于修改《麻阳苗族自治县自治条例》的决定	2021年7月2日	国司备字［2022005551］
广州市科技创新条例	2021年4月7日	国司备字［2022006133］
深圳市人民代表大会常务委员会关于暂时停止适用《深圳经济特区城市管理综合执法条例》《深圳经济特区规划土地监察条例》有关规定的决定	2021年7月6日	国司备字［2022006039］
柳州市柳江流域生态环境保护条例	2021年8月11日	国司备字［2022006028］
桂林市喀斯特景观资源可持续利用条例	2021年11月27日	国司备字［2022006029］
百色市旧石器时代遗址保护条例	2021年6月7日	国司备字［2022006030］
海南省人民代表大会常务委员会关于修改《海南省人口与计划生育条例》等二件法规的决定	2021年12月30日	国司备字［2022006107］
海口市人民代表大会常务委员会关于修改《海口市城市管理综合行政执法条例》等两件法规的决定	2021年12月13日	国司备字［2022006108］
海口市智慧城市促进条例	2021年12月23日	国司备字［2022006109］
重庆市人民代表大会常务委员会关于废止《重庆市重大建设项目稽察条例》《重庆市国有企业法定代表人离任审计条例》的决定	2021年12月30日	国司备字［2022006102］

续表

法规名称	公布日期	备案登记编号
四川省老鹰水库饮用水水源保护条例	2021年5月28日	国司备字［2022006127］
南充人民代表大会常务委员会关于修改《南充市城市园林绿化条例》等三部法规的决定	2021年6月3日	国司备字［2022006128］
贵州省人民代表大会常务委员会关于修改《贵州省人口与计划生育条例》的决定	2021年9月29日	国司备字［2022005988］
贵州省铁路安全管理条例	2021年11月26日	国司备字［2022006044］
贵州省预防未成年人犯罪条例	2021年9月29日	国司备字［2022006045］
贵州省林业有害生物防治条例	2021年9月29日	国司备字［2022006046］
贵州省人民代表大会常务委员会关于废止《贵州省经纪人管理条例》《贵州省乡镇企业条例》的决定	2021年9月29日	国司备字［2022006056］
贵州省人民代表大会常务委员会关于修改《贵州省城市公共交通条例》《贵州省殡葬管理条例》个别条款的决定	2021年3月26日	国司备字［2022006134］
贵州省人民代表大会常务委员会关于修改《贵州省实施〈中华人民共和国归侨侨眷权益保护法〉办法》个别条款的决定	2021年3月26日	国司备字［2022006135］
遵义市凤凰山国家森林公园保护条例	2021年10月8日	国司备字［2022006047］
遵义市违法建设治理条例	2021年3月30日	国司备字［2022006136］
六盘水市集中式饮用水水源保护条例	2021年4月1日	国司备字［2022006137］
毕节市文明行为促进条例	2021年4月15日	国司备字［2022006138］
铜仁市电动摩托车管理条例	2021年3月31日	国司备字［2022006139］

续表

法规名称	公布日期	备案登记编号
道真仡佬族苗族自治县民族民间文化保护条例	2021年3月1日	国司备字［2022006140］
松桃苗族自治县苗医药发展条例	2021年9月29日	国司备字［2022006048］
云南省矛盾纠纷多元化解条例	2021年11月24日	国司备字［2022006050］
中国(陕西)自由贸易试验区条例	2021年3月31日	国司备字［2022006057］
陕西省物业服务管理条例	2021年5月27日	国司备字［2022006059］
陕西省实施《中华人民共和国中小企业促进法》办法	2021年5月27日	国司备字［2022006060］
陕西省人民代表大会常务委员会关于修改《陕西省县乡两级人民代表大会代表选举实施细则》的决定	2021年5月27日	国司备字［2022006062］
陕西省全民健身条例	2021年7月28日	国司备字［2022006063］
陕西省反间谍安全防范条例	2021年9月29日	国司备字［2022006064］
陕西省社会信用条例	2021年11月26日	国司备字［2022006065］
陕西省秦腔艺术保护传承发展条例	2021年11月26日	国司备字［2022006066］
陕西省天然林保护修复条例	2021年11月26日	国司备字［2022006067］
陕西省防灾避险人员安全转移规定	2021年11月26日	国司备字［2022006068］
西安市城市地下综合管廊条例	2021年5月25日	国司备字［2022006069］
西安市人民代表大会关于修改《西安市制定地方性法规条例》的决定	2021年5月25日	国司备字［2022006070］

续表

法规名称	公布日期	备案登记编号
西安市机动车停车条例	2021年8月13日	国司备字［2022006071］
宝鸡市养犬管理条例	2021年5月12日	国司备字［2022006072］
咸阳市城区养犬管理条例	2021年8月17日	国司备字［2022006073］
铜川市陕甘边照金革命旧址保护条例	2021年10月14日	国司备字［2022006074］
渭南市饮用水水源地保护条例	2021年10月25日	国司备字［2022006075］
延安市物业服务管理条例	2021年8月13日	国司备字［2022006076］
延安市非物质文化遗产条例	2021年8月13日	国司备字［2022006077］
延安市国家地质公园保护条例	2021年6月16日	国司备字［2022006078］
延安市大气污染防治条例	2021年6月16日	国司备字［2022006079］
榆林市扬尘污染防治条例	2021年11月8日	国司备字［2022006080］
汉中市养犬管理条例	2021年8月2日	国司备字［2022006081］
酒泉市城市建筑垃圾管理条例	2021年8月3日	国司备字［2022006043］
互助土族自治县自治条例	2021年7月14日	国司备字［2022006049］
宁夏回族自治区人民代表大会常务委员会关于废止《宁夏回族自治区泾河水源保护区条例》的决定	2021年5月11日	国司备字［2022006013］

地方政府规章

规章名称	公布日期	备案登记编号
河北省人民政府关于废止和修改部分省政府规章的决定	2022年1月9日	国司备字［2022006181］
秦皇岛市游船游艇码头管理规定	2022年1月30日	国司备字［2022006053］
内蒙古自治区科学技术奖励办法	2022年2月8日	国司备字［2022006151］
辽宁省人民政府关于废止部分省政府规章的决定	2022年2月25日	国司备字［2022006156］
辽宁省内部审计工作规定	2022年2月25日	国司备字［2022006157］
哈尔滨市人民政府关于废止《哈尔滨市信息化项目建设管理办法》等十部市政府规章的决定	2022年1月27日	国司备字［2022005952］
上海市文化领域相对集中行政处罚权办法	2022年2月17日	国司备字［2022006143］
上海市水产品质量安全监督管理办法	2022年2月17日	国司备字［2022006145］
上海市人民政府关于修改《上海市公墓管理办法》的决定	2022年2月24日	国司备字［2022006146］
南京市房屋租赁管理办法	2022年2月23日	国司备字［2022006041］
徐州市餐饮具集中消毒管理办法	2022年2月16日	国司备字［2022006042］
宁波市人民政府关于修改《宁波市最低生活保障办法》的决定	2022年2月18日	国司备字［2022006061］
安徽省家禽交易管理办法	2022年1月16日	国司备字［2022005951］
安徽省人民政府关于修改部分省政府规章的决定	2022年1月13日	国司备字［2022005993］

续表

规章名称	公布日期	备案登记编号
安徽省建设工程勘察设计管理办法	2022 年 1 月 22 日	国司备字［2022005958］
安徽省政府督查工作实施办法	2021 年 12 月 8 日	国司备字［2022006141］
安徽省药品和医疗器械使用监督管理办法	2022 年 1 月 16 日	国司备字［2022006142］
芜湖市电动车安全管理办法	2022 年 1 月 29 日	国司备字［2022005961］
亳州市养犬管理办法	2022 年 2 月 1 日	国司备字［2022006155］
六安市生活垃圾分类管理办法	2022 年 1 月 29 日	国司备字［2022006033］
山东省医疗保障基金监督管理办法	2022 年 3 月 3 日	国司备字［2022006179］
青岛市医疗废物管理办法	2022 年 1 月 26 日	国司备字［2022005945］
河南省重大行政决策程序规定	2022 年 2 月 11 日	国司备字［2022006034］
南阳市城市市容和环境卫生责任区管理办法	2022 年 1 月 28 日	国司备字［2022005944］
驻马店市消防安全管理办法	2022 年 1 月 31 日	国司备字［2022006038］
新乡市集中供热管理办法	2022 年 1 月 25 日	国司备字［2022005936］
湖北省医疗废物管理办法	2022 年 2 月 18 日	国司备字［2022006147］
武汉市绿色建筑管理办法	2022 年 2 月 10 日	国司备字［2022006032］
武汉市人民政府关于修改《武汉市消防管理若干规定》的决定	2022 年 3 月 3 日	国司备字［2022006148］

续表

规章名称	公布日期	备案登记编号
黄石市生活垃圾分类管理办法	2022年1月30日	国司备字［2022006052］
荆州市户外广告和招牌设置管理办法	2022年1月29日	国司备字［2022006035］
孝感市人民政府规章制定程序规定	2022年3月3日	国司备字［2022006152］
恩施土家族苗族自治州硒资源保护与利用条例实施细则	2022年2月14日	国司备字［2022006086］
广州市爱国卫生工作规定	2022年1月29日	国司备字［2022005956］
深圳市人民政府关于废止《深圳经济特区出租小汽车管理条例》实施细则等4项规章的决定	2022年2月18日	国司备字［2022006089］
深圳市生活垃圾处理费管理办法	2022年2月28日	国司备字［2022006180］
汕头市人民政府关于废止和修改部分市政府规章的决定	2022年2月22日	国司备字［2022006088］
梅州市城市生活垃圾分类管理办法	2022年2月21日	国司备字［2022006154］
东莞市机动车停车设施管理办法	2022年2月26日	国司备字［2022006087］
汕尾市汕尾渔歌保护规定	2022年2月15日	国司备字［2022006083］
百色市人民政府关于修改《百色市违法建设查处办法》和《百色市公园广场管理办法》的决定	2021年10月31日	国司备字［2022005950］
海南省实施《残疾预防和残疾人康复条例》办法	2022年1月18日	国司备字［2022006164］
海口市土地储备办法	2022年2月16日	国司备字［2022005946］

续表

规章名称	公布日期	备案登记编号
重庆市政府规章管理办法	2022 年 1 月 30 日	国司备字［2022005942］
重庆市人民政府关于废止和修改部分政府规章的决定	2022 年 2 月 22 日	国司备字［2022006084］
重庆市地方粮食储备管理办法	2022 年 2 月 22 日	国司备字［2022006085］
成都市人民政府关于废止《成都市政府信息公开规定》的决定	2022 年 2 月 19 日	国司备字［2022006058］
贵州省医疗纠纷预防和处理办法	2022 年 3 月 12 日	国司备字［2022006182］
毕节市人民政府关于修改《毕节市公园管理办法(试行)》的决定	2022 年 1 月 11 日	国司备字［2022005954］
毕节市城市绿线管理办法(试行)	2022 年 1 月 10 日	国司备字［2022005957］
西安市人民政府关于废止《西安市城市地下综合管廊管理办法》的决定	2022 年 2 月 25 日	国司备字［2022005960］
西安市重大行政决策程序规定	2022 年 2 月 28 日	国司备字［2022006031］
宁夏回族自治区人民政府关于废止和修改部分政府规章的决定	2022 年 1 月 18 日	国司备字［2022005955］
银川市人民政府关于废止部分政府规章的决定	2022 年 1 月 29 日	国司备字［2022005943］
新疆维吾尔自治区重大行政决策程序规定	2022 年 2 月 11 日	国司备字［2022005994］
伊犁哈萨克自治州州直养犬管理办法	2022 年 2 月 14 日	国司备字［2022006153］

图书在版编目（CIP）数据

中华人民共和国新法规汇编．2022年．第4辑：总第302辑/司法部编．—北京：中国法制出版社，2022.11

ISBN 978-7-5216-3086-2

Ⅰ．①中…　Ⅱ．①司…　Ⅲ．①法规-汇编-中国-2022　Ⅳ．①D920.9

中国版本图书馆CIP数据核字（2022）第209777号

中华人民共和国新法规汇编

ZHONGHUA RENMIN GONGHEGUO XIN FAGUI HUIBIAN

（2022年第4辑）

编者/司法部

经销/新华书店

印刷/三河市紫恒印装有限公司

开本/850毫米×1168毫米　32开　　印张/15.625　字数/448千

版次/2022年11月第1版　　2022年11月第1次印刷

中国法制出版社出版

书号 ISBN 978-7-5216-3086-2　　定价：18.00元

北京市西城区西便门西里甲16号西便门办公区

邮政编码：100053　　传真：010-63141600

网址：http：//www.zgfzs.com　　**编辑部电话：010-63141663**

市场营销部电话：010-63141612　　**印务部电话：010-63141606**

（如有印装质量问题，请与本社印务部联系。）